名　前		生没年	
リッカート	Likert, R.	1903-1981	態度測定の方法として，回答者の複数段階の反応によるリッカート尺度を考案した。
ヘッブ	Hebb, D. O.	1904-1985	ニューロンの可塑性について説明する「ヘッブの法則」を提唱した。
スキナー	Skinner, B. F.	1904-1990	徹底的行動主義の立場に立ち推進されたオペラント条件づけの研究は，行動療法などにも応用された。
ハーロウ	Harlow, H. F.	1905-1981	サルを対象とした代理母の実験を通してアタッチメント行動の重要性を示した。
スティーヴンス	Stevens, S. S.	1906-1973	感覚の大きさに応じた数を直接当てはめるという方法（マグニチュード推定法）によって，物理量と心理量の関係を導いた。
ボウルビィ	Bowlby, J. M.	1907-1990	マターナル・デプリヴェーションやホスピタリズムの研究から，アタッチメント理論を提唱した。
アッシュ	Asch, S. E.	1907-1996	ゲシュタルト心理学の立場から印象形成の基礎研究，集団における圧力と同調行動の研究を行った。
スペリー	Sperry, R. W.	1913-1994	脳梁を切除した患者を使って，左右半球の機能的差異を明らかにし，1981年ノーベル生理学・医学賞を受賞した。
エインズワース	Ainsworth, M. D. S.	1913-1999	乳幼児の愛着行動パターンを測定するためのストレンジ・シチュエーション法という実験手続きを考案した。
フェスティンガー	Festinger, L.	1919-1989	他者との比較に言及した社会的比較過程理論や認知的斉合性を重視した認知的不協和理論を提唱した。
ベック	Beck, A. T.	1921-2021	クライエントの認知のパターンを修正することを通して問題解決へとつなげる認知療法を創始した。
ケリー	Kelley, H. H.	1921-2003	帰属理論におけるANOVAモデルや因果図式モデルを提唱した。さらに，対人関係における相互依存性の理論を展開した。
シャクター	Schachter, S.	1922-1997	感情体験が生じるには生理的覚醒と認知的解釈の双方が必要であるとする感情の2要因説を提唱した。
ザイアンス	Zajonc, R. B.	1923-2008	他者の存在がパフォーマンスに影響を及ぼす社会的促進の研究や単純接触効果を発見したことで知られる。
三隅二不二	Misumi, J.	1924-2002	リーダーシップを目標達成機能と集団維持機能からとらえたPM理論を提唱した。
バンデューラ	Bandura, A.	1925-2021	観察学習のように直接の経験や強化がなくても学習は成立するとする社会的学習理論を提唱した。
ブロードベント	Broadbent, D. E.	1926-1993	情報処理の初期にフィルターがあり，それを通過した情報に高次処理が行われるとする注意のフィルターモデルを提唱した。
ナイサー	Neisser, U. G.	1928-2012	認知革命後に登場した情報処理心理学を，認知心理学と名付けた。
ジンバルドー	Zimbardo, P. G.	1933-	スタンフォード監獄実験で権力への服従と役割による没個性化を主張した。
ミルグラム	Milgram, S.	1933-1984	電気ショックを利用した権威への服従実験（アイヒマン実験）を行った。
ラタネ	Latané, B.	1937-	他者の存在がパフォーマンスに影響を及ぼす社会的手抜き，傍観者効果を主張した。
ガザニガ	Gazzaniga, M. S.	1939-	脳梁を切除した分離脳患者や動物を対象に左右半球間の情報転送や脳の側性化（ラテラリティ）を検討した。
セリグマン	Seligman, M. E. P.	1942-	学習に対する準備性という考え方や，学習性無力感の現象を通して学習心理学に影響を与えた。

心理学概説

こころを科学する ————————[第2版]

吉崎一人・松尾貴司・斎藤和志 編著

Yoshizaki Kazuhito, Matsuo Takashi & Saito Kazushi

STUDY GUIDE OF PSYCHOLOGY

ナカニシヤ出版

まえがき―第2版に向けて

1991年からTV放映された『それいけ!!ココロジー』というバラエティ番組は，理論をあまりにも単純化したとはいえ，心理テストブームを巻き起こし，世間に「心理学」の認知度を高めました。本書執筆者が所属する大学では，1991年に現在の心理学部の前身である心理学系の学科が設立されました。その後，心理学を冠する学部や学科が増え，現在でも，高校生の心理学への興味関心は高いようです。しかしながら，「心理学」に対する誤解は未だ十分に解消しているとは思えません。大学のオープンキャンパスで，高校生やその保護者からかなりの頻度で質問されるのは，就職先です。つまり，心理学を学びそれをいかしたところへ就職するものだと考えているのです。大学生，特に1年生の授業後のコメントペーパーからも，「心理学」に対して間違ったイメージを持っていたことをうかがわせます。「統計を学ぶとは思わなかった」，「そんなのが心理学だとは考えてもいなかった」などといったものが多いのです。

このような誤解は，心理学が二つの側面，つまり「ヒトがなぜそのようにふるまうのか」という問いを科学的に明らかにする側面と，「心」を癒やしたり支援したりする技術を提供する側面があるためです。世間が持っている心理学のイメージは明らかに後者なのです。しかし，大学でまず学ぶのが前者です。4年間でしっかりベースを固めた上で，他者のサポートに携わる仕事を目指す学生は，後者の側面を学ぶため，大学院等へ進学します。

2010年に『心理学概説』の初版が刊行されました。前者の側面，つまり行動を科学的に理解する「心理学」を，学ぶためのテキストとしてです。そして本書はその第2版です。本書の執筆者は，初版から10年近く，初版をテキストとして30コマの心理学概論を1年生に講義してきました。その中で，不足している，あるいは過剰である内容，学生の理解度，領域のバランスなどを勘案して，章の構成の改変も含め加筆修正したものが本書です。

昨年2018年には，心理職としてはじめて国家資格化された公認心理師の試験が行われました。その試験内容からも，行動科学である心理学の基礎的知識の重要性が改めて確認されました。心理学検定の受検者数も年々増加しています。大学・短期大学卒業で取得できる認定心理士に加え，企業などからも注目されている認定心理士（心理調査）という新たな資格もスタートしました。このような流れの中で，広い領域をカバーした本書が，新入生だけでなく，卒業までの4年間，あるいは大学院生にとっても必要な1冊となることを期待しています。もちろん，本書ではカバーしきれない部分，その内容の取捨選択に，疑問が残るかもしれません。是非忌憚のないご意見をいただければと思います。

心理学の本当のおもしろさは，このテキストを理解しただけでは到底実感できません。本書で得た知識をベースに，卒業研究では自分なりのテーマを発見し，その真理の探求を目指し，もがいて欲しいと思います。そこでの時間はおそらく，一生を通じて知性，"mind"が，最も活発に働いているときです。この経験は，心理学のおもしろさを実感するだけでなく，その後の社会生活，人生にプラスに働くことでしょう。

最後に，初版に引き続き，本書の編集に携わっていただきましたナカニシヤ出版の宍倉由髙氏に，あらためて，心よりお礼を申し上げます。

2019年4月
吉崎 一人（編者を代表して）

目　　次

1　心理学とは何か

　エビングハウス（H. Ebbinghaus: 1850-1909）の有名な言葉「心理学の過去は長いが歴史は短い」にあるように，われわれは自らの「心」や「意識」について有史以来，あるいはそれ以前から，考え続けている。「心」，を扱う「心理学」とはどのような学問であるのかについて，本章では概観する。また，現代の心理学にいたるまでの経緯についても見ていく。

1-1　心理学とは何か

1　「心」を科学するとは

1）なぜ心理学は誤解を受けるのか　　大学生が大きく期待を裏切られる学問のひとつが心理学である。なぜなら講義で聞く「心理学」はそれまで思っていた「心理学」とは大きく違う内容だからである。その理由のひとつは，"Psychology"（心理学の英訳）を「心」理学と和訳したことにある。われわれ多くの日本人は，心理学を「心」つまり "heart" を対象とする学問だと認識しているため，心理学に「情緒」・「感情」的なイメージをもっている。しかし，実は心理学は，"heart" を対象とする科学ではなく，「知性」「知的精神」「頭脳」「思考力」「記憶力」などを意味する "mind" を対象とする科学なのである。

　日本人がもつ心理学観の特異性は，他国の大学生と比較しても顕著である。芦高と嶋田（Ashitaka & Shimada, 2014）は，心理学講義を初めて受講する，心理学専攻でない大学生 455 名を対象に，「心理学」に対する印象を尋ねた。対象となった学生の出身は，日本のほか，トルコ，中国（中華人民共和国）などであった。彼らは，「心理学」という語を読んだときにどの程度，次の言葉（動物，情報，宗教，脳，感情，など）を連想するかを 5 段階（まったく同意しない，同意しない，どちらでもない，同意する，非常に同意する：リッカート法）で尋ねている。注目すべきことに，「心理学」から「感情」を連想すると答えた日本人大学生は他国に比べ非常に多かった。「心理学」から「感情」を非常に強く連想する（非常に同意する）と回答したのは，日本人が 62% であったのに対して，トルコ人学生で 35%，中国出身学生で 45%，その他の国の出身学生では 27% であった。このように心理学に対する日本人のイメージは感情的な側面が強いことがわかる。

　心理学が誤解を受けるもうひとつの理由は，心理学が 2 つの側面をもつことにある。1 つは，"mind" を科学することである。ヒトがなぜそのようにふるまうのか，という問いを科学的に明らかにすることが心理学の究極の目的である。大学でまず学ぶのがこれにあたる。もう 1 つの側面は，心理学が「心」を癒やしたり，支援したりする技術を提供する点である。心理カウンセラーに代表される他者をサポートする専門家は，そのような技術をもっている。世間がもっている心理学のイメージは，この後者の側面で占められており，それが誤解につながっているといえよう。

2）心理学で扱う心　　上でも述べたように，心理学の研究対象の比重は，人間の精神活動での「知」におかれている。では心理学が対象とするものは具体的にどのようなものだろうか。現代心理学は，図 1-1 にも示すように，しぐさ，顔の表情，言葉による表現など目に見える行動（behavior）だけでなく，

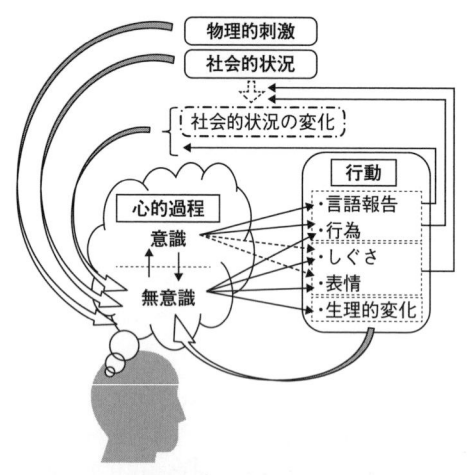

図1-1　心理学の研究対象（長谷川, 2008）。

心拍などの目に見えない生理的変化も扱う。さらにはその行動を導く，心的過程（mental process）をも研究対象として扱う。心的過程は，意識的に認識できるものもあれば，意識では認識できないものもある。そして行動やそれを導く心的過程は，物理的な環境（例；高い山の上）だけでなく，社会的環境（例；憧れの人の横に座る）によっても影響を受ける。

3）測定する　心を科学する心理学では，目に見えない心を測定しなければならない。「測定する」，言い換えると「数量化する」という手続きは科学にとって必要不可欠である。しかし，体重や身長を測定するのとは違って，心理学で扱う，やる気，恋愛感情，意図，知能などの概念を測定するのは至難の業である。そこで心理学では，概念をその内容で規定するのではなく，具体的手続き（操作）によって定義する。たとえば，「歳とともに記憶力は低下するのか」という問いに迫るときには，少なくとも2つ概念を測定する必要がある。1つは「歳」である。これは比較的簡単で，「歳」を研究対象者が生きてきた実年齢，生活年齢（あるいは月齢，日齢など）としたり，対象者が主観的に感じる年齢としたりできる（例；「あなたは，実際の年齢よりも何歳くらい若い，あるいは老いていると思いますか」と尋ねる）。もう1つは記憶力である。「記憶力」の測定にはさまざまある。最近1ヶ月で「記憶」に関して失敗した経験の頻度を4段階で尋ねるのもひとつである。2音節の無意味綴り20個を1分間で覚えてもらい，直後に正しく思い出せた綴りの数をカウントし，これを記憶力とすることもできる。いずれの方法をとるにしても重要なことは，測定する方法を具体的に示し，数量化する手続きを適切に示すことである。このように概念を測定操作として明確にすることを操作的定義（operational definition）という。

4）科学的方法とは　現代心理学は知的活動をはじめとする人間の精神活動，すなわち「心」を科学的方法で扱う。科学的方法とは，新しい法則性を得たり，目前の現象を検討したり，過去の法則性の正当性を確かめる手続きのことである。明らかにしたい目前の問いを解決するには，綿密で体系的な観察を繰り返したり，これまでに実証された法則性や理論を吟味したりする。そしてこれをもとに仮説を導き出し，その仮説を検証する必要がある。検証のためには実験，調査，観察などを通して，客観的に注意深く情報（データ）を集めることが非常に重要である。そのデータは，主観的な感想や印象では決してなく，数字や量に表わせる定量的なものであることが望ましい。さらに仮説を検証するために，得られたデータに対して推測統計学を適用する。推測統計学を適用した結果は，手元にあるデータの再現性の程度を示してくれる。仮説が検証されれば，その知見に基づき新たな仮説が導出され，検討される。仮説が検証されなければ，これまで得られた知見を再吟味し，別の仮説を導き出し，それを検証するのである。このような終わりのない研究手続きによって，心理学は地道に知見を積み上げている。

5）ミュラー・リヤー錯視を使って「心を科学する」　ほとんどの心理学部では，初年次に基礎的な心理学実験を体験する実習が用意されている。この実験実習を通じて，科学的心理学の研究方法の基礎を身につけることを目標とする。そのなかで最も多く使用されている教材の1つは，ミュラー・リヤー錯視（Müller-Lyer illusion）である。3章でも紹介されているように，錯視とは，目で認識しているものの錯覚のことである。われわれが知覚している世界（主観的世界）と，実際の世界（物理的世界）にはずれが生じている。図1-2でもわかるように，2本の水平線分（ここでは主線と呼ぶ）の長さは，実際

には同じ長さであるにもかかわらず（物理的世界），下の図形の主線の方が長く見える（主観的世界）。このようなわれわれの主観的世界のずれは，非常に不思議で興味深いが，心理学は単に不思議な現象を示して人を驚かせるためにあるのではなく，なぜそのような現象が生じるのかを科学的に明らかにする学問である。

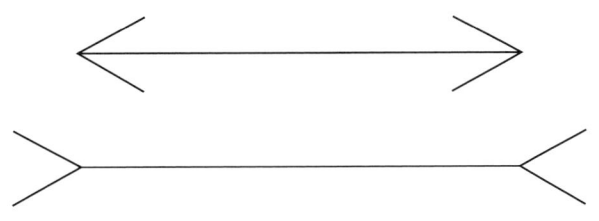

図1-2 ミュラー・リヤー錯視図形。

ミュラー・リヤー（Franz Carl Müller-Lyer: 1857-1916）の示した図形はなぜこのように見えるのだろうか？1つの有力な説は，グレゴリー（Gregory, 1963）による線遠近法による解釈である。図1-3を見てほしい。1から4の主線（水平線分）のうち，どれが最も長く見えるだろうか？ おそらく3が最も長く見えるのではないだろうか。この4つの図形で異なっているのは，主線の左右についている矢羽の角度だけである。この矢羽の角度の違いはわれわれに何をもたらしているのだろうか。この矢羽は，平面であるにもかかわらず奥行き（奥と手前）の感覚を生起させている。1と2（ここでは外向図形と呼ぶ）の場合は，主線が手前にあるように，逆に3，4（ここでは内向図形と呼ぶ）では主線が奥にあるように感じているのである。したがって，手前にあるのだから実際は短く，奥にあるのだから実際は長いとわれわれは認識していると説明できるのである。このような形状は日常生活にもあふれている。図1-4にもあるように，部屋の角の形状はミュラー・リヤー錯視図形の一部分となっている。

科学的心理学では，矢羽の角度がこの錯視に影響をもたらすとする仮説を検証する。ここでは内向図形に焦点を当てて検証する。われわれが，奥にあるものは本来長い（大きい）はずであると錯覚するとすれば，その奥に感じる程度を変化させれば，錯覚（錯視）の程度も変わるはずである（仮説）。つまり，錯視の程度（実際よりも長く見える程度）は，図1-5に示すように，奥に見える程度が大きい角度条件

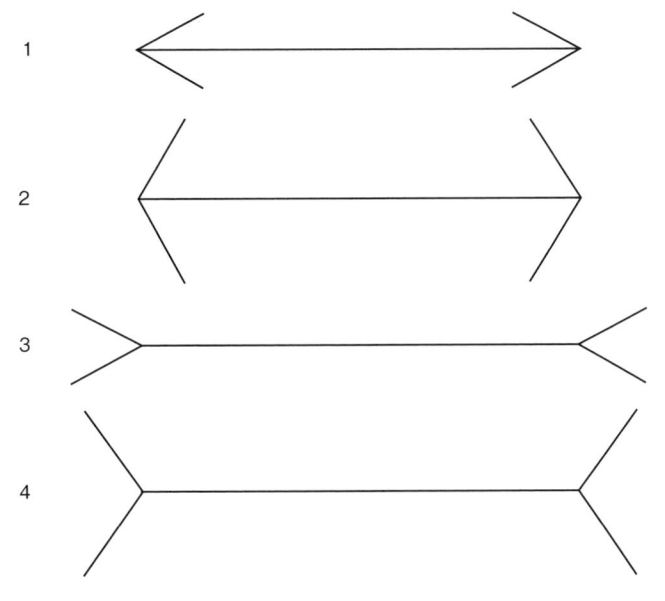

図1-3 ミュラー・リヤー錯視図形。外向図形（1と2）と内向図形（3と4）。

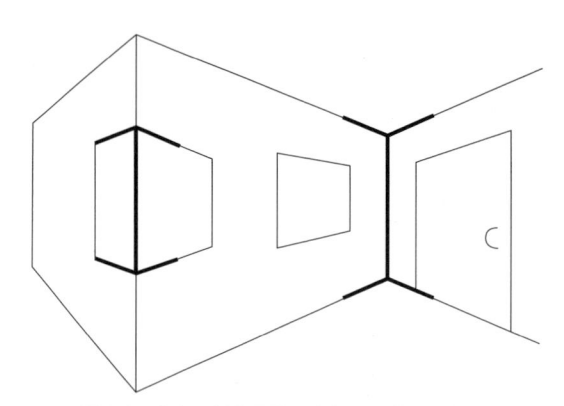

図1-4　内向・外向図形と奥行きを感じる建物。

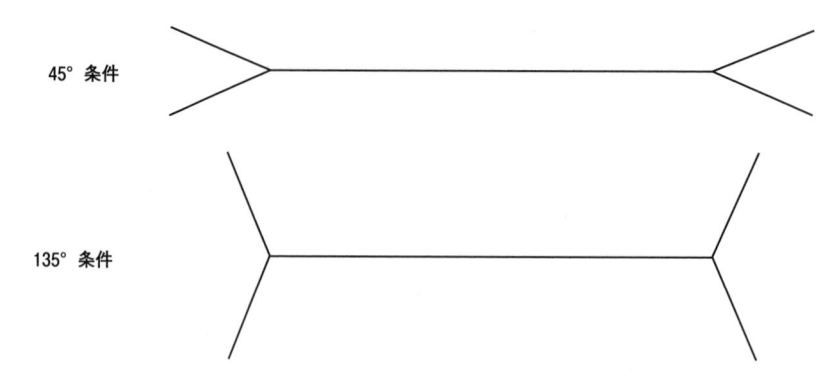

図1-5　矢羽の間の角度を変えた2種類の内向図形の例。

（45°条件）で，奥に見える程度の小さい角度条件（135°条件）よりも，大きくなるはずである（予測）。このことを検証するために，ミュラー・リヤー錯視図形を加工した図1-6のような器具を使って，実際に錯視量を測定する。実験参加者は，左手に内向図形（例：主線100 mm：標準刺激）を持ち，右手で矢羽のない水平線分（比較刺激）の長さを自分で調整し，内向図形の主線と同じ長さだと思うところ（主観的等価点：point of subjective equality；3章3-1参照）で止める。実験者は，その時点の比較刺激の長さを定規で測定する。たとえば，125 mmだとすると，25 mm（＝125－100）が錯視量となる。つまり，実際の長さよりも25 mm長く見えているのである。また主観的等価点が102 mmとなった場合は，実際の長さよりも2 mm（＝102－100）長く見えていると判断される。このような手続きを使えば，奥に見える程度が大きい角度条件（45°条件）と，奥に見える程度が小さい角度条件（135°条件）での錯視量を比較することで，仮説，予測を検証できるのである。もし錯視量が45°条件の方が大きければ，予測どおりであり，仮説は正しかったことになる。

6）心理学の分野　　人間の精神活動を扱う心理学は，人間が行うことすべての側面を対象にする。したがって○○心理学と呼ばれる分野は非常に多岐にわたる。図1-7は，市川（2002）が整理した主な心理学分野である。縦軸は，研究対象が「個人」的か「社会」的か，という次元である。知覚心理学や学習心理学は，実験室での個人の遂行成績に焦点を当てる。社会的な文脈の影響をできる限り排除した事態での，人間の精神活動そのものを検討するためである。これに対して社会心理学では，他者からの影響や，他者への視点，集団，グループでの行動に焦点が当てられる。さらにもっと大きな単位，文化による違いを検討するのが文化心理学である。

　横軸は，その研究が実践的分野か，基礎的分野かという次元である。基礎的分野とは，対象を客観的

標準刺激　　　　　　　　　比較刺激

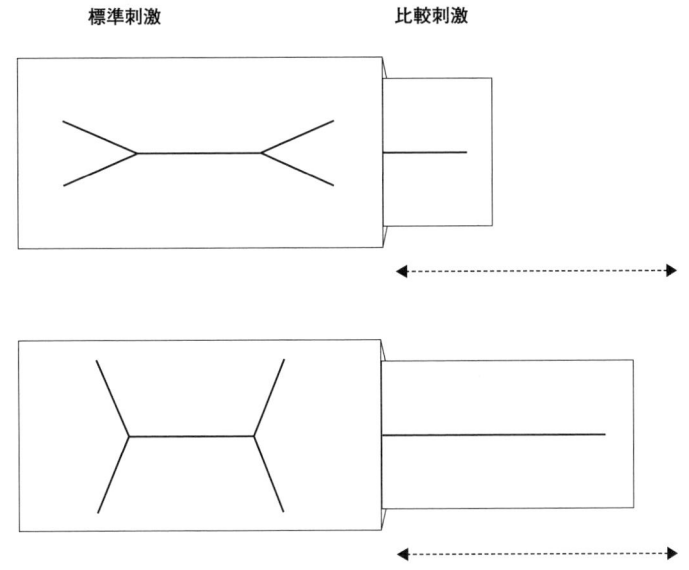

図1-6　ミュラー・リヤー錯視図形で主観的等価点を測定する器具。右側の比較刺激側をスライドさせて標準刺激の主線と同じ長さに調整する。上が45°条件，下が135°条件。

にとらえて，厳密なデータを詳細に分析することに重点をおいた分野である。脳波を使って，顔の認識過程を1ミリ秒単位で検討する生理心理学は基礎的分野である。これに対して実践的分野は，現実場面の問題を解決するために対象に働きかける分野である。臨床心理学や産業心理学がそれに相当する。

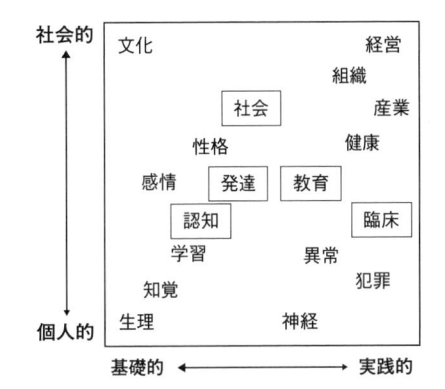

図1-7　2次元から見た心理学分野（市川，2002）。枠で囲んだのは研究者がとりわけ多い分野。

2　心理学の目的

　心理学の目的は，人間のさまざまな行動や心的過程を，記述し，説明し，予測し，統制することの4つに集約される。

1）記述する　　行動について正確な観察をする必要がある。観察するレベルはさまざまで，微視的（ミクロ）なレベルだけでなく，巨視的（マクロ）な視点での観察も必要である。そのためにはデータを収集しなければならない。データをもとに行動を記述する際には，記述する側の希望や期待，主観を排除するべきである。

2）説明する　　観察された行動や心的過程の規則的なパターン（法則性）を，詳細に説明する必要がある。つまりその法則性がなぜ生じているのかについて言及しなければならない。おそらく原因は1つではない。個人のレベルに原因がある場合もあるし，環境にある場合もある。

3）予測する　　行動や心的過程の法則性が適切に説明できれば，将来的な行動を予測できる。その予測の精度は，対象となる個人の特性や社会的，物理的状況によって変わりうる。もし精度の高い予測が可能ならば，子どもの障害や特殊な傾向を予見することができ，それに対する対処も事前に講じられる。

4）統制する　　多くの心理学者は，自分または他者の行動を統制あるいは制御することが心理学の最大の目的だと考えている。必要な行動を維持したり，中断させたり，スタートさせたり，行動の予測が正確にできていれば，その行動は統制できる。行動療法をはじめとする心理療法がその例である。

3　心理学を学ぶメリット

　1つは，自己理解である。心理学で蓄積された知見を自分に当てはめることで，自分自身を改めて理解できる。心理学を専攻する学生は，多くの「○○心理学」を学ぶことで，多方面から自分自身だけでなく，周囲にいる人たちの行動も理解できる可能性がある。

　2つ目のメリットは，クリティカルシンキング（critical thinking）の獲得である。クリティカルシンキングとは，「適切な基準や根拠に基づく，論理的で，偏りのない思考」と定義される（廣岡・小川・元吉，2000）。われわれが行っている思考は，いつも十分なデータに基づいて行われているわけではない。また，考えるエネルギーをなるべく節約して，物事の判断を下す傾向も強い。たとえば，ある大学が，卒業式の日に卒業生を対象に大学生活満足度調査を行い，学生から非常に高い評価を得たとする。この事実から「本学は満足度が高い大学だ！」と胸をはって主張できるだろうか。卒業生のほとんどが晴れやかで嬉しい気分に満ちた卒業式の日に，そのようなアンケートをすること自体，事実を曲げる可能性がある。また，自家用車の事故調査で，「事故は自宅に近いほど多くなる」という結果が得られたとしよう（調査結果は仮想）。この結果が生じたのは，「ドライバーが慣れた家の近所に戻ってきて油断しているためだ」と報告されたとする。この理由を聞けば，「なるほど」と納得するかもしれない。しかし，ちょっと疑って考え直してみると，もっともらしい違った理由も浮かぶ。それは走る頻度である。家の近所を走る頻度は，家から遠い場所を走る頻度よりもずっと高いので，事故が多く発生しても不思議ではないのである。心理学部のカリキュラムで行われる実験実習でも，クリティカルシンキングの姿勢は身につく。先ほどのミュラー・リヤー錯視の実験例では，2つの角度条件の錯視量を比較した。実験参加者全員に対して，45°条件の後に135°条件を実施した結果，45°条件での錯視量が大きかったとする。この結果は本当に角度の違いだけがもたらしたのだろうか？　135°条件はつねに45°条件の後に実施しているため，45°条件のときには，参加者は標準刺激を，135°条件のときより長い時間見ていることになる。このことが，135°条件での錯視量の減少をもたらしたのかもしれない。実施順序が結果に影響する可能性を低減するために，この実験例では，全体の半数の参加者に対しては45°条件を先に，残りの半数の参加者には135°条件を先に実施すべきである。心理学の実験をすすめていくためには，このようなことに細心の注意を払う。以上のように，クリティカルシンキングは，「疑ってかかる姿勢，態度」に基づいている。心理学を専攻する学生は，卒業論文の作成を通して，自分でテーマを見つけそれについて実証する過程を経験する。この経験が，心理学専攻生を強いクリティカルシンキングをもつ社会人へと育てる。

　3つ目は，学習スキルの獲得である。中間テストや期末テストなどで勉強するとき，自分なりに工夫して覚える人も多いだろう。心理学では，記憶，学習，教育の領域で学習（記憶）の効率性について多くのことが明らかになっている。たとえば，20個の英単語を5回繰り返して読んで覚える場合を考えてみよう。最初の単語を5回繰り返し読み，次に2つ目の単語を5回繰り返し読む，という方法で20個の単語をそれぞれ5回繰り返し読むことが考えられる。これに対して，20個の単語をまず1回全部通して読み，その後さらに20個の単語を通して読むことを4回繰り返す，という方法も考えられる。両者は繰り返しの総数は同じ100回であるが，後者の方法が効率的に覚えられることが実証されている。同一項目の繰り返しを集中させるのはよくないのである。また世界史や日本史で，いくつかの歴史上の出来事や年号を記憶する場合においては，単純に暗記するよりも，その出来事が起こった理由や背景，出来事間のつながりを理解すれば，それらはいつまでも覚えていられる。つまり，内容が理解できていることが確固たる知識につながるのである。このような心理学で実証された知見を知ることは，新しい情報を覚える場面で役に立つのはいうまでもない。言い換えれば，学習方法の学習ということになる。

　最後は仕事上でのスキルである。心理学を専攻した卒業生は，心理学を専門とした研究者や心理カウンセラーの基礎スキルを習得しているだけでなく，一般企業や教育，行政領域においても役立つ貴重なスキルを獲得している。心理学を専攻する学部生は，1，2年次に，研究法と呼ばれるデータの取得方法，統計的手法でデータを整理する方法，得られた結果をルールに則った報告書にまとめる訓練などが，必ず課せられる。これは，3年次以降に，自らテーマを見つけて卒業研究を完成させるための準備として行われている。これらのスキルは，一般企業においてもさまざまな場面で活かせる。また，人間をさまざまな角度から理解することを学んできたことによって，社会のさまざまな場面で，他人の行動を理解したり，自分の行動を調整したりすることができ，対人関係を円滑に進められる。

1-2　現代心理学の背景

1　心理学の源流

1）哲学と心理学

　心理学は，現在のような科学的研究がなされる以前，哲学の中で研究されてきた。科学はいくつかの前提をもって成り立っている。その背後にあるのは，「常識に疑問をもち，知性に基づいて，経験（現代心理学では実験，調査，観察などから得たデータ）で確かめられた事実を積み重ねていけば，真理にたどり着ける」という楽観的な世界観である。これに対して哲学は，前提をもたない。哲学は，科学のもつ前提が，「そもそも」正しいかどうか，というところから検討を始める学問なのである。哲学という学問は，物理学，化学，生物学などの自然科学が成立するずっと以前の古代ギリシャから存在する。

　哲学の中での「心」についての取り組みは，古代ギリシャに始まる。古代ギリシャの哲学者アリストテレス（Aristotle: B. C. 384-322）は，生命の本質について興味をもち，人間のみならず植物や動物を含めた生物全体を注意深く観察した。そして生物全体に心があることを認め，心の階層性を主張した。アリストテレスは，植物や動物と比較することで人間の心の特徴を探ろうと考えたわけである。アリストテレスの死後，中世まで，彼の考え方はあまり注目されなくなり，また心についての抽象的な議論は行われなくなった。しかし彼が主張した，人間を自然のままに観察することの重要性や，心の構造についての記述（図1-8），生物学的な人間像は，それぞれ現代心理学の源流となっている。

2）近世哲学と心理学

　心について議論しようとする態度がようやく近世になって芽生えはじめた。ルネサンス以降に発達した物理学，化学などの物質科学は，物質はすべて原子からなるという前提にたって，急激な発展をとげた。同じ時代の人々が，自然科学の手法を使って，心も科学的に研究できると考えたのである。したがって，近世の心理学の基礎にあるのは，自然科学の方法論としての実証主義（経験的事実にだけ認識の根拠を認める学問上の立場）である。

　しかしながら，心に対して物質科学の手法を適用するには，大きな問題があった。それは何を研究対象とするのか，という点であった。天文学の父といわれるガリレオ・ガリレイ（Galileo Galilei: 1564-1642）は，長さや重さといったもので直接測れる事物だけが，科学の対象となり得ると主張したのである。つまり心理学は，科学ではないということになる。

　近代哲学の父といわれるデカルト（René Descartes: 1596-1650）も，「心」には科学的方法を用いることができないとした。そこで彼は，物質とは異なり，取り出して観察できない「心」は，自分の「心」を自分自身で主観的に知る，つまり内省（内観）という方法によってしか知り得ないと考えた。しかし主観的な認識は，本当にそれが正しいものなのかはわからない。まさに科学のもつ客観性に反するやり方である。そこで彼は，内省の正しさは「理性」によって保証されると考えた。彼はこのような手法を使えば，「心」の性質について客観的に理解できると考えたのである。

　この内省（内観）という方法を使ってデカルトは心について考察を進め，人間は，物質である肉体と，物質ではないが内省によって把握できる「精神」（心）という2つの存在から成り立っているとの結論に

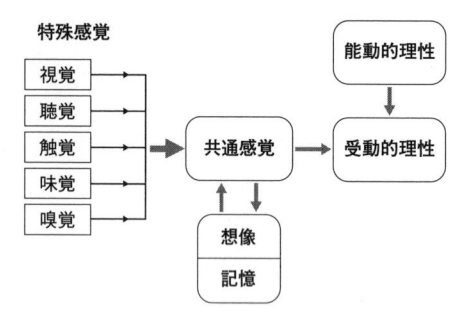

特殊感覚

視覚 → 聴覚 → 触覚 → 味覚 → 嗅覚 → 共通感覚 → 受動的理性

能動的理性 → 受動的理性

想像 / 記憶

図1-8 アリストテレスによる心の構造（梅本，1994）。

いたった。こうした心身の二元的な世界観を「心身二元論」という。ただしデカルトは，「心と身体には交流がない」とは考えていない。脳の深淵部にある松果体や血液などを介して，両者は相互作用していると考えていた。

3）英国経験論と連合主義心理学　上でも述べてきたように，デカルトは理性によって内省の正しさを保証できるとした。理性が真実をみきわめる，という力が人間には「生まれつき備わっている」としたのである。このような生得説に反対する考え方が英国経験論である。英国経験論の第一人者であるジョン・ロック（John Locke: 1632-1704）は，「心はもともと文字がかれていない白い紙（板）（tabula rasa）のようなものである」とし，感覚を通した経験によって，知識を得ると考えた。

　この生得的な内容を否定する英国経験論の流れから，連合主義心理学の体系が作り上げられた。連合主義心理学では，原子や分子の化合によって物質を説明するように，心（意識）もその要素である「観念（意識内容）」の連合によって説明しようとした。連合主義心理学では，観念の連合の法則を知るために，デカルト以来の方法である内省（内観）を使って，自分の意識を分析していた。

2　心理学の成立

1）生理学の発達と感覚知覚研究　19世紀になって生理学が発達し，目や耳などの感覚器官の構造や，それらにつながる神経，さらに神経が脳とつながっていること，などが明らかになってきた。このような背景から生理学者は，感覚と感覚器官の関係について検討を始め，人間の感覚は物理法則に従って働いていることが明らかになった。刺激の強さとそれに伴う人間の主観的感覚の関係が，数学的法則，つまり関数で記述できることを明らかにしたのである。これが，精神物理学（心理物理学）の始まりで，現在の心理学でも重要な研究領域であり，研究方法となっている（3章3-1参照）。この功績により，「感覚」を研究対象とした感覚知覚研究がさかんになった。感覚知覚研究は，感覚を心の要素としてとらえる，という点は連合主義心理学と通ずるものであった。

2）実験心理学の独立　1879年，感覚知覚研究に携わっていたヴィルヘルム・ヴント（Wilhelm Wundt: 1832-1920）が，世界で初めて心理学実験室をドイツのライプツィヒ大学に設立した（図1-9参照）。彼は，研究対象を感覚以外にも広げ，生理学と心理学を融合させた「心を科学する学問」，つまり「心理学」を哲学から独立させたのである。

　ヴントの心理学は，意識内容を研究対象とし，意識が感覚や感情のような要素から構成されると考え，内省（内観）や実験によってそれらを明らかにしようとしたり，それらの要素間の結合法則を明らかにしようとしたりした。これは構成主義（structuralism）と呼ばれている。彼は内観法がもつ主観性が高いという短所を補うため，より客観性の高い「実験」を心理学に導入した。しかし，感覚よりも複雑で高次の心理現象を対象にするのは難しく，内省（内観）にたよらざるを得なかった。

3）機能主義　図1-9にも示すように，構成主義を唱えたヴントと同時代のアメリカでは，ウィリアム・ジェームズ（William James: 1842-1910）が構成主義とは対立する立場である機能主義（functionalism）を唱えた。機能主義は，意識を要素やその要素間の結合としてとらえる構成主義とは異なり，意識のはたらきや目的を重要視し，意識は人間が環境に適応しようとする精神の統一的活動であるという立場をとった。彼の考え方を代表する言葉が，「考え（意識）の流れ」である。つまり，意識を要素の集まりとは考えず，意識はその意識をもっている人格の一部で，連続しており，絶えず変化し続けるもの

と考えたのである。機能主義台頭の背景には，チャールズ・ダーウィン（Charles Darwin: 1809-1882）が唱えた進化論（theory of evolution）の影響が大きい（5章5-1参照）。進化論では，すべての生物は，長い期間をかけて徐々に変化してきた過程の中で生まれたと考える。ダーウィン以前は，宗教的世界観から人間が神に作られた特殊な生物であるという見方が大勢を占めていたため，進化論の登場はその当時大きな衝撃をもたらした。ジェームズもこの考え方に少なからず影響を受け，人間のもつ意識の「はたらき」が重要で，そのはたらきには生物学的に何らかの意味があると考えたのである。この考え方は，現在の認知心理学の前身ともなっている。

3 現代心理学の源流

　20世紀に入ると，構成主義の考え方や内観法への批判から，現代心理学の礎となるいくつかの流れがスタートした。

1) 無意識の心理学　　精神科医であったジクムント・フロイト（Sigmund Freud: 1856-1939）は，神経症の心理的治療を行いながら，心がどのように構成されているかを検討した。そして，「人間の背後には，意識できない機構，つまり無意識が働いており，それが人間の心の本質だ」と考えた。この考え方に基づいてフロイトは，精神分析学を創始し，これは現在の臨床心理学や心理療法に影響を与えている。精神分析学が科学であるか否かは議論が分かれるところではあるが，その当時，心理学の研究対象が意識内容中心であったのに対して，無意識に着目した点がフロイトの功績である。

　しかし1950年代になって，精神分析が無意識ばかりに重点をおき，意識を軽視し，決定論的になりすぎていた点が批判され，新たな流れが出現した。それがアブラハム・マズロー（Abraham Maslow: 1908-1970）やカール・ロジャーズ（Carl Rogers: 1902-1987）による「人間性心理学（humanistic psychology）」である。人間性心理学では，その人の行動を決定づけるのは無意識ではなく，その人がもつ自己概念（self-concept）であると考えている。

2) ゲシュタルト心理学　　意識内容，感覚を要素に分けてとらえるヴントらの構成主義の考え方を否定したのが，マックス・ウェルトハイマー（Max Wertheimer: 1880-1943）を中心とする，ゲシュタルト心理学（gestalt psychology）である。「ゲシュタルト」とは，「要素に還元できないまとまりのある1つの全体がもつ構造特性」を意味する。ゲシュタルトを表す代表的な知覚現象に仮現運動（ファイ現象）がある。これは，静止した画像が短時間の間隔をあけて連続的に呈示されると，像が動いて見えるという現象である。2つの刺激は物理的には静止しており，運動に対する刺激要素は存在しないため，構成主義の立場ではその運動を説明できない。この動きは，2つの刺激がもたらす全体的なまとまりから生まれるゲシュタルトなのである。したがって，要素に分けて考えることはできない。ウェルトハイマーは，1912年に仮現運動を発表したが，この年がゲシュタルト心理学誕生の年だとされている。ゲシュタルト心理学については3章（情報処理と認知）で紹介されている。

3) 行動主義・新行動主義　　意識を研究対象とすること自体を完全に否定し，目に見える行動だけを心理学は研究すべきだと考える行動主義（behaviorism）を提唱したのが，ジョン・ワトソン（John Watson: 1878-1958）であった。1913年に彼は，当時主流であった内観法を使った心理学を批判する論文を発表し，行動主義を提唱した（「行動主義宣言」）。彼は，心理学が自然科学と同様に発展していくためには，内観で得られたような私的なデータを研究対象とするのではなく，客観的観察データのみを研究対象とすべきだとした（客観主義）。したがって行動主義では，目に見える行動（筋と腺の動き：筋肉の動きや唾液腺などの活動）だけを研究対象とした（末梢主義）。行動主義に大きな影響を与えたのはイワン・パヴロフ（Ivan P. Pavlov: 1849-1936）のイヌを使った条件反射の実験や，ネコやサルなどを対象としたエドワード・ソーンダイク（Edward L. Thorndike: 1874-1949）による問題箱実験である。

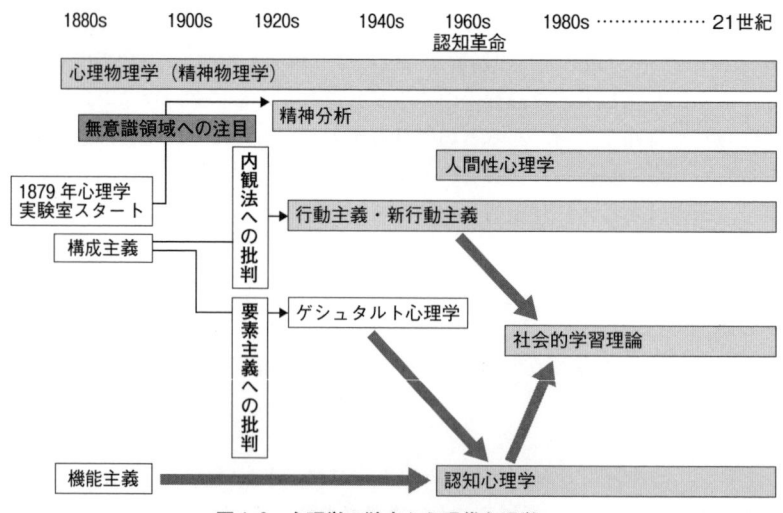

図 1-9 心理学の独立から現代心理学へ。

　ワトソンの行動主義の基本的特徴には，上で示した「客観主義」と「末梢主義」の他に，さらに2つが挙げられる。1つは，「S-R 連合学習の強調」である。刺激（S）と反応（R）の間の関係法則を明らかにすれば，どのような刺激（S）を与えれば，どのような反応（R）が生じるかが予測できると考えたのである。彼は，どんな複雑な行動でも，単純な S-R の連鎖からなっていると考えた。もう1つは，「環境主義」である。生得性を軽視して，環境の影響を重要視する立場である。

　現在では，ワトソンのような極端な行動主義の立場をとった心理学者は非常に少ない。しかしその考え方はさまざまな影響を与えている。たとえば，アルバート・バンデューラ（Albert Bandura: 1925-）は，獲得したい行動を遂行している他者を観察するだけで，その行為は獲得できるとする社会的学習理論を発表している。また，心理療法の1つとして使われている行動療法は，行動理論（学習理論）を基礎として確立されている。

　ワトソンの行動主義は，科学的心理学のスタイルとしては非常に理にかなったものだったともいえる。しかし，実際に行動する主体である有機体（O）の能動性はまったく考慮されておらず，この点については疑問をもつ心理学者が多かった。1930 年頃になると，極端な行動主義は，刺激（S）と有機体（O）の能動性によって反応（R）がもたらされるとする（S-O-R）新行動主義に変わっていった。

4）**認知革命**　　ワトソンの行動主義宣言にはじまり，約半世紀の間，行動主義心理学は，科学的な心理学としては一応の成功を収めてはいた。しかし，「意識，心」を排除していた行動主義には，1950 年末から多くの心理学者が行き詰まりを感じていた。こうした状況を打開するために，「意識」や「心的過程」といった脳内で生じている過程を積極的に明らかにしていこうとする認知心理学（cognitive psychology）が台頭したのである。ガードナー（Howard Gardner: 1943-）は，このような行動主義心理学とはまったく違った心理学への大きな変化を認知革命（cognitive revolution）と呼んだ。認知革命の背景には，行動主義の行き詰まりに加えて，コンピュータ科学における「情報処理」という概念の影響も大きい。つまり認知心理学は，人間の認知機能をコンピュータの機能と照らし合わせて理解しようとする姿勢をもっているのである。現在では，この認知心理学的な立場は，発達心理学，社会心理学，など他の心理学領域においても共有されている考え方となっている。

●理解を深めるための参考図書

長谷川 寿一・東條 正城・大島 尚・丹野 義彦・廣中 直行（2008）．はじめて出会う心理学（改訂版）　有斐閣

楠見 孝（編）（2018）．心理学って何だろうか？――四千人の調査からみえる期待と現実――　誠信書房

小川 一美・斎藤 和志・坂田 陽子・吉崎 一人（2013）．スタートアップ「心理学」――高校生と専門的に学ぶ前のあなたへ――　ナカニシヤ出版

Weeks, M.（2014）. *Heads up psychology*. London: Penguin Random House.（ウィークス，M. 渡辺 滋人（訳）（2015）．10代からの心理学図鑑　三省堂）

2　心の生理学的基盤

　ヒトの心のはたらきは，直接見ることのできない脳や神経系が基盤となっている。

　駅に向かう途中でチワワを見かけた。この一瞬の出来事を細かく見てみよう。まず眼で目の前にいるモノの姿をとらえ，その情報は脳に伝えられる。脳ではそれがどのような形でどのような色をしているのか，どのように動くかなどを分析し，それがイヌであり，犬種はチワワであると認知する。そして，脳は筋肉などの効果器に指令を出し，チワワに近づくあるいは遠ざかるという行動が生まれる。1秒にも満たないこの心のはたらきは脳での情報処理によるものである。

　脳はニューロンのネットワークで構成されている。外界の情報を脳に伝えるのも，脳からの指令を運動器官に伝えるのもニューロンである。本章では脳を構成するニューロンの仕組みから概説し，神経系と脳について学んでいこう。

2-1　ニューロン

　脳は神経細胞と呼ばれるニューロンとグリア細胞（神経膠細胞）の2種類の細胞で構成される。全体の10％にすぎないニューロンは脳の情報処理を担う細胞であり，全体の90％を占めるグリア細胞はニューロンの機能を支える細胞である。

　ヒトの脳の大脳皮質には約140億のニューロンがあるといわれている。ニューロンは細胞体と，樹状突起（dendrite），軸索（axon）という2種類の突起で構成される（図2-1）。細胞体は核を有し，ニューロン自体の生命活動を担っている。樹状突起は細胞体から木の枝のように伸びる突起であり，他の数百数千というニューロンから信号を受け取る。軸索は神経線維（nerve fiber）とも呼ばれ，細胞体から伸びる長い1本の突起で，信号を次のニューロンに伝達したり，筋や腺に伝えたりする。この軸索が多

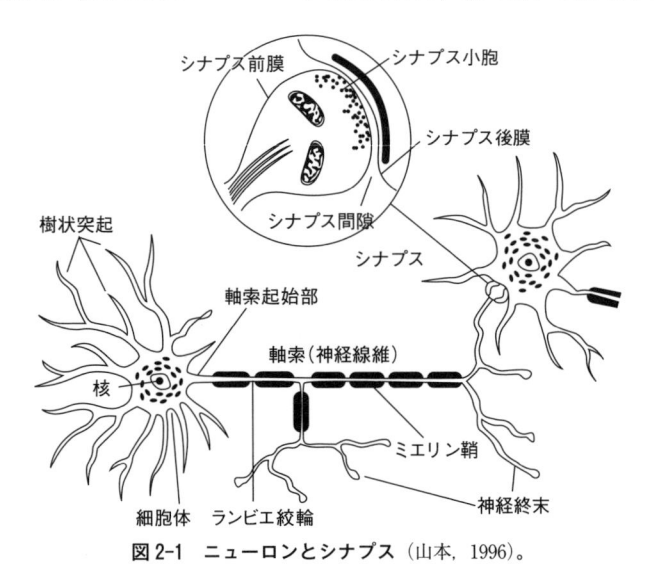

図 2-1　ニューロンとシナプス（山本，1996）。

数集まった束が神経であり，生体内の電気的な信号を伝えるケーブルとなっている。軸索の末端は多くの枝に分かれた神経終末で終わる。

1 活動電位とニューロン内情報伝達

ニューロンの細胞膜の内側と外側には，ナトリウムイオン（Na^+），カリウムイオン（K^+）などの荷電された分子が存在する。ニューロンが興奮していない静止状態は細胞膜の内側はマイナス，外側はプラスに荷電した分極状態（膜の内側が外側に比べて約$-70\,mV$の電位）に保たれている（図2-2）。こうした静止膜電位と呼ばれる状態が，別のニューロンか

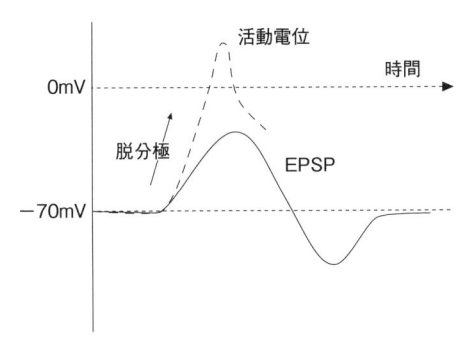

図 2-2　ニューロンの細胞内から記録される興奮性シナプス後電位（EPSP）と活動電位の模式図（柴崎・米倉，1994を改変）。

ら信号を受けると，膜電位の分極の程度が弱まり，膜電位に脱分極が生じる。この脱分極によって膜電位がある一定の電位（閾値電位）を超えると，Na^+に対する膜の透過性が急速に高まる。その結果，Na^+が膜の外側から内側に流入し，細胞膜の内側がプラスの電位に変化する。この膜電位変化は活動電位（action potential）と呼ばれ，「全か無かの法則（all-or-none principle）」に従い，閾値電位以上の脱分極によってつねに一定の大きさで生じる。活動電位が発生したところでは，瞬時にK^+が細胞膜の外へ出され再び分極する（再分極）。こうした膜電位変化が神経細胞内で次々に発生し，軸索の末端方向に伝わっていく。

軸索には髄鞘（ミエリン鞘）と呼ばれる膜で覆われている有髄線維と膜を持たない無髄線維とがある。髄鞘と髄鞘の間には隙間があり，その部分は軸索がむき出しの状態となる。これをランビエ絞輪と呼ぶ（図2-1参照）。髄鞘は絶縁体であるため，活動電位は髄鞘を飛び越えて伝わることになる。つまり，活動電位はランビエ絞輪から次のランビエ絞輪へと跳躍しながら伝わっていく。これを跳躍伝導という。したがって，髄鞘化されていない無髄線維よりも髄鞘化されている有髄線維の方が活動電位の伝達速度は速くなる。

2 ニューロン間情報伝達と神経伝達物質

ニューロン内情報伝達により神経終末まで電気信号が伝わると，その信号は次のニューロンへ送られる。送り手のニューロンと受け手のニューロンの連結部分をシナプスというが，そこにはシナプス間隙と呼ばれるわずかな隙間があるため電気信号による情報伝達ができない。そこで神経終末まで送られた電気信号は化学物質（神経伝達物質）の受授という形式に変換され次のニューロンへと情報伝達をする。

送り手側であるシナプス前細胞の神経終末に到達した活動電位はシナプス小胞を刺激して神経伝達物質をシナプス間隙に放出する。放出された神経伝達物質は受け手側であるシナプス後細胞の受容体（レセプター）に結合する。受け手側に生じた膜電位変化はシナプス後電位と呼ばれる。神経伝達物質には，シナプス後細胞を脱分極させる興奮性シナプス後電位（EPSP: excitatory postsynaptic potential）と，逆に活動電位の発生を抑制する抑制性シナプス後電位（IPSP: inhibitory postsynaptic potential）を生じさせるものがある。1つのニューロンには無数のシナプスがあり膨大な数の信号を受け取るため，興奮性信号（プラス）と抑制性信号（マイナス）の総和により反応が決まる。興奮性信号の入力が優勢で閾値を超えれば活動電位が発生し，それは軸索を伝わり，シナプス間隙に神経伝達物質を放出し，次のニューロンへと情報が伝達される。一方，抑制性信号の入力が優勢であると活動電位の発生が抑えられる。

脳内にはアセチルコリン，ノルアドレナリン，ドーパミン，セロトニン，GABA（ガンマアミノ酪酸）など，60種類以上の神経伝達物質がある。シナプスに放出された神経伝達物質はその種類によって特定の受容体と結合して，異なる神経情報の受け渡しを行う。

　神経伝達物質は心的過程に影響する。神経伝達物質として最初に発見されたのはアセチルコリンである。アセチルコリンは興奮性の神経伝達物質で，記憶や学習にも深く関わっている。ノルアドレナリンやドーパミンも興奮性の伝達物質で，意欲や情動に関与する。セロトニンは抑制性の伝達物質で，覚醒や睡眠などの生体リズムに関与する。GABA は神経の興奮を抑制する主要な抑制系の神経伝達物質である。

2-2 神 経 系

　神経系は，図 2-3 のように，中枢神経系（central nervous system）と末梢神経系（peripheral nervous system）に大きく分けられる。中枢神経系は脳と脊髄（spinal cord）で構成される。末梢神経系は感覚受容器（sensory receptor），筋や腺といった末梢と中枢神経系を結びつけており，その機能によって体性神経系（somatic nervous system）と自律神経系（autonomic nervous system）に分けられる。こう

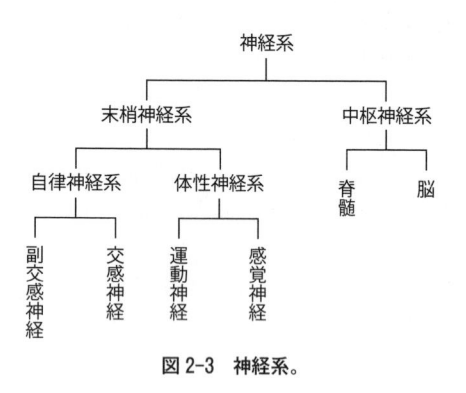

図 2-3　神経系。

した神経系における情報の流れは，末梢神経系の感覚ニューロン（sensory neuron），中枢神経系の介在ニューロン（interneuron），そして末梢神経系の運動ニューロン（motor neuron）へと進む。感覚ニューロンは受容器で収集された情報を介在ニューロンに伝える。介在ニューロンはその情報を処理し，その個体が環境に適応するための指令を出す。その指令は運動ニューロンによって効果器（effector）に伝えられる。また，末梢から中枢に向かう神経は求心性神経（afferent nerve），中枢から末梢に向かう神経は遠心性神経（efferent nerve）とも呼ばれる。

1　中枢神経系

　脳は大脳（cerebrum），間脳（diencephalon），脳幹（brain stem），および小脳（cerebellum）の領域に分けられる（図 2-4）。大脳は大脳皮質，大脳辺縁系および大脳基底核，脳幹は中脳，橋，延髄で構成される。

1）大脳　ヒトの脳で最も大きく最も重要な領域である。大脳は厚さ 2 mm の層である大脳皮質（cerebral cortex）に覆われている。その表面を見ると，凸凹とした膨らみやシワがあることがわかる。膨らみのことを脳回（gyrus），シワのことを脳溝（sulcus）という。この凸凹を平らにすると，だいたい新聞紙 1 面（約 2,200 cm²）の大きさになる。そのような広い面積をもつ大脳皮質は，友人とおしゃべりをする，あるいは旅行の計画を立てるなど，ヒトとしての心のはたらきを支える。このような情報処理を行うのは皮質表面のニューロン（図 2-1）である。皮質表面は灰色に見えることから灰白質（gray matter）と呼ばれるが，これはニューロンの細胞体（図 2-1）が密集しているためである。脳の内側は白く見えるため白質（white matter）と呼ばれるが，ここは情報を伝える軸索（神経線維）（図 2-1）で構成されている。軸索がミエリン鞘で覆われているため白く見えるのである。

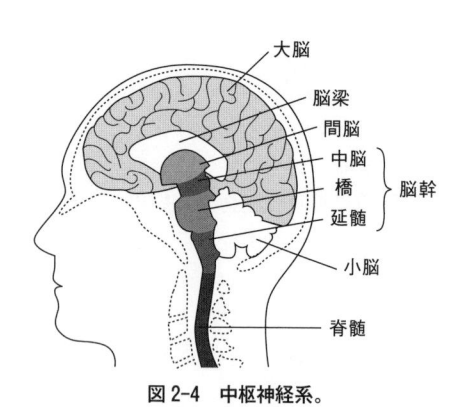

図 2-4　中枢神経系。

　大脳辺縁系（limbic system）は怒り，恐怖などの

情動や，摂食，攻撃など本能的な行動の調節といった動物にも共通する機能を司る。大脳辺縁系は海馬や扁桃体，帯状回などで構成される。海馬は一時的な記憶の貯蔵や出来事の記憶の形成に重要な場所である。もし海馬を損傷すると，損傷以前の古い記憶は保たれるが，損傷以後の新しい記憶を形成できなくなる健忘症（前向性健忘）が生じる。海馬の下にある扁桃体はアーモンドに似た形をしており，恐怖表情などの情動情報の処理に関わっている。扁桃体を切除されたサルは，本来，恐怖反応を示す対象であるヘビを見ても怖がらず，つかんで口に入れようとしたとの報告（Klüver & Bucy, 1939）もある。

　大脳基底核（basal ganglia）は大脳の深部に位置する，運動機能に関わる部位である。さまざまな反射や運動を調整して，円滑な随意運動を可能にする。もし，大脳基底核を損傷すると，自分の意志とは無関係に自分の手足が動くといった不随意運動が認められる。

2）間脳　　大脳の下に位置し，視床と視床下部で構成される。視床は嗅覚以外の感覚情報を大脳皮質の特定の領域に送る中継地点である。たとえば，眼の網膜に映った情報は視床を経由して大脳皮質の第一次視覚野に送られる。視床下部は視床の下に位置し，視床よりかなり小さい。視床下部は自律神経系をコントロールし，生体内環境の恒常性（ホメオスタシス：homeostasis）の維持を担う。つまり，体温，食物や水分摂取の食行動，性行動などの生命維持に関わる重要な機能を制御しているのである。

3）脳幹　　脳幹は狭義には中脳（midbrain），橋（pons），延髄（medulla oblongata）からなるとされるが，そこに間脳を含める場合もある。脳幹は生命維持に重要な場所で，その損傷は大脳の機能停止をもたらし，やがて死に至る。中脳は脳幹の最上部で両側の側頭葉の間に位置し，その背側には感覚情報の中継路である上丘と下丘がある。上丘は視覚に関連した機能を，下丘は聴覚に関連した機能を担う。橋は中脳と延髄の間に位置し，大脳からの情報を小脳に中継する重要な連絡路となっている。延髄には呼吸，嚥下，心臓血管系の制御などに関わる自律神経系の中枢があり，これは生命維持に関わる重要な部位である。また，脳幹には脳幹網様体賦活系と呼ばれる領域があり，大脳皮質全体の覚醒レベルを維持している。

4）小脳　　小脳は脳幹の背側にあり，平衡機能，運動機能の制御に関わっている。小脳が障害を受けると，平衡感覚が調節できなくなるため，歩行がふらふらとしたぎこちないものになったり，あるいはピアノを弾く，複雑な体操を行うなどの身体運動が難しくなったりする。

5）脊髄　　脊髄は脳と首から下の身体の部分を結ぶ連絡路として働く。感覚受容器から送られてくる情報は脊髄を上行して脳に伝えられ，脳から効果器への指令は脊髄を下行して伝えられる。また，脊髄には単純な反射を起こす中枢があり，この脊髄反射（spinal reflex）は意識が介在せずに自動的に生じる。たとえば，バラのとげを触って思わず手を引っ込める場合，痛みの信号が求心性神経（感覚ニューロン）によって脊髄に伝えられると，脊髄では介在ニューロンを経て，直ちに遠心性神経（運動性ニューロン）で手を引っ込める指令を手の筋に送り出す（図2-5）。この例の屈曲反射のほかに，膝蓋腱反射のような伸張反射などがある。

2　末梢神経系

　末梢神経系は中枢神経系以外のすべて

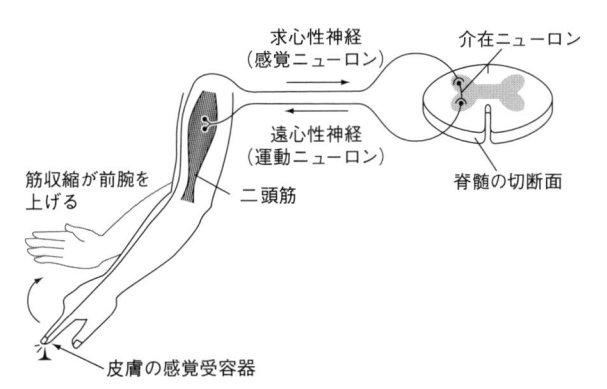

図 2-5　屈曲反射（Gazzaniga & Heatherton, 2005 を改変）。

の神経で構成され，大きく体性神経系と自律神経系に分けられる。体性神経系は生体外の環境との遣り取りに関わり，自律神経系は生体の内部環境の調整を担当している。体性神経系のうち左右31対の神経は脊髄神経と呼ばれ，脊髄と身体の各領域を結んでいる。また，脳神経と呼ばれる残る12対の神経は脳と結びついている。

　体性神経系をさらに分けると，運動神経と感覚神経に分けられる。運動神経は体を動かすための運動命令を伝える神経であり，情報伝達の方向は中枢神経系から骨格筋などの効果器へ向かうものである（遠心性神経）。感覚神経は眼や耳などの感覚受容器からの情報を中枢神経系に送る神経である。したがって情報伝達の方向は，末梢から中枢へ行われる（求心性神経）。

　自律神経系の求心性神経は心臓や胃，肺などの内臓の感覚信号を中枢神経に伝え，遠心性神経は中枢神経からの指令信号を内臓の筋や腺に送り制御する。自律神経系（の遠心性神経）は交感神経系（sympathetic nervous system）と副交感神経系（parasympathetic nervous system）に分けられる。ほぼすべての内臓が交感神経と副交感神経から信号を受け取る（図2-6）。一般に，交感神経と副交感神経は拮抗的に働き，生体内部環境のホメオスタシス機能を担っている。交感神経系はエネルギーや活性化が必要な事態（たとえば，闘争か逃走か；fight or flight 反応）で働き，心拍数の増加や瞳孔の散大，気管支の拡張などをもたらす。対照的に副交感神経系は身体がエネルギーを蓄えようとするときに（たとえば，休息時に）働き，心拍数の減少，瞳孔の縮小，気管支の収縮などをもたらす。このように，交感神経と副交感神経は拮抗的に働くことが多いが，いずれか一方の作用のみを受ける場合もある。たとえば，汗腺の分泌や皮膚の毛細血管は交感神経の作用のみである。

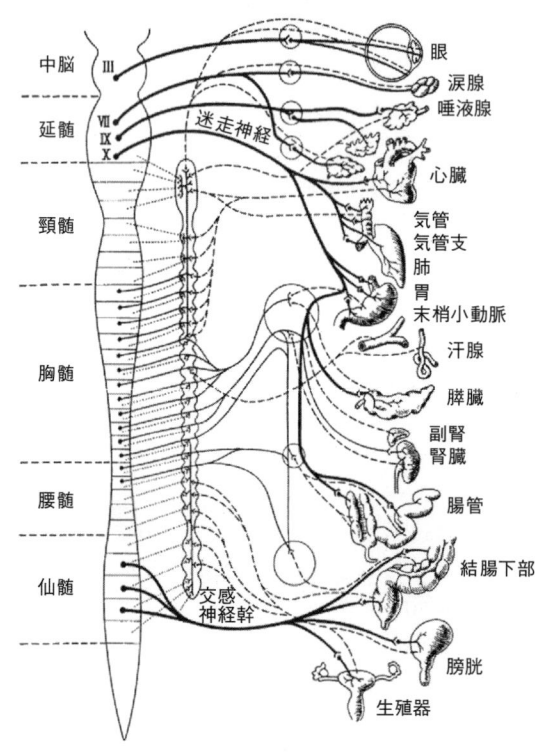

図2-6　自律神経系における交感神経系と副交感神経系（太実線）の拮抗支配（Sternbach, 1966）。

2-3　大脳皮質の領野

　大脳皮質を上から見る（背側面：図2-7）と，大脳縦裂と呼ばれる深い溝が確認できる。大脳は大脳縦裂により左半球と右半球に分けられる。左右の大脳半球は基本的には対称的な形をしており，脳梁（corpus callosum）という太い神経線維の束で連絡されている。

　大脳皮質を横から見る（外側面：図2-8）と中心溝と外側溝が認められる。それらの溝を目印に，各半球は4組の葉に分けられる。中心溝の前方が前頭葉（frontal lobe），中心溝の後方が頭頂葉（parietal lobe），その後ろが後頭葉（occipital lobe），そして，外側溝の下側が側頭葉（temporal lobe）である。

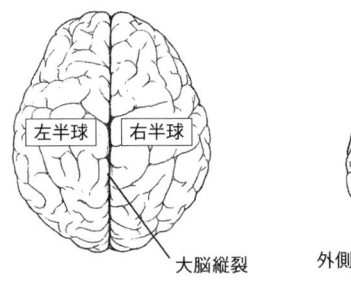

図2-7　背側面（絵：古屋直徳 cited in 森岡，2007を改変）。

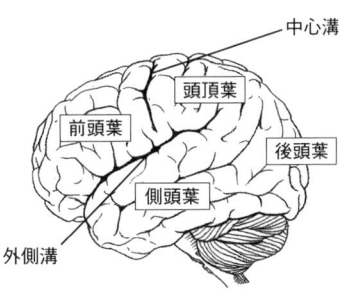

図2-8　外側面（絵：古屋直徳 cited in 森岡，2007を改変）。

1　機能局在

　ある特定の場所が特定のはたらきをするとした機能局在という考え方に沿って，大脳皮質表面の場所を特定する（図2-9）。後頭葉には視覚情報を処理する視覚野が，側頭葉には音を処理する聴覚野がある。頭頂葉には中心溝の後方に全身から送られてくる触・圧覚や痛覚などの感覚情報を処理する体性感覚野がある。さらに，前頭葉後部，中心溝の前側に沿って運動指令を出す運動野がある。これらは基本的な感覚の生起，運動機能に関係する場所で一次領野として分類される。

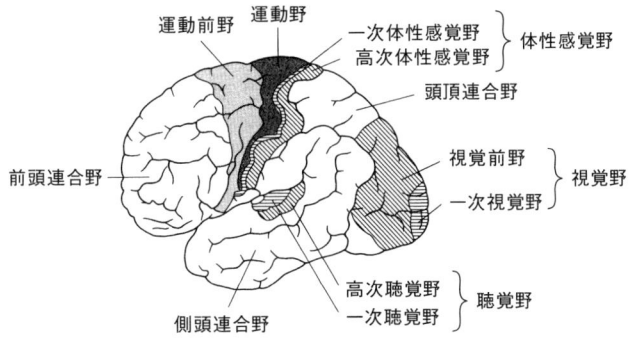

図2-9　大脳皮質における機能局在（酒井，1997）。

　図2-10はペンフィールドマップと呼ばれ，体の各部から送られた感覚を体性感覚野上に表現したものである。皮膚感覚は感覚神経によって脊髄に送られ，脊髄を上行し体性感覚野に届く。左半身からの情報は右半球に入り，右半身からの情報は左半球に入る。たとえば，右手人差し指に針が触れたとすると，左半球の人差し指に対応した脳領域（体性感覚野）が情報を受け取るのである。マップを見ると手や顔は広範囲を占めていることがわかる。つまり，これらの部位からは膨大な情報を受け取ることができる。言い換えれば，これらの部位は感覚が鋭いといえるだろう。

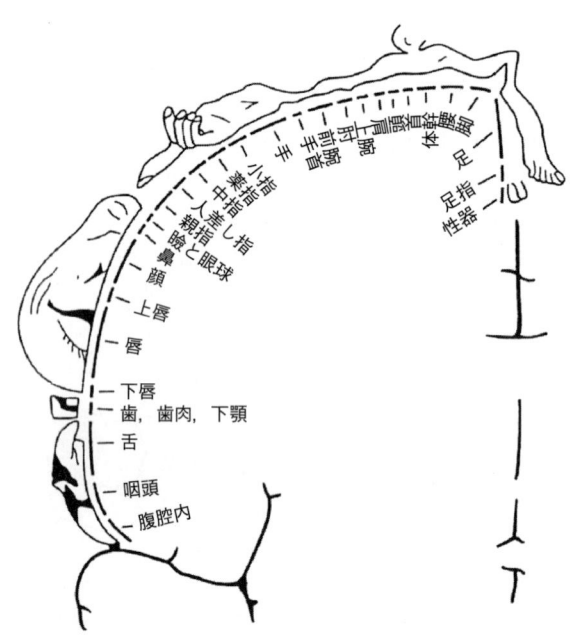

図 2-10　一次体性感覚野と身体部位との対応 (Penfield & Rasmussen, 1950 を改変)。

　一次領野を囲むようにさらなる処理をする場所，連合野がある（図 2-9 参照）。たとえば，視覚情報は一次視覚野に情報が届いた時点ではまだそれが何かは認識できない。受け取った視覚情報に対してうまく行動するためには，一次視覚野から視覚連合野へ情報が送られる。ただし，視覚情報は頭頂葉に向かう背側経路（dorsal stream）と下側頭葉に向かう腹側経路（ventral stream）の 2 つに分かれて伝達される（図 2-11）。背側経路では見ている物の位置や動きといった空間的な情報を処理する。腹側経路では見ている物の形や色など，それが何であるのかについて処理をする。

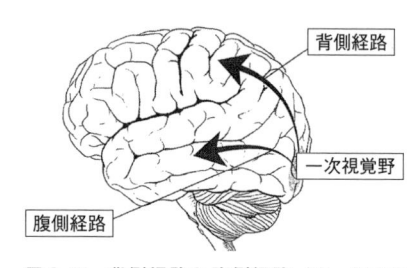

図 2-11　背側経路と腹側経路（絵：古屋直徳 cited in 森岡，2007 を改変）。

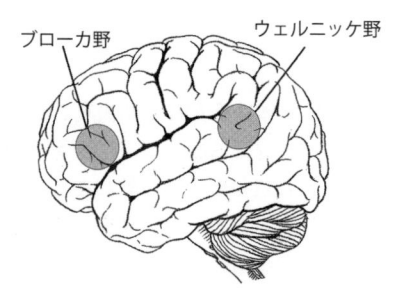

図 2-12　言語野（絵：古屋直徳 cited in 森岡，2007 を改変）。

2　言　語　野

　言語機能には主に 2 つの場所が関わっている（図 2-12）。左半球の前頭葉下部には運動性言語野（ブローカ野：Broca's area）がある。ここは言葉を表出することに関わる場所であるため，もしこの場所を損傷すると話すことが困難となるブローカ失語（Broca's aphasia）という症状が引き起こされる。また，左半球の側頭葉には感覚性言語野（ウェルニッケ野：Wernicke's area）がある。ここは話し言葉や書き言葉の意味を理解することに関わる場所であるため，この場所の損傷は言葉の内容理解が困難になるウェルニッケ失語症（Wernicke's aphasia）が引き起こされる。

3　ラテラリティ（脳の側性化）

　ある機能について一方の半球が他方よりも優れることを脳の側性化（ラテラリティ：laterality）という。これまでの研究から表 2-1 に示すように，単語

の処理は左半球が，図形の処理は右半球が優位であるといったような左半球と右半球の機能的な差が見出されてきた。視覚刺激を用いた研究方法としては瞬間呈示法がある。視覚刺激をモニターに瞬間呈示すると，注視点の右視野に呈示された刺激は左半球へ，左視野に呈示された刺激は右半球へ直接入力される（図 2-13）。実験参加者は呈示刺激に対して何らかの判断をするよう求められ，刺激が右視野に呈示された場合の課題成績と，左視野に呈示された場合の課題成績が比較される。前者が後者よりも成績が高ければ左半球が優れていると解釈され，後者が前者よりも成績が良ければ右半球が優れていると解釈される。また，聴覚刺激を用いた研究法には両耳分離聴テスト（dichotic listening test）がある。左右の耳に同時に音刺激を呈示すると，右耳からの刺激は左半球へ，左耳からの刺激は右半球へ直接入力

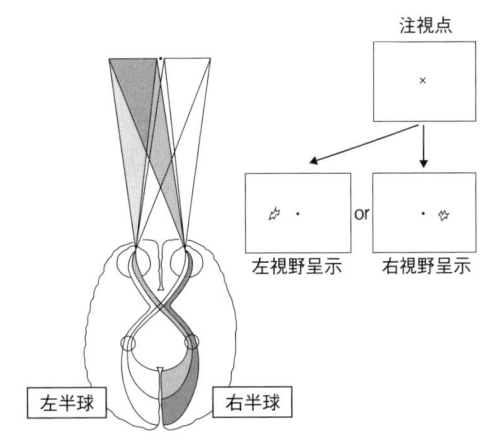

図 2-13　視野瞬間呈示法（八田，2003 を改変）。
注視点を見つめ，左あるいは右視野に刺激を瞬間呈示すると，刺激は呈示視野と対側半球の視覚野に入力される。

される。この生理学的基盤を使って，左右の耳に異なる音情報を呈示し，どちらの耳から入力された刺激に対する課題成績が高いかによって左右半球の機能を比較する。

表 2-1　各種機能と脳の側性化（八田，2003）

機能	左半球優位	右半球優位
視覚	文字　単語　文章　漢字熟語	幾何学図形　顔　漢字一文字
触覚		点字　図形の認知　立体物
運動	微細な随意運動	
記憶	言語的記憶	映像的記憶
言語	発話　読み　書字　計算	
空間処理	時系列順序の解析	地理　方向感覚 図形の心的回転　イメージ操作

2-4　生理測度で探る心のはたらき

　心のはたらきを支えるニューロンと神経系の仕組みについて学んできたが，そうしたニューロンや神経系の活動は心のはたらきと対応した身体的な変化をもたらす。たとえば，たくさんの人の前で発表をするときに心臓がドキドキしたり，試験を受けているときに手に汗をかいたり，映画に感動して涙を流したりする。また，睡眠時に夢を見ると眼球がキョロキョロと動き，目覚めているときのような脳波パターンが現れる。ヒトの顔写真を見ると，その顔認知に関わった脳の局所的な血流が増加する。こうした心の活動と身体的な変化の関係に着目して，心理学では，心拍や発汗などの自律反応を測定したり，脳波の変化といった中枢反応を分析したりする。生理反応を用いる利点は，実験参加者に反応ボタンを押させたり，言語的な応答を求めたりすることなく，知覚や認知，情動，そして夢見といった心の活動を脳と神経系に関連づけながら調べることができる点にある。心理学の伝統的な反応時間や正答率といった行動測度に加えて，今日では生理測度は心のはたらきを探る有力な方法となっている。

1　中枢反応

　脳の活動を調べる方法には，動物の脳内に微小電極を刺入してニューロンの電気活動を測定するとい

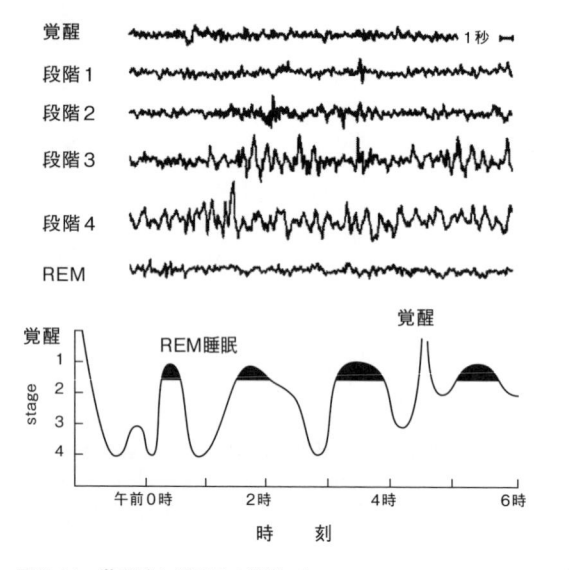

図 2-14 覚醒時と睡眠時の脳波（Bloom & Lazerson, 1988 を改変）。

った侵襲的な方法と，ヒトの頭皮上に貼り付けられた電極から脳波（brain wave）を記録するような非侵襲的な方法がある。

近年では技術的な進歩により機能的磁気共鳴画像（functional magnetic resonance imaging: fMRI）を計測する新たな非侵襲的な方法も開発されているが，ここでは脳波について詳しく見ておこう。

1）脳波　頭皮上に小さな円盤状の電極を貼り付けて，脳波を記録する。脳波は多数のニューロンが同時に集団となって示す電気的な活動を記録したものであり，脳電図（electroencephalogram: EEG）とも呼ばれる。脳波のパターンは基本的には周波数によって分類され，1 秒間に 8 回から 13 回の振動を示すアルファ波を中間周波数帯域（8〜13 Hz）として，徐波帯域のデルタ波（0.5〜3 Hz）とシータ波（4〜7 Hz），速波帯域のベータ波（13〜30 Hz）とガンマ波（30 Hz〜）に分けられる。脳波は周波数が低くなると振幅が大きくなり，覚醒水準の低下とともに高振幅徐波へと変化する（図 2-14）。閉眼安静時にアルファ波は最も多くなり，興奮や緊張によってベータ波が出現する。こうした脳波の特徴を活かして覚醒水準の指標として利用される。

2）事象関連電位　脳波を記録しながら音刺激を呈示すると，刺激呈示後 1 秒ほどの間に，0.1 μV〜数十 μV ほどの一連の陽性波と陰性波が起こる。このような何らかの事象に関連して生じた脳電位変化は事象関連電位（event-related potential: ERP）と呼ばれ，特定の事象に関連しない持続的な電気活動である脳波と区別される。ERP の一連の波は成分とも呼ばれ，陽性波には P1，P2，P3（あるいは，P300），陰性波には N1，N2，N400 といった名前がつけられている。こうした成分は知覚，注意，認知，記憶といった認知活動（脳内情報処理）と関連づけられている。2 種類以上の刺激を異なる頻度で呈示するオッドボール課題を例に挙げよう。実験参加者には低頻度刺激（標的刺激）が呈示されたら反応ボタンを押すように指示する。図 2-15 はこのオッドボール課題で記録された ERP 波形である。検出が求められた標的刺激には刺激呈示後大きな陽性波（P3）が観察されるが，高頻度呈示の非標的刺激には

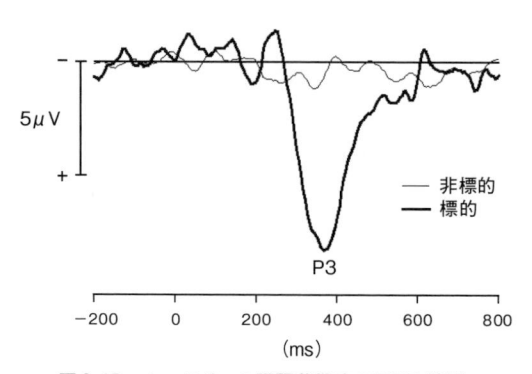

図 2-15 オッドボール課題遂行時の ERP 波形。

P3 は生じない。この結果は，標的刺激の検出に伴い，実験参加者がボタン押し反応を行うための認知活動を反映する。また，標的刺激の検出に時間がかかればP3潜時（刺激呈示からP3頂点までの時間）は延長する。

2　末梢反応

　末梢反応は自律神経系の反応（自律反応），視覚 - 運動反応，骨格筋反応などがある（山田，1998）。自律反応には，心理学でよく使用されてきた心拍率（heart rate）がある。精神的なストレスがかかると，心臓の鼓動が速くなることからもわかるように，ストレスや情動の指標となっている。他に，心臓血管系の反応には血圧（blood pressure），脈波（plethysmogram）などが使用される。その他の自律反応としては呼吸活動（respiration），皮膚電気活動（electrodermal activity）などが測定される。

　自律反応に限らず，骨格筋反応（筋電図など）や脳波なども含め，複数の反応を記録して，心のはたらきを探るポリグラフ記録（polygraphy）がある。テレビなどではウソ発見と紹介されることもある。ポリグラフ検査の実習例を紹介しよう。トランプ数枚を用意し，実験参加者にはそのうちの1枚を選んでもらう。選んだカードは誰にも見せないようにし，残るカードの中に戻して，実験はスタートする。「あなたのカードはこれですか」という質問に対して，実験参加者は必ず「いいえ」と答える。この実験中の生理反応を記録すると，対象のカードに対して他のカードとは異なる反応が生じる。つまり，呈示されたカードが自分の選んだカードであると認識すると，生理反応に変化が生じるということである。

　視覚 - 運動反応には眼球運動，瞬目反応（いわゆる「まばたき」），瞳孔運動などがある。眼球運動については，今日ではよく知られているように，睡眠時に夢を見ているときに，急速眼球運動（rapid eye movement: REM）が生じる。その睡眠段階はレム（REM）睡眠と名づけられ，それ以外のノンレム睡眠とは区別されるようになった（図 2-14 参照）。また，眼球運動は眼を動かして情報を取り込む際に生じることから，知覚や認知の研究で非常に多く利用されてきた。最近は，眼球運動の測定が比較的容易となり，心理学のさまざまな領域で有効な指標となってきている。

● 理解を深めるための参考図書

堀　忠雄・尾崎　久記（監修）坂田　省吾・山田　冨美雄（編集）(2017)．生理心理学と精神生理学　第Ⅰ巻　基礎　北大路書房

石浦　章一（監修）(2016)．運動・からだ図解　脳・神経のしくみ　マイナビ出版

岩田　誠（監修）(2011)．史上最強カラー図解　プロが教える脳のすべてがわかる本　ナツメ社

3 情報処理と認知

われわれは，目や耳，鼻，肌などさまざまなチャンネルからエネルギーを受容し，感じる。そしてそれらは脳に入力され，脳によって知覚される。このように物体や事象が知覚，認識されるためには，すでに持っている知識を使って，特定の部分や特定の心的過程の側面を選択的に注目したり，反応したりする必要がある。認識されたものは，蓄積され半永久的な知識となるものもあれば，すぐに忘れられるものもある。本章では，情報をどのように感じ，とらえるのか（感覚・知覚）について1節（3-1）で，それをどのように蓄え活用していくのか（記憶）について2節（3-2）で紹介する。

3-1 感覚と知覚

感覚（sensation）と知覚（perception）はよく似ていて，日常的には使い分けることもなく，両者の差異を意識することもない。ウルフら（Wolf et al., 2012, 2017）は，感覚と知覚を次のように定義している。感覚は刺激を検出し，そしてそれを個人的な経験におとす能力をさし，知覚は，検出された感覚に意味を付与する活動だとしている。しかし両者の区別は実際には難しく，比較的末梢的であると考えられる場合を感覚，より中枢的であると考えられる場合を知覚と呼んでいる（日比野，1999）。つまり，より単純な過程で受容器レベルのものが感覚で，より複雑で，大脳レベルのものが知覚と便宜的にとらえることができるのである。重要なことは，感覚と知覚は連続的なものとして理解しておくことである。感覚器が受容した低次なレベルのものを高次レベルへ処理していくボトムアップ的なもの（bottom-up processing）と，知識や経験，期待から能動的に処理していくトップダウン的なもの（top-down processing）が協調して働いているのである。

1 「感覚」：感じるとは

1）刺激と閾　　われわれは，目，耳，鼻，舌，皮膚などの感覚器官を通じて外界から情報を得ている。それぞれの感覚器官で，感覚を生じさせるエネルギーやその変化が刺激（stimulus）と呼ばれる。各感覚器官は，それぞれ適切な刺激（適刺激：adequate stimulus）しか受容できない。つまり，光は，鼻や耳に対しては不適刺激で，目には適刺激といえるのである。さらに，適刺激を感じるためには一定の強度が必要であることが重要である。感覚を生じさせることができる最小限の刺激強度（物理量）を絶対閾（absolute threshold），あるいは刺激閾（stimulus threshold）と呼ぶ。絶対閾は心理物理学的測定法によって測定する。たとえば，聴覚の場合は次のように行う。研究参加者に事前に用意したさまざまな音圧の音刺激を1つずつ呈示する。参加者はその音が聞こえたか（検出した），聞こえなかった（検出できなかった）を判断する。音の小さい刺激から比較的大きな音刺激まで数種類が用意され，それぞれ数十回ずつ呈示する。図3-1に示すように，比較的刺激強度が大きい音刺激は100％検出され，刺激強度を小さくしていくにつれ，刺激の検出率は低下する。検出率と音圧の関係を数学的な関数に当てはめる（心理物理関数：psychometric function）。この検出率が50％になる音圧がその参加者の音の絶対閾となる。

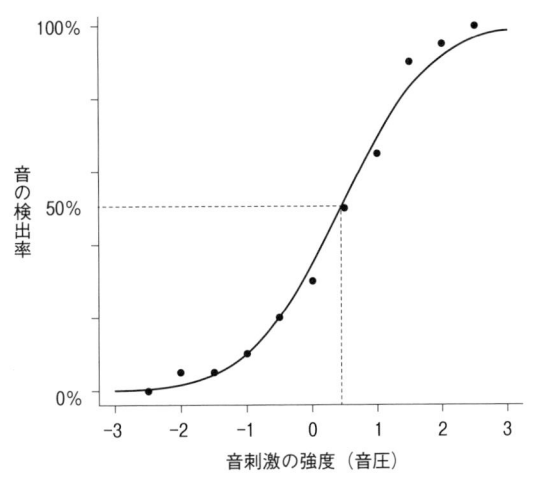

図 3-1　音刺激の強度と音の検出率の心理物理関数。

　刺激強度が強くなり過ぎると，その感覚器官固有の感覚は生じない。各感覚器官が固有の感覚を生じさせうる最大刺激強度を刺激頂（terminal threshold）という。たとえば聴覚の場合，音圧が刺激頂に近づくと，音の大きさだけでなく，むず痒い感覚を生じ，さらに大きくなると痛みを感じる（触・圧覚）。絶対閾と刺激頂の間の刺激強度をわれわれは感じ，その間では刺激強度が増すにつれ感覚強度も増す。

　われわれにとってさらに大事なのは，刺激強度に違いを感じることである。いつも持っている鞄が軽くなったと感じたことで，いつも入っているタブレット PC が入っていないことに気づくだろう。しかし，いつもの鞄にハンカチを入れ忘れていたことには気づかないかもしれない。2 つの刺激がある刺激特性について異なるとき，その差異を区別できることを弁別（discrimination）という。弁別できる最小の刺激強度差を弁別閾（difference threshold），あるいは丁度可知差異（jnd: just noticeable difference）と呼ぶ。弁別閾を測定する際には，一般的に基準になる刺激（標準刺激）と比較する刺激（比較刺激）が呈示される。比較刺激と標準刺激の間でその強度が主観的に同じである場合は，等価刺激（equivalent stimulus）と呼ばれる。そしてその等価刺激の値を主観的等価点（point of subjective equality）という。

2）刺激と感覚の関係　　弁別閾と標準刺激の刺激強度との間におもしろい関係があることは，心理学が成立（1 章 1-2 参照）するよりも前に，明らかになっている。生理学者であったウェーバー（E. H. Weber）は，弁別閾は標準刺激の強度の値と一定の比になっていることを発見した。これはウェーバーの法則（Weber's law）と呼ばれ，その比のことをウェーバー比という。標準刺激を I とし，ΔI だけ強めるか弱めるかして変化させたとき，初めてその刺激の強度の相違が識別できたとする。この ΔI が弁別閾であり，ウェーバー比は $\Delta I / I$ で算出される。先に示した鞄の重さの弁別の例では，1,000 g（標準刺激：I）の鞄で 50 g 軽くなったとき（950 g の鞄：比較刺激），はじめて軽くなったと気づくとする（弁別閾 50 g：ΔI）。2,000 g の標準刺激では 100 g（弁別閾 100 g：ΔI），500 g の鞄では 25 g（弁別閾 25 g：ΔI），軽くなれば，はじめて軽くなったと気づく。標準刺激と弁別閾の比は一定で，この仮想例では，ウェーバー比は 0.05（＝50/1000）となる。この比の具体的値は，刺激によって異なる。たとえば，光強度なら 0.08，物体の重さなら 0.02，音の周波数なら 0.003 である（Teghtsoonian, 1971）。この比が大きければ，2 刺激の弁別がより難しいことを意味している。

　心理物理学（精神物理学）を創始したのはウェーバーの助手であったフェヒナー（G. T. Fechner）である。彼はウェーバーの法則を拡張し，感覚の大きさ（心理量：R）は刺激強度（物理量：S）の対数に比例する（$R = k \log S$；k は定数）ことを示した（フェヒナーの法則　Fechner's law）。つまり，刺激強度（物理量）が増すにつれ，ある一定の心理量を増加させるためには，より大きな刺激強度の変化が

必要だとしたのである。この式は，100 年以上もの間，心理学だけでなく工学などの他の分野でも活用されてきた。ただ，この法則が，心理量と物理量の関係を表す正確な表現ではないことが，現在では明らかになっている。しかしフェヒナーの功績は，実験心理学の成立に大きな影響を与えただけでなく，今日でも感覚の測定に使用されている心理物理学的測定法（psychophysical measurement）を考案した点にある。

　物理量と心理量の新たな関係を提案したのがスティーヴンス（S. S. Stevens）である。彼は感覚の大きさに応じた数を直接当てはめるというマグニチュード推定法（magnitude estimation）を考案した。たとえばこの方法では，標準刺激が観察者に呈示され，この感覚の大きさが 10 であると告げられる。続いて刺激強度の異なる刺激が呈示されたときに，先に呈示された感覚の大きさと比べてどの程度異なるかを答えるように求められる。2 倍に感じたら 20 と答えることになる。この方法による測定結果から彼は，感覚の大きさは刺激強度のべき乗に比例すること（$R = kS^p$；k，p は定数）を示した。これがスティーヴンスのべき法則（Stevens' power law）である（Stevens, 1962）。

2　感覚の仕組み
1）視　　覚
　①光刺激と視覚系の仕組み　　視覚における感覚器官である目が光エネルギーを受容し，視覚が生じる。視覚にとっての適刺激はある特定の波長範囲（380〜780 nm：ナノメートル，10 億分の 1 m）にある電磁波，つまり可視光である。図 3-2 からもわかるように，日常生活で生じている電磁波の一定の範囲をわれわれは感受している。

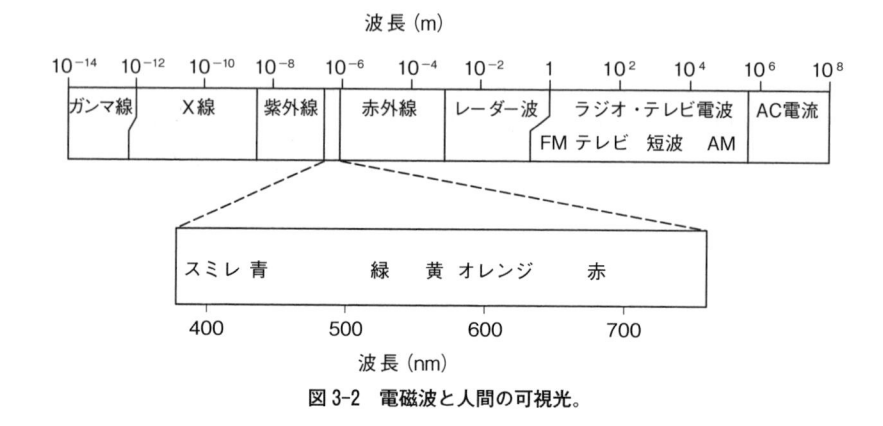

図 3-2　電磁波と人間の可視光。

　図 3-3 は眼球の断面を示している。外界の光は，角膜，水晶体（レンズ）を通って網膜に映し出される。網膜像は網膜内に存在する視細胞で電気信号に変換され，視神経に伝達される。左右 2 つの眼球か

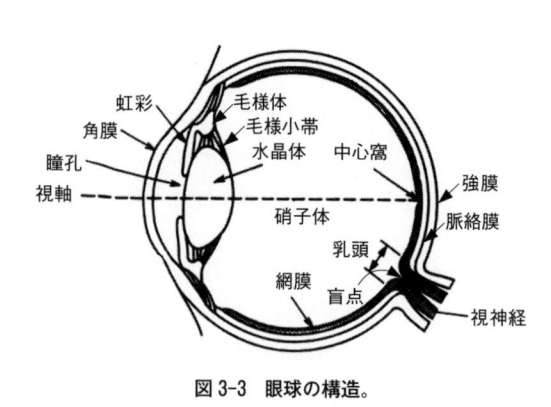

図 3-3　眼球の構造。

らの視神経は，左右大脳半球にある外側膝状体を通って後頭葉の第一次視覚野に到達する。水晶体の前面に位置する虹彩は，入ってくる光の量を調整する。虹彩の中央のくぼみが瞳孔，いわゆる瞳である。明るい環境では，虹彩の筋組織の変化により，瞳は小さくなり，光の量をおさえる。さまざまな距離にある対象に焦点を合わせる重要なはたらきをもつのが，水晶体である。水晶体は透明なレンズ状のもので，厚みを変えることで光の屈折率を変え，外界の像を網膜上に結像させる，つまりピントを合わせるはたらきをもつ。これを調節という。

　網膜内にある視細胞には錐体細胞（pyramidal cell）と桿体細胞（rod cell）の2種類がある。この各細胞の網膜上の数を示したのが図3-4である。横軸の網膜位置（視角）は，視野上の2点のそれぞれと目を直線で結んだときの角度を表している。錐体細胞は明るい環境で働き，図3-4でも示すように中心窩（fovea；視角にして約5度）で最も密度が高く存在する。中心窩から離れるにつれ錐体細胞の数は激減する。この錐体が主に働いていると考えられる条件での視覚を明所視（photopic vision）と呼ぶ。これに対して，桿体細胞は夜間などの暗い環境で働く。桿体は中心窩にはまったく存在せず，中心窩よりも少し離れたところに多く分布している。桿体が主に機能していると考えられる条件での視覚を暗所視（scotopic vision）という。

　視神経乳頭の部分には視細胞はなく，光刺激は受容できない。これは盲点（blind spot）と呼ばれる視野欠損部である。図3-5を使って，自らの盲点を体験できる。30 cmくらいの位置にこの本をおき，一方の単目だけで図3-5の中心の「＋」を凝視する。この段階では両側の黒丸を見ることができる。この状態で本を徐々に近づけると目を開いている側の黒丸が消え，反対側の黒丸はそのままで見えている。消えた黒丸は盲点に結像しているためである。

　②**明暗の順応**　　　光に対する感覚の絶対閾は，連続して呈示される時間によって変化する。映画館に入ると，最初は何も見えないが，しばらくするとその暗さに目がなれてきて，館内の様子が徐々に見えてくる。逆に，映画館から屋外にでると，まぶしいがすぐに明るさに目が慣れてくる。このように，同じ明るさの刺激が一定時間与えられると，刺激への感度が時間とともに変化する。これを順応（adaptation）と呼ぶ。明るい所から暗い場所への順応を暗順応（dark adaptation），逆に暗所から明所

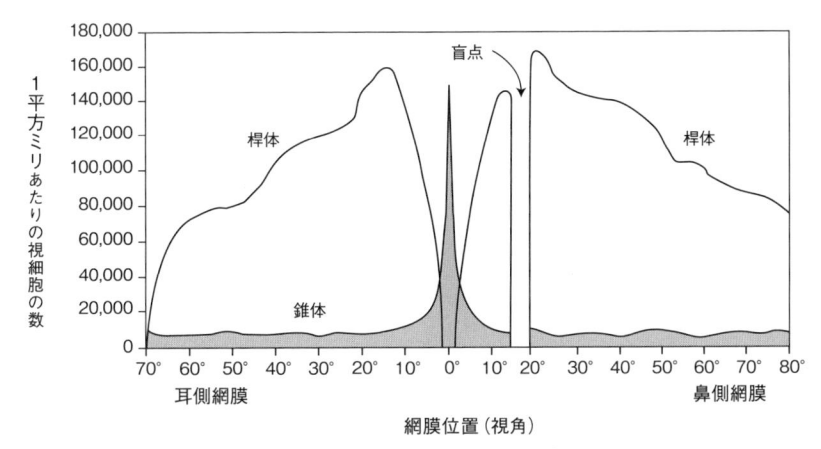

図3-4　網膜上の錐体と桿体の分布。

図3-5　盲点。

への順応を明順応（light adaptation）という。暗順応では，明るさへの感度を増すことで生じ，明順応は感度を減じることで起きる。明順応は15〜60秒以内に完了するが，暗順応は30〜40分必要となる。

③色覚　われわれの周りのものには，さまざまな色がついているように見える。見える色は光自体に色があるわけではなく，視覚のシステムが作り出す感覚である。見えている色は，色相（hue），彩度（saturation），明度（lightness）の3属性によって決定される。赤，緑などの色味の差異を表すのが色相で，彩度は色相の鮮やかさを示す。色相の明るさを表すのが明度である。

　色を見るしくみについては心理学の成立前，19世紀から提案されている。1つは，ヤング（T. Young）の提案をヘルムホルツ（H. L. F. von Helmholtz）が発展させた三原色説（trichromatic theory）である。赤，緑，青の三原色ですべての混色が作り出せることから，この説が考えられた。三原色に対応した視物質が存在すると仮定し，それらが同時に興奮することによって混色の感覚が生じると考えたのである。図3-6（a）（山下，2008）は三原色説の色相環である。色相環とはわれわれが見ることができるすべての色相をリング状に示したものである。すべての色相は三原色のうちの2色で作り出せる。たとえば，赤と青で青紫が作り出せる。3色すべてを混ぜると白になる。もう1つはヘリング（K. E. K. Hering）の反対色説（opponent-process theory）である。図3-6bは反対色による色相環である。赤，緑，黄，青の4色の混色ですべての色相が表現できる。これによると，赤と黄，青と緑，の混色では色相が存在するが，反対色である赤と緑，青と黄の組み合わせでは色相は表現できない。このことから，反対色を処理する視物質（赤 − 緑，青 − 黄，白 − 黒）の存在を仮定し，色の感覚が生じるしくみが反対色説である。

　これら2つの説は，いずれも色覚現象を説明できたため，どちらが有力であるかについては長年論争が続いた。その後，錐体細胞には赤，緑，青の3種類あることや，網膜の次の受容器の神経段階で，反対色の応答が確認された。現在では，錐体細胞レベルでは三原色説で，そのあとの神経レベルでは反対色説で色覚を説明する段階説（stage theory）が提案されている（Vos & Walraven, 1971）。

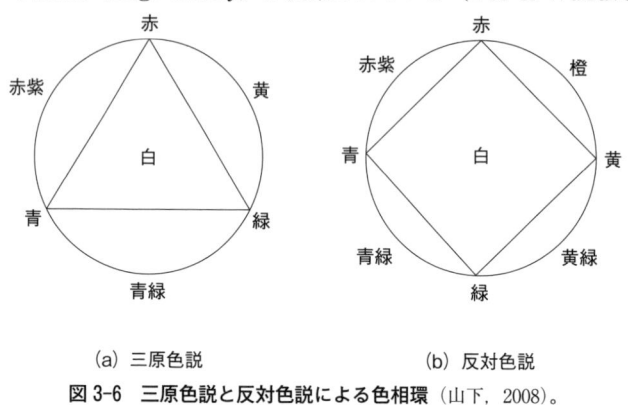

（a）三原色説　　　　　　　（b）反対色説

図3-6　三原色説と反対色説による色相環（山下，2008）。

2）聴　　覚

①音刺激　太鼓をたたくと皮が小刻みに素早く震えて音が出るが，皮を押さえると音が出なくなる。大きな音の場合は，かなり強い力で皮を押さえないと音は消えない。この例からもわかるように音刺激は，物体の振動あるいは運動による空気の圧力変化パターンで伝達される。物体の急激な動きや振動は，空気の薄い層（疎：気圧が低い）と厚い層（密：気圧が高い）を交互に生じさせる。この圧力振動による空気の疎密波を音波（sound pressure）という。聴覚刺激としての音波を耳が受容したときに，音として聞こえる。太鼓を強くたたくと，皮の振動は大きくなり，音圧（大気圧からの変化分：単位はPaパスカル）は大きくなるため音は強くなる（物理量）。強くなった音は通常大きく聞こえる（心理量）。太鼓が小さかったり，皮を強く張っていたりすると，皮の振動速度は速くなり，1秒間あたりの振動数（周波数：frequency：単位はHz　ヘルツ）が多くなり，音は高く聞こえる。

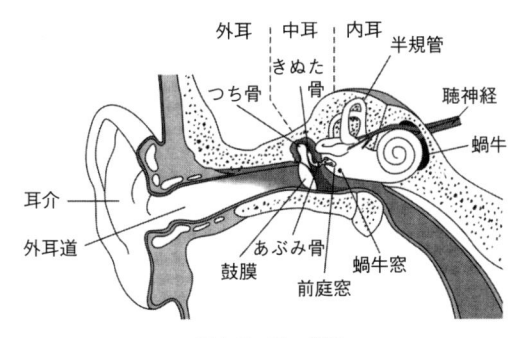

図 3-7　耳の構造。

②**聴覚のしくみ**　　聴覚の感覚器官である耳から大脳の聴覚野に至る聴覚系のはたらきによって，音波が音として聞けるようになる。図 3-7 は耳の構造を示している。耳は，構造並びに機能の点からみて，3 つに分かれている。最も外側にある外耳（outer ear）は，外界の音波を耳に導き入れる。耳介（auricle）で受容した音波は外耳道（ear cannel）を通り，鼓膜（eardrum）に達する。中耳（middle ear）は外耳と鼓膜に隔てられている。中耳には 3 つの小さな骨があり，内耳への橋渡しをする役割を持つ。中耳の役割は，内耳がリンパ液でみたされているため，鼓膜の振動を効率的に液体の中に伝えることができる。内耳は，音の振動情報を電気信号に変換して，聴神経に伝える役割を担う。内耳は蝸牛（cochlea）と半規管（semicircular ducts）を含む前庭器（vestibular organ）からなる。蝸牛が音の感受に関係し，前庭器は身体の平衡や姿勢の制御に関係する。聴覚伝達路は，蝸牛から側頭葉の聴覚野に連絡している。

　音波を音として感じ取ることができる範囲（可聴範囲）は，周波数や音圧によって決まる。周波数については 20 Hz から 20,000 Hz までが可聴できる（可聴周波数範囲）。可聴周波数範囲は，音の強度（音圧，音波の振幅）によって異なる。年齢差などの個人差によっても異なる。

　強度では，やっと聞こえるという刺激閾（絶対閾）を最小可聴閾（20 μPa：マイクロパスカル）といい，これ以上大きくなると音の感覚が生じない刺激頂を最大可聴値（20 Pa）という。ただし，最大可聴値を測定することは，聴覚器官を損傷することになるため，かゆみを感じたり（掻痒感），痛みを感じたりする強度を最大可聴値とする。

3）　皮膚感覚における触・圧覚

①**触・圧覚と機械受容器**　　皮膚の表面で感知できる感覚は，皮膚感覚と呼ばれ，主に触覚，圧覚，痛覚，温覚，冷覚の 5 つからなる。ここでは，触覚と圧覚について紹介する。触覚は，「触られた，触った」という感覚体験をさす。圧覚は，皮膚に圧力が一定期間持続的にかけられているときの感覚である。

　触覚と圧覚は，皮膚表面への物理的な力（機械的刺激）によって引き起こされる。したがって，日常的にこの両者を区別して経験しているわけではない。触覚と圧覚をまとめて触覚，あるいは触・圧覚と呼ぶ。機械的刺激を皮膚表面で感受する感覚器を総称して，機械受容器という。図 3-8 には，無毛皮膚と有毛皮膚別に機械受容器の構造を示している。有毛，無毛にかかわらず基本的な構造は同じである。一見無毛のように見えるすべすべの肌にも産毛は生えている。本当の無毛皮膚は，手のひら，足の裏，唇，乳首，生殖器の一部だけである。

　機械受容器には，パチニ小体（Pacinian corpuscle），マイスナー小体（Meissner's corpuscle），ルフィニ終末（Ruffini ending），メルケル細胞（Merkel cell）の 4 つの感覚受容組織がある。メルケル細胞は，唇や指先の浅い部分に高密度で存在する。ごくわずかな圧力にも敏感で，圧力がかかっている間中，脳に信号を送っている。このことから，物体の質感を効率的にとらえることができる。マイスナー小体も，指，特に指先に高密度に存在し，皮膚の比較的浅い部分に存在する。メルケル細胞と異なるのは，

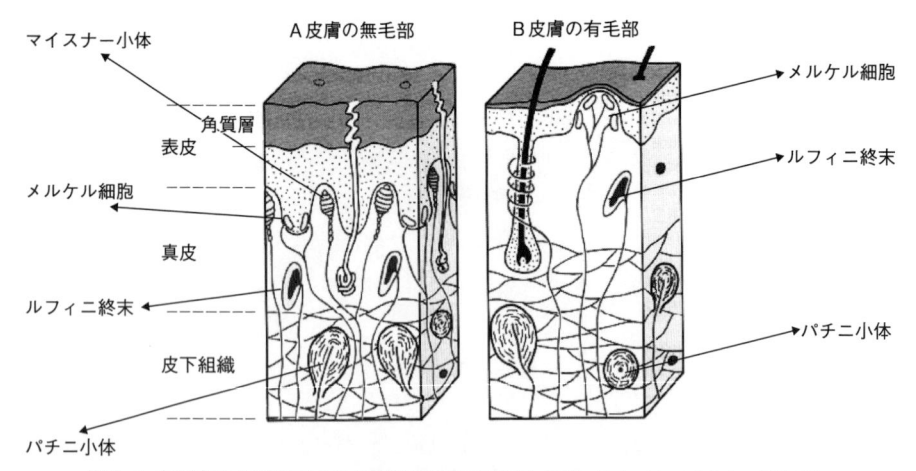

図3-8 無毛部と有毛部における機械受容器の構造と位置（Schmidt, 1986を一部改変）。

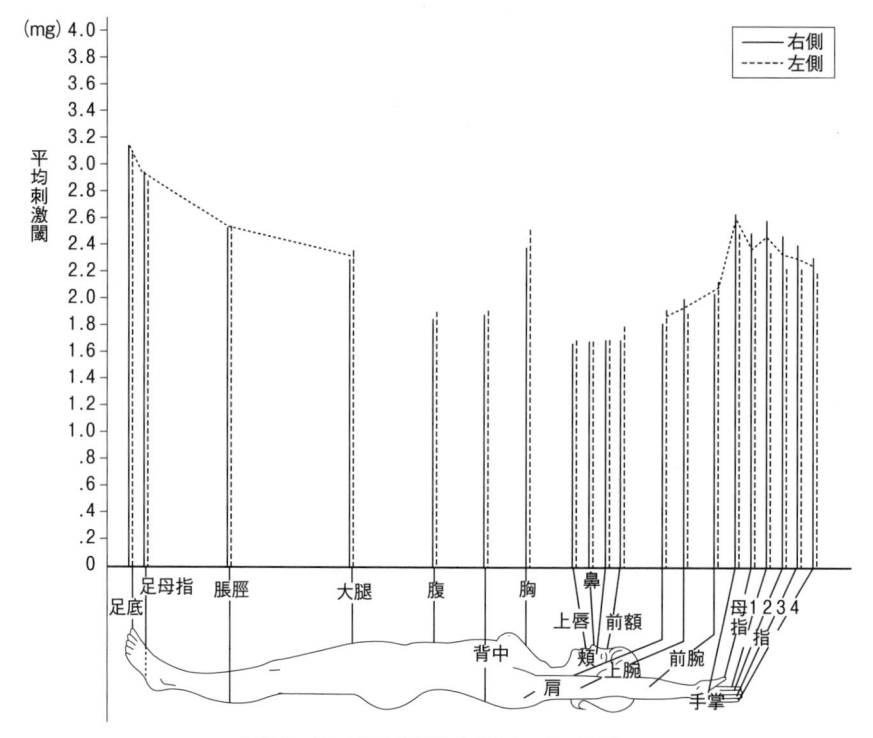

図3-9 触・圧覚の刺激閾（Weinstein, 1968）。

皮膚が押されてマイスナー小体の形が崩れたときと，圧力がなくなり，元の形に戻ったときに脳に信号が送られる点である。このような生理学的特徴が握る力をうまく制御するはたらきをもたらす。パチニ小体は，皮膚の比較的深い部分に存在し，小刻みに素早く振動する高周波振動を感知する。マイスナー小体同様，持続的に脳へ信号を送ってはいない。ルフィニ終末は，比較的皮膚の深い部分に点在し，他の３つの受容組織に比べ，数が少ない。横方向の動きに敏感であるため，皮膚の一部分が引っ張られたことを感知する。

　②**触・圧覚の刺激閾**　　皮膚への機械的刺激による感覚の最も基本的な形は，ものが触れたという感覚である。この感覚の測定には，1896年にフォンフレイ（M. von Frey）が考案した方法が使われる。さまざまな太さや長さの毛（フォンフレイの毛）を用意し，この毛が押し曲がる程度まで皮膚に当てるという手順を系統的に行い，感知できる最小の強度（触覚の刺激閾：触覚閾）を測定する。彼はこの方

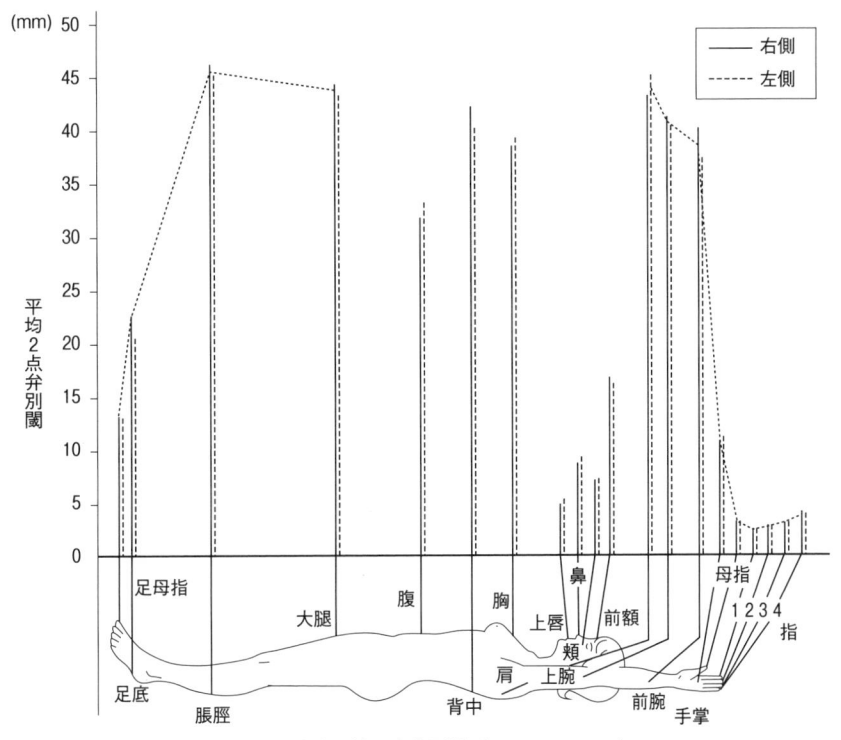

図 3-10　成人の触 2 点弁別閾（Weinstein, 1968）。

法で，触覚閾が身体部位で大きく異なることを見出している。図 3-9 には，ウェインスタイン（Weinstein, 1968）がフォンフレイのナイロンの毛を用いて測定した部位ごとの触覚閾を示している。縦軸には対数をとっているため，部位によって大きく異なっていることがわかる。

　③触・圧覚の定位　　目を閉じて，どこかを触られた場合，かなりの精度でその場所を示す（定位する）ことができる。ウェインスタイン（1968）は，定位の精度（誤差）を体系的に測定した結果，触覚閾の小さい部位である唇や指では 1 mm から 2 mm であったが，背中，大腿，ふくらはぎ，上腕などは 11 mm 以上の誤差があることを明らかにした。

　④触空間における 2 点弁別閾（同時性空間閾）　　　皮膚に 2 点同時に機械的刺激が与えられたとき，その距離によっては，1 点にしか感じないことがある。2 点と弁別できる最小値を触空間における 2 点弁別閾（two-point threshold）という。この弁別閾は，2 本の指針を自由に変えられるコンパスのような触覚計によって測定される。図 3-10 には，成人の触 2 点閾が示されている。触覚閾の小さい敏感な指，唇では数 mm 以下，鈍感な体幹部では数十 mm になる。

3　知覚：認識するとは
1）　知覚の体制化
　①違いを見つける・際立たせる　　　ヒトの目はつねに動き光エネルギーを感受している。目は，ある一点を見つめているときにでも，不随意に動いている（目の不随意運動）ため，網膜に移っている像はつねに変化している。視野空間に不均一な部分を見つけることができれば，等質な部分をまとまりとし，異質の部分と分離しようとする。分離する領域の境目が境界となる。このとき，われわれは，この 2 つの領域を区切る輪郭線を知覚する。さらに輝度の違いを明確にするため，側抑制（lateral inhibition）という生理学的しくみが働く。側抑制とは，神経細胞が光刺激を受け興奮した場合，その細胞の一定範囲内の神経細胞の興奮を抑制し，同時に周囲からも抑制を受けるものである。このような同時的で相互的な抑制や加算的な抑制の機構が作用することで，明るさの違う領域の境目が実際よりも顕著に，つまり

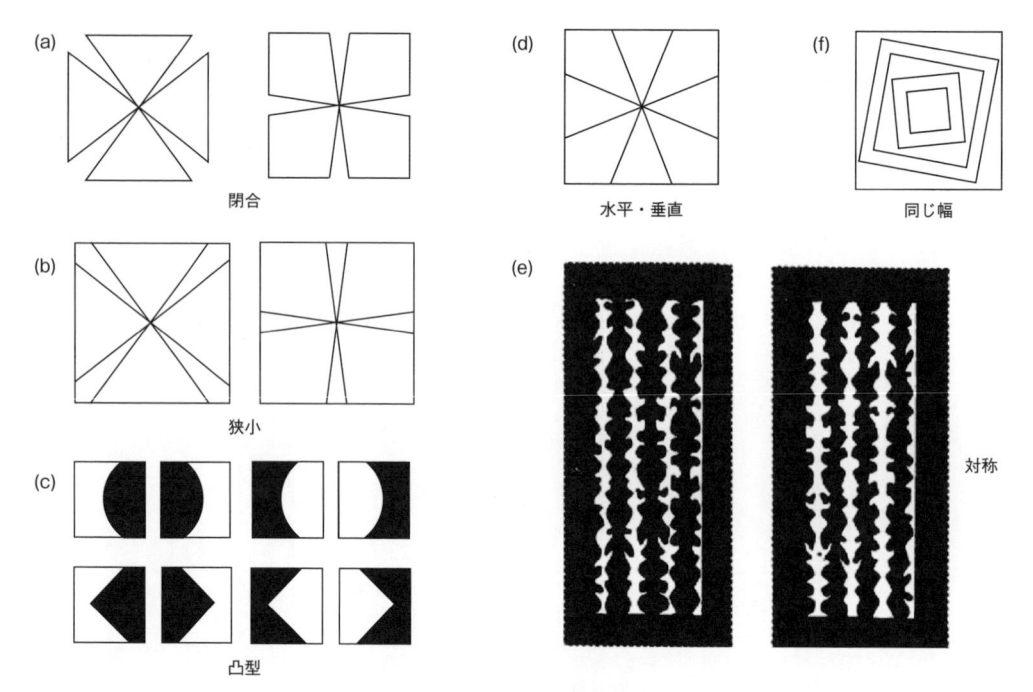

図 3-11　図形成の要因の例。

暗い部分はより暗く，明るい部分はより明るく知覚できる。側抑制によって説明される錯視（錯視については本節第 3 項の 5)参照）もみられる。微妙な濃淡の異なる灰色の帯が隣接しているとその境界の暗い部分はより暗く，境界の白い部分はより白く見える。これを発見者マッハ（Ernst Mach）の名にちなんでマッハの帯（Mach band）と呼ぶ。ハーマンの格子図形（図 3-17 (a)）では，碁盤状の白い通路に比べ，交差点部分が暗く知覚される。通路部分は隣接する 2 方向から抑制を受けるのに対して，交差点部分では 4 方向から抑制を受けるため暗く見えるのである。

　②背景から切り取る：図と地　　視野における異なる領域は 2 種類に分けられる。ある形状をもって浮き出して見える「図（figure）」とそれを囲む背景となっている部分「地（ground）」である。図 3-11 にも示すように，「図」を形成しやすい要因には，輪郭線によって閉じられた領域（閉合），狭くて小さい領域（狭小），凸型の領域，垂直あるいは水平の領域，対称の領域，同じ幅の領域，の 6 つが主に挙げられる。これに対して，「地」の形成は，連続性，類同性によって規定される。「図」と「地」両者の形成要因が拮抗している事態では，「図」と「地」になる領域は交互に入れ替わって見える。両者が同時に現れることはない。図 3-12 (a) に示したルビンの盃では，二人の横顔が向かい合っているように見える時と，盃に見える時が交互に現れる。このような図形を図－地反転図形（reversible figure-ground figure）と呼ぶ。

　③図をまとめる：知覚の体制化　　複数の図が成立すると，それらは相互にまとまりを作る。これを群化（grouping）という。図 3-13 には，6 つの群化要因の例が示されている。(a) は近接要因の例で文字どおり距離の近いものをまとまりとしてとらえる。(b) は似ているものをまとめて知覚する類同要因の例である。(c) はA とB の線に囲まれたものと，C とD の線に囲まれたものにそれぞれまとまる。閉合の要因の例である。(d) はよい連続の要因の例で，左から右につながった図形と上から下方向につながった図形をそれぞれまとまったものとして知覚する。(e) は，3 つの閉じた図形としてとらえるのではなく，波線と矩形波として知覚されやすい。よい形の要因である。(f) は，6 つの円が異なる方向に動いたとき，同方向への動いたものをまとめて認識する。共通運命の要因である。知覚情報をまとめることは，情報処理の負担を軽減することにつながる。

　このように一つにまとまって知覚されやすいことを総称して，知覚的体制化（perceptual organiza-

図 3-12 多義図形，反転図形の例。(a) ルビンの盃。(b) ウサギにもアヒルにも見える。(c) 奥行き反転図形（ネッカーの立方体）。

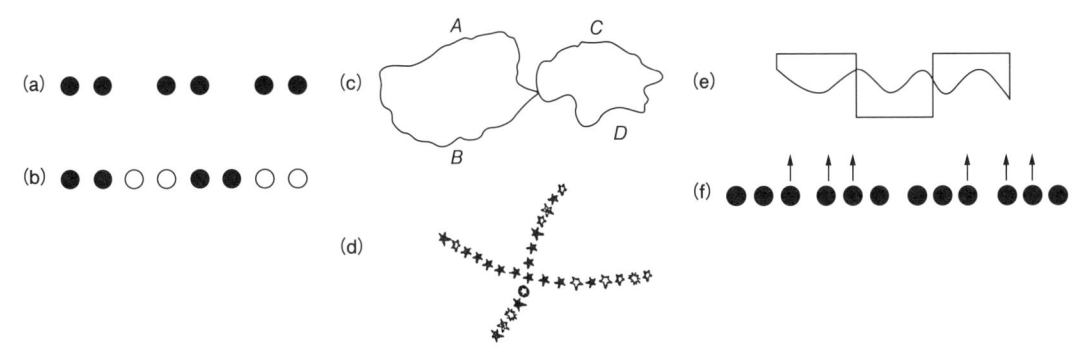

図 3-13 図の群化要因の例 (a) 近接 (b) 類同 (c) 閉合 (d) よい連続 (e) よい形 (f) 共通運命。

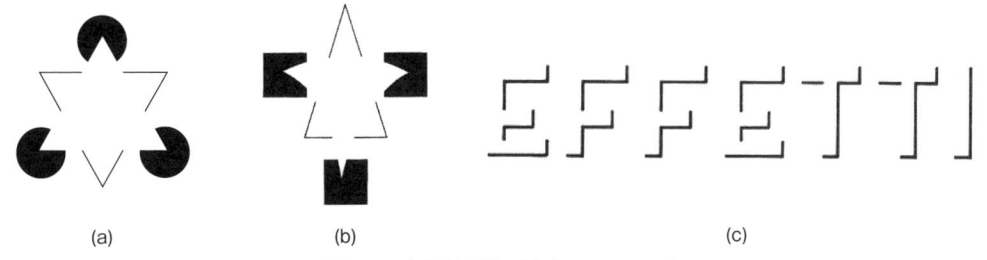

図 3-14 主観的輪郭の例 (Kanizsa, 1979)。

tion）という。ゲシュタルト心理学では，知覚的体制化の要因のことをプレグナンツ（簡潔性）の法則 (law of Prägnanz) という。同じ情報であっても，知覚的体制化は一通りとは限らない。図 3-12 (b) は，アヒルにもウサギにも見える。このような図形のことを多義図形（ambiguous figure）あるいは反転図形（reversible figure）という。図 3-12 (c) に示したネッカーの立方体は，上から見下ろした立方体と下から見上げた立方体の 2 種類の見え方が成立する奥行き反転図形である。

　④知覚的体制化と明暗の知覚　視野内に大きな不均等な領域が存在すると，その間に輪郭が発生することで図が生じる。しかしながら，境目のないところでも輪郭を知覚することがある。これが，知覚的体制化を導くのであれば，われわれはそのように知覚する傾向を高める。図 3-14 (a) はその例である。輝度の差がない場合でも，正立した白い三角形（カニッツァの三角形）は明るく明瞭に知覚できる。このように，物理的に不均一でないところに輪郭が生じる輪郭を主観的輪郭（subjective contour）という。主観的輪郭は曲線でも（図 3-14 (b)），影の要素を入れても見られる（図 3-14 (c)）。

　形の生起には，明るさの対比（brightness contrast）も影響する。明るさの対比とは隣接の領域間で明暗の差を際立たせる現象である。図 3-15 のウェルトハイマーの環では，背景が左右で異なるが，同じ明るさで塗られた円環が知覚できる。鉛筆のような細い棒を背景色の異なる部分の境界に置くと，1

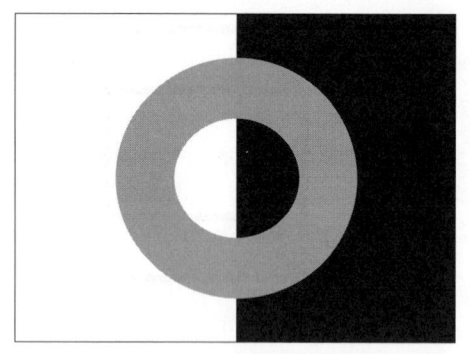

つの円環は左右2つの円環に分かれ，左側の半環，右側の半環でそれぞれ明るさの対比現象が生じる。つまり，黒い背景の半環は明るく見え，白の背景の半環は暗く見えるのである。

2）知覚の恒常性　図3-16に示すように，ある人物がこちらに近づいてくると，網膜に映し出される像は徐々に大きくなる。しかしながら，近づく人物が違った人物であるとは思わない。このように，同一対象からの網膜像が刻々と変化しても安定した知覚を保つはたらきをわれわれは持っている。このはたらきを総称して，知覚の恒常性（perceptual constancy）という。知覚の恒常性には，変化する属性に応じて，明るさの恒常性，色の恒常性，大きさの恒常性，形の恒常性などがある。

図 3-15　ウェルトハイマーの環。

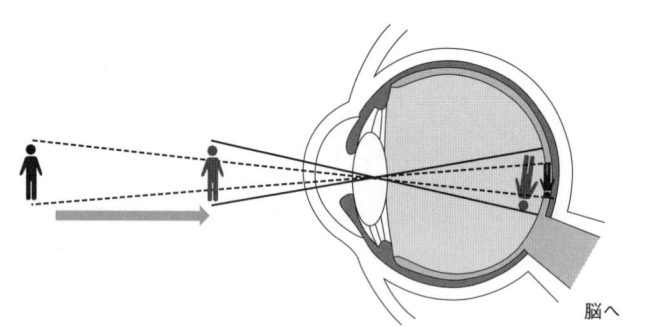

脳へ

図 3-16　大きさの恒常性。網膜像の大きさが変化しても，同一対象として知覚する。

　白い紙を直射日光の下で見た場合と，薄暗い部屋の中で見た場合では，紙に反射する光の量は大きく異なる。しかし，暗い部屋で見た場合でも白紙を灰色とは知覚せず，白い紙と認識する。これが明るさの恒常性（light constancy）である。同様に色の恒常性（color constancy）では，照明の光の種類が変わっていても，同じ色に知覚できる。晴れた日中と赤く染まった夕焼けのもとでは，同一対象に対する実際の物理的色（波長）は違っているはずだが，色の見え方は変わらない。われわれは，周囲の環境を手がかりにして，色を推測しているのである。部屋のドアは閉められていれば長方形となっているが，開けると台形になり，棒状にも見えるが，われわれは同じドアであると認識する。これは形の恒常性（shape constancy）が働いているからである。図3-16に示した例は，大きさの恒常性（size constancy）である。

3）奥行きの知覚　網膜に映し出される像は2次元であるにもかかわらず，われわれは奥行きのある3次元の世界を認識できる。対象までの距離，対象間の距離，複数対象の前後関係，立体像，を認識するために，いくつかの手がかりを用いている。この奥行き知覚（depth perception）の手がかりには，両眼によるものと，単眼によるものに大別される。

　①両眼性手がかり（binocular cues）　人の両眼は水平に60〜65 mm離れているため，両眼で1つの対象を見るとき，映し出される網膜像の位置は左右でわずかにずれる。これを両眼視差（binocular disparity）という。両眼視差が大きいほど，対象は近くにあると認識する。両眼の回転運動（輻輳：convergence）も奥行き知覚の手がかりとなる。両眼の視線を1点に収束させるために，両眼を回転させる必要がある。この際の筋肉の動きが脳に伝わり奥行きが解釈される。右眼と左眼の視線が作る角度のことを輻輳角と呼び，近い対象では輻輳角はより大きくなる。ただしこの手がかりは，輻輳角の変化がわ

ずかである遠い距離の対象に対しては，有効ではない。両眼性手がかりはいずれも生得的なものである。

②単眼性手がかり（monocular cues）　単眼だけでも奥行き手がかりとなるものには，生得的に備わっている，水晶体（レンズ）の調節と運動視差（motion parallax），経験的に獲得した絵画的手がかり（pictorial cues）がある。水晶体は対象にピントを合わせるために，厚みを変える。水晶体の厚みは毛様体筋の収縮によって行われ，この収縮情報が脳内に送られ，奥行きを解釈する。運動視差は，観察者自ら運動しているときに働く。われわれが移動するとき，注視している対象の網膜像は動かない。注視している対象よりも近い対象の網膜像は観察者の動きとは反対方向に移動し，逆に遠い対象の網膜像は観察者の動きと同方向に移動する。このように，運動視差は，運動によって対象相互の位置が規則的に変化することを使っている。たとえば，新幹線の車窓から富士山を眺めていると，線路沿いの家や木は列車の進行方向とは逆方向に動き，富士山にかかっている雲は進行方向に動くように見える。

2次元（平面）を3次元のように表現する絵画技法も有効な奥行き手がかりである。重なり，きめの勾配，陰影，相対的大きさ，相対的高さ，線遠近法，大気遠近法などがある。

4）運動知覚　対象の動きの知覚を運動知覚（motion perception）という。対象の動きは，視覚の他に，聴覚や触覚によっても知覚される。ここでは視覚的運動，特に物理的に静止している対象が動いているように感じる場合について紹介する。

①仮現運動（apparent motion）　映画や「ぱらぱらマンガ」でも体験できるように，少しずつ変化をつけた多くの絵を，画面上に素早く入れ替えて呈示すると，実際に絵が動いているように知覚される。対象が特定の位置や時間間隔で出現したり，消失したりするとき，その対象に動きが知覚できる。これを仮現運動という。踏切の赤信号の点滅のように，物理的に異なる2地点で，赤信号が交互に点滅する事態では，2点間の距離や点灯時間，呈示間隔，光の強さなどの要因によっては，赤色灯が連続的に動いているように知覚される。

②自動運動（autokinetic motion）　一様な暗黒視野の中の1つの静止光点を注視し続けると，その光点が不規則に動いているように感じる。これが自動運動である。このような現象は，夜間飛行中のパイロットにとっては珍しいものではないが，われわれが体験できるのは，暗室のような特殊な環境下（例，心理学実験室）に限られる。

③運動残効（motion aftereffect）　一方向の運動をしばらく注視し，その後静止対象に眼をやると，先の運動方向とは逆方向に動いているように知覚する現象を運動残効という。滝を見つめた後，眼を別のところにもっていくと，その対象が下から上に上がっていくように感じる（滝の錯視）。

④誘導運動（induced motion）　実際に動いているものと，静止しているものがあるとき，静止しているものの方に動きを感じることがある。これを誘導運動という。月夜に，実際に動いている雲が静止していて，月が雲の間を流れているように感じることがある。これも誘導運動の例である。

⑤視覚誘導性自己運動知覚（ベクション：vection）　誘導運動は，静止している観察者自身と動いている対象の間でも生じる。これをベクションという。隣に停車中の列車が動き出すと，観察者が乗っている列車が，逆方向に動き出すように感じるのはベクションの例である。テーマパークのアトラクションでは，ベクションを効果的に利用している。

5）錯　　視

これまでにも紹介してきたように，われわれの知覚は外界の情報をそのままとらえているわけではない。ある条件下での知覚が，対象の物理的特性と著しく逸脱する場合を総称して錯覚（illusion）という。視覚における錯覚が錯視（visual illusion）である。錯視は，物理的特性に関して間違った知覚であるが，健康な状態では誰にでも生じる正常な知覚である。

錯視にはいろいろな種類がある。側抑制や運動残効などは，神経生理学的要因によって生じるものである。先にも紹介したハーマンの格子（図3-17（a））は網膜の神経細胞の側抑制によって，白の交差点

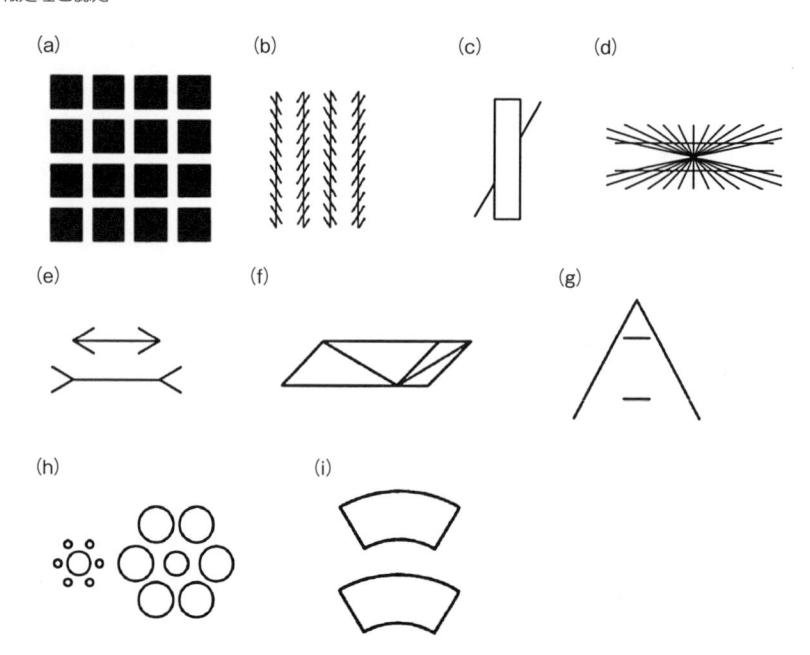

図 3-17　錯視図形の例。(a) ハーマン格子図形（Hermann grid illusion），(b) ツェルナー錯視（Zöllner illusion），(c) ポッゲンドルフ錯視（Poggendorff illusion），(d) ヘリング錯視（Hering illusion），(e) ミュラー・リヤー錯視（Müller-Lyer illusion），(f) ザンダー錯視（Sander illusion），(g) ポンゾ錯視（Ponzo illusion），(h) エビングハウス錯視（Ebbinghaus illusion），(i) ジャストロー錯視（Jastrow illusion）

の部分に灰色や黒の点を生じさせる錯視現象の一つである。長さ，大きさ，方向，面積，角度，曲線などの平面図形の幾何学的関係によって，錯視現象がもたらされるものを総称して，幾何学的錯視（geometric optical illusion）という（図 3-17（b）～（i））。(b) のツェルナー錯視は，平行にならんでいる垂直線分が傾いて知覚される。(c) のポッゲンドルフ錯視は，斜めの線分が不連続に知覚され，(d) は水平線分がたわんで知覚される（ヘリング錯視）。1 章でも紹介したミュラー・リヤー錯視 (e) は，下の水平線分の方が長く知覚される。サンダー錯視 (f) では，左の大きな平行四辺形の対角線は，右の小さい平行四辺形の対角線より長く知覚されるが，実際は同じ長さである。ポンゾ錯視 (g) は，2 本の平行線で上に位置する平行線の方が長く知覚される。(h) はエビングハウス錯視である。中心の円は左右同じであるが，左側の中心円の方が大きく知覚される。(i) の上下に配置された扇形は実際には同じ大きさであるにもかかわらず，下の方が大きく知覚される（ジャストロー錯視）。

　ここで紹介した錯視は，ほんの一例にすぎず，現在でも新しい錯視が，発見，作成されている。錯視の生起機序は，錯視によって異なり，正確なところは明らかでないものが多い。

3-2　記　　　憶

1　覚える・思い出す：記憶の情報処理

　記憶に限らず，直接観察できないヒトのさまざまな機能（注意，思考，情動，動機など）は，比喩的に説明されることが多い。たとえば「記憶は図書館のようなものだ」といわれる。図書館には，多くの本がうまく分類整理され収められている。われわれの記憶もこのように整理されて貯蔵されているのかもしれない。このような比喩的な表現は，時代とともに変化してきた。ゼンマイと歯車を工夫した時計や，蒸気機関を使った機関車などの技術の進歩とともに，時代ごとに変わってきている。そしてここ数十年は，コンピュータ（計算機）で使用される情報処理の用語が使用されている。情報処理とは，入力

と呼ばれるデータを，より価値の高いものに加工，記録し，それを活用するために出力する，という一連の流れのことをさす。買い物に行く前に，買い物リストをメモに書き残すことも，買った物をレジに通して合計額が計算されるのも，情報処理にあたる。

　この情報処理の考え方から「記憶」を考えてみよう。単純にいってしまうと，人が頭の中にもっている情報が記憶ということになる。しかし，われわれの記憶のはたらきはそれだけだろうか。入力されてくる情報が必要かどうかを判断し，必要な情報は加工（符号化）され，場合によっては現在貯蔵されている情報と関連づけて貯蔵できる。必要でないと思えば，積極的な符号化は行われない。他人から情報の呈示を求められ，その情報が貯蔵されていると思えば，自分の頭の中の情報を積極的に検索し，他人に伝達できる。つまり，われわれは，単なる記憶情報をもっているというだけでなく「情報処理システム」をもっているのである。

1）情報処理システムと記憶の3段階

記憶の情報処理には，符号化（encoding），貯蔵（storage），検索（retrieval）という3つの過程がある。符号化はいわゆる「覚える」段階である。たとえば，定期テスト前日に英単語や歴史の年号を覚えるという処理がそれに相当する。次に，情報を「維持しておく」段階が貯蔵である。情報を貯蔵しておき，翌日のテストに備える。最後に，貯蔵した情報を思い出す過程が検索である。テスト当日，試験問題を読み，貯蔵された情報を「思い出す」段階がこれにあたる。

　記憶を情報処理システムとしてとらえた代表的な考えが，図 3-18 に示すアトキンソンとシフリンの二重貯蔵モデル（dual storage model）である（Atkinson & Shiffrin, 1971）。このモデルによると，入力された情報はまず感覚登録器（sensory registers）に入る。感覚登録器に入力された情報のうち注意が向けられたものが，短期記憶貯蔵庫に転送される。これが短期記憶である。短期記憶の容量や保持期間には限界があり，何もしなければ 15〜30 秒程度で情報が消失する。短期記憶の情報は，心のなかで何度も繰り返し復唱するリハーサルがされれば，長期記憶貯蔵庫に転送される。これが長期記憶である。長期記憶の容量は膨大であり，実質的に容量の限界がない。長ければ一生涯にわたって情報を貯蔵することができる。このシステムは，短期記憶貯蔵庫と長期記憶貯蔵庫の2つの重要な貯蔵庫を仮定しているため，二重貯蔵モデルと呼ばれる。

　以下では，短い期間の記憶，長い期間のそれぞれ記憶について詳しく見ていくが，その前に心理学での記憶の測定法の原則について紹介する。

2）記憶の測定法

記憶テストは大きく再生（recall）と再認（recognition）という2つのタイプに分けられる。定期テストを思い出して欲しい。解答用紙に向かって覚えた情報を思い出す場合，いくつかのテスト形式がある。たとえば，覚えた歴史上の人物を尋ねられ，その人名を思い出して解答欄に書き出したり，選択肢はなく自力で適切な用語を思い出して空欄を穴埋めしたりする記述式のテストがある。このように，貯蔵した情報を自分自身で思い出し再現することが求められるテスト形式を再生という。

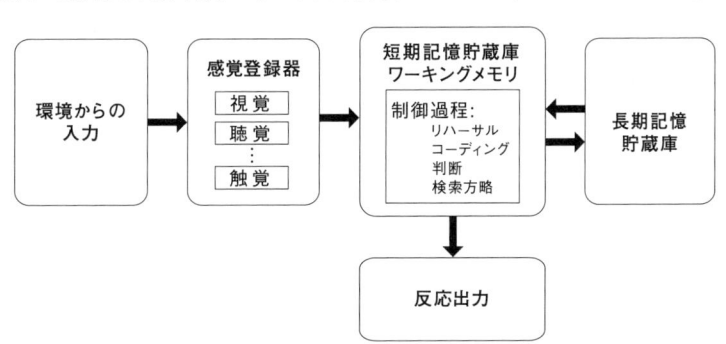

図 3-18　二重貯蔵モデル（Atkinson & Shiffrin, 1971）。

これに対して，選択肢がいくつかあり，そこから正解を選ぶこともある。呈示された選択肢の中から正しい項目を選び出したり，覚えた選択肢かどうかを判断したりする場合を再認という。もう少し日常的な例を挙げれば，人の顔を見て，その人の名前を自分で思い出す場合が再生である。誰かがその人の名前を口にし，確かにその名前だったと判断する場合が再認である。一般的に再生の方が再認より難しい。さらに記憶実験における再生には，研究目的に応じてバリエーションがある。覚えた順序に関係なく自由に再生する自由再生（free recall），覚えた順序どおりの再生が求められる系列再生（serial recall），呈示されたヒントをもとに再生が求められる手がかり再生（cued recall）などである。

2 短い期間の記憶

1）短期記憶

情報を一時的に保持する短期記憶は，日常生活ではなくてはならない重要な機能である。たとえば，誰かと会話を交わすという日常的な行動も，短期記憶なしには成立しない。相手の話を一時的に覚えておき，次にそれに対して何を返答するかを考える。講義の内容で重要な事項をノートに書き留めるまで一時的に覚えておくのも短期記憶のはたらきである。

　二重貯蔵モデルにおいて短期記憶は，感覚登録器に入力された情報のうち，注意が向けられた情報に相当する。短期記憶の容量には限界があり，何もしなければ情報は消失する。ではいったい，短期記憶の容量や持続時間はどれくらいなのだろうか。また，情報はどのような形式で保存されているのだろうか。

　①短期記憶の容量　ミラー（Miller, 1956）は，短期記憶の容量は覚える対象の数ではなく，チャンク（chunk）を単位として決まると考えた。チャンクとは意味のある情報のまとまりのことである。ランダムな数字を1つずつ音声呈示して（例；8345296），その直後に順序どおり再生（系列再生）できる数は，成人の場合，平均して7±2個（チャンク）くらいである。このようにして測定されたものは，数唱範囲（digit memory span）と呼ばれ，多くの知能検査で短期記憶容量を測る下位検査として使われている。「52964」という5桁の数字の場合，1つの数字を1チャンクとすれば5チャンクとなる。しかし，「5296」を「コブクロ」というように語呂合わせや知識を使ってまとめれば（これをチャンキングという），「5296」が1チャンクとなるので，「52964」は2チャンクとなる。ミラーは，短期記憶は平均して7つのスロット（差し込み溝）があることを主張し，この7という数字を「不思議な数（マジカルナンバー）7±2」と呼んだ（Miller, 1956）。しかし最近の研究では，短期記憶の容量を再考する考え方も出てきている。7チャンクというのはリハーサルなどの影響によって記憶容量を過大評価した結果であり，これらの影響を取り除いたより純粋な容量は4チャンク程度だとされている（Cowan, 2001）。

　②短期記憶の保持期間　短期記憶の持続時間はどれくらいなのだろうか。経験的にもわかるように，初めて紹介された人の名前や，店の電話番号などは，記憶にとどめる努力をしなければすぐに忘れてしまう。短期記憶の持続時間を測定するには，リハーサルのような記憶にとどめる努力をさせない状態で，どれくらいの期間，情報を維持できるかを測定する必要がある。このことを踏まえ，ピーターソン夫妻（Peterson & Peterson, 1959）は次のような実験を行い，短期記憶の持続時間は15秒程度であることを明らかにした。

　彼らは3文字のアルファベットの子音（例；VFD）を聴覚的に呈示し，それに続けて3桁の数字を呈示した（例；312）。実験参加者は，その3つのアルファベット文字を覚え，さらにメトロノームのタイミングに合わせて，呈示された数字から3ずつ減じてそれを声に出すこと（減算課題：309，306，303，300）を教示された。しばらくして，再生の合

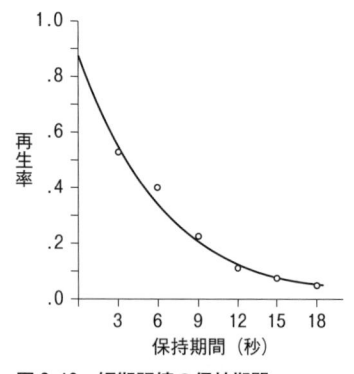

図 3-19　短期記憶の保持期間
（Peterson & Peterson, 1959）。

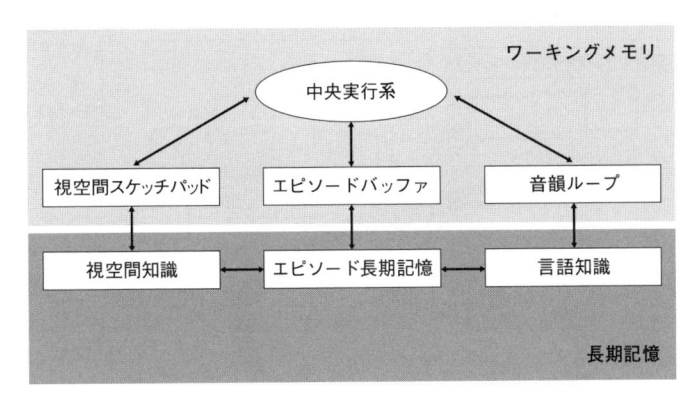

図 3-20　ワーキングメモリのモデル（Baddeley, 2000）。

図が呈示されると，実験参加者は 3 つのアルファベット文字を再生した。アルファベット文字が呈示されてから，再生するまでの遅延時間，つまり情報の保持期間は 3 秒から 18 秒（3，6，9，12，15，18 秒条件）の間で操作された。減算課題は，アルファベット文字の保持期間中，情報をリハーサルさせないためのものであった。注目しているのは，再生するまでの遅延時間と，再生率の関係であった。結果は図 3-19 に示されている。

　図 3-19 からもわかるように，時間とともに再生率は急激に低下して 6 秒後には約 40％に，15 秒を過ぎた時点では，ほとんど偶然の確率（あて推量で報告する確率）と同じレベルの再生率となっている。つまり，先に呈示された 3 つの情報は，ほとんど忘却されたのである。これらのことから，短期記憶の保持時間は 15 秒程度であると推定される。

　③**ワーキングメモリ（作動記憶）**　　短期記憶の考え方を発展させたのが，ワーキングメモリ（working memory）という考え方である。作動記憶や作業記憶とも呼ばれる。短期記憶が記憶の保持機能に重きをおいたものであるのに対して，ワーキングメモリは情報の保持機能と処理機能の両方を兼ね備えている点が特徴である。1974 年にバッデレーとヒッチ（Baddeley & Hitch, 1974）は，3 つの構成要素からなるワーキングメモリのモデルを提唱した（図 3-20）。この 3 つの構成要素とは，言語情報（音韻情報）を処理するための音韻ループ（phonological loop），物の形や位置を処理するための視空間スケッチパッド（visuo-spatial sketch pad），という 2 つの下位システムと，これらを制御する中央実行系（central executive system）である。バッデレーの新しいモデルでは，音韻ループや視空間スケッチパッドの情報と，長期記憶から検索した情報を統合し操作するシステムの必要性を考え，4 つ目の構成要素としてエピソードバッファー（episodic buffer）という下位システムが追加されている（Baddeley, 2000, 2007）。

　ワーキングメモリの考え方の重要な点は，短期的に情報を保持するだけでなく，情報を処理することにある。たとえば，買い物のとき，買いたい物を 1 つずつ選んで，それぞれの値段を合計して，予算に合うかを考えることがある。1 つずつの値段を覚え，それを足し合わせ，さらにその結果を覚えたまま，次の価格を足していく。つまり，計算処理と，計算途中の結果や値段情報の保持の両方を並行的に行っていく必要がある。したがって，ワーキングメモリ容量の測定には，数唱範囲の測定とは違った方法が提案されている。たとえば苧阪（2002）は，文を読むことに注目して，ワーキングメモリ容量を測定する日本語リーディングスパンテストを作成している。

　④**短期記憶・ワーキングメモリから長期記憶へ（リハーサル）**　　明日の定期テストに備えて，多くの用語を覚えた経験は誰にもあることだろう。明日のテストに備えて覚えたものは，短期記憶のように 15 秒程度で忘れては困る。したがって，短期記憶ではなく，半永久的で貯蔵容量に制限のない長期記憶にする必要がある。短期記憶内にある情報を繰り返し想起することをリハーサル（rehearsal）という。リハーサルは，維持リハーサル（maintenance rehearsal）と精緻化リハーサル（elaborative rehearsal）

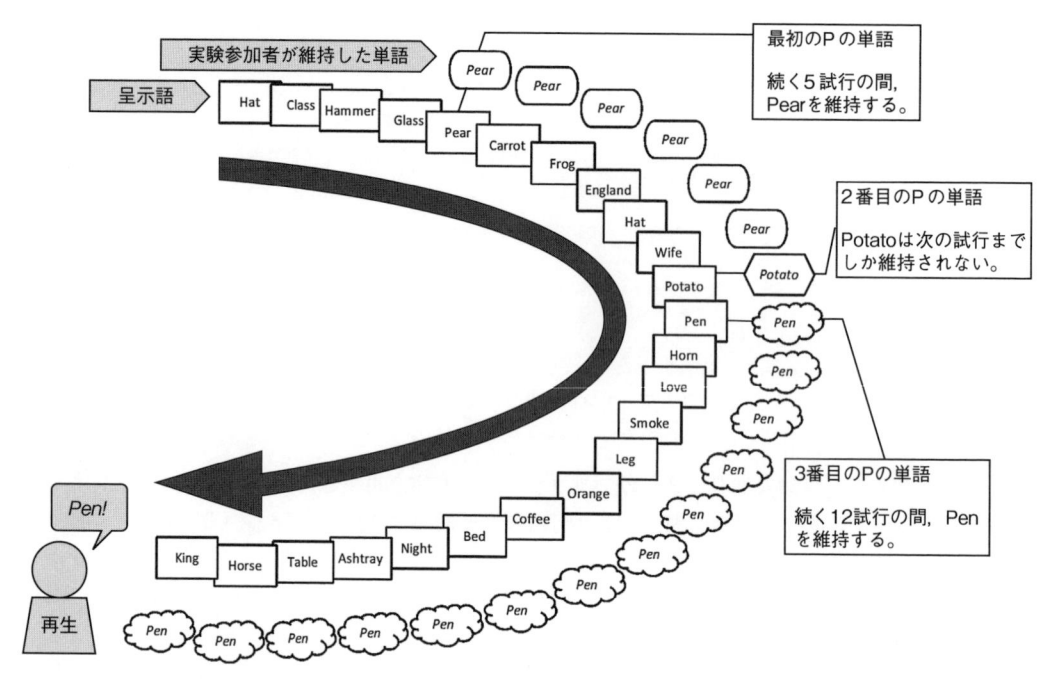

図 3-21　クレイクとワトキンスの実験手続き（Craik & Watkins, 1973）。

に大別される。前者は，情報を単純にそのまま音響的に繰り返したり，同じ分析レベルの処理を繰り返したりするもので，短期記憶に留めておくためのリハーサルである。維持リハーサルされた情報は短期記憶から消失することはないが，長期記憶となる確率は低い。これに対して後者の精緻化リハーサルは，情報に対してすでにもっている知識を関連づけるもので，長期記憶になる確率が高い。「イイクニ（イイハコ）ツクロウ，鎌倉幕府」と 1192（1185）年の鎌倉幕府成立を語呂合わせで覚えるのも，精緻化リハーサルの 1 つである。

　維持リハーサルの回数が増しても，それに応じて長期記憶となるのが難しいことを実験的に示したのが，クレイクとワトキンス（Craik & Watkins, 1973）である。彼らは，実験参加者に一連の単語を音声呈示し，ある特定の文字（図 3-21 では "P"）で始まる単語の中で，最も新しいもの（最近呈示されたもの）だけ報告するように求めた。図 3-21 の例では，5 つ目の項目で初めて "P" で始まる単語，"Pear" が呈示されている。その後 "Potato" が呈示されて，"Pen" が呈示されている。この例では，"P" で始まる最後の単語は "Pen" なので，この "Pen" を報告すれば正答となる。この課題では実験参加者は，指定された文字で始まる単語だけを短期記憶として維持しておけばよい。図 3-21 で最初に "Pear" が呈示されており，次に "Carrot" が呈示されても先の "Pear" を維持すればよい。しかし新たな P で始まる単語が呈示されれば，図 3-21 の例では "Pear" を "Potato" に置き換えなければならない。実験参加者は，いつ単語のリストが終わり，報告を求められるかはわからないので，単語が呈示されるごとに，それが P で始まるかを確認し直近の P で始まる単語を維持する（おそらく，音響的にその単語をリハーサルしている）ことに集中する必要がある。ここで実験者が意図的に変えている重要な要因は，新しく単語が置き換わるまでの項目数である。図 3-21 の例では，"Pear" が "Potato" に置き換わるまでには 5 項目あり，"Potato" はすぐに "Pen" に置き換えなければならない。さらに "Pen" は 12 項目の間維持しておく必要があった。このようにすると，P で始まる各単語のリハーサル回数が操作できると考えたのである。

　クレイクとワトキンスは，このような試行を何度か繰り返し，最後に実験参加者には知らされなかった課題を要求した。それは，これまで呈示された，指定された文字で始まる単語（"Pen" や "Potato" など）をすべて再生することであった。呈示された単語を短期記憶内に貯蔵した期間の長さ，つまり維持リハーサルをした回数が，単語の再生率に与える影響を見たのである。おもしろいことに，結果はリハ

ーサルの少ないはずの単語も，多いはずの単語も正答率に大きな差はないことを示した。このことは，短期記憶情報を単純に繰り返す，つまり維持リハーサル量が増えたとしても，効率的に長期記憶貯蔵庫には転送されないことを示している。

3　長い期間の記憶
1)　短期記憶と長期記憶の区分を示す証拠

①自由再生における系列位置効果　　二重貯蔵モデルで重要視されている短期記憶と長期記憶の違いは，以下のような実験から明らかにできる。最初に実験参加者は次のような教示を受ける。「いくつかの単語が聞こえてきます。あなたはそれをできるだけたくさん，正確に覚えてください。呈示された後でこちらが合図をしたら，それらの単語をできるだけたくさん思い出してください。思い出す順序は問いません」。実際の実験では，「パンダ」，「自転車」などよく知っている18個の単語が3秒に1個の間隔で音声呈示される。18個の呈示後すぐに，再生の合図が出され，実験参加者はできるだけたくさんの単語を報告する。注目しているのは，単語の呈示位置（これを系列位置と呼ぶ）によって，再生成績がどのように変わるのかである。図3-22には系列位置と再生率の関係を示す，典型的な系列位置曲線が示されている。見てわかるように，再生成績は系列位置によって異なる。直後再生で特徴的なのは，系列位置の最初と最後の成績が，中盤の成績よりも高いことである。系列位置の最初の部分の成績が高いことを初頭効果（primacy effect），系列位置の後半部分が高いことを新近性効果（recency effect）と呼ぶ。この2つの効果，並びに中盤の成績の低下はこれまで述べてきた，短期記憶，長期記憶，そしてリハーサルによってうまく説明できる。

　この実験に参加したつもりで考えてみよう。あなたが参加者なら，最初に呈示された項目（単語）は忘れないように，リハーサルするであろう。2番目の単語ももちろんリハーサルするが，最初の単語も忘れないようにリハーサルするかもしれない。しかし最後の方の項目，たとえば17，18番目の項目は呈示されてすぐに報告が求められ，リハーサルのチャンスは明らかに少ない。このように前半の系列項目ほど，リハーサルのチャンスが多く，後ろの項目ほどリハーサルのチャンスが少ない。このことから最初の方の項目は，リハーサルのチャンスが多いため長期記憶へと転送された可能性が高い。つまり，半永久的に維持される長期記憶から検索できたため，成績が比較的高かったと考えられる（初頭効果）。これに対して，後半系列の項目はリハーサルのチャンスは少ないが，呈示後すぐに報告を求められるため，短期記憶内に残っている可能性が高い。先にも示したように，短期記憶は15秒程度何もしなくても維持できる。つまり新近性効果は，短期記憶内に残っていた項目を検索できたため生じるのである。系列位置の中盤の低下は，次のように説明できる。リハーサルのチャンスは，前半系列ほど多くはなく，長期記憶となる可能性は低い。また呈示してから報告するまでの時間も，15秒を超えているため，短期記憶としても残されていない。以上のことから，系列位置の中盤は，前半や後半部分よりも再生成績が低いのである。

　この課題に少し工夫を加えて実験すると，短期記憶と長期記憶を区分する根拠が示される。たとえば，18個の項目の呈示直後に，30秒間の暗算課題を行ってもらってから自由再生を求める。このとき，初頭効果は先の実験結果と同じであるが，新近性効果は低下する（図3-22の暗算条件）。これは，短期記憶として残っていた項目をリハーサルさせず，忘却したためだと考えられる。このような計算課題は，長期記憶から検索されると想定される初頭効果には影響がないのである。逆に，呈示する速度を早くすると（たとえば，1.5秒に1項目），初頭効果だけが低下する。呈示間隔が短いため，リハーサルが効率的にできず長期記憶となりにくかったと考えられる。

　②健忘症患者の症例研究からの証拠　　脳損傷患者を詳細に検査すると短期記憶と長期記憶が異なる記憶であることがわかる。ミルナー（Milner, 1966）は，左右両半球の側頭葉の内側部を切除したH. M.氏の記憶活動について詳細に報告している。H. M. は，てんかん発作を抑えるために海馬を含む側頭葉の一部を切除する手術を受け，その後，新しいことを記憶できないという症状を示すようになった。手

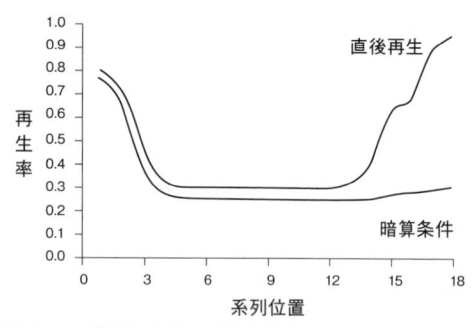

図 3-22 直後再生条件と暗算条件における系列位置曲線。

図 3-23 鏡映描写 (仁木, 1989)。

術前に経験した出来事を再生することは問題なく，自分の名前や住所も答えることができた。このことから長期記憶そのものに問題はないと考えられた。また，短期記憶の容量も正常な範囲であり，リハーサルさえすれば，情報を短期記憶内に維持することができた。その一方で，彼は新しく物事を覚えることができなかった。30 分前に自分の言ったことや数分前に担当医と出会ったことを忘れてしまうのである。これらのことから，短期記憶と長期記憶自体はそれぞれ機能しているが，短期記憶内の情報から長期記憶を新たに形成する機構が手術によって損なわれたと考えられた。この症例報告からも，2 つの記憶の存在が支持される。

2) 長期記憶の区分

　貯蔵される情報の種類によって，長期記憶はいくつかの種類に区分することができる。長期記憶として貯蔵されている記憶には，「初めて家族で海に泳ぎに行ったときの体験」のような過去の思い出もあれば，「水泳という競技」についての一般知識もあり，「泳ぎ方」のような技能についての記憶もある。

　先ほども紹介した H. M. 氏（2008 年没）は，心理学のテキストに登場する最も有名な患者であろう。彼に対するさまざまな検査，実験からも，長期記憶が 1 つではないことが確認されている。先ほど述べたように，H. M. 氏は新しい事柄を覚えることができなかった。しかし，鏡映描写のような運動技能の記憶は保たれていた。鏡映描写課題とは，2 本の線で描かれた星型の線の間を線にふれずに，できるだけ速くペンなどでたどる運動の学習である。図 3-23 に示すように，自分の手や星型の図形は直接見ることはできず，鏡に映った自分の手や星型を見ながら行う。健常者でも非常に難しい課題であるが，繰り返し行っているうちに徐々に速くできるようになる。H. M. 氏も健常者と同じレベルで学習できた。翌日になっても，その技能は失っておらず，前日の最初よりもずっと良い成績を示したのである。このように出来事の記憶と，運動技能の記憶は異なる可能性が示唆されるのである。

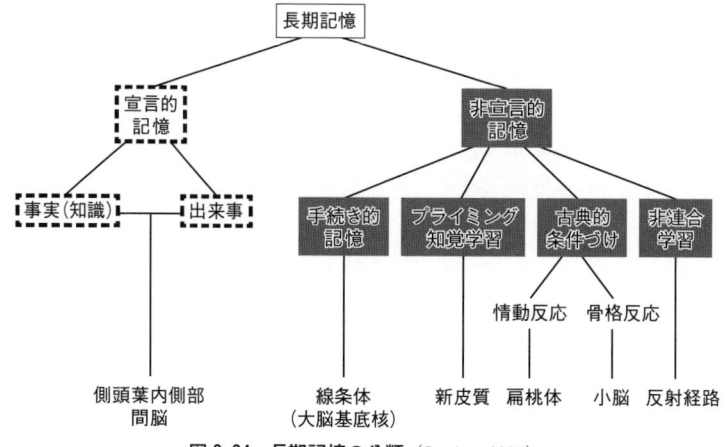

図 3-24 長期記憶の分類 (Squire, 2004)。

①スクワイヤーの記憶区分　　ここでは長期記憶の代表的な区分である，スクワイヤーによる提案を紹介する（Squire, 2004）。彼は，長期記憶の構成要素とそれぞれが担当する脳の領域を対応させている。図 3-24 に示すように，長期記憶は，宣言的記憶（declarative memory）と非宣言的記憶（nondeclarative memory）に分かれる。宣言的記憶は陳述的記憶とも呼ばれ，意識的に思い出し言語化できるような，出来事や事実の記憶である。これに対して，後者の非宣言的記憶は，意識的に思い出されるというよりも，運動技能のように何らかの行為を通して利用されるもので，必ずしも言語化できるとは限らない記憶である。

　宣言的記憶は，エピソード記憶（episodic memory）と意味記憶（semantic memory）に分かれる。前者は自分が経験した出来事の記憶で，「いつ」，「どこで」といった時間や場所の情報をともなった記憶である。中学校の修学旅行で行ったディズニーランドの思い出や，昨晩の夕食にステーキを食べたことなどがエピソード記憶にあたる。個人がもつ固有の記憶だといえる。これに対して意味記憶は，いわゆる一般知識である。「月曜日の次は火曜日である」「desk は机を意味する」「大化の改新は 645 年の出来事である」は，知識としてもっており，変化する記憶ではない。

　非宣言的記憶は，手続き的記憶，プライミング，古典条件づけ，非連合学習（反射）などに分けられる。必ずしも言語化できるわけではなく，意識的に実感するのは難しい。特定の実験状況を設定して測定することで明らかとなる。先に紹介した鏡映描写のように反復して獲得する技能学習も非宣言的記憶にあたる。1 年ぶりにスノーボードをはいても滑れるのは，体が滑り方を覚えているからである。どこをどのように動かして滑っているのかを説明しようと思っても，非常に難しい。梅干しを見て唾液が出てしまうのは，意図的に唾液を出しているわけではない。梅干しを食べると酸っぱくて唾液が出る経験をしたことで，梅干しを見るだけで自動的に唾液が出るように条件づけられたのである。このように，非宣言的記憶に共通しているのは，想起している意識がない点である。

②意味記憶とその構造　　**階層性のネットワークモデル**：われわれのもっている意味記憶はどのような構造になっているのだろうか。コリンズとキリアン（Collins & Quillian, 1969）は情報が階層的に整理されて保存されるとするネットワークモデルを提案した。図 3-25 はそのネットワークの例である。この構造では上位と下位という階層性をもっている。最も上位の概念（ノードと呼ぶ）は，動物である。動物のノードには動物全体が共通にもつ特性情報が貯蔵されている。そのノードからリンクでつながっている 1 つ下の階層には，鳥や魚の概念がそれぞれ貯蔵されている。それらのノードには，鳥全体，魚全体に特有な情報がそれぞれ貯蔵されている。さらにその下の階層には鳥や魚のメンバーであるカナリア，ダチョウ，サメ，サケの概念が貯蔵されており，それぞれそのメンバーの特徴が貯蔵されている。

　このような階層性の構造を確認するために，彼らは次のような実験を行った。「カナリアはさえずる」といったような主語と述語からなる文を視覚的に呈示し，その文の真偽判断をできるだけ速く，できるだけ正確に行うことを要求した。主語と述語の組合せは，意味ネットワーク構造にしたがって操作され

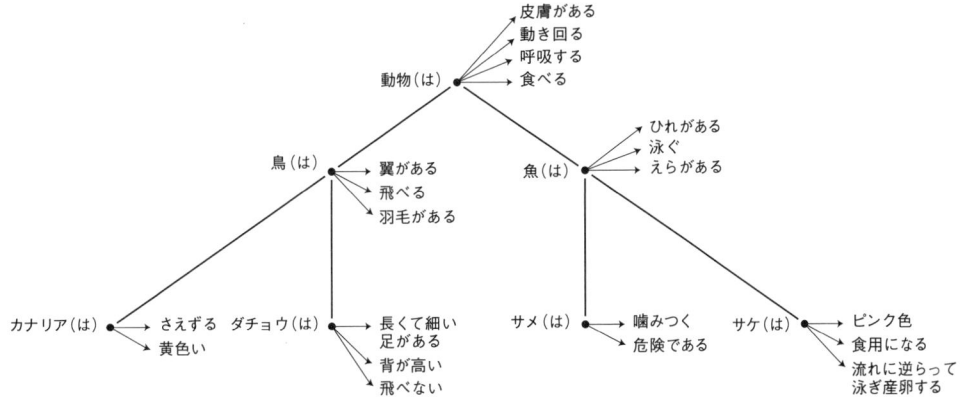

図 3-25　階層的ネットワークモデルの例（Collins & Quillian, 1969）。

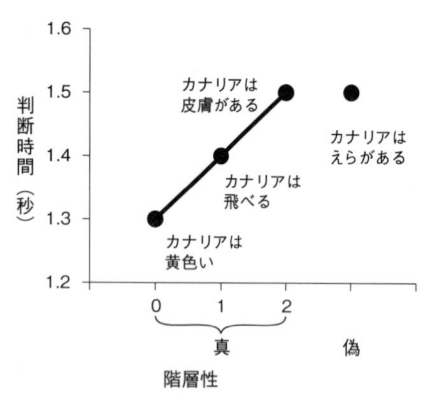

図 3-26　文の階層性と真偽判断時間の関係
（Collins & Quillian, 1969）。

た。たとえば，「カナリアはさえずる」を「真」と判断する場合は，「カナリア」というノードの中に「さえずる」という情報が貯蔵されているため，比較的判断が速い。それに対して「カナリアは飛ぶ」という文の場合は，「飛ぶ」という情報は１つ上位のノードに入っている。したがって，判断の際にリンクを１つあげ，「鳥」のノードにアクセスしなければならないため，「カナリアはさえずる」よりも判断時間がかかると予想される。図 3-26 には判断時間の平均が示されている。結果は予想どおりで，階層性が離れるほど判断に要する時間はかかっている。

　この意味ネットワークモデルの妥当性は確認されたように見えるが，このモデルではうまく説明できない事例が多く見られる。たとえば，「イルカは哺乳類である」と「犬は哺乳類である」の判断時間は，このモデルに従えば同じことが予想される。しかし，後者の方が速いことが多い。階層性の意味ネットワークモデルでは，同レベルにおける概念の典型性が考慮されていないことから生じるためだと考えられる。さらに，階層性からの予想と逆になる事例も見られる。たとえば「犬は哺乳類である」と「犬は動物である」の判断時間を比較すると，前者に比べて後者の方が判断時間が短い。前者の階層差が１つなので，２つの階層差がある後者よりも判断が短くなる，という予想とはまったく逆になるのである。「犬」に対しては「哺乳類」よりも，「動物」という概念の方が典型性が高いためであると考えられている。

　意味的距離を仮定したネットワークモデル：コリンズとロフタス（Collins & Loftus, 1975）は，階層性の意味ネットワークを２つの点で改良し，活性化拡散モデル（spreading activation model）を提案した。第１の改良点は，概念間の関係に階層性を仮定せず，意味的距離を仮定したことである。２つの概念の関連性が強いほど，意味的距離が近いと想定される。図 3-27 に示すように，２つの概念間の意味的距離の近さが，概念間のリンクの長さとして表現され，関連性が強いほどリンクが短い。第２の改良点は，概念の活性化とその拡散を仮定したことである。活性化とは，利用しやすさが高まった状態をさす。ある概念（単語）が呈示されれば，その概念が活性化され，あるレベルを超えるとその概念が認識できる。この活性化は，リンクを通じて自動的に周囲へと伝播され，関連する他の概念も活性化を始める。つまり，最初に活性化した概念と意味的に近い概念ほど活性化のレベルが高くなり，その概念は認識されやすくなるのである。この活性化は時間とともに減少する。

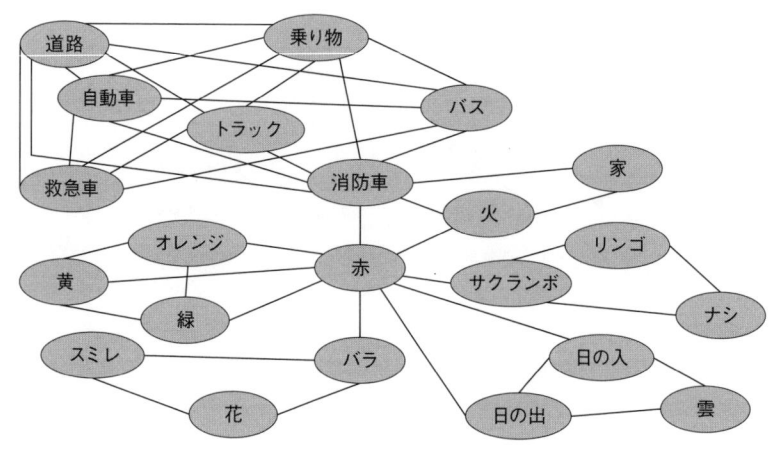

図 3-27　活性化拡散モデルの例（Collins & Loftus, 1975）。

　これらの仮定を加えることで，活性化拡散モデルは典型性の問題を説明することができる。「犬は哺乳類である」と「犬は動物である」の2つの文に対する判断時間を比較すると，前者に比べて後者の判断時間が短いことはすでに述べたとおりである。活性化拡散モデルでは，「犬」と「動物」という概念は関連性が強いため，「犬」と「哺乳類」よりもノード間の距離が短く表現される。そのため，「犬」という概念から周囲へと活性化が拡散した場合，距離が遠い「哺乳類」と比べ，距離が短い「動物」への伝播のほうが速くなる。このため，文の真偽をより速く判断できるのだと考えられる。

　活性化拡散モデルの妥当性は，プライミング効果（priming effect：間接プライミング効果）によって明らかにされる。メイヤーら（Meyer et al., 1975）は2つの文字列を連続して呈示し，それぞれの文字列の語彙判断課題（lexical decision task）を要求した。語彙判断とは，文字列が語であるか非語であるかを判断することをさす。プライミング効果を測定する実験手法はプライミングパラダイムと呼ばれ，現在でも非常によく使われている。最初に呈示される刺激をプライム，後に呈示される刺激をターゲットと呼ぶ。実験操作として，プライムとターゲットの意味的関連性が操作される。たとえば，プライムに「看護師」，続いてターゲットとして「医者」が呈示される条件と，プライムに「黒板」，ターゲット「医者」が呈示される条件がある。「医者」に対する語彙判断を比較すると，前者の方が反応時間は速い。この反応時間の促進をプライミング効果という。「看護師」が呈示されると，「看護師」の概念が活性化され，その活性化が意味的に近い「医者」に伝播され，ターゲットとして「医者」が呈示される前に「医者」の概念がある程度活性化されている。そこに「医者」が呈示されるため，「医者」に対する認識判断が容易となり，判断時間が短くなったと説明できる。「医者」が呈示される前に，意味的に関連性が低い「黒板」の概念が活性化されていても，「医者」概念にはその活性化は伝わりにくいのである。

4　日常生活からみた記憶

　上で挙げた間接プライミング効果などは，厳密に心理学実験を行って初めて明らかにされた事実である。この現象を日常生活で感じるのはなかなか難しい。これに対して，われわれのもつ記憶のはたらきは，日常生活の経験から，なるほどと納得できるものも少なくない。ここではそのいくつかを紹介する。

1）符号化と検索の関係性　　二重貯蔵モデルでも述べたように，短期記憶から長期記憶へと効率的に転送するためには，精緻化リハーサルが必要である。つまり，符号化の方法が忘れないことにつながる。しかし，いくら工夫して覚えても，その情報を取り出せなければ意味がない。記憶を取り出す，つまり検索の効率性は，符号化したときの手がかりとの関係が重要であることがわかっている。ある音楽を聴くと，ある有名人が思い浮かんだり，ドラマやCMが思い浮かんだりした経験はないだろうか。その音楽は，夢中になって観ていたドラマの主題歌で，その音楽が手がかりとなってそのドラマに出演していた俳優が想起されたのである。久しぶりに，通っていた小学校の校庭に行ったり，小学校の担任の先生と出会ったりしたら，急に懐かしい小学校の思い出がよみがえるような経験も，その当時の出来事が起きた場所や一緒にいた周りの人が手がかりとなって，想起されたと考えられる。われわれがあることを思い出せない状況では，覚えたときの情報を与えられれば，想起できる可能性が高まる。つまり，符号化時の文脈情報と検索時の手がかりが一致したときに，記銘情報は最もよく再現されるのである。言い方を変えれば，検索の手がかりとして有効であるためには，その手がかりが思い出したい情報と一緒に符号化されていることが必要である。これを符号化特定性原理（encoding specificity principle）と呼ぶ（Tulving & Thomson, 1973）。

2）人物情報の記憶　　久しぶりに出会った友人の名前が，思い出せないという経験は誰にもあるのではないだろうか。たくさんの人混みから，久しぶりに出会った友人を見つけることは比較的簡単である。また，友人と遊びにいったときのことなどもすぐに思い出せる。しかしそれに比べて，名前を思い出すのは難しい。このように，われわれは人の名前を覚えたり，思い出したりするのが苦手なようである。

　ヤングら（Young et al., 1985）は，22名の参加者に日記を書いてもらって，このことを確認している。ヤングらが実験参加者に依頼したのは，その日1日の，「人違いをした」「誰だかわからなくて困った」など，人との出会いにおける失敗エピソードを書いてもらうことであった。900を超える事例を見ると，その大部分が，名前が出てこないというものであった。彼らは，その日記の結果をもとに，図3-28に示すような人物情報処理のモデルを考案している。それによると，3つの処理段階を経て，名前を取り出せることになる。まず人物再認ユニットでは，目の前にいる人物の既知性が判断される。知らなければ，次の段階には進まず，知っている人であれば次の個人同定ノードに進む。このノードにはその知っている人の職業，趣味，性格など，その人に結びつく名前以外の情報が貯蔵されている。「あの人はどこかで見たけれど，どこで会った人だろう，なぜ知っているのだろう」という状態は，個人同定ノードから情報を取り出せない状態を表わしている。ここでうまく情報が取り出させて初めて，名前同定の段階に進む。ここでは，「何者」であるかがわかった人物の名前を取り出す。名前が思い出しにくいのは，このように段階的に進む3つの過程において情報を検索することが必要なためだと考えられている。実際，コーエン（Cohen, 1990）は，このモデルの妥当性を次のような記憶実験で確認している。彼女は，実験参加者に，未知顔の写真に名前や職業などを対にして記銘してもらい，後のテスト時に顔を呈示し，名前や職業を再生してもらった。その結果からも，名前の再生成績が，職業などの他の情報の再生成績よりも低いことが明らかとなっている。

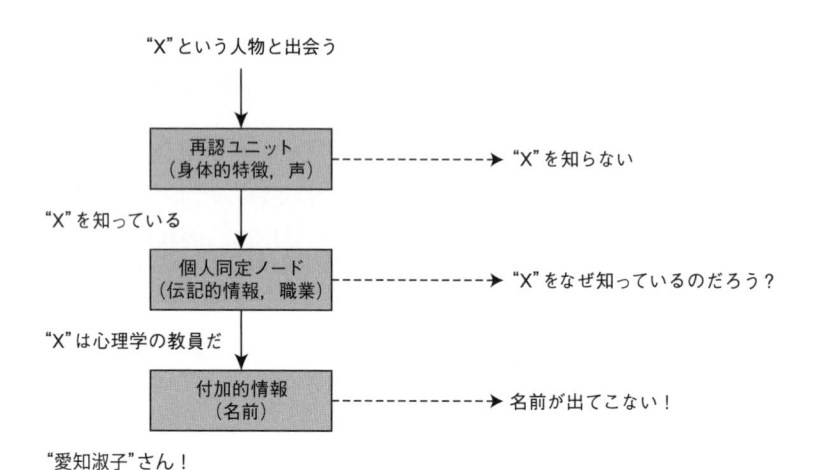

図3-28　人に関する情報を想起する段階（Young et al., 1985）。

3)　忘却と記憶のゆがみ

　①エビングハウスの忘却曲線　　一生懸命に暗記した歴史の用語も，クラスのみんなで行った修学旅行の思い出も，時間とともに忘れてしまう。このような忘却について研究の歴史は古い。記憶の忘却については，心理学成立の当初，精神物理学的測定法に影響を受けたエビングハウス（Ebbinghaus, 1885）によって行われ，そのデータは今も使われている。彼は節約法（saving method）という方法を開発し，時間に伴う忘却量を測定した。彼は自分自身で，13項目からなる無意味綴り（nonsense syllable；例；"rit"，"pek"）のリストを2回連続して完全正答するまで学習し，一定時間後（20分から31日まで）に同じリストを再び学習した。彼が注目したのは1度目の学習時間に比べて，2度目の学習時間がどの程度短くなったか，節約できたかであった。彼は，初回学習の時間に対する節約時間の比率を節約率（saving score）として，これを記憶の忘却量にできると考えた。時間と節約率の関係を示したのがエビングハウスの忘却曲線である。これによると，忘却は急速に進むことがわかった。20分後には42％を忘却し，1日後には8割近くを忘却するのである。

　②スキーマと記憶の変容　　エビングハウスは，記銘材料間での連想関係を極力なくすという実験統

制のために，無意味綴りを記銘材科に使用した。しかし，日常生活で記憶対象になるのは，有意味な情報であることがほとんどである。この点を指摘し，無意味綴りを使った記憶研究を批判したバートレット（Bartlett, 1932）は，物語や絵画などの有意味材料を使って記憶の再生実験を行った。中でも彼が注目したのは，記憶が保持期間中に変容する点であった。彼は再生内容の変化をスキーマ（schema）という概念によって説明している。スキーマとは，過去の経験によってつくられた認知的枠組みのことをさす。個人の知識はこのようなスキーマが集まったものだと考えられる。われわれはスキーマに基づいて，新しいことをそのスキーマに矛盾しないように学習し，想起しようとする。そのため，新しいことが歪曲されて認識されたり，想起されたりするのである。このように記憶活動は，単純に刺激と反応の連合ではなく，スキーマに照らし合わせて，その「意味」を見出だそうとするきわめて能動的な過程だと考えたのである。この考え方は現在の認知心理学に引き継がれている。

　③**偽りの記憶**　　　1980 年代後半に米国で，「現在，心理的問題で悩んでいる人は，幼少期に受けた性的な虐待のためだ」と主張する本が出版された（"The Courage to Heal" 邦題『生きる勇気と癒す力』）。著者は精神分析学，精神医学の素人であったにもかかわらず，この本の影響で実の父親や家族を性的虐待で訴えるような事例が多発した。訴訟を起こした人々は，抑圧されていた性的虐待の記憶が心理療法などで回復されたとした。心理学者であるロフタス（E. F. Loftus）は，この記憶は催眠や誘導的な面接技法などによってねつ造された，実際には体験していない記憶，いわゆる偽りの記憶（false memory）である可能性を多くの実験を通して実証した。不適切な心理療法によって植え付けられた記憶なのか，そうではなく本当の記憶なのか，という真偽はともかく，実験的に偽りの記憶を形成することは可能である。

　ディーズ（Deese, 1959）は，単語の再生実験においてリストを工夫すると，呈示していない単語を誤って再生することを明らかにしている。たとえば，「アルバイト，買う，貯金，銀行，ほしい，小遣い，貯める，大切，必要」でリストが構成される単語を音声呈示し，保持期間をおいて再生させたとする。実はこのリストは，「お金」から連想される単語から構成されている。再生結果を見ると，実際には呈示されなかった「お金」の再生率が，実際に呈示された単語の再生率と同じレベルであることが確認されている。ディーズの知見は，40 年近く経って，ローディガーとマクダーモット（Roediger & McDermott, 1995）によって追試された。これを契機に DRM パラダイム（Deese-Roediger-McDermott paradigm）を用いて，偽りの記憶の発生メカニズムについて多くの検討がなされている（Brainerd & Reyna, 2005）。単語リストを用いた実験だけでなく，実際の思い出を対象とした場合でも，体験していない出来事の偽りの記憶が形成されることが明らかにされている（Scoboria et al., 2017）。

●**理解を深めるための参考図書**
バッドリー，A.（1988）．川幡 政道（訳）　記憶力──そのしくみとはたらき──　誠信書房
コーキン，S.（2014）．鍛原 多恵子（訳）　ぼくは物覚えが悪い──健忘症患者Ｈ・Ｍの生涯──　早川書房
箱田 裕司・都築 誉史・川端 秀明・萩原 滋（2010）．認知心理学（New Liberal Arts Selection）有斐閣
服部 雅史・小島 治幸・北神 慎司（2015）．基礎から学ぶ認知心理学──人間の認識の不思議──　有斐閣
石口 彰（2006）．視覚　新曜社
北岡 明佳（編著）（2011）．知覚心理学　ミネルヴァ書房
重野 純（2006）．聴覚・ことば　新曜社
高橋 雅延（2008）．認知と感情の心理学　岩波書店

4 感情のメカニズム

　人間の精神機能を特徴づける言葉として，しばしば「知性」と「感情」の2つが挙げられ，これらは従来から心理学の分野で主要なテーマとなってきた。なかでも，知的機能に関しては，知覚，学習，記憶などのトピックスのもとで活発な実験的研究が行われてきた。一方，感情に関しては，主観的な内的体験そのものを対象にすることが多いことから，公共性，客観性を重視する現代心理学では幾分おろそかにされてきた時期があった。しかし，これまで研究対象の主流であった感情体験の言語報告に加えて，内的体験を客観的に測定する技術，とりわけ近年の脳機能測定技術の革新などにともなって再び感情研究が活発になってきている。本章では，感情の体験や表出に関して，それらの基盤となる生理学的側面から主に概説する。

4-1　感情とは

　感情をともなわない日常生活はありえないことを，われわれは十分知っている。しかし，「感情とは何か」と改めて問われると，それに適切に答えることは難しい。本節では，「感情とは何か」について概観するために，まず，感情に関連する用語を含む定義と日常体験する感情の種類に関する考え方を説明する。次いで，感情の喚起から表出までの過程に関して，これまでに提出されてきた代表的な諸学説について解説する。

1　感情語の定義

　感情とは，経験の情感的あるいは情緒的な側面を表わす総称的用語である（梅津ら，1981）。英語ではaffect という場合と feeling と記述される場合がある。前者の場合は，他者に影響を与えるという意味合いをもち，後者の場合には感覚的な感情という意味合いをもつ。感情と同じく，経験の情緒的側面を表わす用語に情動（emotion）がある。情動は本来，e-motion に由来する動的な側面をもつ比較的急激で強い一過性の感情をさすことから，感情の下位概念として用いられることがある。感情と関連する他の用語として，気分（mood），気質（temperament）などが挙げられる。気分とは，「暗い気分」などのように，数時間から数週間の比較的長期にわたって持続する弱い感情状態をさす用語である。気質とは，「怒りぽい気質」などと表現するように，人格特性のうちの感情的素質傾向を表わす用語として用いられる。図4-1 に示されているように，これら感情関連語は時間的な視点からとらえると理解しやすい。なお，本書では，情動と記述するのが特に適切と思われる場合を除き，基本的に感情という用語で統一する。

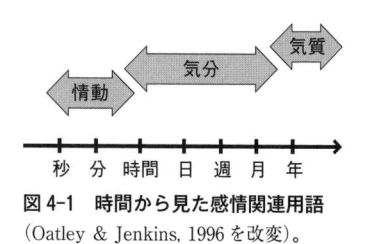

図 4-1　時間から見た感情関連用語
（Oatley & Jenkins, 1996 を改変）。

2　感情の種類

　われわれは日常でさまざまな感情を体験する。複雑で多様な感情体験も，たとえば，喜怒哀楽のように，質的に異なる数種の基本的感情に還元しえると主張する考え方がある。基本感情説と呼ばれるこの

説は，ダーウィン（C. Darwin）の進化論に端を発している。すなわち，感情は，生存のために必要なものとして進化の過程でヒトに備わったものであり，人類に共通した基本的な感情が存在するというものである。いくつの基本感情が存在するかについて，これまでさまざまな説が唱えられてきた。プラチック（Plutchik, 1980）は，円環状に並んだ8個の基本感情の存在を仮定し，隣り合う感情間で中間的な混合感情が次々と形成されるとした（図4-2）。一方，エクマン（Ekman, 1992）は，基本感情として，喜び，怒り，悲しみ，驚き，嫌悪（軽蔑），恐れの6感情を挙げている。これらは，感情のビッグ6として，基本感情説に立つ多数の研究者に支持されてきている。

　個々の感情は質的に異なるものであると主張する基本感情説に対して，少数の次元それぞれの連続体上に布置されるとする考えを感情の次元説と呼ぶ。次元説では，感情を2次元あるいは3次元の空間上に記述するのが一般的である。代表的な3次元説としては，シュロスバーグ（Schlosberg, 1954）の円錐モデル，2次元説としてはラッセル（Russell, 1980）の円環モデルが挙げられる。シュロスバーグは，快－不快，注目－拒否，緊張－睡眠のそれぞれ直交する3次元から構成されるモデルを提唱した。ラッセルは，個々の感情がアラウザル次元（覚醒－睡眠）とヴェイレンス次元（快－不快）からなる2次元平面上に布置されると主張し，このモデルに基づいた感情評定法としてアフェクト・グリッドを開発した（図4-3）。

3　感情の過程の諸相

　感情の過程は3つの位相に分けると理解しやすい。すなわち，①感覚入力の認知的評価，②感情体験，および③感情表出の各位相である。感覚受容器に入力された刺激すべてが感情を生起させるとは限らないし，同じ刺激でも，ある場合は強い感情が生じ，別の場合にはまったく生じないこともある。たとえば，犬に噛まれた経験のある人にとって，犬が恐怖感情の喚起刺激となる場合，また，普段は怒り感情を喚起しない刺激が，体調や，いわゆる虫の居所の悪さによって，怒りを喚起する場合などである。このように，脳は入力された外部環境や体内環境の変化を，過去の経験の記憶や現在の体内環境などと瞬時に照合し，感情喚起の意義を判断する。これが感覚入力に対する認知的評価の位相である。喚起された感情は内的感情状態として意識され，表出される。これらがそれぞれ感情体験，感情表出の位相である。感情体験はあくまでも主観的なものであるのに対して，感情表出は身体的変化や行動として客観的に観察されることから，しばしば感情の主要な研究対象となる。

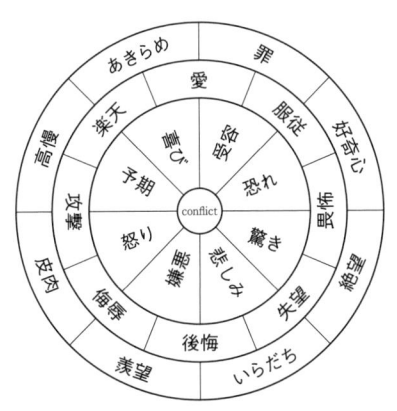

図4-2　8種の基本感情と混合感情（福井，1990 を改変）。対角線上にある感情が同時に生じた場合，葛藤を引き起こす。

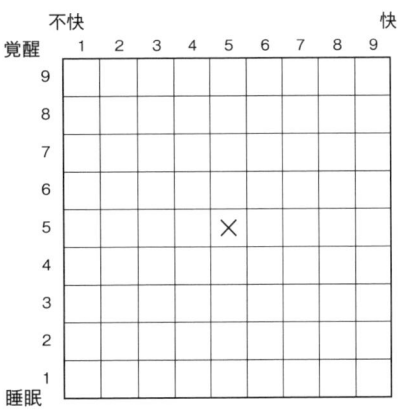

図4-3　アフェクト・グリッド（Russell et al., 1989 を改変）。
格子の中央（×印）が中立的な感情として，現在の感情状態を最も表わすと思われる格子内に印をつける。

4 感情の理論

1）感情の起源説　われわれの感情は，どこで，どのようにして体験されるのであろうか。感情体験過程のメカニズムに関して，これまでさまざまな学説が唱えられてきた。19世紀後半にジェームズ（James, 1884）は，感情体験が感覚刺激によって引き起こされた身体の生理的変化（骨格筋や内臓の活動変化）によって生じると主張した。彼によれば，感覚入力の認知的評価を経て表出される自律神経や体性神経活動の変化が，再び脳にフィードバックされ，そこで初めて感情が体験されるという。たとえば，熊を見て恐怖を感じるのは，心臓の鼓動が速くなったり，手足の筋肉が硬直したりするからであり，恐怖を感じるから心臓や筋肉の活動変化が起こるのではない。これまでの常識とは異なり，感情体験と感情表出の因果関係を逆転させた感情の末梢起源説は，「悲しいから泣くのではなく，泣くから悲しいのだ」という彼の言葉に端的に表現されている。ジェームズとは独立して，ほぼ同時期にランゲ（Lange, 1885）も同様の考えを提唱しており，末梢起源説はジェームズ・ランゲ説とも呼ばれる（図4-4（a））。

　一方，キャノン（Cannon, 1927）は，動物の中枢神経路を切断して内臓と脳の連絡を遮断しても，また，大脳皮質を除去しても，依然として感情は生じることから，皮質下の視床が感情の源であるとして，末梢起源説と対立する中枢起源説を唱えた。この考えは，弟子のバード（Bard, 1928）によって修正を加えられ，キャノン・バード説とも呼ばれる。彼らの説によれば，感覚受容器からの情報は視床を経由して大脳皮質に伝わり，大脳皮質は視床に対する抑制を解除することで視床を興奮させる。視床の興奮は，視床下部を通じて末梢の筋肉や内臓に伝えられ，身体的変化を生じると同時に，再び大脳皮質にも伝達され，感情を体験する（図4-4（b））。ジェームズ・ランゲやキャノン・バードの提唱した起源説は，今や古典的な学説といえるが，両者とも，その後の感情理論に大きな影響を及ぼしてきた。

2）脳の回路説　20世紀に入り，脳の皮質下の構造や機能が明らかになるにつれて，感情発現のより詳しい脳内モデルが提唱されてきた。ペイペッツ（Papez, 1937）は，感情発現の中枢として，特定の脳部位ではなく，いくつかの脳部位で構成される回路に注目した情動回路説を提唱した。ペイペッツによれば，視床に入力された感覚情報は大きく2つのルートに分かれ，それぞれ大脳皮質，視床下部に至るという。このうち，視床下部に到達した情報はさらに下行性と上行性の2つの経路に分かれる。下行性には脳幹を経由して末梢の身体反応を引き起こし，上行性には視床前核，帯状回，海馬を経由して再び視床下部に到達するループを形成する。この閉じたループがペイペッツの情動回路と呼ばれ，入力された感覚情報に感情的色彩をもたせる回路である。一方，大脳皮質に到達した情報は，連合野で帯状回からの感情的情報と合流し，ここで感情体験が生じる（図4-5（a））。情動回路という新しい概念を取り入れたペイペッツの説は，その後の感情研究に大いに寄与してきた。ただ，脳のイメージング技法など近年の研究成果から，感情の中枢として最も有力視されている扁桃体が彼の回路説には含まれていない。

　ルドゥ（LeDoux, 1996）は，恐怖条件づけテクニックを用いた一連の実験から感情の脳内神経回路を検索し，感情発現にとって重要な部位である扁桃体を中心とする情動の2重神経回路説を提唱した。こ

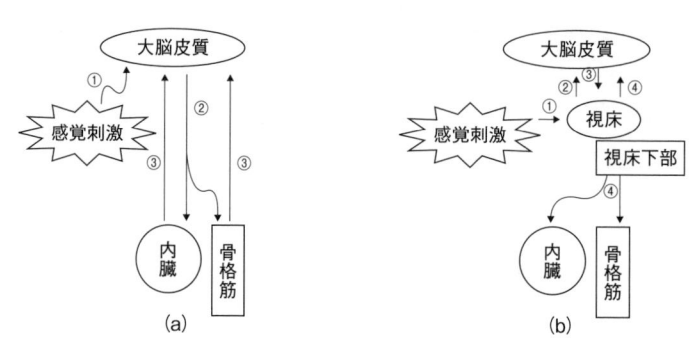

図4-4　末梢起源説（a）と中枢起源説（b）。

の説は，感覚刺激が視床から直接扁桃体に向かう直接ルートと，視床から大脳皮質や海馬を経由して扁桃体に至る間接ルートの2重の経路を仮定している。前者は，素早いが大雑把な情報伝達を行う低次の経路と呼ばれる。一方，後者は高次の経路と呼ばれ，皮質での処理を受ける分，遅いが綿密な情報を伝達する経路である（図4-5（b））。たとえば，山道に落ちていたヒモをヘビと間違え，驚いて立ちすくんだ場面をこの説で説明すると次のようになる。視覚情報は視床に運ばれた後，直接扁桃体に向かう低次の経路に入る。この時点では未だ視覚情報が何であるかはわからないが，扁桃体は長いヒモ状の刺激に対して潜在的な危険性をもつと判断し，即座に身体反応を引き起こす。一方，高次の経路にも向かう視覚情報は皮質で詳細な処理を受けた後，扁桃体に運ばれる。この時点で，視覚情報はヒモであり，危険なものではないと判断されるのである。

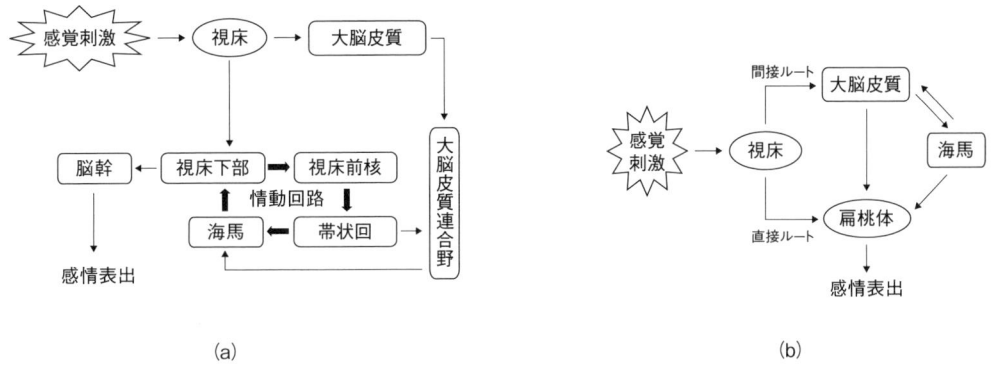

(a)　　　　　　　　　　　　　　　　　　　　　　　(b)

図4-5　ペイペッツの情動回路説（a）とルドゥの2重神経回路説（b）。

3）感情の認知説　これまで述べてきた学説は，ヒトの感情が生得的なものであり，ある意味，普遍化された表出の生理的機構に焦点を当てた考え方といえる。これに対し，個人的，社会的文脈で変化する感情の習得的側面に注目した諸学説がある。これらの学説は感情体験や感情行動に対する認知的評価機構の重要性を強調している。シャクターとシンガー（Schachter & Singer, 1962）は，感情体験が生じるには，生理的覚醒と認知的解釈の両要因が必須であるという，感情の2要因説を提出した。この説は，ある身体反応（生理的覚醒）が生じたときに，体内環境や外部環境状態に照らし合わせ，生じた身体反応に意味づけをする（認知的解釈）ことで感情を体験するというものである（図4-6）。これは先に述べたジェームズ・ランゲの末梢起源説を基本的に取り入れた学説とも考えられる。しかし，ジェームズ・ランゲ説では，末梢の身体反応が直接特定の感情体験と結びついていると考えるのに対し，シャクターらの説では，末梢の身体反応は脳の覚醒状態を決定しているだけであり，特定の感情体験はこの覚醒状態を現在の文脈と結びづけることで生じるとする。つまり，感情体験に身体反応は必要条件であっても十分条件ではなく，感情の強さは生理的覚醒が決定し，感情の種類は認知的解釈が関与すると考える。シャクターらは同じような身体状態の変化を引き起こしても，認知の仕方によってまったく異なる感情体験が生じることを実験的に検証し，この説の妥当性を主張した。

　ラザラス（Lazarus, 1982, 1991）は，感情喚起過程の認知的評価機構を重視して，さらに詳細なモデルを提唱している。この説によれば，認知的評価機構には時系列的に進む一次的評価と二次的評価の2種の評価過程が含まれる。一次的評価では，直面する刺激あるいは状況が自分にとって有益なものか，それとも有害なものかが判断される。ここで有益だと評価されれば快感情が生じ，有害と判断されれば不快感情が生じる。一次的評価で，有益あるいは有害と判断された状況に対して，自分がどのように対処できるかを次に評価するのが二次的評価である。つまり，有益な出来事を促進する，または脅威を除去するための具体的方策についての評価がここで行われる。たとえば，脅威に対処する手立てがないと判断されれば，絶望，悲しみなどの感情体験が生起する。このような感情体験の質の決定は二次的評価の過程で生じる。対処行動がとられた後の状況に対しても同様の再評価が行われることで，一度生じた

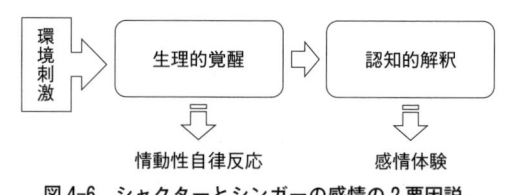

図4-6 シャクターとシンガーの感情の2要因説。

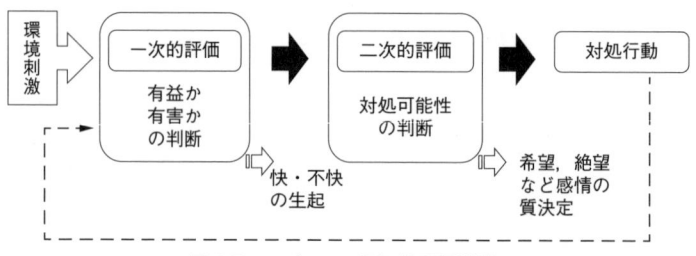

図4-7 ラザラスの認知的評価機構。

感情体験が変化する可能性もある（図4-7）。ラザラスの認知評価説は，感情，特に否定的感情と認知的評価との関連を適応に向かう対処行動の観点から説明するものであり，ストレスの研究にとって有用なモデルとなっている。

4-2　感情体験の表出

　内的体験としての感情を科学的にとらえようとする際には，客観的に観察可能な感情表出が研究対象となる。感情表出には，言語的な報告，表情，生理反応などが含まれる。言語報告や表情は顕在化された反応として，神経活動に基づく生理反応は内潜的反応として分類される。言語報告は体験された感情そのものの表出として有効な分析の対象になるが，他者に対して感情を隠蔽すれば表出されないし，意識的に異なる感情を表出することもできる。表情も同様の随意的側面をもつが，生理的反応とともに不随意的要素もある。このように，感情表出を随意的表出と不随意的表出に分類して考察することもできる。本節では，不随意的表出としての表情と神経活動に基づく情動行動について，また，感情と脳の関係について解説する。

1　表　　情

1）表情の普遍性　　基本感情説に立つ表情研究者は，ダーウィン（Darwin, 1872）の感情表出の三原理（有用な連合習慣の原理，反対の原理，神経系の直接作用の原理）にその論拠をおいている。たとえば，ヒトの怒りの表情は，牙をむいて唸り声をあげる動物の威嚇表現が進化の過程で残ったというダーウィンの表出原理を基本的に支持する。他の表情も同様に，かつて動物の生存にとって何かしら有用な表情がヒトにも備わっているとすれば，表情は万国共通のものと考えられる。エクマンら（Ekman et al., 1969）は，基本感情を表わす表情写真を異なる文化の人々に呈示し，表情が意味する感情を同定させる実験を行った。その結果，表情と感情の的中率は異文化間でも同様であることを認めた。また，エクマンとフリーセン（Ekman & Friesen, 1971, 1984）は，他国との交渉をほとんどもたないニューギニアの部族についても調査し，表情は人類に普遍的なものであると主張した。これに対し，エイヴェリル（Averill, 1980）に代表される，感情の社会構築主義の立場に立つ研究者たちは，少数の感情を表すラベルと一瞬の表情写真との関連を論拠として，表情の普遍性を主張するエクマンらの研究を批判し，表情は固有の文化によって異なると反論している。感情の社会構築主義とは，感情はダーウィンが指摘したような，単なる人間の系統発生的過去の名残ではなく，文化の副産物として現在も一定の社会的役

割をもっているという考え方である。

2) 表情をつくる表情筋　さまざまな表情は，46 個ある表情筋のいくつかが活動することでつくられる。表情筋は皮筋と呼ばれ，骨格筋よりも一度に活動する筋線維束が少ないので，繊細で複雑な動きが可能である。実際には各表情筋は単独で活動することはなく，いくつかが関連し合って活動することで微妙な表情が生まれる。幸福などの肯定的な感情時には主に頬骨筋や眼輪筋の活動が生じ，怒りや悲しみのような否定的な感情は皺眉筋の活動が生じる。ポーカーフェースのように感情を表情に表わさないよう意図した場合や本人自身の自覚をともなわない場合でも，実際には上述のような表情筋の活動は生じており，顔面筋電図を用いることで各表情筋の活動パターンを見ることが可能である（図 4-8）。エクマンとフリーセン（Ekman & Friesen, 1978）は，顔面筋電図を用いて表情筋の活動を測定し，視察可能な顔面活動と対応させることによって，表情の符号化システム（Facial Action Coding System: FACS）を開発した。これは顔面の動きを 44 の活動単位（アクションユニット）に分け，これらの組み合わせによって表情を克明に記述する技法である。FACS はその後 41 の顔の基本動作の組み合わせで符号化する方法に改訂され，現在も有力な表情分析法として使用されている（Ekman et al., 2002）。これまで，ともすれば観察者の主観が介入しがちであった表情観察法に対して，FACS は，客観的で詳細な測定を可能にするという点で意義がある。

3) 表情フィードバック仮説　表情は感情体験の出力と考えられるが，逆に表情が入力となり感情体験に影響を及ぼすことも指摘されている。トムキンス（Tomkins, 1962）は，内臓や骨格筋よりも敏感な顔部位の筋肉活動がフィードバック源として優れており，表情筋の生得的な活動パターンの脳へのフィードバックにより感情が生じると主張した。感情の末梢起源説を背景とするこの説は，表情フィードバック仮説と呼ばれ，その後，いくつかの研究で支持されている。たとえば，ストラックら（Strack et al., 1988）は，実験参加者にペンの向きを変えて口にくわえさせることで，微笑み時と同じ頬骨筋の収縮，または，それを抑制する表情を取らせた。これらの表情を操作し続けてマンガを読ませた後，読み終わったマンガの面白さの評定を行ったところ，微笑みの表情操作を受けてマンガを読んだ実験参加者は，微笑みを抑制された表情操作の場合よりも有意に面白いと評定した。この結果は，表情が主観的感情体験に影響を与えるというトムキンスの仮説を支持するものである。

2　情 動 行 動

1) 情動性自律反応　感情体験が身体反応に先行するか否かはともかく，感情刺激には情動性自律反応と呼ばれる一連の生理的反応がともなう。まず，生活体は感情刺激に対して，そちらの方向に注意を向けるような反応をする。定位反応と呼ばれるこの反応は刺激の取り込みに関わる反応であり，心拍数の減少，汗腺活動の増大などの身体変化を引き起こす。刺激が過度に強い場合には防衛反応が，出現が突然である場合には驚愕反応が生じる。防衛反応は刺激を排除する反応であり，汗腺活動の増大とともに心拍数の増加が見られる。驚愕反応時には防衛反応よりも急速な心拍数の増加や瞬目が認められる。これらの反応に引き続き，適応行動に向かうためのさらなる自律神経活動が動員される。生活体が脅威にさらされるような緊急時には，一般に交感神経が優位となり，心拍数，汗腺活動の増大，末梢血管の収縮などが生じる。これらは，脅威下での生存を高める身体的な準備と考えられる。すなわち，生存を

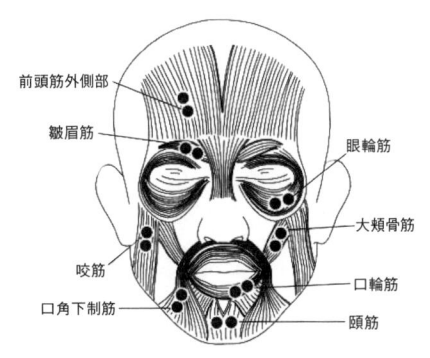

図 4-8　表情筋と顔面筋電図電極位置（濱ら，2001 から転載）。

前頭筋外側部
皺眉筋
眼輪筋
大頬骨筋
咬筋
口輪筋
口角下制筋
頤筋

脅かされた生活体の心拍数の増加と末梢血管の収縮は，エネルギー源としての血液を骨格筋や脳にすばやく供給し，脅威に立ち向かう，あるいは，そこから逃れる行動を効果的に遂行するための生理的機構といえる。キャノンはこれらの反応を，闘争か逃走か（fight or flight）反応と呼んだ。また，交感神経亢進のリバウンドとして，副交感神経の過度な亢進による凍結反応（freezing）が生じることもある。

2）基本感情と生理反応　　前述した情動性自律反応は，生活体の緊急時での非特異的反応である。それでは，喜怒哀楽のような基本感情に特異的な生理的反応が存在するであろうか。また，あるとすれば，どのような生理指標で同定できるのであろうか。この問題は以前から論争の的となっている。本章第1節（4-1）で述べたように，シャクターとシンガーに代表される認知説では，生理指標は感情の高まりを示すのみで，感情の種類は同定できないことになる。一方，アックス（Ax, 1953）は，怒りと恐れを，また，エクマンら（Ekman et al., 1983）は，6種の基本感情を自律神経指標で識別したという実験報告がある。エクマンらの実験は，その後，何人かの研究者によって追試されたが，感情喚起手続きの違いなどもあり，一貫した結果は得られていない。感情に特異的な生理反応があるとしても，それらを識別する単一の生理指標はなく，複数の指標を用いた測定による反応パターンの分析が必要とされるであろう。一般に生理指標は，アラウザル次元の測定には強力な測度となるが，ヴェイレンス次元の識別に関しては不向きとされる。現在のところヴェイレンス同定の有力な候補としては，心拍，驚愕性瞬目反射，次項で述べる脳波パワーのラテラリティ比などが挙げられる。

3　感情と脳

1）感情を司る脳部位　　脳科学の進歩にともなって，感情に深く関与するいくつかの脳部位が明らかになってきた（図4-9）。キャノン以来，情動性自律反応に関わる視床下部の重要性が強調されてきたが，その後の研究でも，視床下部が怒りや恐怖，快楽などの感情行動を発現する部位であることが確認されている。たとえば，視床下部腹内側核と呼ばれる部位は，怒りの行動を，視床下部後部の外側部は快感情に支えられた行動を発現することなどが知られている。感情に関わる他の重要な脳部位として扁桃体がある。扁桃体に障害を受けると，恐怖心の欠如，食欲や性行動の異常な亢進を示すクリューヴァー・ビューシー症候群と呼ばれる症状が現われる。扁桃体には，好き嫌いを直接判断する細胞が存在することや，大脳皮質の各感覚野からの情報を動員して，状況に応じた感情の判断をもたらす機能があることも知られている。また，近年の研究では，表情の認知やその強度の評価にも扁桃体が重要なはたらきをすることが明らかとなっている（Adolphs et al., 1995）。視床下部や扁桃体で生じた感情を最終的にコントロールする役割を担っているのが前頭葉連合野である。特に前頭眼窩野と呼ばれる部位は，感情に基づく動機づけや意思決定に関与しているといわれる。ダマシオ（Damasio, 1994）は，この部位の損傷患者が，リスクや葛藤をともなう意思決定場面において，その場限りの衝動的な選択行動を示すことを実験的に明らかにし，感情の源泉となる身体的変化の信号（ソマティック・マーカー）を意思決定に援用する脳部位が前頭眼窩野であると仮定した。このように，前頭眼窩野は，社会的場面における感情の認知や，それに基づく意思決定場面に関わり，視床下部や扁桃体よりも高次の感情機能をもつと考えられている。

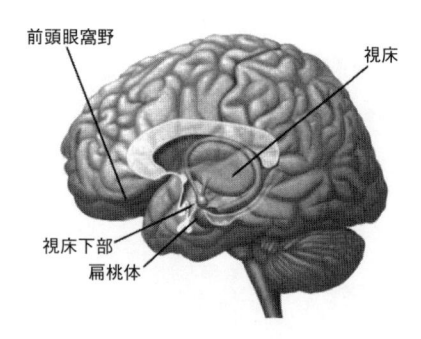

図4-9　感情を司る主な脳部位（中村，2007を改変）。

2）感情と脳の側性化　　一見左右対称に見える脳は，肺や腎臓とは異なり，左右の機能差が存在する。これを脳の側性化（ラテラリティ）という（第2章参照）。発語や言葉を理解する中枢が存在する左脳

に対して，芸術や直観的な理解に優れる右脳は感情
機能を司ると考えられている。これは，脳の対側性
支配（脳と身体各部を連絡している感覚，運動神経
のほとんどが左右交叉し，左右の脳はそれぞれ対側
の身体を支配している）のもとで，感情が顔の左半
分に強く表出されることや右脳損傷患者が左脳損傷
患者よりも表情の識別に劣るという証拠に基づいて
いる。しかし，右脳があらゆる感情に関与するとい
う単純なものではなく，感情のヴェイレンスの違い
が各半球の活動と密接に関係するという指摘もある。
デイヴィドソンとフォックス（Davidson & Fox,
1982）は，乳幼児に女優の演じるヴェイレンスの異
なる表情（幸福と悲しみ）を見せ，その間の脳波を

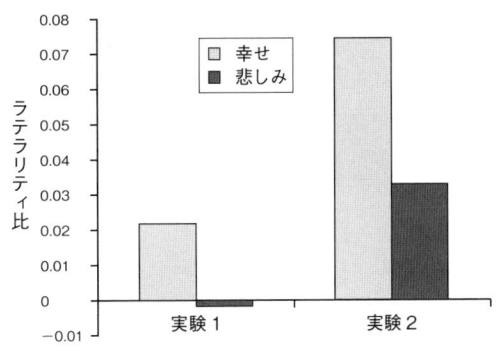

図 4-10　異なる表情刺激呈示時の前頭部のラテラリティ比（Davidson & Fox, 1982）。比の値が大きいほど左脳活性を示す。

記録した。右脳の低周波数帯域（1〜12 Hz）の脳波パワーと左脳のそれとの比として表わされるラテラリティ比〔（右－左）/（右＋左）〕を測度として分析した結果，幸せな表情を観察している間は，悲しい表情の観察時よりも有意に左脳前頭部の活性が認められた（図4-10）。彼らは，その後のさまざまな実験結果から，左右の大脳半球前頭部の相対的活性度を測定することによって，接近行動に関与する肯定的感情と退避行動に関与する否定的感情を識別することが可能であると主張した。感情のヴェイレンスと脳の側性化に関しては，感情刺激を左右各視野に瞬間的に呈示し，呈示視野と対側半球に投入する方法（一側視野瞬間呈示法）を用いた行動指標による研究でも数多く行われ，議論されてきた。ロイター＝ローレンツとデイヴィドソン（Reuter-Lorenz & Davidson, 1981）は，幸福な顔が左半球（右視野）に瞬間呈示されたときには，悲しい顔が呈示されたときよりも早く知覚するが，右半球（左視野）呈示では，悲しい顔のほうが幸福な顔よりも早いことを示した。一方，レイとブライデン（Ley & Bryden, 1982）は，両耳分離聴法を用いて，実験参加者に幸福，悲しみ，怒りおよび中立的な声調で文章を呈示したところ，感情的な声調の識別は一貫して右半球の優位性を示し，ヴェイレンスによる側性化は認められなかったと報告している。また，否定的感情の処理には右半球が，肯定的感情は両半球が担当することを主張する研究者もいる。このように，感情のヴェイレンスに特異的な脳の側性化が存在するかどうかを検討した研究は数多くあるが，必ずしも研究間で一致した結果ではない。この不一致は，感情喚起刺激の呈示や過去の感情の自己想起など，感情喚起方法の違いばかりでなく，表情判断課題のような感情の認知を扱うか，感情体験の表出そのものを問題にするかの違いに起因するものと考えられる。

● 理解を深めるための参考図書

濱 治世・鈴木 直人・濱 保久（2001）．感情心理学への招待——感情・情動へのアプローチ——　サイエンス社

今田 純雄・中村 真・古満 伊里（2018）．感情心理学——感情研究の基礎とその展開——　培風館

北村 英哉・木村 晴（編）（2006）．感情研究の新展開　ナカニシヤ出版

大平 英樹（編）（2010）．感情心理学入門　有斐閣

鈴木 直人（編）（2007）．感情心理学　朝倉書店

5　行動の獲得と動機づけ

　あらゆる生物にとって最も重要なことは，環境に適応し生き残ること（survival）である。そして動物にとって行動とは，環境に対応することにほかならないのである。動物は生まれながらに特定の環境に適応する能力（行動パターン）をもつと同時に，変化する環境に適応する能力をももちあわせている。また，過去の経験に基づいて新しい環境に対応し，さらには環境を制御する能力をも身につけた動物もいる。この章では，行動の発現を「生得的な行動」「習得された行動」そして「行動の動機づけ」の３つの視点から考えてみる。

5-1　生得的な行動

　動物は，種によってその程度に差はあるものの，いくつかの行動パターンをもって生まれてくる。ヒトの赤ちゃんが，口に触れたものに吸いついたり（吸啜反射），手のひらに触れたものをつかもうとしたりする（把握反射）のも，その例の１つである。こういった行動は，種がその進化の過程において獲得し，遺伝的に受け継いできたもので，生得的行動（innate behavior）と呼ばれている。

1　行動の進化

　ダーウィン（C. Darwin）が『種の起源』を著して以来，進化の考え方は広く一般にも浸透したが，これは動物界におけるヒトの位置づけに関しても大きな変化をもたらすことになった。もし，ヒトの起源をヒト以外の動物にたどることになるのであれば，ヒトの行動を考えるときにも，ヒト以外の動物の行動を知ることは非常に有益なことになる。もちろん，ヒトの行動を単純にヒト以外の動物の行動特徴と同じものと見なしたり，ヒト以外の動物の行動を擬人的に説明したりすることには注意が必要である。

　心理学においても，進化論の動物とヒトの連続性という考えを基盤として，動物を用いた研究が数多

図 5-1　動物の種の進化を示す系統樹（Hayes, 1994）。

く行われてきた。その中心はヒトの代替として他の動物種を用いることであったといってよいであろう。しかし近年では，行動を個体の発達や学習といった短い時間スケールの中での変化のみでとらえるのではなく，行動が進化の長い時間の中でどのように獲得されてきたのかにも興味が向けられている。

2　生得的行動の種類

　生得的行動は一般に以下の3つのタイプに分類されるが，動物の種によってそれぞれの行動様式の比重は異なっている。

1）向性　　向性（tropism）とは，特定の刺激によって引き起こされる，移動運動や定位運動のことである。たとえば，ワラジムシは湿った場所では停止し，乾燥した場所では動き続ける。また，ウジは明るい光があるとそこから離れる方向に移動する。この2つの例はよく似ているが，前者は刺激（湿度）によって運動が起こるか起こらないかが決まるだけだが，後者では刺激（光）によって，運動とその方向性が決まるので，それぞれ動性（kinesis），走性（taxis）と区別されている。

2）反射　　反射（reflex）も特定の刺激によって引き起こされる運動であるが，その多くは身体の一部のみの局所的反応である。ヒトにおいても先に挙げた赤ちゃんの例のように反射が存在するが，それらは成長にともなって消失していくものも多い。しかし，まぶしい光に眼を閉じたり（眼瞼閉鎖反射），膝の下を軽くたたくと蹴る運動が起きたり（膝蓋腱反射）といった，大人になっても維持される反射もある。

3）本能行動　　反射が局所的で単純な反応であるのに対して，より複雑で連続的な運動パターンをもつ生得的行動は本能行動（instinctive behavior）と呼ばれる。日常的には本能という言葉は，無意識的な反応全般や個人の行動特性に対しても用いられるので注意が必要である。本能行動の特性の解明は動物行動学（ethology，行動生物学ともいう）によってなされてきたが，ヒトにおいては動物行動学が対象としてきたような本能行動と呼べる行動パターンはほとんどないと考えられる。しかしそれは，ヒトの行動には遺伝的にプログラムされたものがない，ということを意味するものではない。実際，ある行動のどの程度が生得的に決定されているのか，という問題は現在でも多くの研究を刺激し議論が続けられている。

3　本能行動の発現とその仕組み

　本能行動は，固定的動作パターン（fixed action pattern: FAP）とも呼ばれるように，非常に定型的で種に固有な行動である。たとえば，繁殖期のトゲウオの雄は卵で腹がふくらんだ雌が縄張りに入ってくると，ジグザグダンスと呼ばれる一連の行動を行い，雌を巣に誘導しようとする。そのダンスはどの個体にも共通であり，まったく別の仕方で雌を誘う雄のトゲウオなどいないのである。

1）本能行動のモデル　　一般に本能行動の発現には，内的な要因と外的な要因の双方が必要である。内的な要因とは，主に生理学的メカニズムに依存する動物の側の準備状態といってもよいであろう。一方，外的な要因とは，特定の行動を引き起こすため

図 5-2　トゲウオが繁殖時に示す一連の行動（Tinbergen, 1951 より）。

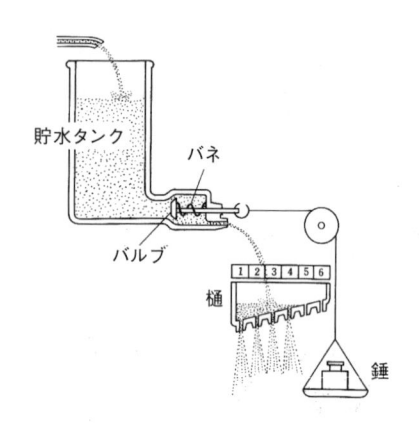

図 5-3　ローレンツの水力学モデル（Lorenz, 1950）。

の鍵となる刺激のことであり，これは解発刺激（releaser，信号刺激ともいう）と呼ばれている。

このような行動発現の仕組みをローレンツ（K. Z. Lorenz）は「水力学モデル」という形で示した。このモデルで水は「活動特異的なエネルギー」を表しており，この水が貯水タンクから樋を通して外へ流れ出ることが「行動」の発現を意味している。水はつねに供給され，とぎれることなく貯水タンクに蓄積していく。タンクにはバルブがあり，水の流出を制御している。このバルブは，タンク内部に溜まった水の圧力と，外からバルブを引っ張る錘の力との合力によって開かれる。錘は行動を引き起こす刺激に相当するもので，刺激が適切であるほど錘が重くなると想定された。

このモデルと実際の動物の行動との対応を考えてみよう。通常は，適度に水が溜まっているときに，適切な錘を載せてやると水が流れ出し，行動が生じることになる。いったん水が流れ出てしまうと，錘を載せても（刺激が存在しても）行動は生じない。逆に，錘がない状態が続くと，水はどんどん溜まっていき，非常に軽い錘（不適切な刺激）あるいは錘がまったくない状態であってもバルブが開き，行動が生じることになる。

ローレンツのこのモデルは，動物の実際の行動と表面的にはよく対応しているが，エネルギーの蓄積や消耗といった内的な仕組みに対応する生理学的事実が確認されていないことや，行動の結果からのフィードバックが考慮されていないことなど，十分なものとはいえない。しかしながら，行動が内的な要因と外的な要因の相互作用の結果として生じることを明確に示している点において，このモデルが果たした役割は大きいといえる。

2）本能行動における経験の影響　カルガモなどのヒナは，独り立ちするまでの間，親鳥の後に追従して移動する行動を示す。この行動は，エサを得たり危険を回避したりするためには有益な行動であり，生まれながらに備えられた本能行動である。しかし，この本能行動には他に見られない特徴がある。それは，追従の対象が経験によって決定されるという点である。すなわち，ヒナは親鳥に追従しているのではなく，孵化してしてから最初に見たものに追従しているのである。

この行動は，刻印づけ（imprinting，刷り込みともいう）と呼ばれ，ローレンツらによって精力的に研究されたが，さらに行動の生得性と学習との相互作用や，学習における生物学的制約といった新しい視点をもたらすことになった。

図 5-4　人に刻印づけられた仔ガモ
（Lorenz, 1958）。

以下に，刻印づけに見られるいくつかの特徴を紹介しておくが，これらの特徴と後で示す学習行動の特徴とを比較してみて欲しい。

①**臨界期**　孵化したばかりのヒナに移動する刺激を呈示すると刻印づけが生じるのであるが，孵化後一定の時間が経過するともはやこの現象は生じなくなる。アヒルなどでは孵化後 24 時間とされるこの期間は臨界期と呼ばれている。

②**非可逆性**　いったん刻印づけが生じると，それを取り消すことはできない。たとえば，親鳥以外のものに刻印づけられたヒナを，本当の親鳥に再度，

刻印づけし直すことはほとんど不可能なのである。

　③後続発現性　　孵化後最初に見た対象に追従する反応はヒナが成長すると消失するが，成鳥になってからの求愛行動はまた同じ対象に対して生じる。すなわち，発達初期の経験が成長後の行動にも影響を及ぼしているのである。これは性的刻印づけと呼ばれるが，必要な刺激呈示期間が長く，刻印づけが生じる対象も限られていることなどから，追従反応を生じさせる刻印づけとは別の過程であると考えられている。

5-2　習得された行動

　多くの動物は，生得的行動のみで生きているのではなく，生後の経験を通じて環境に適応した新たな行動を行うことができる。このような行動様式は，変化する環境への適応能力を高めることになるが，ヒトは行動に占めるこのタイプの行動の比率が最も高い動物であるといえる。生得的な行動が解発刺激に対して固定的であるのに対し，この行動は可変的なものであり，その習得過程は学習と呼ばれる。

　心理学では，学習を「経験による比較的永続的な行動の変化」と定義している。学習という言葉は，学校で勉強したり，知識や技術を身につけるために学んだりすることだけを意味しているのではない。たとえば，あなたは「稲光の後に雷鳴を聞く」ということを繰り返し経験した後に，「稲光を見ると雷鳴を予想して身構える」という行動をとるかもしれないが，これも学習された行動といえる。ペットの犬が，「お手をしたらエサをもらえた」という経験の後に，「自らすすんでお手をする」ようになるのも学習である。

1　古典的条件づけ

1) パヴロフの実験　　ロシアの生理学者パヴロフ（I. P. Pavlov）は，後に古典的条件づけ（classical conditioning）と呼ばれ，心理学に多大な影響を与えることになる現象を見出した。パヴロフは，生理学的な研究目的でイヌを用いた実験を行い，その中でイヌの唾液の分泌量を計測していた。通常，イヌの口中にエサを入れると唾液が分泌されるが，それ以外にもエサを見せただけで，あるいはエサ皿を見せただけで，さらには給餌係の足音によっても，唾液の分泌が観察されることがわかった。そこでパヴロフは，この現象を確かめるために，イヌの口中にエサを入れる直前にいつも同じ音を聞かせるという操作を繰り返す実験を行った。その結果，イヌにその音を聞かせただけで確実に唾液が分泌されるようになることが確かめられた。

2) 古典的条件づけとは　　パヴロフの実験は，「音を聞くと同時にエサが口中に入れられる（厳密にいえば，エサが舌の上に触れる）」ことをイヌに繰り返し経験させることで，それ以前にはイヌがもっていなかった「音を聞いたら唾液を分泌する」という行動をイヌに学習させたものといえる。心理学では，以下のような用語を用いてこのような古典的条件づけを記述する。

　パヴロフの実験において，イヌの口中に入れられた「エサ」のように生得的な反応を引き起こすことのできる刺激を無条件刺激（unconditioned stimulus: US）と呼び，また無条件刺激が引き起こす生得的反応（唾液の分泌）を無条件反応（unconditioned response: UR）と呼ぶ。一方，エサと同時に呈示された音のように，無条件刺激と同時に経験されることによって無条件反応によく似た反応を引き起こすようになる刺激を条件刺激（conditioned stimulus: CS）と呼ぶ。そして，学習によって条件刺激（音）が引き起こすようになる反応を条件反応（conditioned response: CR）と呼ぶ。すなわち古典的条件づけとは，CSとUSを同時に経験させること（これを対呈示と言う）によって，CSがCRを生じさせるようになることである。

3) 古典的条件づけの諸現象

①消去と自発的回復 パヴロフは，音を聞いただけで唾液を分泌するようになったイヌに，音だけを繰り返し聞かせるという実験も行ってみた。すると，イヌが分泌する唾液の量は次第に減少し，やがて唾液を分泌しなくなることがわかった。このように，古典的条件づけが成立した後，CSのみを呈示する（USは対呈示しない）ことを繰り返すとCRが生起しなくなるが，この現象（また手続きそのもの）を消去（extinction）と呼ぶ。さらに，CRが生じなくなった後にしばらく休憩し，その後再度CSを呈示すると，条件づけ成立時よりは弱いものの再びCRが生起する。この現象を自発的回復（spontaneous recovery）と呼ぶ。消去と自発的回復を発見したパヴロフは，消去はCRを生じさせる学習を消すものではなく，CRを一時的に抑制する別の学習だと考えた。

②般化と分化 パヴロフはまた，条件づけに用いた特定の音以外に，似た音に対しても唾液が分泌されることに気づいた。このように，条件反応が獲得された後にCSに似た（実際にはUSと対呈示されたことがない）刺激に対してもCRが生じることを般化（generalization）という。一方，般化が生じるような刺激であっても，条件づけの手続き中に単独で呈示することを繰り返しておくと，その刺激に対してはCRが生じない。この現象を分化（differentiation）あるいは弁別という。

4) 条件反応を支える認知過程

古典的条件づけにおいては，何が学習されるのだろうか？ つまり，

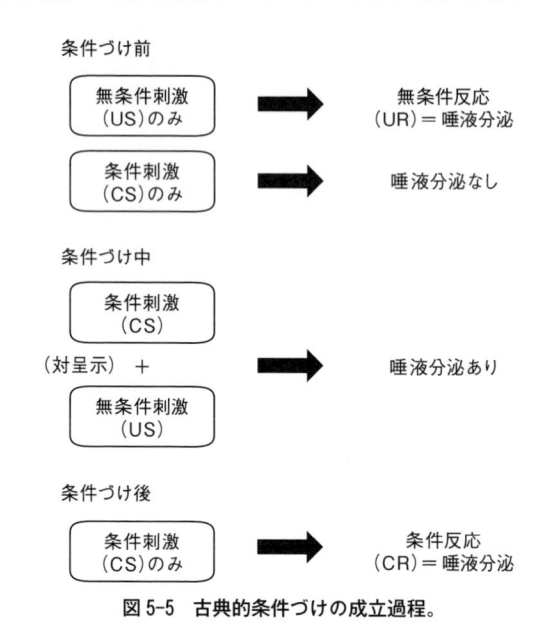

図5-5 古典的条件づけの成立過程。

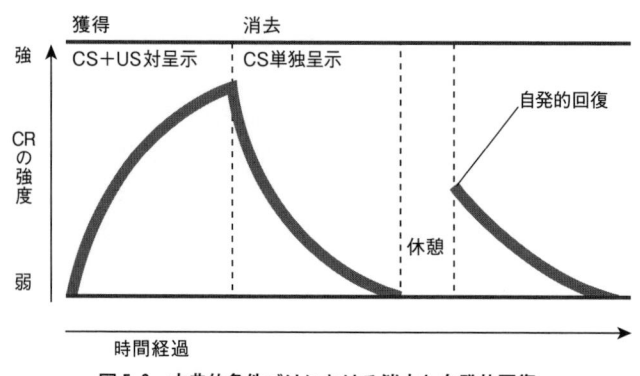

図5-6 古典的条件づけにおける消去と自発的回復。

CSとUSを対呈示し，CSによってCRが生じるようになるとき，動物の心，あるいは脳の中では何が起こっているのだろうか？

　古くは，解発刺激が特定の行動を生じさせるのと似た行動生起のメカニズムが学習される，という考え方が支配的であった。すなわち，CSとUSを対呈示すると，CSのイメージが，CRと結びつくと考えられたのである。このような心理学的な結びつきを連合と呼ぶ。CSのイメージとCRの間に連合がいったん形成されてしまえば，CSが呈示されたときにはいつでも，反射的にCRが引き起こされるというわけである。

　もう1つの考え方は，CSとUSを対呈示すると，心の中ではCSのイメージとUSのイメージの間に連合が形成されるというものである。この考え方では，このような連合が形成された後には，CSが呈示されたときには（USは実際に呈示されなくても）USのイメージが活性化する。たとえば，音を聞いたイヌは，実際にエサをもらえなくても，エサの味や舌触りのイメージを経験し，唾液を分泌する。最近の多くの実験的研究により，古典的条件づけではCSとUSのイメージ間に連合が形成されるという考え方に一致した現象が非常に多いことがわかっている。

5）古典的条件づけと生物学的制約　　古典的条件づけにおいては，どのような動物であれ，任意の刺激（CS）に対して任意の反応（CR）を条件づけることが可能であると考えられていた。しかし，ガルシアとケーリング（Garcia & Koelling, 1966）が行った実験の結果は，この考え方と矛盾するものであった。

　ガルシアらは，味覚刺激（甘い味がする水）と視聴覚刺激（光と音）を同時にCSとして用い，電気ショックをUSとして痛みを与える条件づけと，X線照射や薬物をUSとして不快気分を生じさせる条件づけの効果を比較した。いずれの条件でも，喉が渇いたネズミを実験に用いたが，条件づけの結果，CSに対して水を飲む行動が抑制される（CR）ことが予想された。つまり，USが電撃か不快気分かにかかわらず，味覚刺激と視聴覚刺激はともに水を飲む行動を抑制するということである。しかし，実際には図5-7に示すように，不快気分条件では視聴覚刺激に対する条件づけは生じず，電気ショック条件では味覚刺激に対しては条件づけが生じなかった。ネズミやわれわれヒトのような雑食性動物の場合，食べ物の味がその食べ物の良否（食べた後でお腹をこわすようなものかどうか）を指し示すことを考えれば，味覚と不快気分を対呈示する条件づけで学習が生じやすいという事実は，より適応的なのかもしれない。現代の心理学においては，学習の過程においても，その動物が生得的に備えている特性が影響を

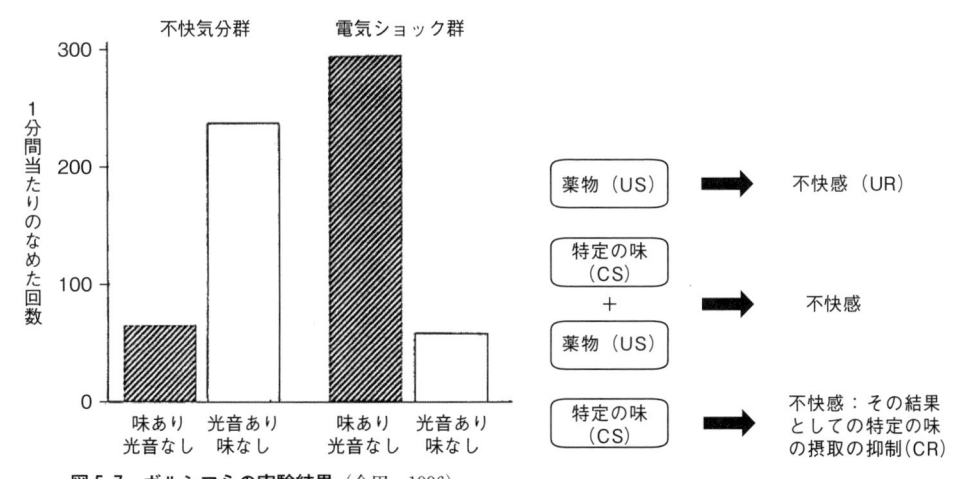

図5-7　ガルシアらの実験結果（今田，1996）。
ガルシアらの実験は，味覚嫌悪条件づけという手続きを含んでいるが，これは右図のようなものである。パヴロフの実験と比較してみて欲しい。

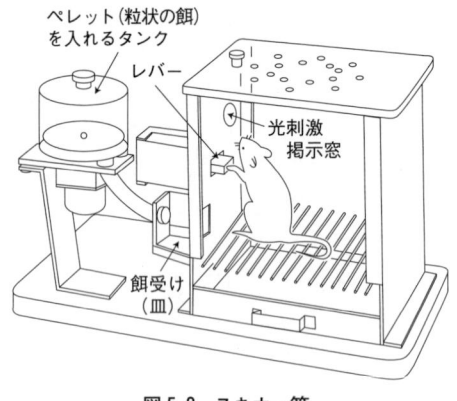

ペレット(粒状の餌)
を入れるタンク
レバー
光刺激
掲示窓
餌受け
(皿)

図5-8 スキナー箱。

及ぼすことを考慮するようになってきている。

2 オペラント条件づけ

1) スキナーの実験　この節の冒頭で，ご褒美を求めて自発的にお手をするイヌの行動も学習である，と述べたが，このタイプの学習は古典的条件づけとは異なるものだと考えられてきた。アメリカの心理学者スキナー（B. F. Skinner）は，このような学習をオペラント条件づけと名づけ，スキナー箱と呼ばれる実験装置を開発し，さまざまな実験を行った。その典型的な手続きは以下のようなものである。

　実験に用いる動物（多くの場合，ネズミやハト）は，あらかじめ与えるエサの量を制限して空腹な状態にしておく。スキナー箱にはネズミやハトが操作する器具と給餌装置がついており，ネズミであればレバーを押し下げることによって，ハトであればキーをつつくことによって，一定量（少量）のエサが箱内に供給され，動物はそれを食べることができるようになっている。たとえば，箱に入れられた空腹のネズミは，最初は箱の中を動き回っているだけであるが，偶然にレバーを押し下げエサにありつくという経験をするかもしれない。これが繰り返し経験されると，やがてネズミは頻繁にレバーを押すようになるのである。スキナーは，このように偶然に頼る方法だけではなく，積極的に動物にレバー押しやキーつつきを教える方法をも考えた。最初はネズミがレバーの方を向いただけでエサを与え，この行動が確実に生起するようになったら，レバーに近づいたらエサを与えるようにし，そして最後にはレバーを押したらエサを与える，という手続きを用いた。このように最終的に動物が学習する行動をいくつかの段階に分解し，それを逐次的に訓練することを反応形成（シェイピング：shaping）と呼ぶ。

2) オペラント条件づけの定義と諸現象　オペラント条件づけを一般化すると，「ある行動を自発的に行った」ときに，「報酬が与えられる」ことによって，「その行動が頻繁に起こるようになる」こと，と表現できる。しかし，行動の後に与えられるものは報酬ばかりではない。報酬の反対の罰の場合でも行動はその頻度の減少という変化を示す。したがって，「動物の自発的行動に何らかの結果がともなうことにより，その行動の頻度が変化すること」がオペラント条件づけの定義となる。また，同じ結果をもたらす自発的行動をオペラント（operant）と呼ぶ。たとえば，同じエサにありつくことができるならば，使う腕の左右にかかわらずこれらは同じオペラントに分類される。

　古典的条件づけと同じように，オペラント条件づけにも消去と自発的回復と呼ばれる現象が存在する。消去とは，動物がオペラント行動を遂行して報酬を得ることを学習した後に，このオペラント行動の遂行に対して報酬をともなわないようにする手続きであり，またそれによるオペラント行動の頻度の減少のことである。しかし，あるオペラント行動を消去した後，しばらく時間をおいてから再度オペラント行動ができる状況に動物をおくと（たとえば，再びネズミにレバーを見せる），オペラント行動の復活が認められる。これが自発的回復である。

　また，光がついているときにのみ報酬が得られ，光が消えているときには報酬が得られないという事態では，光がついているときにのみオペラント行動が生起するようになる（弁別）。この場合の光は弁別刺激と言うが，オペラント条件づけにおいては，オペラント行動とそれにともなう結果との関係とともに，弁別刺激とオペラント行動の関係も重要な問題である。

3) オペラント条件づけの型　オペラント条件づけには，行動の頻度が増加する場合と，減少する場合の両方が存在する。それぞれの変化をつくりだしている「行動にともなう結果」とはどのようなもの

表 5-1　オペラント条件づけの型

行動の頻度が増加する		行動の頻度が減少する	
正の強化	好ましい刺激の呈示	正の罰	不快な刺激の呈示
負の強化	不快な刺激の除去	負の罰	好ましい刺激の除去

であろうか。

　行動が増加する場合としては，スキナー箱の中のネズミのように，自発的行動（レバー押し）の結果好ましい刺激（エサ）が与えられる，というのが典型的であろう。もう1つは，行動することによって好ましくない刺激が取り除かれる，という例もある。これはたとえば，シートベルトを締めると警告音が止まる，といったような事態に相当する。オペラント条件づけでは，行動の増加をつくりだす事態をまとめて強化（reinforcement）と呼ぶが，前者は正の強化（positive reinforcement），後者は負の強化（negative reinforcement）と区別される。

　これに対して，行動の減少を導く事態を罰（punishment）という。たとえば，触れてはいけない物に触れると電気がビリッとくるようになっていると，それに触れなくなるだろう。自発的な行動の結果，不快な刺激が与えられる，という経験の後にその行動が減少したのである。また，行動の結果好ましい刺激が取り除かれることによっても行動は減少する。いたずらをした子どもが，おやつをもらえないという経験をすることによって，いたずらをしなくなるはその例である。前者を正の罰（positive punishment），後者を負の罰（negative punishment）と呼ぶ。

4）強化スケジュール　　動物のオペラント行動に対して，どのように結果を呈示するか，というルールを変化させると，それに応じてオペラント行動の遂行パターンにも変化が生じることがわかっている。この規則を強化スケジュール（schedule of reinforcement）と呼ぶ。

　強化スケジュールは大きく2つのタイプに分類できる。すべてのオペラント行動（たとえば，レバー押し）に対して結果をともなわせる（たとえば，エサが与えられる）連続強化と，一部のオペラント行動だけに対して結果をともなわせる部分強化である。一般に，連続強化ではオペラント行動の習得は素早いがその消去の進行も早い。これに対して部分強化では学習には時間がかかるが消去しにくいことが知られている。

　部分強化はさらにさまざまなタイプに分類されるが，ここでは最も代表的な4つ強化スケジュールについて解説する。

　①固定比率（fixed ratio: FR）スケジュール　　オペラント行動が一定回数起こるごとに一回の結果をともなわせるスケジュール。レバーを10回押すとエサが1つ与えられる（FR10と表わす）というよ

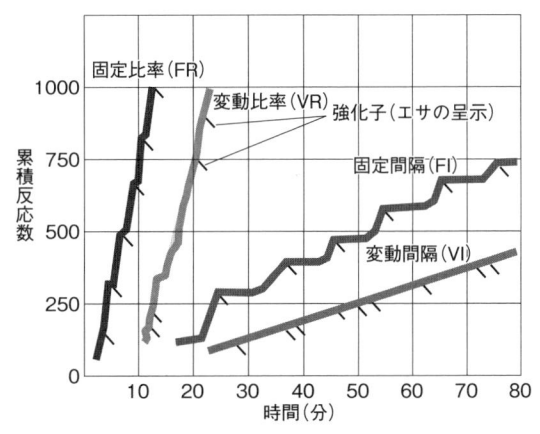

図 5-9　各スケジュール下での反応パターン。

うな場合で，十分に訓練を行うとネズミはエサを得た直後にレバー押しを少し休むが，それ以外の時間には高頻度でレバー押しを続ける，というパターンを示すようになる。

②変動比率（variable ratio: VR）スケジュール　　FR と同様に，複数回のオペラント行動を行うと 1 回の結果が与えられるが，そのための必要回数は一定ではない。たとえば VR10 であれば，平均して 10 回レバー押しを行うと 1 個のエサが与えられる。したがって，ある時には 15 回レバー押さないとエサが与えられないが，別の時には 5 回押しただけでエサが与えられることもある，という具合である。このスケジュールでは，高頻度の連続的な反応が条件づけられる。

③固定間隔（fixed interval: FI）スケジュール　　一度結果が与えられると，次は一定時間が経過した後の最初のオペラント行動に対して結果を与えるスケジュール。このスケジュールで十分学習したネズミは，一度エサを食べた後はしばらくレバー押しをせず，決められた時間間隔が近づくと頻繁にレバーを押す，という特徴的なパターンを示す。

④変動間隔（variable interval: VI）スケジュール　　一度強化子が与えられてから，ある時間が経過した後の最初のオペラント行動に結果がともなうが，その時間間隔が不規則に変動する。たとえば，VI30 秒ならば，異なる時間間隔は平均すると 30 秒になる。このスケジュールを学習したネズミは，比較的ゆっくりとしたレバー押しを安定して続ける。

3　その他の学習

　ここまで条件づけによる行動の変容について見てきたが，果たしてこれらだけですべての学習，すなわち新しい行動の習得やその変容を説明することが可能であろうか？　スキナーなどの行動主義者は可能であると信じていたが，今日では多くの心理学者が，思考や問題解決，心的表象といった認知的過程を含めて学習をとらえるべきだと考えている。また，より高等な動物，特にヒトにおいては，条件づけとは異なり，自らの直接的な経験を必要とせずに成立する学習過程も大きな部分を占めている。ここでは条件づけに含まれない 2 つのタイプの学習を紹介する。

1）洞察による学習　　ケーラー（W. Köhler）はチンパンジーを対象として実験を行ったが，その 1 つは以下のようなものであった。チンパンジーには届かないように天井からバナナを吊し，その部屋の隅にはいくつかの木の箱を置いた。チンパンジーは最初，飛び上がってバナナを取ろうとしたが成功せず，あきらめたようにも見えたが，しばらくすると突然ひらめいたかのように箱を積み上げ，その上に登ってバナナを得ることに成功した。その後チンパンジーは，この部屋に入るとすぐに同じ方法でバナナを手に入れることができようになったのである。

　最初の解決に至るまでの過程は，明らかに条件づけによる行動の獲得過程とは異なるものである。古典的条件づけでもオペラント条件づけでも，新しい行動（唾液の分泌反応やレバー押し）が獲得される

図 5-10　チンパンジーによる洞察学習の様子（Atkinson et al., 2000 より）。

とき，その頻度や強度は訓練試行数の増加にともなってだんだんと増えていく。これに対してケーラーのチンパンジーは，その洞察（insight）力によって，そこに存在する箱とバナナの関係を把握し，問題の解決につながる，今まで行ったことのない行動を突然見せたのである。

2）観察学習　　条件づけによる学習には，基本的に他者は関係しない。これに対して観察学習（observational learning）とは，他者の行動を観察したり模倣したりすることによって，新しい行動を獲得したり行動を変容させたりすることで，モデリングとも呼ばれている。スピード違反で警察に止められている車を目撃した人がスピードを落とすというのもその例である。他者の行動を観察し，その行動の結果を知ることによって，自分が同じ行動をすれば同じ結果が生じると予測して行動が変容したのである。この例のように，観察対象（モデル）がその行動をすることによって罰を受ける場面を観察したときには，その行動は抑制されるようになる（抑止効果）。逆にモデルがその行動をしても罰を受けないという場面を観察すると，それまで抑制されていた行動が復活することもある（脱抑止効果）。観察学習には，この他にも観察を通して新しい行動を獲得する場合や，どうしていいかわからない場面で他者の行動を参照して自分の行動を選択するといった場合などがある。

　観察学習はまた社会的認知学習とも呼ばれるが，これは攻撃的行動や性役割行動などの社会的行動の獲得と深い関わりがあると考えられているからである。この領域の先駆的研究者であるバンデューラ（A. Bandura）は，観察学習によって子どもが攻撃行動を獲得することを実験的に示し，後の研究に多くの影響を与えた。たとえば，幼稚園児を3つのグループに分け，そのうちの2つのグループに等身大の人形にパンチやキックをする大人か，人形には関心を示さず静かに座って玩具を組み立てている大人のいずれかを観察させ，第3のグループ（統制群）には何も観察させなかった。その後，同じ等身大の人形が置かれた部屋での園児の行動を観察したところ，攻撃行動をしている大人を観察させたグループは，他の2グループの園児よりも人形に対するより多くの攻撃行動を示し，また，非攻撃的なモデルを観察した第2のグループは統制群よりも攻撃行動を示さなかったのである（Bandura et al., 1961）。

5-3　行動の動機づけ

　この章の最初に，「動物にとって行動とは環境に対応することである」と書いたが，その行動の最も基本となる原則の1つは，不快を回避し，快に接近するというものである。

　一般に行動を起こす原因を動機と言うが，もう少し詳しくいうならば，目標に向かって行動を推進させる要求や欲求のことである。また，動機づけというときにはさらに広い意味で使われ，行動を開始し，方向づけ，持続させるあらゆる心理的過程を含んでいる。特にヒトの動機づけの問題は非常に複雑であるため，今日の研究者はさまざまなタイプの動機づけを一度に説明できる一般理論の確立を目指すのではなく，個別の動機づけられた行動を研究する傾向にある。しかしながら，ここでは個別の動機づけについては取り上げず，（ヒトを含む）動物の行動を説明するために歴史的に提案されてきた動機づけの理論を中心に，いくつかの基本的な考え方を紹介する。

1　動因低減論

　スキナー箱の中のネズミがレバーを押す理由は，空腹だからである。レバー押しを学習したネズミも，満腹になればレバーは押さない。空腹や渇き，すなわち食物や水分に対する要求によって生じる動物の内的な緊張状態を動因（drive）と言うが，ハル（C. L. Hull）は，生物がこの動因を低減させるように動機づけられるとする，動因低減論（drive-reduction theory）を提唱した。

　動因低減論は，主としてホメオスタシス（homeostasis）の考え方に基づいている。ホメオスタシスとは，生体の内的環境が，外的環境の変化にかかわらず一定に保たれることである。たとえば，喉が渇いて水を飲むという行動が生じる場面を考えてみよう。一定に保たれなくてはならない体内の水分（具体

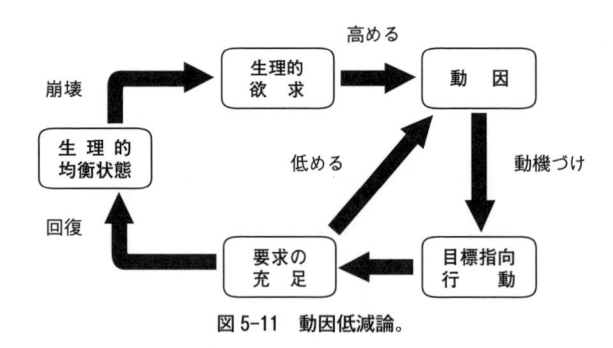

図5-11 動因低減論。

的には血中の水分）が減少することによってホメオスタシスが崩れ，水分に対する要求（渇き）が高まる。この生物学的要求は動因を高め，動因は生物学的要求を満たす行動を動機づける。行動が実行され要求が満たされると動因は低減し，均衡状態が回復するのである。

2 最適覚醒水準

ホラー映画を見たり，ジェットコースターに乗ったりと，ヒトは緊張や興奮をしばしば求めようとする。しかし，動因低減論では，緊張や興奮を求める行動を説明することはできない。このような行動を説明するために，覚醒（arousal）という用語を用いる考え方がある。動因低減論では動因が低減された状態をつくりだし，これを維持するように行動は動機づけられると考えるが，覚醒理論では最適な覚醒水準が維持されるように動機づけられると考える。もし，覚醒水準が最適な状態より低ければ覚醒状態を刺激し高めるような行動が動機づけられ，覚醒水準が高くなりすぎると刺激を低減し覚醒を低めるような行動が動機づけられる。したがって，覚醒水準が非常に低いときには，珍しいものを見ようとすること（好奇），知らない場所を探検しようとすること（探索），身近なものをいじってみようとすること（操作）といった動機を満足させ，覚醒水準を高める行動が生じるのである。

3 内発的動機

エサを求めてレバーを押すネズミは，空腹を満たそうと動機づけられている。行動の目標となり，動機づけを満足させる刺激を誘因（incentive）というが，この場合はエサが誘因である。良い成績を取るように動機づけられて一生懸命勉強するならば（あるいは，悪い成績をとらないように動機づけられて勉強するならば），成績の上昇（あるいは，成績の悪化を食い止めること）は誘因として働いていることになる。これらの例では，動機づけられた行動それ自体と誘因との間に本質的には何の関係も見当たらない。行動の外側に誘因が存在している。このようなとき，行動は外発的動機（extrinsic motive）に支えられている，という。

これに対して，純粋な興味や知的好奇心から勉強をすることもある。この場合，勉強すること自体が目標であり，誘因はその行動の外側ではなくそれ自体に存在することになる。このような動機を内発的動機（intrinsic motive）と呼ぶ。内発的動機をもつのはヒトに限られず，他の動物も内発的動機に支えられた行動を示すことがわかっている。

われわれの日常の行動を振り返ってみれば，ある行動がいずれか一方の動機だけに支えられているとは限らないことに気づくだろう。勉強するとき，良い成績を得ることは外発的動機であるが，同時に，頭を使うこと自体（知的好奇心の満足）が内発的動機となっている。

内発的動機と外発的動機の関係については，外的な誘因が内発的動機を低める場合があることが知られている。この現象はアンダーマイニング効果（undermining effect）と呼ばれ，以下のような実験手続きによって示された。まず実験参加者を2つのグループに分けて同じ課題を行わせ，一方のグループには課題の成果に応じて報酬を与え，もう一方のグループには報酬は与えない。この後，先に行った課題を含む複数の課題から自由に選択できる時間を設定するというものである。その結果，報酬を得たグ

ループのほうが自由選択時に当初の課題に取り組む時間が短くなったのである。すなわち報酬を得たグループでは，当初の課題に対する内発的動機が低くなった，と考えられたのである。このような知見は古典的な学習理論では説明できない現象であり，多くの研究が行われた。

● **理解を深めるための参考図書**

ヘイズ，N.（2000）．岩本 隆茂（監訳）　比較心理学を知る　ブレーン出版

今田 寛（1996）．学習の心理学（現代心理学シリーズ 3）　培風館

メイザー，J. E.（2008）．磯 博行・坂上 貴之・川合 信幸（訳）．メイザーの学習と行動（日本語版第 3 版）　二瓶社

パピーニ，M. R.（2005）．比較心理学研究会（訳）　パピーニの比較心理学——行動の進化と発達　北大路書房

ピアース，J. M.（1990）．石田 雅人・石井 澄・平岡 恭一・長谷川 芳典・中谷 隆・矢沢 久史（訳）　動物の認知学習心理学　北大路書房

6　社会心理学

　われわれ人間は，他者とのかかわりの中で暮らしており，意識するしないにかかわらず，他者からの影響を受け，他者に影響を与えているといってよいであろう。自分という存在について考えるときでさえ他者とのかかわりの中で位置づけることがある。「他者を見る」ということを考えた場合も，「他者」を「モノ」として「見る」こととは大きく異なっており，そのプロセスは見る側，見られる側双方がかかわっていると考えられる。自己や認知といった個人のレベルの特徴や問題から，他者とのかかわりの中での人間行動を扱うのが社会心理学である。そのため，社会心理学の扱う分野は，対人関係，小集団，組織，文化と幅広い。本章では，自己，社会的認知，対人的影響，集団とネットワークといった領域の代表的な研究を概観していく。

6-1　社会心理学とは

1　社会心理学のアプローチ

1)「社会」が意味するもの　「社会心理学」とは何かという問に対して，社会心理学辞典（小川，1995）では次のように記述されている。社会心理学（social psychology）とは「個人の行動を他者に対する刺激あるいは反応としてとらえ，他者との相互作用の観点から個人の行動を科学的に研究する学問」である。

　この記述の中には「社会」という言葉は用いられておらず，「他者」という言葉が用いられている。また，社会心理学のテキストを見ると，社会学的社会心理学と心理学的社会心理学の源流があることが記述されている。社会学者のロス（E. A. Ross）と心理学者のマクドゥーガル（W. McDougall）によって，『社会心理学』という言葉のついた本が期せずして同じ1908年に出版されたことである。社会学的社会心理学とは，個人と社会のかかわりを，社会学に根ざした立場からアプローチするものであり，社会過程を重視する社会心理学と位置づけられる。政治的，経済的，社会制度的条件がいかに人々の行動を規定するのかが中心の課題となるといえよう。それに対して，心理学的社会心理学とは，心理過程の分析を重視する立場である。個人の行動に焦点が当てられ，個人の行動を規定する要因の1つとして社会的条件をとらえることになる。しかしながら，こうした立場の違いは，近年，大きな違いを生み出しているわけではない。そこに共通しているのは，「他者の存在が仮定されている」ということである。その他者は，物理的に目の前に存在するかどうかは別にして，特定の個人であったり，複数の個人，集団であったり，不特定多数の集合体であったりするかもしれない。こうした「他者の存在」が，いわゆる「社会心理学」における「社会」の意味するところである。

2) 社会心理学的アプローチとは　他者の存在が仮定されていることが社会心理学の特徴だと述べたが，これは社会心理学の領域に限られた固有のものではない。たとえば，他者との関係性の変化の具体的な例と考えられる親子関係は，発達心理学の中心課題ともいえる。新生児が顔を認識し，注意する現象は，社会心理学的な領域における「対人認知」の対象ともいえる。青年心理学の中心課題ともいえる友人関係の形成も，社会心理学にとっての重要な課題である。また，対人関係に問題が生じて，心の病

という状態にまで至るようになると，臨床心理学的な課題ともなり得る。また，認知心理学，進化心理学，文化心理学と社会心理学の融合ともいえる研究も近年増えている。心理学を区分すること自体も難しいといえよう。

　ここでは，典型的な1つの例を示すことで，社会心理学的アプローチの特徴の一側面を考えてみる。社会心理学が「他者の存在が仮定されている」ことに加えて，どのようにそれを理解しようとしているのかという思考の側面に焦点を当てることができる。1つの例として「血液型と性格」の関連性についての研究を考えてみよう。性格心理学や人格心理学の立場からは，性格をどのようにとらえるのか，血液型をどのようにとらえるのかなどを検討した後，適切なサンプリングによる大規模調査を行い，関連性を検討するという研究が考えられる。しかしながら，社会心理学的な立場からは，「実際に血液型と性格に関連性があるかどうかは別にして，多くの人がそう思っているのはなぜか」という問題設定が可能である。そして，なぜ血液型と性格を関連づけようとするのか，どのようなメカニズムで関連づけが成立していくのか，そうした関連づけを行うことはどのような対人関係，相互作用へと展開されるのか，などの研究へとつながる。そうした研究から，認知的不協和解消のための選択的知覚，ステレオタイプ的認知，内集団びいきなどの現象との関連性が検討されることになる。

2　社会心理学の研究領域

1)　**対象のサイズという視点**　　社会心理学の研究を整理する1つの視点は，その研究対象のサイズといえよう。第1のレベルは，「個人」のレベルである。個人の認知や動機づけのレベルに焦点を当てたものといえよう。たとえば，認知の対象としての自己の問題，他者や社会的な事象の認知に関わる問題，行動の予測因としての態度の問題，そして，社会的に獲得された社会的動機などが考えられる。第2のレベルは，「個人 – 個人」のレベルである。2者関係，対人関係のレベルといってもいいかもしれない。レベル1で扱われるような特徴を持った個人と個人の関係，相互作用の問題である。そこでは，協力 – 競争，攻撃や援助，対人魅力，対人コミュニケーションなどにおける2者関係の側面が検討されることになる。現実社会では，2者関係のみで完結する側面は少ないと考えられるが，基本的な側面としてのレベルである。そして，より複雑な3者以上の関係や成員の相互認識が成立しているような「小集団」を扱う第3のレベルである。集団の形成や規範，同調行動，リーダーシップなどが扱われることになる。第4のレベルは，さらに大きなサイズの「社会集団」を扱うレベルである。流言，流行，パニックなどの集合を対象にしたものから，政治行動，経済行動などの社会現象，普及過程，文化，といったものを扱うことになる。これらのレベルは，相互に独立してるわけではなく，ある1つの観点であり，当然のことながら相互に関連性を持っている。政治行動といっても，投票行動を取り上げ，それらを個人の情報収集や態度決定ととらえれば，個人レベルの研究とも考えられる。大まかにとらえるならば，社会学的社会心理学はレベル4から1の方向性を持ち，心理学的社会心理学はレベル1から4の方向性を持っているといえるかもしれない。

2)　**研究の領域という視点**　　前述のサイズという視点と無関係ではないが，研究の領域自体から，その内容を概観することもできる。その1つの例として，2009年に出版された日本社会心理学会による社会心理学事典の構成が参考となる。そこでは，①自己，②社会的認知・態度，③社会的動機・パーソナリティ，④健康，⑤親密な対人関係，⑥対人的影響，⑦コミュニケーション，⑧集団過程，⑨集団と組織，⑩大衆現象・犯罪，⑪集合現象，⑫文化，⑬原理・方法，にまとめられている。大きく分けると先の4つのレベルと対応しているともいえるが，他の心理学領域との関連性が深い，パーソナリティ，健康，犯罪，などにも焦点が当てられている。

6-2　社会心理学における自己

　自己は，社会心理学に限らず発達心理学，臨床心理学，人格心理学など多様な心理学領域の研究対象になっている。そのような中で，自己とは他者とのかかわりの中で存在し意味をなすものであるという考え方に基づいている点が，社会心理学的アプローチの特徴である。

1　自己を知る

1）自己概念　　自分で自分のことをどのような人間だととらえているのか，これが自己概念（self-concept）である。ジェームズ（James, 1892）は，自分を知る自己（self as knower），つまり主体としての自己（I）と，知られる自己（self as known），つまり客体としての自己（Me）を区別した。この考え方に基づけば，自己概念とは "I" が "Me" を知るはたらきのことである。さらにジェームズは，"Me" の内容を物質的自己（自分の身体や所有物など），社会的自己（他者が自分に抱く印象など），精神的自己（内的な意識や能力，特性など）に分類した。

　その後，情報処理という枠組みで自己を理解しようとする研究が行われるようになった。そのきっかけは，マーカス（Markus, 1977）による自己スキーマ（self-schema）研究だといわれている。自己スキーマとは，先行経験に基づき形成される自分自身に関する構造化された知識の集合であり，個人の社会的経験において自己に関連した情報の処理を体制化し促すものである。自己スキーマに関連のある情報はすばやく活性化され，処理されることなどが明らかになっている（Markus, 1977 など）。

2）社会的アイデンティティ　　他者とは異なる自分の特性に基づく自己概念の側面を個人的アイデンティティ（personal identity）というが，それに対して，自分がある集団に属しているという知識から生じる自己概念の側面を社会的アイデンティティ（social identity）という。たとえば，「私は○○が得意だ」とか「私は△△な性格だ」というのは個人的アイデンティティであり，「私は日本人の一員である」とか「私は A 大学の学生である」というのは社会的アイデンティティである。つまり，個人的な特性などだけでなく，どのような集団や社会的カテゴリーに所属しているのかといったことも，自己概念の重要な部分を占めるのである。

3）自覚状態と自己意識　　デュヴァルとウィックランド（Duval & Wicklund, 1972）は，注意が自分自身に注がれる状態を客体的自覚（objective self-awareness）状態と呼び，鏡に映った自分の姿を見たり，録音された自分の声を聞いたりすることなどで，この状態がもたらされるとした。人は客体的自覚状態にあると，理想の自己像や内在化している信念・価値観・規範が意識され，現実の自分がその基準に一致していない場合は，基準に近づこうと現実の自分を調整するか，あるいは注意が自己に向くことを回避しようとする。

　客体的自覚状態が刺激や環境のような状況要因によってもたらされるのに対し，自己に注意を向けやすいかどうかという特性の個人差も存在する。この特性を，自己意識（self-consciousness）という。フェニグスタインら（Fenigstein et al., 1975）によると，自己意識には，他者が直接観察できない私的で内面的な側面に注意を向けやすい私的自己意識と，他者から直接観察される側面に注意を向けやすい公的自己意識という 2 つの側面がある。

2　自己を守る

1）自尊感情　　自尊感情（self-esteem）とは，自己に対する価値的感情や態度のことであり，自尊心と訳されることもある。自分自身に対して満足し，自分自身を肯定的に見ることができる人は，自尊感情が高い人であるとされる。ローゼンバーグ（Rosenberg, 1965）は，自尊感情を「自己に対する肯定的，

あるいは否定的な態度」と定義し，これを測定するための自尊感情尺度を作成した。しかし，普段は自己に対して肯定的な態度をもっている人でも，課題に失敗してしまったり，友達との関係がぎくしゃくしてしまったりすると自信がもてなくなるというように，自尊感情にも特性自尊感情と状態自尊感情がある。さらに，リアリーとバウマイスター（Leary & Baumeister, 2000）によると，状態自尊感情は自分が社会的な結びつきの中でうまくやっているかどうかをモニターする機能をもっているため，状態自尊感情の低下は他者からの拒絶や排斥といった脅威を検出し，自己に知らせるはたらきをしていると考えられている。この考え方が，ソシオメーター理論（sociometer theory）である（Leary et al., 1995）。また，当初，自尊感情は自らが意識する自分自身に対する自己評価だと考えられてきたが，自身でも意識することが困難な潜在的な自尊感情を測定しようとする研究も行われるようになってきた。前者のような自らが意識する自尊感情は顕在的自尊感情であり，後者は潜在的自尊感情である。そして，潜在的自尊感情を測定する代表的な手法として，潜在的連合テスト（implicit association test: IAT）というものがある。

2) 社会的比較理論　　自分の身長が同世代の人の中で高い方なのか低い方なのかを知りたければ，周りの友達と見比べたり，全国平均を調べてそれと比べたりするだろう。同様に，自分の意見や能力などが正しいのかどうかを知りたいときにも，他者と比べるということを人は行う。このように自分と他者を比較することを，社会的比較という。フェスティンガー（Festinger, 1954）による社会的比較理論（social comparison theory）は，「人には，自分の意見や能力を正しく評価しようという欲求が存在する」，「客観的，物理的な基準がない場合には，他者の意見や能力と比較をすることによって自分の意見や能力を評価しようとする」，そしてその場合には，「類似した他者と比較をしようとする」という基本仮説に基づいている。

　そして，他者と比較をする際に，自分より優れている人や望ましい状態にある人と比較をすることを上方比較（upward comparison）と呼び，自分より劣っている人や望ましくない状態の人と比較をすることを下方比較（downward comparison）と呼ぶ。上方比較には，目標とする状態に近づくための情報が得られ，比較対象が成功モデルとして機能するという効果がある。しかし，自分より優れた人物と比較をすることで自尊感情が脅かされ劣等感を感じることになるといった負の効果が生じる可能性もある。一方，下方比較にも，自尊感情を高揚させたり脅かしたりするはたらきがある。たとえば，肯定的な自己評価ができないときに自分よりも不幸もしくは不遇な他者と比較をすれば，自分はまだ良い方だという確認をすることができ，自尊感情が保たれる。しかし，下方比較をすることで，自分も将来その比較対象と同じような状態になるかもしれないという脅威が生まれることもある。

3) 自己評価維持モデル　　人は自己評価を維持しようと動機づけられるという基本仮定に基づき提唱されたのが，テッサー（Tesser, 1984）の自己評価維持モデル（self-evaluation maintenance: SEM）である。SEM モデルでは，人は，他者と自己の心理的距離（closeness），課題に対する自己関連性（relevance），他者の遂行レベル（performance）という 3 つの要因のいずれかを，認知的あるいは行動的に変化させることによって自己評価を維持しようとしていることを説明した（図6-1）。自己評価の上昇と低下は，相反する 2 つの力動的過程によってもたらされる。1 つは，比較過程（comparison process）である。これは，自己関連性の高い課題において他者の遂行が自分より優れているとき，その他者が心理的に近ければ近いほど，自己評価は脅威にさらされ低下するという過程である。このような場合に自己評価を維持するためには，次のような認知あるいは行動の調整が行われる。心理的距離の近い人が優れた成功をおさめたのであれば，課題への自己関連性を低下させることで自己評価を保とうとする。たとえば，自分もピアノを習っているが，親友がピアノのコンクールで優勝した場合に，自分にとってピアノは大して重要な課題ではないと思おうとしたり，実際にピアノの練習を熱心にしなくなったりするなどである。また，自己関連性の高い課題において他者が優れた成果を出したのであれば，

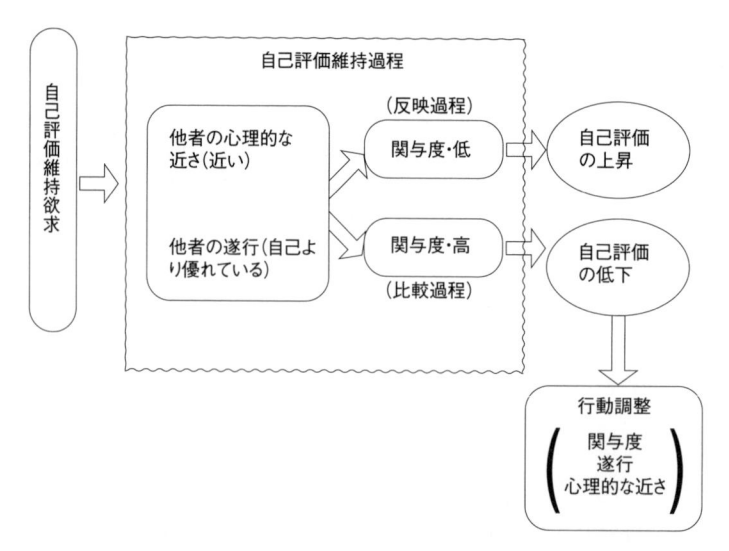

図6-1 自己評価維持モデルに基づく自己評価維持過程（磯崎，1994）。

その他者との心理的距離を広げることで自己評価を維持しようとすることもある。もしくは，自己関連性の高い課題で，しかも心理的距離が近い人が成功したのであれば，自分の遂行を向上させるという調整もある。

比較過程が自己評価を低下させる過程であったのに対し，自己評価を上昇させる反映過程（reflection process）というものもある。これは，自己関連性の低い課題において他者の遂行が自分より優れているとき，その他者が心理的に近ければ近いほど，その成功を誇らしく思い，その他者の栄光を自分に結びつけることで自己評価を上昇させる過程である。ある優れた成果をあげた人物や著名人との結びつきを強調しようとする栄光浴（basking in reflected glory: BIRG）現象も，反映過程の一例である。

4）セルフ・ハンディキャッピング　自分にとって重要な何らかの特性が評価の対象になる可能性があり，かつ，そこで高い評価を受けられるかどうか確信をもてない場合，遂行を妨害する不利な条件（ハンディキャップ）を自らつくりだしたり，不利な条件の存在を他者に主張したりすることを，セルフ・ハンディキャッピング（self-handicapping）という（安藤，1994）。これも，高い評価を受けられない場合に自尊感情が脅かされることを避けようとする行動である。事前に不利な条件をつくりだしたり，不利な条件の存在を示したりしておけば，遂行が成功した場合は，不利な条件があったにもかかわらず成功したということで高い評価を得ることになり，遂行が失敗したとしても不利な条件に失敗の原因が帰属され，自分の特性に対する評価は下がらないで済む。つまり，遂行が成功しても失敗しても他者からの評価は悪くならない。

3　自己と対人行動

1）自己開示　ある特定の他者に対して自分自身に関する真の情報を言語的に伝達することを，自己開示（self-disclosure）という。self-disclosure という用語を最初に心理学研究に用いたのは臨床心理学者のジュラード（Jourard, 1964）であるとされているが，その後も自己開示は多様な心理学領域で研究が続けられている。

自己開示の個人的機能としては，感情表出（浄化）機能，自己明確化機能，社会的妥当化機能などがある。感情表出（浄化）機能とは，自己開示を行うことで開示者自身の感情が表出され浄化されるというはたらきである。ペネベーカー（Pennebaker, 1989 など）は，心的外傷体験について自己開示をする程度と身体症状の関係などを検討し，自己開示をするほど精神的に健康であることを明らかにした。一

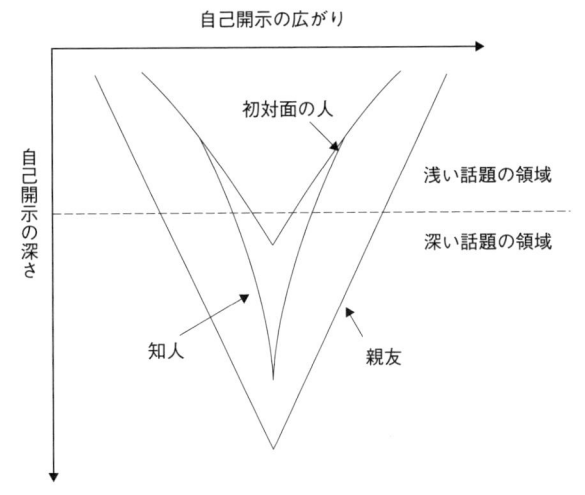

図6-2　社会的浸透過程における自己開示の深さと広がりの関
係（Altman & Taylor（1973）を基に安藤（1986）が作成）。

方，自己明確化機能とは，自分の意見や感情などを他者に開示することで自己を客体視することになり，態度や意見の曖昧さが減少し一貫性や統合性が高まり自己概念が明確になっていくというはたらきである。そして，社会的妥当化機能とは，自己開示に対する受け手の反応によって，自分の能力や意見の社会的妥当性を判断するというはたらきである。

　自己開示には個人的機能だけではなく，社会的コントロール機能や二者関係の発展機能といった対人的機能も存在する。社会的コントロール機能とは，自己開示を意図的に利用して他者の自分に対する印象をコントロールするものであるが，このような自己開示は，2）で説明する自己呈示であるという意見もある。二者関係の発展機能は，アルトマンとテイラー（Altman & Taylor, 1973）の社会的浸透理論（social penetration theory）と関連している。社会的浸透理論では，二者間の相互作用内容（自己開示）の「広さ」と「深さ」に着目し，対人関係が進展するにつれ，狭い領域での表面的な相互作用から広い領域での親密な相互作用へと進展していくと考えられている（図6-2）。また，人は他者から価値あるものをもらったら，それと同等のものをその人にお返しすべきであるという返報性（reciprocity）の規範をもっており，自己開示においてもこの規範が作用する。したがって，自己開示をされると，同程度の量や深さの自己開示を相手に返す傾向がある。互いに返報性の規範に基づき自己開示を繰り返していくと二者の関係は進展していくが，どちらかが返報性の規範を無視すると，関係はそれ以上進展しないことが多い。

2）自己呈示　　面接官に良い印象を与えるために自分の良いところを積極的にアピールしたり，相手から好かれるために相手のことを賞賛したりすることがあるだろう。これらは，他者から特定の印象でみられることを目的として行われる自己呈示（self-presentation）という行動である。安藤（1994）によると，自己呈示には，報酬の獲得と損失の回避，自尊感情の高揚と維持，アイデンティティの確立といった主に3つの機能があるとされている。自己呈示を行うことで，面接官に良い印象を与えることができたとか，友達に好意をもってもらうことができたというのは報酬獲得であり，他者から高評価を得ることができれば自尊感情が高揚する。また，他者が抱く自分の姿と自己概念が一致していないような場合には，自己呈示を行い他者からの評価を修正し自己概念と一致させることで，アイデンティティを確立させることができる。

　自己呈示行動には種類があり，テダスキとノーマン（Tedeschi & Norman, 1985）は，戦術的（特定の対人場面で一時的に行われるもの）か戦略的（長期にわたってある印象を他者に与えようとするもの）か，防衛的（自分のイメージをそれ以上傷つけないようにしたり，少しでも良い方に変えようとし

	戦術的（Tactical）	戦略的（Strategic）
防衛的 (Defensive)	弁明 （弁解 正当化） 否認 セルフ・ハンディキャップ 謝罪 向社会的行動	アルコール依存 薬物乱用 恐怖症 心気症 精神病 学習性無力感 魅力
主張的 (Assertive)	取り入り 威嚇 示範 自己宣伝 哀願 称賛付与 価値高揚	尊敬 威信 地位 信憑性 信頼性

図 6-3　自己呈示行動の分類（Tedeschi & Norman（1985）に基づき作成）。

たりするもの）か主張的（特定の印象を他者に与えるために積極的に行われるもの）か，という2次元で分類を行っている（図6-3）。

6-3　社会的認知と態度

1　印象の形成

　われわれは，初対面の人に対しても，わずかな情報から他者に対する印象を形成する。ときには，噂のような第三者からの情報であっても，印象の形成に役立ててしまうこともある。こうして形成された印象は，単に他者に対する像を形成するということにとどまらず，その他者に対する行動に対しても影響を与えると考えられる。ポジティブな印象が形成されれば接近傾向を示すし，ネガティブな印象が形成されたときには回避傾向を示すと考えられる。しかしながら，このような印象は必ずしも「正確」ではないし，ある種の歪みを持っていると考えられる。こうした印象形成（impression formation）のプロセスについて考えてみよう。

1）印象形成の古典的実験　アッシュ（Asch, 1946）は，他者を表現するいくつかの単語を継時的に呈示することで，どのような印象が形成されるかを検討した。呈示される単語の数や情報の内容，順序などを操作することによって，印象形成の特徴を考察した古典的な実験である。一連の実験から，2つの大きな特徴が描き出された。その1つは，「中心特性－周辺特性」というとらえ方である。図6-4（a）に示されたような2種類のリストを読み聞かせ，その全体的印象を比較した。リストAとリストBには7つの単語が示されたが，違っているのは「あたたかい」と「つめたい」の1つだけであった。7分の1しか情報が違わないのに，形成された印象は，リストAの方がきわめて好意的なものであった。アッシュは，全体的印象は個々の特性の単なる合計ではなく，個々の特性を超えてそれらを統合するような全体像が形成され，その全体像に規定されると考えた。そして，個々の情報は均等な重みで寄与するのではなく，「あたたかい」「つめたい」のように中心的な機能を果たす中心特性とそうでない周辺特性があることを指摘した。

　また，図6-4（b）に示されるようなリストを呈示することによって，その順序効果についても言及した。リストCとリストDは，構成している単語は同じであるが，リストCはポジティブな特性が先にあ

リストＡ：聡明な－器用な－勤勉な－あたたかい－決断力のある－実際的な－用心深い

リストＢ：聡明な－器用な－勤勉な－つめたい－決断力のある－実際的な－用心深い

(a) 中心効果

リストＣ：知的な－勤勉な－衝動的な－判断力のある－強情な－ねたみ深い

リストＤ：ねたみ深い－強情な－判断力のある－衝動的な－勤勉な－知的な

(b) 順序効果

図6-4　アッシュの呈示リスト例（Asch, 1946）。

り，リストＤはネガティブな特性が先に呈示される。この２種類のリストを呈示した場合，リストＣの場合に全体的に好意的な印象が形成されたことから，初頭効果（primary effect）が現われることを示した。しかしながら，リストの長さによっては，後半に好意的な特性が示されると全体的な印象が良くなるという新近効果（recency effect）を示す研究も報告されている。

2）対人認知の基本次元　われわれは，他者を理解する際にどのような側面から印象を形成しているのであろうか。林（1978）によると，対人認知の次元としては，図6-5に示したような「個人的親しみやすさ」「社会的望ましさ」「力本性」の３次元が想定できるという。いくつかの研究によって抽出されている次元はその下位次元として位置づけられる。

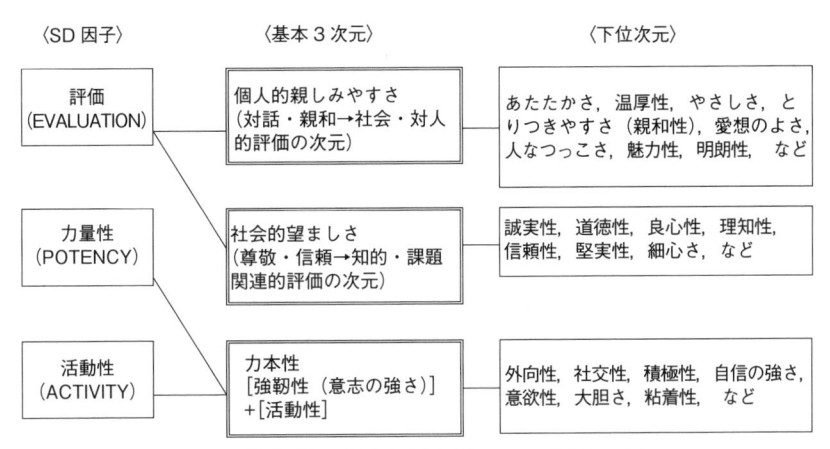

図6-5　対人認知の基本３次元（林，1978；廣岡，1992）。

2　社会的認知と判断

　われわれが他者に対する印象を，わずかな情報から判断するのと同様に，さまざまな社会的な判断においても，特徴的な傾向が見られる。

1）ヒューリスティックス　ある問題を解決する際に，必ずしも成功するとは限らないが，うまくいけば解決に要する時間や手間を減少することができるような手続きや方法をヒューリスティックス（heuristics）や簡便即断法という（例；Tversky & Kahneman, 1974）。たとえば，代表性（典型性）ヒューリスティックは，対象が特定の典型をどれだけ代表しているかによって可能性を判断することをいう。医師や看護師のようなユニホームだけでなく，服装全体の印象やしぐさや対応の仕方からその人の

職業を判断するような場合がそれに当たる。また，ある事象の生起頻度を判断する際に，それに当てはまる事例の記憶からの取り出しやすさ（長期記憶からの検索可能性）に応じて判断する直観的方略を利用可能性ヒューリスティックと呼ぶ。利用しやすさは現実の生起頻度とは必ずしも対応せず，目立ちやすく選択的に記憶されやすい事象はその生起頻度が過大に見積もられる傾向がある。身近で宝くじに当たった人がいると，当選確率を過剰に見積もってしまうというような例がある。

2）フォールス・コンセンサス効果　　ロスら（Ross et al., 1977）は，フォールス・コンセンサス（false consensus）を「人々が自分自身の行動的選択や判断を，その状況では比較的一般的であり，適切なものであると見なす一方，それとは別の反応は一般的ではなく逸脱した不適切なものと見なす傾向」と定義した。自分の特性，意見や反応を他の人々に一般化して知覚する傾向をさす。白パンが好きな人は，黒パンを好きな人よりも白パンを好きな人が多いと推測する現象である。

3）ステレオタイプ的認知と偏見　　これまで見てきたような社会的知覚の特徴や対人認知の特徴などが組み合わされ，現実の社会では多くの紋切り型の認知，すなわちステレオタイプ的認知が行われることになる。一般的に，ステレオタイプ的認知は，その側面が肯定的であるか否定的であるかは問わない，ある種の認知的傾向としてとらえることができる。そのような中で，特にネガティブな価値判断と関連するような場合に「偏見」，さらにその行動的な側面が強調された場合に「差別」と呼ばれる。そして，社会的事象の中でも他者や集団といったものに対する認知が重要な社会的問題となる。

3　帰属過程

1）帰属とは　　帰属（attribution）とは，ある出来事の原因を推論するプロセスのことをいう。一般的に「試合に負けた」や「試験に落ちた」というような出来事の場合に「なぜ」と意識的にその原因を推論することは多いと考えられる。しかしながら，このような意識的な原因の推論だけでなく，日常的に行っている自動的判断のいくつかは，帰属という推論プロセスを経ているとも考えられる。帰属過程が重要な意味を持つ背景には，①人には自分や自分を取り巻く環境（物理的環境だけではなく，対人的環境も含めて）を理解したい，②その理解に基づいて，行動の予測を行いたい，③そして適切に働きかけることによって統制を可能としたい，という基本的な欲求が仮定できる。そして，この理解，予測，統制を可能にする方向で帰属などの認知的プロセスが働くと考えられるのである。その典型が，行為者の特性への過度の帰属傾向である。行為者の特性へ帰属するという理解は，その後の行動の予測を可能とし，適切な統制を導くことになるのである。

2）帰属のバイアス　　原因を推論するプロセスには理解，予測，統制へ向かう力が働くため，そこには歪みや誤りが生じることがある。

　①根本的帰属の過誤　　行為者の内的属性（性格や態度，意図など）への過度の帰属傾向が見られる。たとえば，他者に依頼されて，自分の考えとは異なる主張を書かされたような場合を考えてみよう。それが役割上，仕方なく書かされたのだということを知っていても，それを読んだ人は，書き手の真の態度が反映されていると推測してしまう場合である。

　②行為者−観察者バイアス　　行為者本人は自分の行動の原因を環境などの外的な要因に帰属する傾向があるのに対して，観察者は行為者に原因を帰属する傾向がある。たとえば，他人が人を見間違えるとその人の不注意だと考えるが（観察者の立場），自分が見間違えた場合にはその相手が誰かに似ていたと考える（行為者の立場）場合である。

　③自己奉仕的（self-serving）バイアス　　先に述べた根本的帰属の過誤が一般的な状況を想定しているのに対して，成功や失敗という要因が加わった場合にはその傾向が変わってくる。成功は内的な要因に，失敗は外的な要因に帰属するという自己防衛的な帰属傾向となる。たとえば，テニスのダブルスの

試合で，勝ったときは自分が上手だからという自分の内的要因（能力）に帰属をするが，負けた場合はパートナーがミスをしたからだと外的な要因に帰属をするような場合である。

3）対応性推論モデル　　ジョーンズとデイヴィス（Jones & Davis, 1965）は，行為の観察からその行為者の意図や素因を推論する過程に関する対応性推論（correspondent inferences）モデルを提唱した。観察可能な行為を見たときに素因と対応づける要因として，社会的望ましさと非共通効果という要因をあげている。社会的望ましさの要因とは，ある行為が社会的に望ましい場合には多くの人がその行為を行うと期待されるので，特定の意図や素因への対応づけは困難となるが，逆に，社会的に望ましくない場合，すなわち多くの人々が行わないと期待される行為に対しては，行為者の内的要因への対応性が高くなるというものである。たとえば，多くの人が整列乗車をしている中で列を乱して乗車をすると，その人の性格の悪さに原因を求めるであろう。しかし，特に整列をすることなく，譲り合いながら乗り込むようなことが慣習となっている状況では，そのような対応の推測は行われないと考えられる。また，通常，ある行為は複数の行為の選択肢の中からの選択と考えることができ，その選択された行為は複数の効果（結果）をもたらすと考えられる。複数の行為の選択肢の効果は，共通したものと共通しないもの（非共通効果）に分けることができ，非共通効果が存在する場合に行為者の内的要因への対応性が高くなると考えられる。たとえば，合格した複数の大学から1つを選ぶという状況で，大学の特徴（選択した場合の結果）として，a. 有名な教授がいる，b. 研究設備が整っている，c. 就職が有利，d. 通学に便利，があったとしよう。すべての特徴が共通している場合には，どの大学を選択しても，その意図の推測は困難であるが，bの特徴がB大学にしか存在しない（非共通効果）場合にB大学を選んだとすれば，「研究志向」といった特徴の存在が推測されるのである。しかしながら，非共通効果の数が多くなると，その特定は困難になる。したがって，社会的望ましさが減少し，非共通効果が存在した上でその数が少なくなると，行為と内的要因との対応性は高まることになる。

4）ANOVAモデル　　ケリー（Kelley, 1967）は，認知者が事象を繰り返し観察できる場合に適用される帰属モデルとして，共変原理に基づくモデルを提唱した。共変原理とは「行為の効果の原因は，その効果が生じたときに存在し，生じなかったときには存在しない要因に帰属される」というものであり，人（認知の主体），実体（評価の対象），時／様態（生起した状況）の3つの原因への帰属を考える。その考え方から統計分析の手法であるANOVA（分散分析）モデルと呼ばれたり，3次元の情報からとらえられることから立方体モデルとも呼ばれたりする。3次元の情報とは，①一致性（または合意性）情報：他者がどのような評価をするかという情報，②弁別性情報：他の実体に対して区別をしているかという情報，③一貫性情報：時や状況を超えて生起するかどうかという情報，である。たとえば，ある映画評論家がある映画を賞賛していた場合，他の評論家も賞賛し（一致性が高い），その評論家は他の映画に関しては酷評することもあり（弁別性が高い），さまざまな機会にその映画を賞賛している（一貫性が高い）という情報が得られた場合には，その映画が本当に賞賛されるに値するものであるという実体への帰属が起こる。また，他の評論家が酷評している（一致性が低く）ことに加えて，その評論家は評論する映画を酷評したことがない（弁別性が低い）というような場合は，酷評をしない評論家という人への帰属が行われることになる。

　帰属のプロセスにおいては，ANOVAモデルのような多側面からの情報が影響を及ぼすし，行為者や観察者といった立場の違いによる情報も影響することになる。帰属の観点で最も重要なのは，真の原因が何かということではなく，原因を推論するプロセスの法則性であり，あくまでも推測された原因であるということである。真の原因は複数あり，それらの相互作用によってある効果が生じているのである。

4　態度と認知的斉合性
1）態度とは何か　　心理学では，その人らしさや行動を説明する構成概念として，性格や価値観など

を用いてきたが，態度もそうした構成概念の1つである。態度とは「経験を通して体制化された精神・神経的な準備状態であり，個人にかかわりを持つあらゆる対象や状況に対するその個人の反応に，指示的ないし力動的な影響を及ぼすもの」と定義されていた。原岡（1970）に基づくと，態度という概念の特徴は次のようにまとめられる。①態度には必ず対象がある。「～に対する態度」というような態度対象が想定されることになるが，そのレベルはさまざまである。喫煙行動を問題にする際には「タバコに対する態度」を想定するが，それは「健康に対する態度」や「人生に対する態度」のような大きな概念とも関連しているかもしれない。②態度には，感情（affect），行為（behavior），認知（cognition）の3成分がある。平易な表現をするならば，感情成分とは「好き－嫌い」，行為成分とは「したい（接近）－したくない（回避）」，認知成分とは「良い－悪い」という側面である。③これら3成分には，ポジティブまたはネガティブの方向と程度がある。②の側面と関連させると，「非常に好きで，機会があれば吸いたいが，やや悪いことだと思う」というような「タバコに対する態度」を想定することができることになる。④これら3成分は，お互いに関連し合い，まとまって，方向と程度に一貫する傾向がある。つまり，前述のようなタバコに対する態度はやや不安定であり，安定した態度とは「非常に好きで，よく吸い，多くの効用があると思う」といったタバコに対する肯定的な態度や，「非常に嫌いで，喫煙所から遠ざかり，悪いものだと思っている」といった嫌煙家の態度ということになる。こうした一貫した傾向を目指すことは，後述する認知的斉合性への力と考えられ，態度の変化を説明する際に有用な考え方となる。また，⑤態度は，直接観察したり，測定したりできないものであり，外に現われる言葉や行動を起こさせる心の構えであって，持続するものである。一般に，「意見」というのは態度の言語的表明のことをさす。その後の研究では，「人が自分自身や他者，事物あるいは社会問題に対して持つ，一般評価である」（Petty & Cacioppo, 1986）のように，3つの成分を区別しないような立場もある。特に，具体的な対象を想定した実験的研究ではそのような傾向が見られるが，より一般的な社会的態度研究（例；政治的態度や社会的出来事に対する態度）では，特に限定することなく，信念や価値観などと関連するものを広く含む場合もある。

2) 認知的不協和理論　フェスティンガー（Festinger, 1957）は，個人の認知（知識や意見，信念など）間の斉合性傾向を基本原理とした認知的不協和理論（cognitive dissonance theory）を提唱した。多くの認知要素の中に存在する2つの認知要素の間に論理的な矛盾，文化的習慣の違い，意見の特殊性，過去経験との矛盾などがある場合に，そのような認知要素の関係は不協和（dissonance）と定義される。そうした不協和は心理的な緊張や不快感を生じさせるので，人はその不協和を低減するように動機づけられると考えられる。そして，不協和関係の認知要素の数が多くそれが重要であるほど，逆に協和（consonance）関係の認知要素が少なくそれが重要でないほど，不協和の大きさは大きくなる。こうした不協和の低減の仕方にはいくつかの方法が考えられるが，フェスティンガーとカールスミス（Festinger & Carlsmith, 1959）の実験では，一方の認知要素の変化，すなわちある種の態度の変化が取り上げられている。単純でつまらない課題を行った実験参加者に「実験は楽しいものだ」と言わせるような手続きを用いて，不協和を生じさせた。不協和が生じた実験参加者は，このような偽りを言明させなかった実験参加者に比べて，実際に行った課題が興味深いものであったと回答する傾向が見られ，課題に対する態度を肯定化することによって不協和を解消していると解釈されたのである。また，あらかじめ不協和を回避するような選択的接触（selective exposure）の傾向があることも仮定されている。

3) バランス理論　ハイダー（Heider, 1958）は，対象（人，物，事象など）に対する関係をユニット関係（unit relation）とセンチメント関係（sentiment

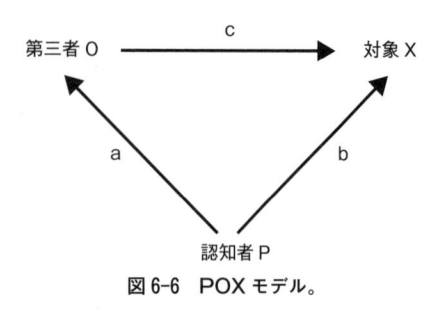

図6-6　POX モデル。

relation）の2つの関係に区別した。そのうえで，他者（O）と物（X：人の場合にはQ）に対する個人（P）の認知構造に拡大し，その全体構造のバランス（均衡）・インバランス（不均衡）を問題にした。認知的均衡理論（cognitive balance theory），バランス理論（balance theory），またはP-O-Xモデルとも呼ばれる。このモデルでは，ユニット関係はP，O，Xを知覚的にまとまりのあるものとして認知できる場合を（＋），できない場合を（－）と表わし，センチメント関係はそこに生じる心情的な側面に関するもので，好意的な場合を（＋），非好意的な場合を（－）で表わす。PとO，PとX，OとXの関係について，ユニット関係であれセンチメント関係であれ，3つの関係を表わす符号の積が正（＋）であれば均衡（balance）であり，負（－）であれば不均衡（imbalance）であると定義される。不均衡な認知構造はPに緊張や不快な感情を生起させるものであり，Pはそれを解消して均衡状態へ向かおうとすると考えられる。ある対象Xをタバコとして，認知者Pと第三者Oとの関係を考えてみよう（図6-6）。OがPの友人（aが＋）の場合，Pがタバコを好き（bが＋）な場合は，Pが「Oはタバコが好きだ」と認知していた時（cが＋）は均衡関係となる。しかし，Pがタバコを嫌い（bが－）な時の場合は不均衡

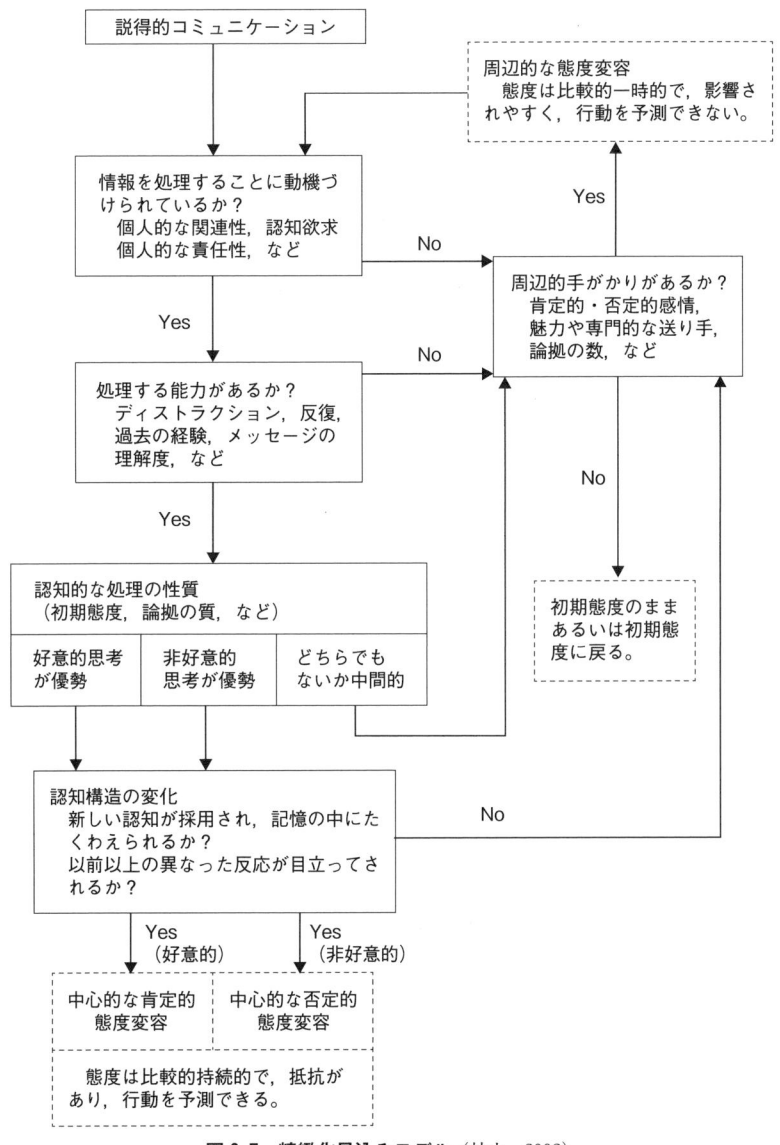

図6-7　精緻化見込みモデル（神山，2002）。

となる。そして，均衡状態へ向かう力が働き，Pがタバコを好きになる（bを＋へと向かう）という態度の変化や「Oはタバコが嫌いに違いない」（cを−だと考える）といった認知の歪みが生じることになる。また，友人関係を解消（aを−へと変化）することや，均衡状態を保つような新しい対象をもちだすということも考えられる。この認知的均衡理論においても，態度の類似性（bとcの符号が同じ）ことが友人関係において重要だという示唆が得られる。

4）態度変容と説得　態度を変化させる試みは，一般的に，説得的コミュニケーションという文脈でとらえられる。それと対応させるという意味では，先の認知的不協和や認知的斉合性による態度変容は自己説得とも位置づけられる。説得による態度変容の古典的研究であるホヴランドとワイズ（Hovland & Weiss, 1951）に始まり，情報源の信憑性の効果，スリーパー効果，メッセージのチャンネル，メッセージの構成（クライマックス効果）などが研究されてきた。ここでは，それらとも関連する個人内の処理モデルとしてのペティとカシオッポ（Petty & Cacioppo, 1986）の精緻化見込みモデル（elaboration likelihood model: ELM）を取り上げる（図6-7）。このモデルでは，態度変容が生じるかどうかということは「精緻化が生じるかどうか」ということだと考えられている。ここでの精緻化とは，メッセージの送り手が主張した論拠・議論に関して受け手が能動的に考え，情報処理することを意味する。このような処理をともなう場合を中心ルート（central route）の態度変容といい，そうでないものを周辺ルート（peripheral route）の態度変容という。

　2つのルートのどちらを通るかは，情報処理の動機づけと能力によって決まることになる。情報処理の動機づけとは，考えようとする（精緻化の）動機であり，そのテーマが個人的なかかわりが強い場合であったり，認知欲求の高さや，個人的責任の有無などと関連していると考えられる。一方，情報処理の能力とは，考える（精緻化の）能力であり，実験的には思考妨害を行うことで低下させたり，反復呈示や事前の知識を与えることで促進を図ることになる。当然，メッセージの理解しやすさなども影響することになる。中心ルートによる態度変容は周辺ルートによる態度変容に比べて，比較的持続性を持つものとなり，さらなる変化への抵抗力を持ち，行動との一貫性を示す傾向が強いとされている。また，周辺ルートを通る可能性を高める手がかりとしては，好意的または非好意的な感情状態や，情報源が魅力的であるか専門的であるかという情報，メッセージに含まれる議論の数などが挙げられる。

6-4　対人関係と相互作用

1　対人関係の展開

1）対人魅力　人が他者に対して抱く魅力や好意あるいは非好意などの感情的態度を対人魅力（interpersonal attraction）という。初対面や出会って間もない関係の初期では，近接性や接触頻度や身体的魅力による影響が大きい。近接性とは他者との物理的距離の近さのことで，たとえば入学当初に座席の近い人や家が近所の人と仲良くなるというのは，近接性が高い相手だからだと考えられる。フェスティンガーら（Festinger et al., 1950）は，既婚者用の学生アパートおよび一戸建て住宅に入居した新入生を対象に，未知同士の学生がどのように友人関係を形成していくかを調査した。入居6ヶ月後の結果から，アパート住居者，一戸建て住居者いずれにおいても，住居間の距離が近い人を友人として挙げる確率が高いことが明らかになった。これは，相互作用に要する労力（コスト）が少なくて済むからだと考えられている。社会的交換理論（social exchange theory）では，対人的相互作用はさまざまな資源の交換であるとし，交換に際する「得られる報酬−支払うコスト＝利益」という観点から相互作用過程を説明している。この理論に基づけば，関係初期の場合，相手によって得られる報酬に大差はないため，近接性が高い相手との関係では支払うコストが少ないという点が，他の相手よりも魅力を感じるようになる原因だと考えられる。

　また，接触頻度と対人魅力の関連については，単純接触効果（mere exposure effect）という現象に

基づき説明されている。ザイアンス（Zajonc, 1968）は，単語，無意味語，無意味図形，12名の未知人物の顔写真などを用いた実験結果から，単なる接触を繰り返し，回数を多く見たものに対して人は好意的態度をもつことを明らかにした。ただし，単純接触効果が得られるのは，少なくとも見た際に不快感を抱かない人物に対してであることも明らかになっている（Perlman & Oskamp, 1971）。

お互いを少しずつ知るようになってきた段階では，性格や態度といった内面的な要因が対人魅力を規定するようになる。人は自分に似た態度をもつ人に魅力を感じるという，類似性と対人魅力の正の関係が知られている。バーン（Byrne, 1971）は，実験参加者に態度に関する質問紙に回答させ，その後，他者の回答結果を見せてその人に対する魅力を評定させるという実験を行った。その際，実験者が作成した架空の回答内容を用いることで，実験参加者の態度との類似率の高さを操作した。結果，類似度が高い相手ほど，魅力も高いことが明らかとなった。また，類似率を多種用意した実験でも，類似率に比例して他者の魅力が高まることが示された（Byrne & Nelson, 1965）。さらに，その後バーンら（Byrne et al., 1970）は，人工的な実験場面だけでなく，より現実的な場面でも類似性の効果は得られること，評定による対人魅力だけでなく対人距離（魅力的な人とは物理的距離が小さくなる）という指標を用いても証明されること，2〜3ヶ月後の追跡調査からもこの効果は継続していることを示した。

性格に関しては，多くの人が共通して好む社会的に望ましい性格があるとされており，この望ましい性格を有する人が魅力を感じられているという望ましさ説がある（松井，2009）。さまざまな調査から「思いやりがあり，やさしい」「積極的で生き生きしている」「社交的で明るい」人が，他者から魅力を感じられるとされている。

このように，関係が進展していくに従って，対人関係に影響を与える要因は変化する。たとえば，マースタイン（Murstein, 1977）によるSVR理論では，関係初期にはS（stimulus：容姿などの相手から受ける刺激）が重視され，その後はV（value：価値観や態度など）が重視され，そしてR（role：互いの役割）が重視されるようになると考えられている。

2) **衡平理論**　人はつねに社会的交換理論に基づき自らの利益を最大にしようとしているわけではない。良好な対人関係を築いていくためには，自分と相手の利益のバランスというものが重要になってくる。ウォルスターら（Walster et al., 1973）による衡平理論（equity theory）では，相手の報酬およびコストと自分の報酬およびコストを比較して衡平かどうかを判断し，関係を評価するとされている。自分の「報酬÷コスト」による比率と相手の比率が等しければ衡平利得，自分の比率が相手の比率よりも大きい場合が過大利得，自分の比率が相手の比率よりも小さい場合が過小利得である。そして，過大利得の場合は申し訳ないという罪責感が生じ，過小利得の場合は不満や怒りが生じる。したがって，衡平利得の場合にその関係にも満足をするというわけである。

3) **対人コミュニケーション**　対人関係の基盤となり，対人関係の展開に影響を与えるのが対人コミュニケーション（interpersonal communication）である（大坊，1998；小川，2008など）。他者との関係においてお互いが所有している情報が均衡していない場合は，緊張が生じ，その緊張を低減するために人は情報の均衡化を図ろうと動機づけられる。そして，情報の均衡状態を求めるために人はコミュニケーションを行う（Newcomb et al., 1965）。つまり，相手がどのような人物なのか，どのような意見・考えを持っているのかなどお互いの知らないことを埋めるために，コミュニケーションは行われる。特に，個人間で交わされるメッセージのやりとりを対人コミュニケーションと呼ぶ。対人コミュニケーションの基本的構成要素には，①送り手，②メッセージ，③チャネル，④受け手，⑤効果がある（深田，1998）。送り手と受け手がメッセージをやりとりする過程が対人コミュニケーションであるが，メッセージは，言語的コミュニケーション（verbal communication）と非言語的コミュニケーション（nonverbal communication）に分けられる。そして，メッセージを運ぶ経路のことをチャネルという。⑤の効果には，メッセージの受け手が何を理解したのか，送り手に対してどのような印象を抱いたのか，どのよう

な気分になったのかといった，受け手に生じるさまざまな影響が含まれる。送り手は，伝えたい情報を適切に記号化し（メッセージにし），それを適切なチャネルに乗せて受け手に送る必要がある。一方，受け手は，送られてきたメッセージを適切に受け取り，解読する必要がある。したがって，送り手としてのスキルや受け手としてのスキルも重要で，こうしたスキルは社会的スキル（social skill）の一側面であると考えられている。社会的スキルとは，人が対人場面において自らの目的を効果的に達成するために相手に適切に反応しようとして用いる言語的，非言語的な対人行動を総称するものである（相川，2009）。

2　社会的促進と社会的手抜き

1）社会的促進　　ある課題を行う場合に，誰かが見ていたり他者がそばで同じ課題に取り組んでいたりすると，1人で取り組む場合よりも遂行量や遂行の質が高まる現象を社会的促進（social facilitation）と呼ぶ。さらに，他者が単にそばで見ているだけで社会的促進が生じることは観衆効果（audience effect）と呼ばれ，そばで同じ課題に取り組む他者の存在が社会的促進を生じさせることは共行為者効果（co-action effect）と呼ばれる。しかし，他者の存在がつねに社会的促進を生じさせるわけではなく，他者の存在が遂行を阻害する社会的抑制（social inhibition）という現象の存在も明らかにされている。

　ザイアンス（Zajonc, 1965）によると，他者の存在は，十分に学習されている課題や単純な課題には促進的に作用するが，学習が十分でない課題や複雑な課題には抑制的に作用する。これは，他者が単に存在するだけで遂行者の動因水準（覚醒水準やその行動に対する活動水準）が上昇し，それが反応の生起率に影響を及ぼすためだと考えられている。ハントとヒラリー（Hunt & Hillery, 1973）は，単純な迷路と複雑な迷路を用いた実験によってこのことを証明している。図6-8にあるように，単純な迷路では他者と一緒の条件の方が誤数は少ないが（社会的促進），複雑な迷路では他者と一緒の条件の方が誤数は多くなった（社会的抑制）。

　しかし，コットレル（Cottrell, 1972）は，単に他者が存在するというだけでは動因水準は上昇せず，他者が自分を評価する懸念を感じた場合にのみ動因水準が上昇するとしている。さらに，サンダース（Sanders, 1981）は，他者が存在するとその他者に注意を向けるため，課題に対して向ける注意と他者に対する注意との間に葛藤が生じ，その結果，動因水準が上昇するという「注意のコンフリクト説」を

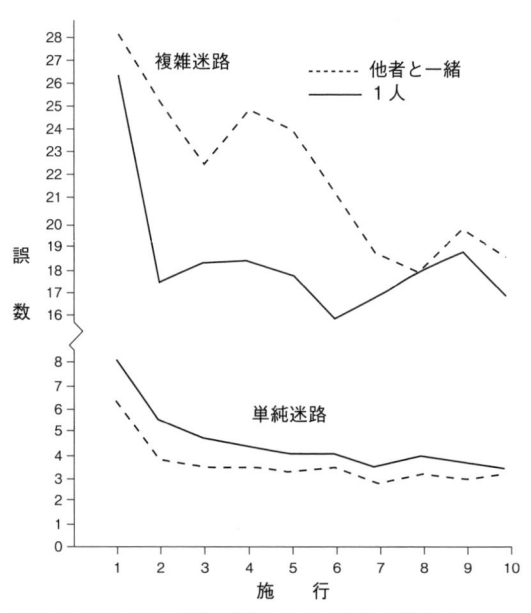

図6-8　条件ごとの迷路課題における誤数の推移（Hunt & Hillery（1973）に基づき岡（2001）が作成）。

提唱している。このように動因を上昇させる条件が何であるかについては異なる見解があるが，いずれにせよ動因水準の上昇が遂行量に影響を及ぼすという点は共通している。その他，他者の存在は好ましい自己像を呈示しようとする動機づけの高まりをもたらすため，遂行量が影響を受けるという考え方もある。

2）社会的手抜き　他者の存在が遂行量に影響を及ぼす現象には，社会的手抜き（social loafing）と呼ばれるものもある。これは，集団で作業をする際，構成人数が多くなるほど1人1人の遂行量が低下する現象である。ウィリアムズら（Williams et al., 1981）は，1人，2人，4人という構成人数で可能な限り大きな声を出してほしいと参加者に依頼する実験を行った。その際に，①1人条件でのみ個人の音圧（声の大きさ）が測定され2人や4人条件では個人の音圧は測定されないと説明される場合と，②構成人数にかかわらずどの条件でも個人の音圧が測定されると説明される場合などを設け，実際にはいずれにおいても個人の音圧を測定した。その結果，1人条件でのみ個人の音圧が測定されると説明された場合（①）は，1人よりも2人，2人よりも4人というように構成人数が増えるほど1人当たりの音圧は減少するという結果であった。つまり，社会的手抜きが生じたのである。一方，構成人数にかかわらず個人の音圧が測定されると説明された場合（②）は，構成人数が1人でも2人でも4人でも個人の音圧に差は見られず，社会的手抜きは生じなかった。したがって，社会的手抜きは個人の遂行量が評価されない場合に生じることが示された。集団状況では個人の貢献や遂行が評価されないことが多いため，社会的手抜きが生じてしまうと考えられている。

3　向社会的行動と反社会的行動

1）援助行動　社会的なルールに沿って他者の利益を増大させるような利他的行動全体を総称して向社会的行動（prosocial behavior）と呼ぶ。その代表的なものが，援助行動（helping behavior）である。援助行動とは，他者が困難に直面している，もしくは直面すると予測されるときに，その他者が望む状態を実現するために手を貸す行動のことである。類似した概念であるが，援助行動の中でも外的な報酬を期待することなく他者の利益の増大のみを願う自発的な行動を愛他的行動（altruistic behavior）と呼ぶ。つまり，援助行動は純粋に相手のためだけを思って生じるとは限らず，「ここで助けると自分の評価が上がるから」とか「相手に貸しを作っておきたいから」という自己利益に基づく動機から生じる場合もある。

　援助行動に関する研究がさかんになったきっかけは，1964年にニューヨークで起きたキティ・ジェノヴィーズ殺人事件であるといわれている。これは，キティという女性が暴漢に襲われ殺された事件だが，キティが襲われそうになっているもしくは襲われていることを38名もの人が気づいていたにもかかわらず，警察への通報が最初の襲撃から約30分も経っており，その間，直接助けに行った人もいなかったという点が注目された。38名もの人がいたにもかかわらず，なぜ，誰も助けなかったのか。その一因は，38名の人それぞれが他の人もその場を目撃していることを知っていた点にあるとされている。[1]自分以外の他者が存在することを知ることによって，その状況への介入が抑制される現象を傍観者効果（bystander effect）と呼ぶ。この原因を明らかにするため，ラタネとダーリーは複数の実験を行っている。たとえば，援助が必要とされる事態に自分以外の他者が存在することで，援助行動にどのような影響が生じるかを検討した実験がある（Darley & Latané, 1968）。この実験では，「ストレスの多い都市生活における個人的問題を話し合う」という名目で集められた互いに未知の学生たちが，匿名性確保のためと称して個室に分けられインターホン越しに会話をしているとき，突然メンバーの1人が発作を起こす様子がインターホンから聞こえてくるという状況が作られた（発作を起こす人は実験協力者であり，

1）のちの検証で，目撃者の数は38名より少なかったのではないかと言われているが，複数の目撃者がいたにもかかわらず誰も助けなかったことに変わりはない。

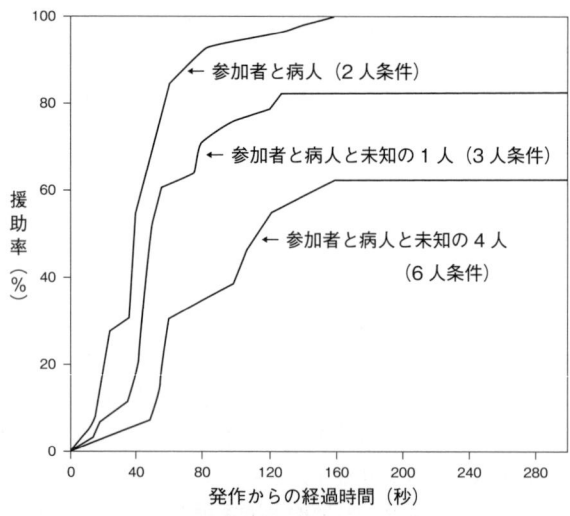

図6-9 発作からの経過時間と援助行動の生起率（Darley & Latané（1968）に基づき作成）。

発作は演技であった）。あらかじめ，実験者は話し合いの様子を観察しないことが告げられているため，発作を起こしたメンバーを実験参加者が助けるためには，部屋を出て外にいる実験者に知らせなくてはならない。そこで，実験参加者が部屋を出るまでの時間を測定し，その時間を援助行動が生じるまでにかかる時間と見なした。この実験では，話し合いをする人数が操作されており，参加者と発作を起こす病人の2人条件，参加者と病人と未知のもう1人（実際は誰もいない）という3人条件，参加者と病人と未知の4人（実際は誰もいない）という6人条件であった。さて，援助行動を起こすまでにかかった時間は図6-9のとおりであった。自分以外に援助をすることができる人がいない2人条件では，最終的にはすべての実験参加者が部屋を出て実験者に事態を知らせに行ったが，自分以外に援助をすることができる人が存在する3人条件や6人条件では援助率が低く，人数が増えるほどより援助しなくなっていることがわかる。これらの一連の実験結果から，援助が必要な事態であると判断しても，援助をする責任が自分以外の人にもあると考えてしまう責任の分散（diffusion of responsibility）によって，援助行動は抑制されることが明らかになった。また，他の人々が援助をしない様子を見て援助の必要性が低いと推論したり，援助することで他者からいろいろな評価を受けることを気にしたりすることも，援助行動の抑制につながることがわかっている。

　この他にも援助行動の規定因に関してはさまざまな変数について検討されてきている。援助者の共感性や利他性といった個人特性，気分や感情の心理的状態，被援助者の個人的要因，援助者と被援助者の関係性，状況的要因や環境的要因，さらには文化的要因など多様な要因が複雑に絡み合って援助行動は促進されたり，抑制されたりする。

　日常生活の中で他者から広い意味での援助を受けることが心身の健康にどのような影響を及ぼすかという，ソーシャルサポート（social support）研究もある。サポートは，道具的サポートと情緒的サポートの2種類に大別することができるとされている（橋本，2005）。前者は，個人が抱えている問題そのものを直接的ないし間接的に解決するための機能をもつサポートであり，後者は，個人の心理的な不快感を軽減したり，自尊感情の維持や回復を促したりするような機能をもつサポートである。

2）**攻撃行動**　　向社会的行動の対極にある行動が反社会的行動（antisocial behavior）であり，その代表的な行動が攻撃行動（aggressive behavior）である。攻撃行動とは，「他者に危害を加えようとする意図的行動」と定義される（大渕，1993）。つまり，痛みを伴う治療や殴り合いをするスポーツなどは，相手を傷つけようという意図に基づいて行われているわけではないため攻撃行動には含まれず，反対に，

相手に肉体的な害は及ばなくても，その相手を傷つけようと意図して何からの行動がなされれば，それは攻撃行動である。

　大渕（1993）は，攻撃の機能として，防衛，強制，制裁，印象操作という4つを挙げている。防衛とは，危険に遭遇したり被害が予期されたりする場合に，攻撃することで被害を回避したり低減させたりすることである。強制は，他者の判断や態度や行動などを攻撃することで自分が意図した方向にむりやり変えさせることである。制裁は，攻撃することで他者の不正を矯正したり，社会的な公正を回復したりすることである。そして，印象操作は，攻撃することで強いというイメージを印象づけたり，自分に対する負のイメージを払拭しようとしたりすることである。このように攻撃行動といってもはたらきは多様である。

6-5　集団・社会的ネットワーク

1　集 団 過 程

1）同調　　同調（conformity）とは，個人が他者の行動と同一の行動をとることである。集団を基盤とした社会的影響である多数派への同調を示した古典的な研究として，アッシュの実験（Asch, 1951, 1955）がある。この実験は，「視覚判断に関する心理学実験」という名目で，一組8名から構成される集団で実施された。実験参加者は，図6-10に示したような2枚のパネルを見て，左のパネルに描かれた線分（標準線分）と同じ長さの線分を，右のパネルに描かれた3本の線分（比較線分）から選択し，その番号を順に声に出して回答することが求められた。標準線分の長さと同じ線分を選択することは，間違える余地のない簡単な課題であった。実際に，集団圧力のない状況でこの課題を行った場合，誤答率は1％未満であった。実験参加者8名のうち，真の実験参加者は最後から2番目に回答する1名のみであり，他の参加者はサクラ（実験協力者）であった。サクラ全員が，満場一致で誤った回答をするなか，真の実験参加者が正しく回答できるかどうかが検討された。実験の結果，サクラ全員が一致して誤った回答を行う12の本試行のうち，少なくとも1試行において多数派に同調した実験参加者の割合は74％にのぼった。また，全試行のうち，32％の試行において多数派への同調が観察された。また，多数派のサイズが同調に及ぼす影響を検討した実験では，サクラが1名の場合には，誤答への同調はほぼ見られなかったが，多数派のサクラが2名の場合，同調率は13.6％となった。多数派が3名となった場合には，同調率が31.8％に増加した。ただし，多数派のサイズが大きいほど同調率が高くなるわけではなかった（図6-11）。さらに，多数派が一致している程度が同調に及ぼす影響を検討した実験では，1名でも一貫して正しい回答をするサクラがいることで，誤答率は5.5％まで減少した。以上のように，アッシュの一連の実験では，個人の判断が集団内の多数派によって強く影響を受け，明らかに多数派の判断が誤っているにもかかわらず，個人が同調することが示された。また，同調の程度は，集団の斉一性（uniformity）に依存していることがわかった。

　同調が生じる理由として，ドイッチとジェラード（Deutsch & Gerard, 1955）は，規範的影響（normative social influence）と情報的影響（informative influence）の2つを挙げた。規範的影響は，他者や集団からの賞賛を得たい・受容されたい，他者からの罰を避けたいといった動機に基づき，集団規範から逸脱しないようにするために同調するという社会的影響である。一方，情報的影響とは，他者の意見や判断を参考にして，より適切な判断や行動を行おうとするために同調するという社会的影響である。シェリフ（Sherif, 1935）は，静止した光点を暗闇で眺めると，光点が揺れ動いて見える現象である自動運動という錯視を利用し，3名一組の集団で光点の揺れ幅を声に出して判断させる実験を行った。その結果，試行を経て互いに他者の判断の影響を受け合い，集団ごとに特有の狭い範囲に，錯視の程度が収束していくことが示された。すなわち，他者の判断を自らの判断のための参考情報として受け入れていたのである。情報的影響は，他者の行動の情報価に基づく社会的影響である。一方で，アッシュの実験では，参加者は，答えが明確である課題において多数派の回答（誤答）と同じ反応をしたことから，規

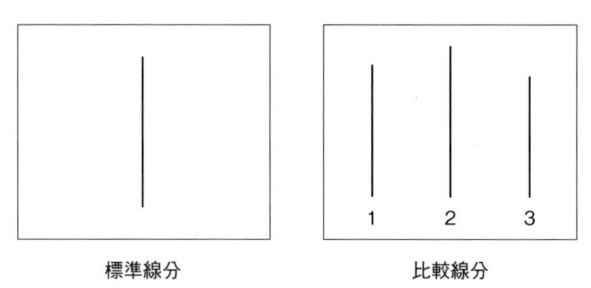

標準線分　　　　　　　　　　比較線分

図6-10　アッシュの同調実験で用いられた刺激の例（Asch, 1955）。正解が明らかである，簡単な問題であった（この図では，正解は2の線分）。

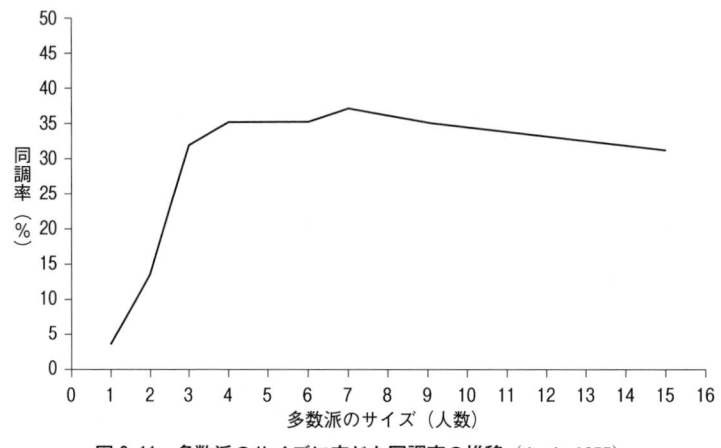

図6-11　多数派のサイズに応じた同調率の推移（Asch, 1955）。

範的影響が働いていたと考えられる。

2）少数者影響　つねに少数派が多数派に同調するとしたら，社会や集団の変化や革新は生じえないことになる。多数派が個人を同調させる条件についてさかんに研究が行われた北米に対し，ヨーロッパでは，多数派に及ぼす少数派の影響（minority influence）に関する研究が行われた。代表的な研究として，モスコヴィッチらによる「青−緑」研究（Moscovici et al., 1969）がある。実験参加者は，集団状況においてスクリーンに映写されたスライドの色を判断するという課題に取り組んだ。スライドの色は，波長や明度の違いにより6パターンあったが，すべて明らかに「青」と判断できるものであった。実験条件の集団は，一組6名から構成され，そのうち2名がサクラであり，4名が真の実験参加者であった。サクラは，36試行すべてにおいて一貫して「緑」と回答した。一方，統制条件の集団はサクラを含まない6名から構成された。その結果，統制条件では，スライドの色を「緑」と判断した回答は0.25％であったのに対し，実験条件では，「緑」と判断した回答が8.9％にものぼった。36試行中24試行は「緑」，12試行は「青」と，一貫しない回答を行うサクラが含まれた条件では，実験参加者の「緑」の判断は1.25％にとどまった。すなわち，少数派の一貫した判断によって，多数派の判断が変化しうることが示されたのである。多数派への同調は，現状維持や成員の行動統制には役立つ一方で，集団や社会の変革（innovation）は，少数派の影響によって達成されると考えられている。

　多数派の影響と，少数派の影響は，いずれも集団や他者が個人の行動や判断に影響を及ぼすという点で共通しているが，影響のレベルは両者で異なる。多数派のもつ影響力は，多数派であることによる賞罰に基盤をもつ。そのため，少数派の成員は，表面的に行動を変化させることで，集団規範からの逸脱およびそれに伴う罰を回避しようとする。一方で，少数派による影響では，より深いレベルでの影響が

生じている。モスコヴィッチの実験では，一部の実験参加者を対象に，「青－緑」実験後に追加の実験が行われた。この実験では，緑にも青にも見える曖昧な色相のカードを見せ，「青」と「緑」のどちらに見えるかを判断させた。その結果，実験条件の参加者は，統制条件の参加者と比較して，より青に近い色相のカードも「緑」と判断していた。実験条件の参加者は，少数派の判断に対して表面的に同調したわけではなく，知覚のあり方自体を変容させていたのである。以上のように，多数派は，個人の態度を表面的で公的（public）なレベルで変容させるが，少数派は，個人の態度を内的で私的（private）なレベルで変容させると考えられる。

3）集団意思決定　社会生活では，友人と旅行の行き先を決めたり，裁判で有罪・無罪の判決を下すなど，多くの意思決定が集団によって行われている。集団意思決定（group decision making）は，集団の成員が討論や評決を経て，何らかの形で合意に達し，集団として1つの判断を下すことである。「三人寄れば文殊の知恵」ということわざに表されるように，人は単独で意思決定をするよりも，集団で意思決定をしたほうがよりよい判断ができるのであろうか。集団意思決定に関する研究は，むしろ集団での意思決定の問題点を明らかにしてきた。

　①共有情報バイアス　多くの意見や情報を集約し，集団として意思決定を行う場面では，通常，各成員は互いに固有の情報をもつ。しかし，異なる情報をもつ成員同士で議論をしても，成員が共通してもつ限られた情報に基づき話し合いが行われ，全体の情報がいかされにくいという共有情報バイアスが生じる。ステイサーとタイタス（Stasser & Titus, 1985）は，共有情報バイアスによって集団意思決定のパフォーマンスが低下することを示した。実験参加者は4名一組で，「3名の候補者A・B・Cの中から，学生自治会の会長を1名選出する」という集団意思決定課題に取り組んだ。表6-1に示すように，各候補者には，ポジティブ（長所）・ニュートラル・ネガティブ（短所）な計16個のプロフィールが設定されていた。客観的には長所が最も多い候補者Aを選出することが優れた意思決定となる。実験では，(1) 4名の成員に対しすべてのプロフィールを配付する共有条件と，(2) 候補者Aに関する8個のポジティブな情報を，4名の成員に2個ずつ分散して配付し，候補者Bに関するポジティブな情報は，4名の成員に対して4個すべてを配付する非共有条件が設定された。非共有条件では，各成員はAについては2個，Bについては4個のポジティブな情報をもつ。したがって，個人のレベルでは，Bのほうが魅力的な候補者となる。集団で意思決定を行った際，各成員が有するAに関するポジティブな情報を共有できれば，集団のレベルでは「正答」であるAを選択することが可能となるような設定であった。

　実験の結果を表6-2に示す。集団討議前の個人の意思決定では，各成員は手元に配付されたプロフィールに基づき，共有条件ではポジティブ情報が最も多い候補者A，非共有条件では候補者Bが選択されていた。重要なことに，討議後の集団意思決定の結果，非共有条件では，各成員がもつAに関するポジティブな情報（非共有情報）を，集団として集約できず，Bを選択するという集団意思決定がなされていた。集団全体としては候補者Aのポジティブな情報を有しているにもかかわらず，集団内で言及することができる人数が多い共有情報が議論にのぼりやすく，結果として適切な選択ができなかったのである。この現象は，集団成員が有する情報の分布が偏った結果，Aのポジティブなプロフィールが隠されてしまい，本来は優れた選択肢が劣ってみえてしまうことから，「隠れたプロフィール（hidden profile）」と呼ばれる。隠れたプロフィールを解消するためには，十分な討議時間を確保することで非共有情報が議論にのぼるようにしたり，積極的に非共有情報を議論で言及するようなリーダーのはたらきかけが重要であると考えられる。

　②集団極化　1950年代には，集団意思決定は，個人の意思決定よりも，慎重で保守的になると考えられていた。しかし，ワラックら（Wallach et al., 1962）は，集団意思決定はむしろリスクを追求する傾向にあることを実験的に示した。この実験では，表6-3に示すような生活で起きうるリスク判断に関する架空のシナリオを呈示し，どの程度成功の見込みがあれば，リスクをともなう行動をシナリオの主人公に勧めるか，参加者に回答を求めた。成功見込みの選択肢には，10回中1回・3回・5回・7回・

表 6-1 各集団成員に配付された各候補者のプロフィールの数
（Stasser & Titus（1985），Table 2 より抜粋）

		候補者A	候補者B	候補者C
共有条件[a]	ポジティブ	8	4	4
	ニュートラル	4	8	8
	ネガティブ	4	4	4
非共有条件	ポジティブ	2[b]	4	1
	ニュートラル	4	5	8
	ネガティブ	4	1	1

a）共有条件では，4名の集団成員に対して，各候補者のプロフィールをすべて配付した。そのため，共有条件のプロフィールの数は，各候補者について事前に設定されたプロフィールの数を意味する。

b）非共有条件では，Aのポジティブなプロフィール8個を，4名の成員に2つずつ分散して配付した。したがって，各成員はAに関するポジティブな情報を同じ数だけ有するが，その内容は成員によって異なっていた。

表 6-2 各条件における意思決定の結果（各候補者の選択率）
（Stasser & Titus（1985），Table 3 より抜粋）

		候補者A	候補者B	候補者C
集団討議前の個人の意思決定	共有条件	67%	17%	17%
	非共有条件	25%	61%	14%
集団意思決定	共有条件	83%	11%	6 %
	非共有条件	24%	71%	5 %

9回（＋いかなる見込みでも勧めない）があった。すなわち，成功見込みが低いほどリスキーな判断となる。実験参加者は，まず，個人として単独で決定を行った。次に，同性の6名一組で集団討議を行い，各シナリオについて全員一致の回答を行った。

　集団ごとに成員の個人の判断の値を平均したものを個人決定の指標とし，集団決定の値と比較した結果を表6-4に示す。符号が負であることは，個人決定よりも集団決定の方が，低い成功確率でもリスクをともなう行動をとることを勧めるという判断を行ったことを表しており，集団討議によりリスクの高い決定が行われたことが示された。このように，個人決定よりも集団決定がリスキーな決定をするよう変化したことから，この現象はリスキー・シフト（risky shift）と呼ばれる。リスキー・シフトは，男女ともに認められた。また，集団決定の2～6週間後，再度個人としての決定を行った実験条件と，集団討議を行わず，1～2週間の期間で2回個人決定を行った統制条件を比較すると，集団討議を経た参加者の個人決定が，集団討議前の個人決定よりもリスキーになっており，集団状況における表面的な同調にとどまらず，真の変化を集団成員にもたらしていた。

　その後の研究では，集団決定が必ず個人決定よりもリスキーになるわけではなく，むしろ慎重で安全な方向に変化する場合もあることが示された。これは，より安全志向になることからコーシャス・シフト（cautious shift）と呼ばれる。リスキー・シフトもコーシャス・シフトも，リスク志向か安全志向かという方向性は異なるが，集団による意思決定が，討議前の個人の意思決定の平均と比較して，より極端な方向に変化していることから，集団極化（group polarization）あるいは集団極性化という現象として理解されている。集団極化が生じる理由としては，討議において集団内の多数派が明確になることでそれが集団規範となり，個人の意見が収斂されるといったことや，多数派の意見を支持する論拠が多く提出されやすいことで多数派の意見の説得力が増すといったことが挙げられる。

③集団思考　　有能な個人が集まって構成された集団であっても，時として愚かな集団決定をおかしてしまうことがある。これを集団思考（groupthink）または集団浅慮という。ジャニス（Janis, 1982）は，米国ケネディ政権下におけるキューバ・ピッグス湾侵攻作戦（1961年）など，集団決定が致命的な

表6-3 実験で用いられたシナリオ（概要）の例（Michael（1968）を基に作成）

	シナリオの概要
シナリオ1	ある電気技師（Mr. A）は，妻と子供の3人で暮らしており，経営の安定した大手の電子会社に勤めている。現在の勤め先では，定年まで働けて，ほどほどの給料も得ているが，退職までに給料が大幅に高くなるわけではない。彼は，長期の安定や保証は無いものの現在よりも高い給料を得られる新しく設立された会社で働かないかと誘われている。（新しい会社の経営がうまくいく確率が，最低どの程度であれば，電気技師（Mr. A）に新しい会社に移ることを勧めるか）
シナリオ7	チェスの国内トーナメントにおいて，ランキングが低い選手（Mr. G）が，1回戦でトップ選手と対戦することとなった。対戦中，Mr. Gは，うまくいけば勝利できるが，失敗すればクイーンが無防備な陣形となってしまい負けることが確実となる一手を考えついた。（その手が成功する確率が，最低どの程度あれば，Mr. Gにその手を打つことを勧めるか）

表6-4 参加者の性別ごとの個人決定（集団成員の平均）と集団決定の差
（Wallach et al.（1962）を基に作成）

シナリオ	男子学生	女子学生
1	−1.0 **	−1.0 **
2	−0.2	−0.6
3	−1.1 *	−0.4
4	−1.8 **	−1.4 **
5	+0.1	+0.7
6	−1.2 **	−0.8 *
7	−2.0 **	−2.0 **
8	−1.1	−1.7 **
9	−1.0 **	−0.8
10	−0.4	−1.5 **
11	−1.1 **	−0.9 *
12	+0.8 *	+0.6
合計	−9.4 **	−9.4 **

負の値は，集団決定が，個人決定よりもリスキーな判断であることを示す。
** $p < .01.$ * $p < .05.$

失敗を招いた事例を収集・分析した。集団思考を引き起こす要因は多くあり，成員の集団に対する同一視や集団凝集性の高さ（反対意見を出しにくい雰囲気が醸成され，成員は意義を唱えるのを差し控える），集団における情報処理のバイアス（議論の方向に合った情報やリーダーの有する意見に沿った情報が偏って討議される。不都合な情報を無視したり細部について議論を行い問題の全体像を見失うことにつながる），集団の能力に対する過信（問題解決が容易であるという幻想を集団成員に抱かせる），などが挙げられる。すなわち，凝集性の高い集団が外部と接触することなく，強力なリーダーシップがあることで，成員による反対意見に対して圧力がかかり，リーダーの有する意見以外一致団結・全員一致といった錯覚に陥り，その判断を最善だと信じることになる。このプロセスでは，異なる意見や判断をするメンバーを排除しようとするマインドガードが現れる場合もある。また，重大な決定について短時間のうちに合意に達しなければならないという問題解決のためのストレスも，集団思考を引き起こす原因となる。

4）リーダーシップ　集団や組織が高いパフォーマンスを達成するためには，リーダーのはたらきが重要である。リーダーとは，他の成員よりも相対的に影響力をもち，中心的なはたらきをしている個人である。集団や組織は，公式集団（formal group）と非公式集団（informal group）とに区別される。公

表6-5 リーダーのPM機能を測定する項目例（三隅, 1984）

機能	項目
P機能	あなたの上役は規則に決められた事柄にあなたが従うことをやかましく言いますか。
P機能	あなたの上役はあなた方の仕事に関してどの程度指示命令を与えますか。
P機能	あなたの上役は仕事を与えるときに，いつまでに仕上げれば良いかを明確に示してくれますか。
M機能	あなたの上役は職場に気まずい雰囲気があるとき，それをときほぐすようなことがありますか。
M機能	あなたは，仕事のことであなたの上役と気軽に話し合うことができますか。
M機能	あなたの上役は仕事に必要な設備の改善などを申し出るとその実現のために努力しますか。

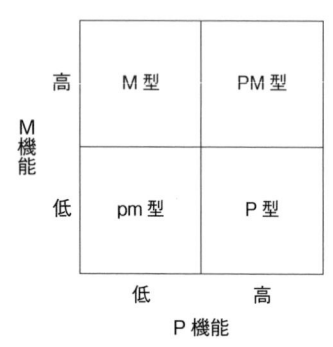

図6-12 PM理論におけるリーダーシップの4類型。

式集団とは，成員関係が明確に定められた組織や一定の慣習手続きの体系をもった集団をさす。一方，非公式集団とは，成員間の心理的関係に基づいて形成された集団をさす。公式集団では，リーダーとしての地位が，組織内の役割や役職として与えられる一方で，非公式集団では，集団内の相互作用の中で自然発生的にリーダーが現れる。リーダーシップの定義にはさまざまなものがあるが，広く受け入れられているものは「集団目標の達成に向けてなされる集団の諸活動に影響を与える過程」（Stogdill, 1950）である。リーダーシップ研究は，リーダーは他の成員よりも優れた特性をもつという想定のもと，リーダーが備える能力・資質・性格を明らかにしようとした特性論アプローチから始まった。その後，組織や集団のパフォーマンスを高める具体的なリーダーの行動を明らかにしようとする行動論や，リーダーの効果性を高める状況を探る状況論，リーダーの行動と状況との交互作用を重視するアプローチへと展開された。

　リーダーシップの行動論として代表的なものに，三隅（1984）のPM理論がある。PM理論では，リーダーシップを集団活動の基本的次元に対応させ，2つの機能からとらえる。1つは，目標や目標の達成手段を明確にしたり，成員に指示を与えたりする功労や機能である目標遂行機能（performance：P機能）であり，もう1つは，成員の立場を理解し，集団内に友好的な雰囲気を作り出したりする，集団のまとまりに配慮する集団機能（maintenance：M機能）である（表6-5）。そして，リーダーシップは，リーダーが各機能をどの程度もつかによって4類型に分類される（図6-12）。両機能を十分に担うPM型のリーダーにおいて，集団の生産性や成員の満足度が高く，両機能ともに十分でないと評価されるリーダー（pm型）の集団の生産性が最も低いことが明らかにされている。

2　集団間関係

1）内集団ひいき　人間は集団をつくり，互いに協力しあうことで1人では困難な課題を達成したり，豊かな文化を形成したりしてきた。一方で，仲間集団同士の仲違いや，組織における部署間のもめ事，民族紛争や国家間の戦争にいたるまで，あらゆる規模で集団間葛藤が生じている。集団間葛藤は，自分が所属する集団である内集団（ingroup）と，それ以外の集団である外集団（outgroup）との間で起きる。集団間葛藤の生起を考えるうえで重要な現象として，外集団よりも内集団の成員に対してポジティブな評価をしたり，好意的にふるまったりする傾向である内集団ひいき（ingroup favoritism）がある。

　タジフェルら（Tajfel et al., 1971）は，実験室内で人工的に作られた集団において，内集団や外集団にどのような成員がいるかもわからず，それぞれの成員との相互作用がまったくない状況ですら，内集団ひいきが生じることを示した。この実験では，参加者は，「スクリーンに映された点の数を推定する」といった単純な課題の結果によって，（実際にはランダムに）2つの集団に分けられた。次に，参加者は，同じ実験に参加している内・外集団の成員1名ずつに対して，報酬を分配した。分配相手は，識別番号

として示されており，参加者がわかるのは分配相手の所属集団のみであった。その結果，参加者は，自分と同じ集団に所属する他者（内集団成員）に対し，外集団成員よりも多くの報酬を分配していた。つまり，実験室で一時的に作られた集団において，集団内外の他者との相互作用がまったくなく，単に個人が認知的に集団を「ウチとソト」にカテゴリ化しただけで，内集団ひいきが生じたのである。この実験手続きは，内・外集団成員との相互作用といった要因を除き，最小限度の条件で内集団ひいきを生じさせることから，最小条件集団パラダイム（minimum group paradigm）と呼ばれる。

　内集団ひいきが生じる原因を説明する理論として，社会的アイデンティティ理論（social identity theory; Tajfel & Turner, 1979）がある。社会的アイデンティティの基盤となる，自己と同一視した内集団に対する評価を高め，外集団に対する評価を低めることは，自己高揚をもたらす。そのため，内集団ひいきが生じるのである。また，異なる説明としては，閉ざされた一般互酬性仮説（bounded generalized reciprocity hypothesis；清成，2002；Yamagishi & Kiyonari, 2000）がある。内集団成員は相互依存関係にあるため，内集団の他者に好意的にふるまうことは，めぐりめぐって自己に利益をもたらすという期待が働く結果，内集団ひいきが生じるとするものである。

　いったん生じた集団間葛藤は，集団内・集団間の社会的相互作用によって，維持・激化するが，解消は困難である。たとえば，内集団成員が外集団成員から危害を加えられた際，別の内集団成員が，被害をもたらした（あるいは危害を加えた成員とは別の）外集団成員に対して報復を行う集団間代理報復という現象がある。集団間代理報復は，本来は危害とは無関係な者同士の間にも敵対的な行動を拡大させるため，集団間葛藤を激化させる要因であると考えられる。

2）集団間葛藤の解消　　集団間葛藤の解消には，上位目標（superordinate goal）の設定が重要である。つまり，対立する集団が，一致協力しなければ達成できない目標を与えるのである。シェリフら（Sherif et al., 1961）は，3週間のサマーキャンプに参加した11～12歳の少年の集団を対象に，集団が形成され，集団間葛藤が生じ，最終的に葛藤が解消されるプロセスを示した。この実験では，まず，参加者の少年たちが2つの集団に分けられ集団活動に従事した。ここで，各集団内には規範が形成され，集団としての凝集性が高まった。次に，宝探しや綱引き，野球など，競争的な場面を設定した。少年たちは，相手の集団に対して敵対的な言動を行い，相手の宿舎を襲撃するといった攻撃行動を示すようになった。その後，食事会や花火大会といった集団間の競争がない集団間接触の場が設けられたが，和解のきっかけとはならず，むしろ互いの集団に敵意を向ける機会となっただけであった。そこで，シェリフらの研究では，キャンプの水道設備の故障箇所を探したり，食料運搬用のトラックを丘の上に引き上げるなど，2つの集団の少年が協働しなければ解決できない状況が作られた。少年達は数日間，共通の目標に向かって協働することで，互いに相手の集団に対してもっていた敵意が低減していった。このことから，集団間葛藤を解消するには，単に敵対する集団と接触するだけでは不十分であり，上位目標を達成するために継続した協働を行うことが重要であることがわかる。

3　社会的ネットワーク

　人と人とのつながりを社会的ネットワーク（social networks）という。また，つながりのことを紐帯（ties）という。社会的ネットワーク分析（social network analysis: SNA）は，人と人とのつながり方（人間関係の構造）から，人間行動を理解しようとする研究アプローチであり，対人相互作用や集団に対する古典的な社会心理学のアプローチと比べ，より俯瞰的に人間関係をとらえようとする点に特徴がある。

1）同類性・推移性　　「類は友を呼ぶ」ということわざがあるように，人は自己と属性や態度が似ている他者と関係を形成しやすい。これを同類性（homophily）あるいは同類原理と呼ぶ。厳密には，ある2名が何らかの共通した特徴をもっており，その一致度が2名の属する母集団からランダムに選択した

別の他者よりも高い場合，その2者がつながりをもつ確率が高いことをさす。社会的ネットワークを分析すると，婚姻，友人，仕事，ソーシャル・サポートの授受など，さまざまな関係性において，生得的地位（ascribed status；年齢，性別，人種など）や獲得的地位（achieved status；結婚歴，教育歴，職業など），態度や信念（音楽の好みや支持政党，価値観，人種偏見）に基づく同類性が観察される（McPherson et al., 2001）。

同類性に加え，社会的ネットワークの特徴として重要なものに推移性（transitivity）がある。これは，3名の個人において「AとBおよびBとCの間につながりがある場合，AとCの間にもつながりがある（友だちの友だちは，友だち）」状態をさす。推移性は，物理ネットワークや生物ネットワークではみられず，人間が構成する社会的ネットワークの重要な特徴である。

同類性や推移性の帰結として，社会的ネットワークが，同じ性質（地位や態度）をもつ者同士が集まった同質性の高いクラスタに分かれることが導かれる。たとえば，2004年のアメリカ大統領選における政治に関するブログ記事の引用関係を解析した結果，リベラル派のブログは同じくリベラル派のブログの記事を引用し，保守派のブログは保守派のブログの記事を引用する一方，党派性を越えた引用は少なかったことが示された（Adamic & Glance, 2005）。同質性の高いクラスタに分断された社会では，社会的ネットワークの構造的に，同質な他者に囲まれる一方で異質な他者との相互作用が行われにくくなる。その結果，異質な他者への寛容性が低下したり，思想や階層間の葛藤が激化し，民主主義的な意思決定プロセスが妨げられる可能性がある。

2）弱い紐帯の強さ　個人は，親密な他者だけでなく，知り合いといった親密でない他者ともつながりをもちながら社会生活を送っている。他者との関係性の強さは，紐帯の強さとして表される。紐帯の強さは当該他者との接触頻度や関係継続期間といった行動的側面と，当該他者に対する主観的な親密度といった心理的側面から定義・測定される。接触頻度や親密度が高い他者（とのつながり）は，強い紐帯（strong ties）と呼ばれ，逆に，それらが低い他者は弱い紐帯（weak ties）と呼ばれる。個人にとって，強い紐帯は，所属欲求（Baumeister & Leary, 1995）を満たし，情緒的なソーシャルサポートの提供源として機能し，生涯にわたって個人の社会生活の基盤となる。

一方で，「どうでもよい」人間関係にも思える弱い紐帯もまた，個人に利益をもたらす。グラノヴェッター（Granovetter, 1973）は，転職活動において個人的なコンタクトを通じて職を得た人に対するインタビュー調査を実施した。その結果，多くの回答者は，「まれに（年に1回以下）」会う人（27.9%）や「時々（年に1回以上・週に2回未満）」会う人（55.6%）など，接触頻度の低い他者から転職情報を得ていたことが明らかとなった。「よく（少なくとも週2回以上）」会う人からの情報によって転職した者は，16.7%にとどまった。すなわち，転職という個人の社会的達成状況では，家族や友人といった強い紐帯よりも，知人といった弱い紐帯が役に立っていたのである。このことからグラノヴェッターは，弱い紐帯のもつ社会的ネットワークの橋渡し（bridging）機能に着目し，弱い紐帯の強さ論（strength of weak ties）を展開した。個人が他者と親しい関係をもち強い紐帯を形成している場合，その他者たちも互いに強い紐帯をもつ傾向にある（推移性；図6-13注）。強い紐帯に基づく社会的ネットワークでは，メンバーは互いに共通の情報や意見をもつ。すなわち，情報の冗長性が高いため，強い紐帯からは新しく有益な情報や異質な意見を得ることが難しい。一方，弱い紐帯に基づく社会的ネットワークでは，相対的に他者同士にはつながりが生じにくい（非推移的）。その結果，弱い紐帯は異質なコミュニティを橋渡しする機能をもつこととなる（図6-13の個人A）。そのため，弱い紐帯をもつことが，自分の身の回りでは手に入れられない貴重な情報を手に入れることを可能とするのである。

3）構造的すき間　バート（Burt, 1992）は，個人に利益をもたらすのは，紐帯の強さそのものではなく，社会的ネットワークにおいて，個人が他者を媒介しコミュニティ間の橋渡しをする位置を占めることであると主張した。図6-13は，A以外の個人が，他のコミュニティの他者と連絡を取ろうとしたり，

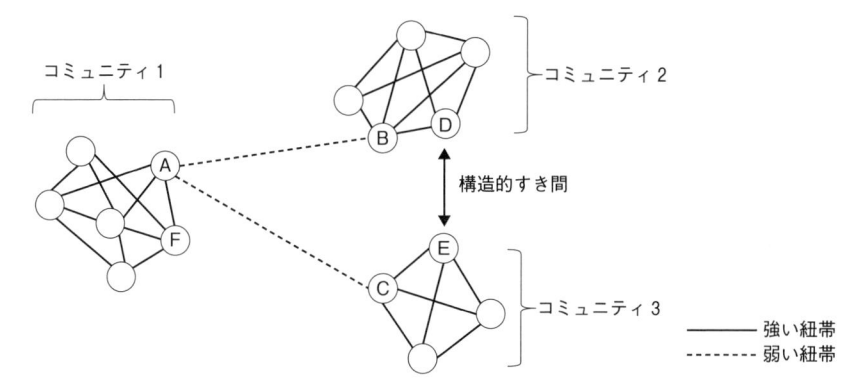

図 6-13　弱い紐帯と構造的すき間の模式図（Burt（1992），Figure 1.6 を改編）。（各ノード（○）が，個人を表す）

注）強い紐帯によるつながりでは，関係が推移的になる（全員が互いにつながりをもつようになる）。しかし，AとB，AとCのように，弱い紐帯によるつながりでは，推移的な関係が生じにくい。すなわち，BとCの間に紐帯がない状態が維持される。

他のコミュニティの情報を得ようとした場合，必ずAを介さなければならないネットワーク構造となっている。また，Aとの紐帯を除けば，BとCは直接つながっておらず，さらに，両者は共通の紐帯をもたない。社会的ネットワークにおいて，直接つながりがなく，互いに重複のない紐帯をもつ他者同士にある「ネットワーク上のすき間・穴」のことを構造的すき間（structural holes）という。構造的すき間を埋め，他者を媒介する位置にいる個人は，仲介者（broker）として，複数のコミュニティから新奇で貴重な情報を手に入れやすく，コミュニティ間の情報や資源のフローを制御できる。自分の周囲には構造的すき間がなく，他者同士には構造的すき間がある個人ほど，いわば「漁夫の利」のように社会的ネットワークからの利益を得ることが可能なのである。経営管理者を対象とした研究では，構造的すき間を埋める程度が高い個人ほど，仕事で高い評価を受けやすく，給与が高く，昇進が早いことが示された（Burt, 1992）。

　グラノヴェッターとバートの議論は，ともに，親密でない関係や，「つながりのなさ」から生じる利益について論じている点で共通している。また，直接つながりのないコミュニティ間を橋渡しすることにより，社会的ネットワークを通じて利益を獲得する点で，本質的には共通のメカニズムが想定されている。ただし，紐帯の強さよりも，構造的すき間という社会的ネットワークにおける構造的な位置のアドバンテージを強調している点が，両者の理論の相違点である。つまり，弱い紐帯は，構造的すき間を埋め仲介者としての地位を維持した結果，副次的に生じるものであり，弱い紐帯が必ずしも橋渡し機能をもつとは限らない。あくまで重要なのは構造的すき間を埋め，橋渡し型の構造を形成することなのである。したがって，強い紐帯であっても，構造的すき間を埋めるものであれば効果は高いと考えられる。

● 理解を深めるための参考図書

安藤 清志・松井 豊（シリーズ編集委員編）(1990〜)．ライブラリ セレクション社会心理学　サイエンス社

池上 知子・遠藤 由美（2008）．グラフィック社会心理学　サイエンス社

7 発達心理学

　私たちは何気なく人と会話をし，簡単な計算をし，いろいろなことを記憶している。またその方法を考えなくても歩いたり走ったりできる。しかし赤ちゃんの頃は今のようにはできなかっただろうし，高齢になったら今のままできるとは限らない。このように人は生まれてから，もしくは生まれる前の胎児期から，死の直前までつねに変化している。

　この章では，人の一生涯にわたるさまざまな能力の発達的変化とその理論的背景について概説する。

7-1　発達心理学とは

1　発達心理学の歴史

　「子どものイメージは？」と尋ねられると，多くの人が「かわいらしい」とか「大人とは違い，いろいろな能力が未熟である」などと答えるだろう。しかし東洋，西洋を問わず古代から17～18世紀に至るまで，子どもは子どもらしい存在としてとらえられていたのではなく，大人のための労働力であり，「小さな大人」としてとらえられていた。つまり，あえて子どもの特徴や権利を考えるようなことはなかったのである。

　そういった時代背景の中で哲学者たちが子ども像について述べている。イギリスのロックは（J. Locke）は経験主義の立場から，子どもを「白紙（tabula rasa）の状態で生まれてくる」とし，生得的な能力を認めていなかった（1章，1-2参照）。しかし現在の発達心理学（developmental psychology）の考え方ではこれは否定され，生まれてすぐの赤ちゃんでもいろいろな能力が備わっていることが証明されている。一方フランスのルソー（J.-J. Rousseau）は，「子どもを子どもとして考えなければならない」と主張し，子どもを「小さな大人」として見なすことを批判した。ロックとルソーの考え方は両極にあり，対立していた。その後，子どもをとらえる「子ども観」は時代とともに変わり，20世紀に入り子どもの権利は認められるようになった。このような流れの中で発達心理学の研究も科学的アプローチがなされるようになり，より体系的に発展し現在に至っている。そして先述したロックの主張よりもルソーの主張の方が現在の子ども研究へ多大な影響を与えていることはいうまでもない。

2　発達のとらえ方

1）「発達」とは何か　　去年までの自分自身の考え方や感情と，今の自分のそれらを比較してみよう。まったく同じままの人は少なく，ほとんどの人が少し変化しているだろう。このように人は日々変化している。変化には，身長や体重など見た目にもわかりやすい変化もあれば，考え方（思考や認知）や感情など見ただけではわかりにくい変化もある。これら時間経過にともなって起こるある人の変化のことを「発達」と呼ぶ。この時間経過とは，生まれてすぐから，もしくは生まれる前の胎児期から，死に至る直前までの人の一生涯をさしている。そのため現在の発達心理学分野においては，幼児や児童のみを対象とせず，胎児，乳児から高齢者までを対象とし，「生涯発達」をとらえようとしている。ちなみに発達のとらえ方は，個々の人間や動物の個体内の変化にのみに注目して「個体発生」として発達をとらえ

る見方と，種の進化や下等動物から人間までの変化に注目して「系統発生」として発達をとらえる見方の2つに区別される。しかし双方は相反するものではなく，「発達」を解明していくうえでの重要な両輪を担っている。

2）なぜ発達するのか（発達要因） では，なぜこのような人間の発達や変化が起こるのだろうか。たとえば身長やがんなどの疾病にかかる確率などは，遺伝的要素が大きく影響する。一方，日本人の子どもでも，幼いときに英語を日常語とするアメリカ人家庭へ養子に出され英語圏で育ったならば，日本語は話せず英語のみを話すようになる。このように人間の発達や変化は遺伝的要素と環境的要素のそれぞれが影響している。では，遺伝と環境のどちらがより大きく影響しているのだろうか？ これは，古くから「遺伝か環境か」として論争が生じており，現在では，ヒトゲノム解析など分子生物学や遺伝子工学の観点を取り入れながらその論争を再検討する動きもでてきている。

①**遺伝説** 遺伝とは，生得的に子が親から受け継いだものをいい，人間の発達や変化の主要因としてこの遺伝を重視する考え方を，「遺伝説（もしくは生得説，成熟説）」（nativism）という。この立場を強く主張する代表者として，ゲゼル（A. L. Gesell）やゴールトン（F. Galton）などが挙げられる。特にゲゼルは，一卵性双生児（TとC）に対して「階段のぼり実験」と呼ばれる有名な実験を行っている。それは，Tに対して生後45週目から6週間にわたり階段をのぼる練習を毎日行った。その間Cは何の訓練も行っていなかった。Tの訓練終了後に階段をのぼる速さを測定したところ，Tは26秒，Cは45秒かかった。その後Tの訓練開始から7週間遅れてCに対して2週間だけ訓練を行った。その間Tは訓練を行わなかった。Cの訓練終了後に階段をのぼる速さを測定したところ，CはTの半分の速度の約10秒で階段をのぼることができた（Gesell & Thompson, 1929）。

この結果からゲゼルは，早すぎる訓練は逆効果であり，生理的，身体的，経験的な成熟を待ってから訓練することが効果的である，と述べた。これは「成熟優位説」と呼ばれる。このように，人や動物の個別の個体内にとって，ある訓練や学習をするのに一番いい生理的，身体的，経験的な状態が準備されている状態のことを「レディネス（readiness）」という。獲得される能力や内容によってもレディネス時期がずれ，また個人差もある。

一方，学習の効率性に関して，個体内ではなく種としてある学習に対して重要な時期があり，その時期の前でも後でもその学習はできない，と考えることもある。この重要な時期のことを「臨界期（critical period）」もしくは「敏感期（sensitive period）」という。これはローレンツ（K. Z. Lorenz; 5章参照）が「刷り込み（imprinting）」（刻印づけ，ともいう）現象を発見したことにより明らかにされた。そして，臨界期に初めて経験したこと（初期経験）や学習したこと（初期学習）は後の発達に恒常的，不可逆的に影響を及ぼすとされている。この臨界期における初期学習や経験の現象は，ローレンツが研究対象とした鳥類についてはよく当てはまる。また人間においては次のような例がよく引き合いに出される。「アヴェロンの野生児」や「オオカミに育てられた少女」の話は有名である。いずれも森の奥深くで発見され，発見当初，言語を持たず，四足歩行であり，人間らしい喜怒哀楽を見せなかった。発見後，専門家による懸命な人間性回復が試みられたが，完全な回復は不可能であり，特に社会性や言語能力は停滞したままであった（ただし，「オオカミに育てられた少女」の話は，そのほとんどが作り話であるとの説もある（鈴木，2008））。このことから，社会性や言語の発達に重要な臨界期である幼児期に人間らしい初期経験をしなかったために，後にいくら経験しても，その発達はかなわなかったと解釈されている。しかし，これらの例は極端であり，人間の日常生活においては，言語発達や社会性の発達をみても強固な臨界期の存在や不可逆的，非可塑的といった証拠は得られておらず，もう少し柔軟性を持ったものとしてとらえてもよさそうである。

②**環境説** 環境とは，生体以外の外部すべてをさす。人間の発達や変化の主要因としてこの環境を重視する考え方を，「環境説（もしくは学習説，経験説）」（empiricism）という。行動主義心理学者のワトソン（J. B. Watson）はこの立場を強く主張した（1章，1-2参照）。「私に生後間もない健康な子ども

を1ダース預けてくれれば，その子どもをどのような性格にでも育てることができるし，医者から泥棒までどのような職業にでも就かせてみせよう」との彼の言葉は有名である。

③遺伝も環境も　遺伝説，環境説はそれぞれ人間の発達や変化を規定する主要因であるが，どちらか一方のみでは規定しきれず，両方の要因が発達に寄与しているという考え方が台頭してきた。シュテルン（W. Stern）は，「輻輳説」を唱え，人間の発達には遺伝も環境も重要だと主張した。彼の理論では，発達に遺伝的要素と環境的要素が加算的に影響を及ぼし，発達の対象の違いによって，それら2要素の影響の割合も異なる，とされている。

さらにジェンセン（A. R. Jensen）は，シュテルンが遺伝的要素と環境的要素の2要素を加算的にとらえることを問題視し，2要素は分けきることはできず相互に影響を及ぼし合っているとした。そして，2要素を乗算的にとらえた「相互作用説」を提唱した。環境条件が整わないと本来持っている遺伝的形質が発現しない，という考え方がもとになっていることから，「環境閾値説」とも呼ばれる。

3　発達段階と発達課題

人の発達は一定の順序と方向を持っている，連続的で不可逆的な過程である。身体的発達においてスキャモン（Scammon, 1930）は，身体の各器官系を，内臓器官などの一般型，脳や神経などの神経型，骨格や筋肉，精巣，卵巣などの生殖型，扁桃腺，リンパ腺などのリンパ型の4種に分け，それぞれ20歳までの発達的変化を発達曲線として表わした。それによると，一般型は加齢に比例してなだらかに発達する。神経型は6〜8歳ぐらいまで急速に発達しその後，変化は横ばいになる。対照的に生殖型は12〜14歳ぐらいまであまり発達せずに横ばいであるが，その年齢を境に急速に発達する。リンパ型は，12〜14歳ぐらいまでに成人の2倍ぐらいに急速に増大するが，その後減少する。このように，生後急速に発達する器官系もあれば，ゆっくり時間をかけて発達する器官系もある。またリンパ系の変化のような減少が脳機能にも見られることが近年の研究からわかってきた。生れる直前は胎児の脳には全体で約1,000億のニューロン（神経細胞）がある。ニューロンは胎児期（子宮の中）の3ヶ月から5ヶ月で特

表7-1　エリクソンとハヴィガーストの発達課題（Erikson（1950）；Havighurst（1953）より作成）

	エリクソン		ハヴィガースト
	達成されるべき課題	達成されなかったとき陥る危機	
乳児期	基本的信頼	基本的不信	歩行，固形食摂取，会話，排泄，性差と性的つつしみの学習など。
幼児期前期	自律性	恥・疑惑	
幼児期後期	自主性	罪悪感	
児童期	勤勉性	劣等感	日常の遊びに必要な身体的技能，仲間とうまく付き合うこと，各性別にあった適切な社会的役割，読み・書き・計算の基本的スキルの学習，ほか。
青年期	アイデンティティ（自分が何者であるか多角的にとらえること）	アイデンティティ拡散	両性の友人との新しい，そしてそれまでよりも成熟した関係の創出，男性あるいは女性としての社会的役割の獲得，自分の身体的変化を受け入れ，身体を有効的に使用する，両親やほかの大人からの情緒的独立，ほか。
成人前期	親密性	孤立	配偶者の選択と生活の学習，子育て，家庭の管理，職業生活の開始，市民的責任を負うこと，ほか。
成人後期	世代継承性（自分が生産したものを保護，維持したり，高めたりすること）	停滞（自己の欲求を満たす以外には満足を得られないこと）	市民的，社会的責任の達成，経済力の確保と維持，余暇の充実，中年の生理的変化の受け入れと対応，ほか。
高齢期	自我の統合（自分の人生への満足と死の受容）	絶望	肉体的な力，健康の衰退への対応，引退と収入減少への対応，社会的・市民的義務の引き受け，配偶者の死への適応，ほか。

に急速に増加し，生まれた後の1年間で急速に減少することがわかってきた。またシナプスは，1つの
ニューロンに約1,000個あるといわれる。シナプスは生まれてから数ヶ月の間に急激に増加し，1歳頃，
人生で最も多くなり（成人の約1.5倍），その後，減少することも報告されている（Huttenlocher et al.,
1982；澤口，2002）。

　また発達段階の区分の基準や時期は，研究者によって異なるが，一般的には，胎児期（〜出生直前）
→新生児期（出生〜生後1ヶ月）→乳児期（〜1歳半）→幼児期（〜6歳）→児童期（〜12歳）→青年
期（〜20歳）→成人（壮年）前期（〜40歳）→成人（壮年）後期（〜60歳）→前期高齢期（〜75歳）
→後期高齢期（〜90歳）→超高齢期（90歳〜）と区分される。

　これらの発達段階を進んでいくためには，各発達段階で達成しておかなければならない課題があると
考えられている。これは「発達課題（developmental task）」と呼ばれ，ハヴィガースト（R. J. Havighurst）
によると，人間が健全で幸福な発達をとげるために各発達段階で達成しておかなければならない課題，
と定義されている。発達課題としてよく知られているハヴィガースト，および人格の発達理論を唱える
エリクソン（E. H. Erikson）それぞれの発達課題を簡単にまとめたものを表7-1に記載するので参照し
ていただきたい。

4　発達心理学の主要理論

1）ピアジェの構成主義理論（constructive theory）

ピアジェ（J. Piaget）は，近年の発達心理学，
特に児童期から青年期にかけての思考や認知発達，道徳性の発達研究に多大な影響を及ぼした偉大な心
理学者である。彼は，見る，聞く，覚える，考える，話す，などの知的発達は環境に対して自ら働きか
けることによって起こる，とし，これらをシェマ（scheme），同化（assimilation），調節（accommodation）
という用語を使って説明している。人の発達にとって遺伝と環境の両方の要因を認めてはいたものの，
自らのはたらきを重視している点から，より遺伝色の強い理論を提唱していた。そのため，外部からの
環境的刺激を重視する環境説や行動主義とは一線を画していた。

　自分の3人の子どもを対象とした詳細な実験結果から，子どもから成人に至るまでの認知の発達には
4段階あることを見出した。第1段階は「感覚運動段階」（だいたい0〜2歳）で，自分の感覚や運動を
通して外界を認識する時期である。第2段階は「前操作段階」（だいたい2〜6，7歳）と呼ばれ，文字
どおり，操作ができる前の段階をさす。操作とは，平たくいえば実際にやってみたり，また目の前に実
物や実演がなくても，頭の中だけで情報を可逆的に処理できることを示す。つまりこの時期の子どもは
頭の中で可逆的に考えることができない。第3段階は「具体的操作段階」（だいたい6，7〜11，12歳）
であり，文字どおり，具体的な操作，つまり，実際にやってみたり，目の前で実物や実演があれば，情
報処理も可能になってくる。またこの段階は，現物がなくても頭の中だけで考えられるようになる段階
への過渡期といえる。第4段階は「形式的操作段階」（11，12歳〜）である。抽象的な思考が行えるよ
うになってくる。たとえば数学でxやyを用いて考えられるようになったり，「もし〜ならば，〜であろ
う」といった仮説演繹的思考も可能になる時期である。またピアジェの理論にはもう一つ重要な概念が
ある。それは「自己中心性（egocentrism）」である。これは，わがままという意味をさす一般的用語で
はない。子どもが自分の視点から離れて他者の視点に立ち物事を考えたりできない，つまり，自分の視
点を中心にしか物事を考えられない，という意味である。この自己中心性は前操作段階以下の子ども
（7歳以下）が持っている独特の思考形態のことである（7-3参照）。その後，ピアジェの発達段階移行
のメカニズムの解明を目指して情報処理理論を唱える立場のケース（R. Case）やパスカル＝レオーネ
（J. Pascual-Leone）やシーグラー（R. S. Siegler）らが台頭し，ますます詳細なデータや理論が蓄積され
た。また，高齢研究が進むにつれて，ピアジェの4段階の次の段階として，「ポスト形式的操作段階」を
提唱する研究もある（Sinnott, 1996）。

2）ワトソンの行動主義理論

人の発達に対する行動主義理論（behavioristic theory）は，第一にす

べての行動は生後条件づけの仕組みによって形成されたものであり（5章参照），第二に必ずしも段階の順序どおりに発達せず，第三に動物にも人間にも共通した学習原理がある，という考え方に基礎を置く。ワトソンは人間の情動反応についても学習原理によって形成されることを証明した。その実験はあまりにも有名だが，もともとは白いウサギが怖くなかった生後11ヶ月のアルバートに対してウサギによく似たネズミを使って恐怖の古典的条件づけを施した後，白いネズミはもとより，直接条件づけに使用しなかったウサギに対する恐怖反応をも条件づけたことが報告されている（Watson & Rayner, 1920）。

3）ヴィゴツキーの社会的構成主義　先に述べたピアジェの理論では，環境や他者との相互作用といった社会的文脈をあまり考慮していなかった。一方，それらを考慮して発達理論を唱えたヴィゴツキー（L. S. Vygotsky）の理論は，ピアジェ理論と並んで，発達の二大理論と称される。ヴィゴツキーは，文化や共同といった社会的文脈を通して子どもの成長・発達は起こるとし，大人と子どもとの社会的相互交渉過程のなかで大人が子どもへ働きかけることを重視した社会的構成主義（social constructive theory）を提唱した。特に，子どもが自分一人ではできないが大人の援助により可能となる能力の水準（「発達の最近接領域」と呼ばれる）にあるときの大人の教育的働きかけが，子どもの発達には重要であるとした。また，思考過程や認知発達における言語の役割を重要視している。特に幼児の独り言を外言と呼び，思考過程で手段として用いる言語を内面化することが不完全なため独り言として外に発せられたものであるとしている。そしてその後，この外言は二種に枝分かれしていく。一方は外言はより洗練されたものへと発達し，他者への伝達目的の言語として発せられるようになる。他方は，思考の手段として外に発せられることのない言語，すなわち内言として発達すると述べている。

4）ボウルビィとエインズワースのアタッチメント理論　ボウルビィ（J. Bowlby）は母子間の情緒的なつながり，すなわちアタッチメント（attachment）に注目している（attachmentを「愛着」と訳すこともある）。ボウルビィはアタッチメントの発達を加齢にしたがい4段階に分けて解説している。そこでは，行動レベルの母子間の近接から，表象レベルの近接へと変化する過程が示されている。特に表象レベルに達せば，子どもは内的作業モデルを構成し，危機的状況に対してそのモデルを駆使して対処するようになると述べている（Bowlby, 1973；詳細は7-2参照）。一方，エインズワース（M. D. S. Ainsworth）はアタッチメントの測定法を開発した。これは，ストレンジ・シチュエーション法と呼ばれる。それを使用して母子間のアタッチメントを測定した結果，回避型（Aタイプ），安定型（Bタイプ），アンビヴァレント型（Cタイプ）の3つに分かれることを発見した（Ainsworth et al., 1978）。後にこの3つのタイプのどれにもあてはまらない無秩序・無方向型（Dタイプ）の存在があることも報告されている（詳細は7-2参照）。

5　発達心理学の研究法
　発達研究の方法は，観察法，実験法，調査法，インタビューなど，他の分野とそれほど相違はない。しかし，年齢という要因を重視することが多いため，横断研究なのか，縦断研究なのかをきちんと把握しなくてはならない。横断研究というのは，各発達段階や年齢ごとに区切り，同じグループの多数の人々を対象に一気に多データを収集する方法である。短時間に多数のデータ収集が可能なため，効率よく研究が進み，因果関係も把握しやすい，などの利点がある。しかしながら，対象となる母集団の偏りや個別の変化は見られない。一方，縦断研究というのは，個々人を加齢に沿ってずっと追って研究する方法である。当然ながら年数がかかり，横断研究に比べると少数のデータしか得られない。しかしながら個々人の加齢変化を詳細に追うこともでき，1つの発達要因だけではなく多数の発達要因間の相互作用も検討できる。また，観察や発話分析などを通した詳細な質的データを得やすいことも特徴である。このようにそれぞれの特徴を理解したうえで，研究計画を立てる必要がある（乳幼児研究法の詳細は7-2参照）。

7-2　胎児期・乳児期

1　胎児の発育

　胎児期には，皮膚感覚，平衡感覚，嗅覚，味覚，聴覚，痛覚の機能的発達が始まる。胎児期4ヶ月頃からは，母親の子宮の中を元気に動き回りだす。また胎児期5ヶ月頃から，母親の声を記憶できるといわれている（DeCasper et al., 1994）。胎児期3ヶ月頃から眼球が動きだし，胎児期6ヶ月頃，それまでくっついていたまぶたが切れて目が開けられるようになり，光を感じられるようになる（Tavernier, 2006）。4次元超音波断層法を用いた研究では，胎児期6ヶ月頃には，怒りや嫌悪といった基本的情動や，微笑の表出が確認できる（川上ら，2016）。さらに母体の羊水に母親が食べた物の味がしみ込んでいるため，胎児期7ヶ月以降，味覚の記憶も発達するといわれる。胎児は母体の状態はもちろん，母体が身を置く環境からの影響も受けやすい。たとえば母体の身体的疾患，栄養摂取の偏り，妊娠中の鬱やストレス，喫煙やアルコール摂取，薬物摂取，そして母体外の環境汚染も胎児の発育に影響を与える（Martin & Dombrowski, 2008）。

2　運 動 発 達

1）原始反射　　乳児期特有のものとして，原始反射が見られる。びっくりすると手を前に出すモロー反射や，足の裏を触ると足の親指が反り返ったり，他の4本の指を扇状にひろげたりするバビンスキー反射，手のひらの内側を刺激すると手を握る把握反射，唇に何かが触れると吸引運動を行う吸啜反射，そのほか口唇探索反射，自動歩行などの反射が見られる。これらの反射はすべて生得的であり，いずれも生後3ヶ月から6ヶ月ぐらいたつと消失して見られなくなる。

2）粗大運動と微細運動　　乳児期は運動能力の発達が顕著であり，個人差がきわめて大きいものの，発達の進み具合を判断する指標ともなる。姿勢や歩行など全身的な動きに関する運動（粗大運動）は，頭部から尾部へ，および中心部から周辺部へと発達するといわれている。すなわち，乳児はまず首が座り，背骨がしっかりしてきて寝返りがうてるようになり，続いて腰が安定してきてお座りができるようになり，さらに足が強くなり立ったり歩いたりできるようになる。これは，頭部から尾部への発達である。また，寝返りなど体の中心を使用して運動を行っていたのが，肩や腕，脚の部分を使ってハイハイをしだす。続いてだんだん手先や足先まで器用に動かすようになる（微細運動）。これは中心部から周辺部の発達である。

3　知　　　覚

　生後1ヶ月児の視力は大人の4分の1程度といわれ，生後3ヶ月までは21～24 cmの距離に焦点を合わせられるにすぎないが（Hainline, 1998），生後8ヶ月にはほぼ大人と同程度になる。このように乳児期初期は視力に制限があるものの，目の前に現れた顔の認識は可能であり，たとえば生後6ヶ月児も9ヶ月児も，大人2名の顔写真をペアにして呈示した場合にそれらを区別できることが実験で示されている。なお興味深いことに，この実験をサルの顔写真を用いて行った場合には，生後6ヶ月児は区別できる一方で，生後9ヶ月児ではできなくなっていた。これは，顔の認識能力がヒト用に特化したことを反映していると考えられる（Pascalis et al., 2002）。顔以外にも，生後3ヶ月頃からは錯視の一種である主観的輪郭や，抽象的な光点刺激情報から生物的動きを検出するバイオロジカルモーションの知覚も可能である。

　ギブソンとウォーク（Gibson & Walk, 1960）は乳児の奥行き知覚を調べるために「視覚的断崖」を開発した。これは図7-1に示したように，地上から1～1.5 mぐらいのところにガラス張りの板を置き，その半分には裏面に格子模様を貼り付け床があるかのようにし，残りの半分には直接格子模様を貼らず

図7-1 視覚的断崖装置（Gibson & Walk（1960）；画：船谷美穂）。

に実際の床に格子模様をつけ，結果として視覚的断崖を構成するものであった。たとえ深く見える方へ移動しても落下することは決してないものの，ハイハイができるようになる生後6ヶ月児は深い方へ渡ろうとはせず，すでにこの時期から奥行きが知覚できることが示唆された。

また新生児は言葉を操ることはできないものの，異なる言語を聞き分けることができる。たとえば生後4日の新生児は，母親の話す言語（フランス語）と外国語（ロシア語）を区別し（Mehler et al., 1988），また生後2～5日のフランス語圏新生児は，オランダ語と日本語で読み上げられた文章を区別できることが実験で明らかとなっている（Ramus et al., 2000）。

4 乳児研究法

乳児は言語によって心の内を表現してはくれないので，先述の視覚的断崖実験のように，観察可能な行動や反応から乳児のさまざまな心理的側面を推察する必要がある。乳児実験によく用いられる代表的手法として，次の3つが挙げられる。

①**選好注視法**（preferential looking technique）　乳児は好きなものの方を長く見る（例；灰色一色より白黒縞のほうを長く見る）という性質を応用し，乳児の目の前に2つ（場合によっては2つ以上）の刺激を同時に見せ，どちらをよく見るか，回数や注視時間を測定し，呈示された刺激を弁別しているかどうかを検証する方法である。この手法で明らかになるのは，あくまで乳児が目の前の刺激を弁別しているかどうかであるため，結果の解釈は限定的なものとなる。先述の乳児の視力測定研究にはこの手法が応用されている。

②**馴化法**（habituation paradigm）　もともと選好が成立しない，言語や物の概念といった高次の認知を検証するための手法である。まず，乳児にある刺激を何度も繰り返し見せる。すると乳児は飽きてきて，あまり見なくなる（馴化）。そのころを見計らって，次に別の刺激を乳児に見せたときの反応を観察，測定する。もし，新刺激に注目したり，びっくりしたような反応をしたりすれば（脱馴化），乳児が最初の刺激とは違うことがわかっていると判断する。

③**期待違反法**（violation-of-expectation method）　予期せぬ光景やありえない光景（例：何も支えがない状態で箱が宙に浮いている）を目の前にしたとき，乳児がその事象を長く見る，または心拍数が変化する傾向にあることを利用する。よく馴化法との組み合わせで用いられ，乳児が基本的な物理法則や計算法則を理解できるかどうかの検証に応用される。

5 情動と自己

1）**基本的情動**　エクマン（Ekman, 1992）によれば，喜び，悲しみ，嫌悪，怒り，驚き，恐れの6つの情動（感情；情動と感情の違いについては4章，4-1参照）は，異なる文化圏で普遍的に観察され，またそれぞれが特有の生理的変化や表出パターンを有する基本的な情動である。生後3ヶ月頃からは情動が適切な状況と結びついて出現するようになる。たとえば，自分にとって親近性の高い対象に微笑むようになり，また目の前の親とのやりとりが中断されたときや，自分が好む対象が消失した際には悲しみを表出し，口の中に入った嫌いな物を吐き出す際には嫌悪を表出するようになる。生後4～6ヶ月頃からは，特定の目的が何らかの要因によって妨害された際に怒りを表出するようになる。生後6～8ヶ月頃には，認知発達によって記憶と現前の事象との比較が可能になることで，自分の期待を裏切るような事象を目にした際には驚きを，見知らぬ人に出会った際には恐れを表出するようになる。また，乳幼

児は他者の注意や行動をコントロールするために，あるいは状況を考慮してふさわしい対応をするために，情動表出を調整できるようになる。たとえば，1歳頃には親の気を引くための涙をともなわない原初的な嘘泣きが見られ（Nakayama, 2010），また3歳頃からは嬉しくないプレゼントをもらったときでも贈り主の目の前ではがっかりした表情を見せずむしろ微笑するなどの行動をとることもある（Cole, 1986）。

2）自己の発達　情動の発達は，自己の発達と密接に関連している。たとえば，自分が欲しいものがあるとそれを見て手を伸ばして取ろうとし，取れなければうなるように泣いたりする。また2〜3歳になる頃には，大人の援助が必要となる場面であっても手助けを拒否する，大人からの指示に従わないなどの第一次反抗期が訪れるが，これは他ならぬ「自分」の意志を妨害しがちな親に対し情緒的に不従順行動や自己主張的行動を起こすものである。

　乳児期の自己の発達を検討する際によく用いられる指標として「マークテスト（ルージュテスト）」がある。これは，自己鏡像に対して自己として認知できるかを測定する課題である。具体的には，実験参加児に気づかれないよう，彼らの鼻など自分からは見えないところに口紅などでマークを塗布した後，彼らに鏡を見せる。実験参加児が鏡像を手がかりに自身の鼻に触れてマークを取ろうとすれば，自己鏡像認知が成立したと判断される。定型発達児の場合は，2歳ごろまでにほぼマークテストを通過すると報告されている（Lewis & Brooks-Gunn, 1979; Zazzo, 1993）。

3）自己意識的情動　自己意識や自己評価が関与することで生起すると考えられる種々の情動を自己意識的情動といい，てれ，共感，羨望，恥，誇り，罪悪感が挙げられる（Lewis, 2008）。たとえば3歳児は，自分にとって困難な課題あるいは簡単な課題を与えられた場合，クリアできたときには前者の方でより誇らしげにふるまう一方で，失敗したときには後者の方でより恥の表出をしやすい（Lewis et al., 1992）。またマークテストを通過した（すなわち自己認識が発達した）幼児は，自己と他者の区別が可能であるため，他者の苦痛表出を目の前にしてもそれに巻き込まれすぎることなく，適切に慰める行動をとれることが示されている（Bischof-Köhler, 2012）。

6　他者との関係性の発達

1）人生早期の社会的能力　新生児が意識的ではないにしろ，初めて他者を感じるのは，母親であろう。ブッシュネル（Bushnell et al., 1989）は，生後4日目の新生児が，母親と，母親とよく似た女性のどちらをよく見るか測定した。その際，スプレーで母親のにおいを消し，話しかけないようにしたにもかかわらず，新生児は母親の方をよく見たことから，少なくとも見慣れた顔とそうでない顔を区別できることが示唆された。このような人生早期の社会的能力は，後述する親とのアタッチメント関係の構築に大きな役割を果たす。

2）共同注意　私たちは他者の視線や指をさした対象物を追視して，同じ対象物を見ることができる。これを共同注意（joint attention）と呼ぶ。一方乳児は，指をさした対象物を見ようとはせず，指自体を見てつかもうとする。共同注意がまだ成立していないからだ。この共同注意は，生後6〜18ヶ月にかけて3段階の発達を経て成立していく（Butterworth & Jarret, 1991）。共同注意が成立するまでは，乳児と他者（主に母親），もしくは乳児と対象物といった二項のみの関係性の中で乳児が生活している。だがそこに，乳児と他者と共通して見る対象物といった三項関係が成立することから，乳児の生活世界はより広がりを見せるようになる。このことは，乳児が言語を獲得していくうえでも大変重要であるといわれている（Tomasello & Farrar, 1986）。

　また重要な発達的転換点として，1歳前後になると，他者，特に親の表情や声，身振りなどを見て，自身の行動を適切に調節できるようになってくる。たとえば，キャンポスら（Campos et al., 1983）は

視覚的断崖（本節第3項参照）を用いて，乳児が他者の表情を踏まえてどのように自身の行動を変えるかを検討した。視覚的断崖装置の奥行きの深い方の外へ母親を立たせてさまざまな表情をさせたところ，母親が恐れの表情をしたときには乳児は全員浅い方から深い方へ移動しなかったが，母親がニコニコしたときは19人中15人が移動した。このように1歳前後になると，自己，他者，対象物からなる三項関係の中で，他者の表情を参照することで対象物に関する重要な情報を読み取り，それを自身の行動に反映できるようになってくる（例；「ママがこの断崖をニコニコしながら見ているならば，この断崖は危険ではないということだから，渡ってみよう」など）。これを「社会的参照（social reference）」という。

7 アタッチメント

1）アタッチメントとは　乳幼児期の親子関係の発達を考えるにあたり，重要な枠組みとなるのがアタッチメント理論である。たとえば，迷子になり泣いていた子どもが親と再会し抱っこしてもらうと泣きやんでいく，といった光景は日常的によく目にするだろう。長期にわたって保護を必要とする子どもにとって，このように親と親密な情緒的絆を構築し，何らかの危機的状態に陥った際には親にくっつき，助けてもらうということは，危険に満ちたこの世界で生き残るための有効な手段となる。ボウルビィ（J. Bowlby）は，不安や恐れを感じた子どもが信頼できる大人にくっつくこと（attachment）で安心感を獲得するという経験の積み重ねが，単に子どもの生き残りを保障するのみならず，のちの社会性の発達の土台になると考えた（Bowlby, 1969）。

　ボウルビィによれば，子どもはアタッチメント経験に基づいて徐々に他者に対する信頼感を得ていき，子どもは親を安全基地として利用するようになる。子どもは安全基地があればそこを拠点として外の世界へ探索行動に出ることができ，探索しにいった先で自力では対処できない困りごとが発生した場合には，自身に生じたネガティブな情動を安全基地に戻ってなだめてもらう。そうして子どもは，外の世界を探索するために必要なエネルギーを充填し，再出発していく。このようなサイクルを通して子どもはネガティブな情動を自分で制御できるようになっていく（Sroufe, 1996）。他者に頼る経験を通じて，むしろ子どもは自律性を獲得していき，これがさまざまな社会的能力の基盤となるのである。

2）ハーロウのアカゲザル実験　アタッチメント行動はヒトだけでなく，哺乳類一般に広く認められる行動であるが，かつては，子どもは授乳される経験を積み重ねるなかで，自身に栄養を与え空腹を満たしてくれる対象を好んで選択するようになり，その結果として親密な親子関係が形成されると考えられていた。しかしこの見方は，ハーロウ（H. F. Harlow）によるアカゲザルを用いた一連の実験（Harlow, 1958）をきっかけに見直されることとなった。代表的な実験は，親ザルから隔離した子ザルに二種類の人工的な代理母親を与えるというものであった。一つは，針金でできた骨組みがむき出しになっている「針金製代理母親」であり，もう一つは表面が柔らかな布で覆われた「布製代理母親」であった（図7-2 (a)）。子ザルにはこの二種類の母親が同時に与えられたが，その際，どちらかの代理母親にのみ哺乳瓶が取り付けられ，子ザルはそこから栄養を摂取することができた。もし親との情緒的絆が栄養摂取経験の副産物であるならば，子ザルは栄養を与えてくれる代理母親の方によりなつくはずである。しかし実際には，哺乳瓶がどちらの代理母親に取りつけられていても，子ザルは大半の時間を布製代理母親にくっついて過ごしていた。また，動くクマのおもちゃに対面させることで子ザルに恐れの情動を引き起こしてみると，子ザルは布製代理母親の方にしがみついた。すなわち，子ザルは栄養を与えてくれる針金製代理母親よりも，哺乳瓶はないが触り心地がよく，くっつくことで安心感を得られる布製代理母親の方になついたのである。

3）アタッチメントの発達段階　ボウルビィによれば，アタッチメントは2～3年かけて形成され，それは次の4つの段階に分けることができる。第1段階（出生から生後3ヶ月頃）では，他者に対して無差別的にアタッチメント行動を起こす。たとえば，子どもが不安や恐れを感じているときに，父親や

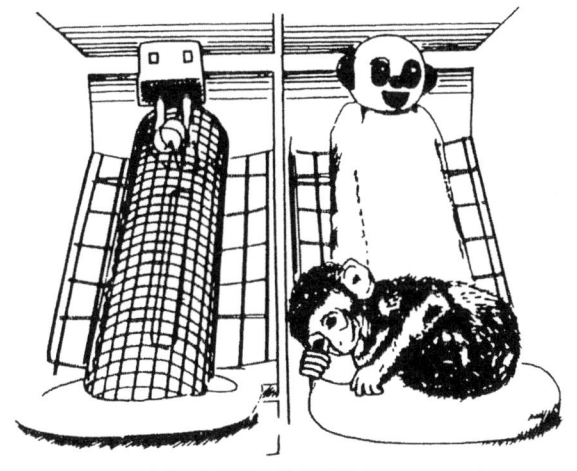

図 7-2 (a)　2 種類の代理母親 (Harlow, 1958)。

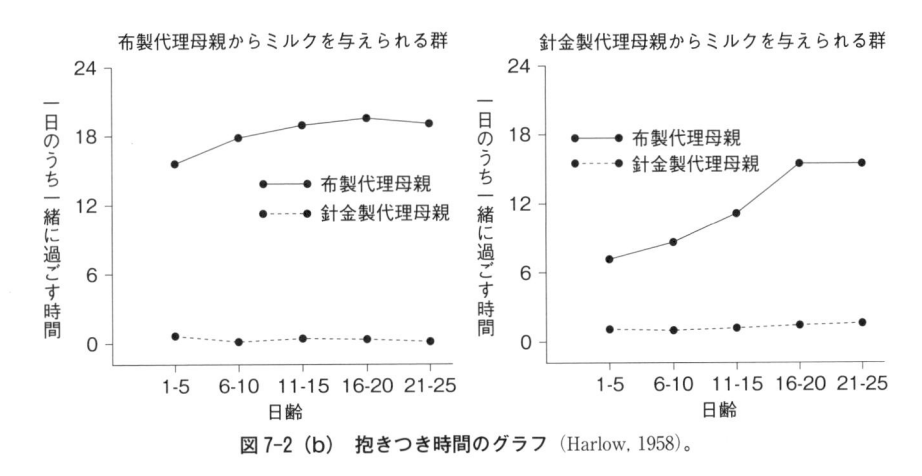

図 7-2 (b)　抱きつき時間のグラフ (Harlow, 1958)。

母親といった特定の人物でなくとも，対応さえしてもらえればその子どもは落ち着くことができる。第2段階（生後3ヶ月から6ヶ月頃）では，子どもは誰に対しても友好的にふるまう一方で，父親や母親といった身近な養育者に対して特別な反応を示すようになる。第3段階（生後6ヶ月から2，3歳頃）では，特定の人物をアタッチメント対象として選び，それ以外の人物と明確に区別するようになる。またこの時期には認知，言語，運動の各能力の発達にともなって子どもができる行動も幅広くなり，アタッチメント対象への接近行動を積極的に行うようになる。親を安全基地として探索行動をし始めるのもこの段階である。第4段階（3歳前後から）では，子どもは親の行動の背後にある目標や計画について推測し，それに応じて自身の行動を調節することができるようになるため，これまでよりも協調的な親子関係を築くことができる。また，この段階から子どものアタッチメント行動の強度は大幅に減少し始め，自律的に行動できるようになっていく。

　アタッチメント関係の中で，子どもはさまざまな状況のもと親にくっつき安心感を得る体験を繰り返し，やがてそれを経験則として身につける。ボウルビィはこれをワーキング・モデル（内的作業モデル）と呼んだ。アタッチメント発達の第3段階までは，子どもは自身に生じたネガティブな情動を親に物理的にくっつくことによってなだめていたが，第4段階からは自身の内に形成したワーキング・モデルを拠り所にして対処するようになる。このため第4段階で子どものアタッチメント行動は一見減じるものの，アタッチメント関係やその機能は消滅したわけではない。むしろボウルビィは，個人の内に形成されたワーキング・モデルが生涯にわたってその個人の行動やものの見方を方向づけると想定した。なお，当然ながら，幼少期における親とのアタッチメント経験のみでその後の人生すべてが決まるわけ

ではなく，実際には，両親以外の親族，保育士，教師といったさまざまな対象とのアタッチメント経験
も子どもの心理的発達を支える。

4）アタッチメントの個人差　　子どもが親とのかかわりの中で得る経験の違いによって，子どものア
タッチメントの質には大幅な個人差が生じる。個人差を測定する方法はいくつかあるが，その中でもエイ
ンズワースによるストレンジ・シチュエーション法（Ainsworth et al., 1978）がよく知られている。
この手法では，子どもにとって新奇な場面となる実験室の中で，子どもを親から分離したうえで見知ら
ぬ人物と交流させる，あるいは部屋の中に一人きりにさせるなどして子どもにある程度ストレスを与え，
親に対するアタッチメント行動を誘発する（図7-3）。エインズワースは実験室における子どもの探索行
動，見知らぬ人への子どもの反応，親との分離・再会場面での子どもの行動に着目し，アタッチメント
を３つのタイプに分類した。

　①子どものアタッチメントのタイプ　　回避型（Aタイプ）とされる子どもは，親から分離しても苦
痛や混乱を示さないうえ，再会場面でも親を無視し避けようとする。また，親を安全基地として探索行
動をすることがない。安定型（Bタイプ）とされる子どもは，親から分離すると苦痛や混乱を示し，再
会場面でも多少泣くものの，親との接触を求め容易に落ち着くことができる。また，親を安全基地とし
た探索行動を行うことができる。アンビヴァレント型（Cタイプ）とされる子どもは，親から分離する
と強い苦痛と混乱を示し，再会場面では親に接触を求めつつ，親を叩くなどの怒りを示し，容易に落ち
着くことができない。また安心して親から離れることができないため，探索行動を行うことができない。
これら３タイプのうち，回避型とアンビヴァレント型は，安定型と対比する形で「不安定型」とされる。

　以上３タイプは子どものアタッチメント行動に一貫したパターンがある点で共通しているが，このい
ずれにも当てはまらない無秩序・無方向型（Dタイプ）も見出されている（Main & Solomon, 1990）。
このタイプの子どもは，親にべったりとくっついていたと思うと突然離れていく，親に接触しようとす
るもそれを達成する前にやめてしまうなど，自身のストレスに対処するのに一貫した方略が用いられな
い。このことから，安定型，回避型，アンビヴァレント型は組織化されたアタッチメントと見なされる
一方で，無秩序・無方向型は非組織化のアタッチメントとして位置づけられる。

　②親のかかわり方の違い　　子どものアタッチメントの各タイプは主にアタッチメント対象との関係
性の質を反映しているとされる。安定型の子どもの親は，子どもがネガティブな情動を表出した際に，
スムーズかつ柔軟に対応し子どもを平静状態へなだめることができる。このような親のもとでは，子ど
もは自身のストレス状態を効果的になだめることができ，親を安全基地として利用することができる。
回避型の子どもの親は，子どものネガティブな情動を受け流す傾向にあり，その情動をなだめることを
しにくい。また，子どもが助けを求めくっつこうとするのを回避するような態度をとる。この場合，子
どもはストレス状態に陥っていても，それを強固に主張するとさらに親を遠ざけてしまうため，自身に
生じたネガティブな情動を表明しなくなる。アンビヴァレント型の子どもの親は，子どもがネガティブ
な情動を表出した際，あるときはそれを受容しつつ，またあるときには受け流すといったように，まち
まちな対応をする傾向にある。この場合，子どもは親にくっつこうとしても，その成否は親の気分次第
となってしまう。そこで子どもは，ネガティブな情動状態に陥った際にそれを強固に表明することで，
親を引き留めかまってもらえる確率を少しでも上げようとする。

　無秩序・無方向型の子どもの親は，本来ならば安全基地の役割を果たすべきところを，自分自身が怯
え，また子どもを怯えさせるような態度をとる傾向にある（Main & Hesse, 1990）。この場合，子ども
はネガティブな情動をなだめてもらおうと親に近接を図っても，さらに恐れの情動を経験するという矛
盾に陥り，ストレス状態が効果的に解消されることがない。安定型，回避型，アンビヴァレント型とは
異なり，このタイプは親にくっついて安心感を得るというアタッチメントの機能がそもそも不全状態に
あるといえる。

図7-3 ストレンジ・シチュエーション法の進行
（Ainsworth et al., 1978）。

5）アタッチメントとその後の社会性の発達　　1歳の時点でアタッチメントが安定型であった子ども
は，回避型であった子どもに比べ4歳の時点で他児の苦痛に対してより共感的にふるまっていたこと，
またアンビヴァレント型であった子どもは他児の苦痛と自身の苦痛の区別が曖昧であったことが報告さ
れている（Kestenbaum et al., 1989）。また，アタッチメント安定型の子どもの方が，不安定型の子ども
に比べて仲間とよりポジティブで円滑な交流ができることを示唆する研究もある（McElwain et al.,
2008; McElwain et al., 2011）。一方，アタッチメントが無秩序・無方向型である場合には，子どもは自
身の情動制御に困難を抱えやすくなる。子どもは不安や恐れの情動が慢性的に高まっている状態では，
探索行動や学習，遊びといった発達上重要な活動に取り組むことができず，社会性の発達にもさまざま
な弊害が生じうる。

7-3　幼児期・児童期

1　認知の発達

1）論理的思考の発達（保存課題）　　保存（conservation）とは，見かけの長さや大きさ，密度にかか
わらず，ある物質は加えたり引いたりしない限り，元の量と変わらない，という概念のことである。た
とえば，図7-4に示すように，子どもの目の前に1列6個のおはじきを2列平行にならべ，2列は同じ
数であることを確認させる。その後，子どもが見ているところでどちらか一方の列のみ，おはじきの間
隔を拡げる。そして，2列は同じ数かどうかを尋ねる。すると，前操作段階の子どもは，「数は同じ」と
正答することはできず，「間が広いからそちらのほうが数が多い（少ない）」などと答える）。一方，具体

的操作段階に入ると，正答できるようになってくる。保存課題には数保存だけではなく，液量，長さ，重さ，面積，体積保存などがあり，それぞれ達成年齢には「ずれ（décalage）」があることが指摘されている。数や液量の保存概念は6〜7歳頃獲得されるが，長さ，重さ，面積の順に獲得時期は遅れ，体積の保存概念は11〜12歳にならないと獲得されない。保存概念の未獲得の子どもは，多次元を同時に考えられず，自分の見方，考え方のみで判断してしまう。このような自分の視点からしか考えられないような思考形態をピアジェは，自己中心的思考（egocentric thought），もしくは自己中心性（egocentrism）と呼ぶことはすでに述べた（p. 95参照）。一方，保存概念を獲得した子どもは，可逆性（元に戻せば同じ），同一性（加減していないので同じ），相補性（多次元を同時に考えられる）を用いた論理的な思考形態で保存課題を遂行できるようになる。

　ピアジェとシェミンスカ（Piaget & Szeminska, 1941）が保存概念の発達過程を明らかにした後，ゲルマン（Gelman, 1972）は，数の保存課題についてもっと容易な言葉がけを用いた「手品実験」を行い，ピアジェが示したよりももっと年少の2歳児でも数の保存課題を遂行できたことを報告している。後にウィン（Wynn, 1992）は，ネズミの人形を用いた人形劇風の実験を行い，わずか5ヶ月児でも簡単な足し算，引き算を遂行する能力を持っていることを明らかにした。

2）実行機能の発達：ワーキングメモリ，認知の柔軟性，抑制制御　　実行機能（executive function）とは，情報処理や問題解決，推論，行動の計画などのコントロールを担う認知システムの総称であり，主に脳内の前頭葉が駆動していることがわかっている。実行機能はさらに下位概念が想定され，発達心理学では，主に，ワーキングメモリ（working memory），認知の柔軟性（cognitive flexibility），抑制制御（inhibitory control）の3つが挙げられている（Diamond, 2013; Zelazo & Carlson, 2012）。以下で一つずつ見ていこう。

　①ワーキングメモリ　　ワーキングメモリとは，情報を記憶するだけでなく，情報を記憶しながら並行してその情報を使い課題を遂行する過程の構成概念である。ワーキングメモリ容量は，どれぐらいの情報を一度に憶え使用できるかという情報量で測定される。テストバッテリーを組んで測定されることが多いが，主に言語性と視空間性に大別され，前者は数字や文字，単語，文章を聞いて記憶したうえで，それを用いて課題を遂行する。代表例は数字系列逆行課題であり，実験者がたとえば「6，1，9，7」と読み上げた直後に，対象者が同じ数字を逆順に「7，9，1，6」と口頭で答える。そして，正答であれば桁数は増やされ，最後に正答できた桁数（およそ7桁まで）がその対象者のワーキングメモリ容量となる。一方後者は，一例として異形選択課題が挙げられる。最初は3つの図形の中から仲間外れの選択とその位置を記憶させる。刺激数を増やしていき（およそ7つまで），最後に正答した刺激の数が

子どもの目の前で，同じ数のおはじきを2列並べて，2列が同じ数であることを確認させる。

片方の列だけ1つひとつの間隔を拡げる。そして，2列は同じ数か，違う数か子どもに尋ねる。

4歳以前の子どもは，拡げた列の方が，数が多くなった，などと答える。4〜5歳を過ぎる頃から，どちらも同じ数と答えることができるようになる。

図7-4　数の保存課題の手続き（Piaget & Szeminska（1941）；画：船谷美穂）。

ワーキングメモリ容量として評定される。

　図7-5は，5～65歳のライフスパンにわたる言語性および視空間性ワーキングメモリ容量の変化を表している。幼児期から30歳ぐらいまではワーキングメモリは増加し，その後ゆるやかに減少することがわかる。

　②認知の柔軟性　　認知の柔軟性は，課題や状況に応じて注意を自在に切り替えたり，多角的な視点から問題を解決する能力のことである。この能力の発達を測定する代表的な課題に次元変化カード分類課題（dimensional change card sort task: DCCS Task）がある（Frye et al., 1995）。図7-6に示すような「黄色の車」と「緑色の花」のカード（ターゲットカード）が1枚ずつと，分類用のテストカード（「緑色の車」と「黄色の花」）が5～7枚ずつある。最初に子どもは，ターゲットカードと同じ形（もしくは色）でテストカードを分類するように求められる。次に，最初のルールとは逆のルール，すなわち色（もしくは形）で分類するよういわれる。3歳児でも最初の課題は達成できるが，後のルールに切り替えた場合にはそのルールを用いることはできず，最初のルールのままで分類してしまう。4歳ごろになると，ルールを切り替えられるようになり両課題ともに達成できる。このように課題に合わせて柔軟に注意を切り替えられるようになるのは4歳を過ぎるころからである。

　③抑制制御　　抑制制御とは，今行っている行動にストップをかけたり，同じ行動を繰り返すことをやめたりする能力のことである。この能力の発達を測定する課題として，古典的にはGo/No-Goテスト（Luria, 1961）や，マシュマロテスト（Mischel et al., 1972），昼夜ストループ課題（Gerstadt et al.,

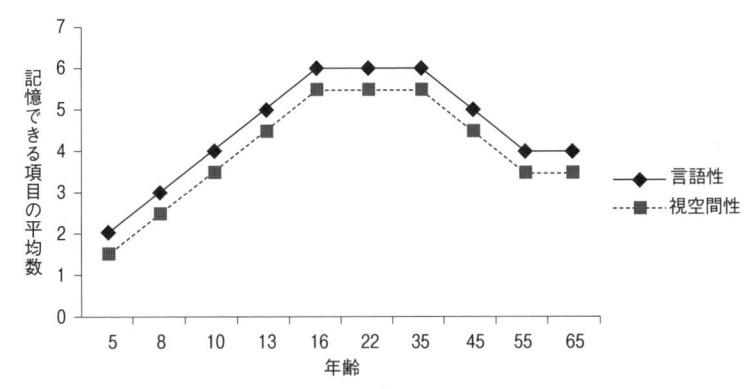

図7-5　ライフスパンにわたるワーキングメモリの変化（Alloway, 2011／邦訳, 2011）。

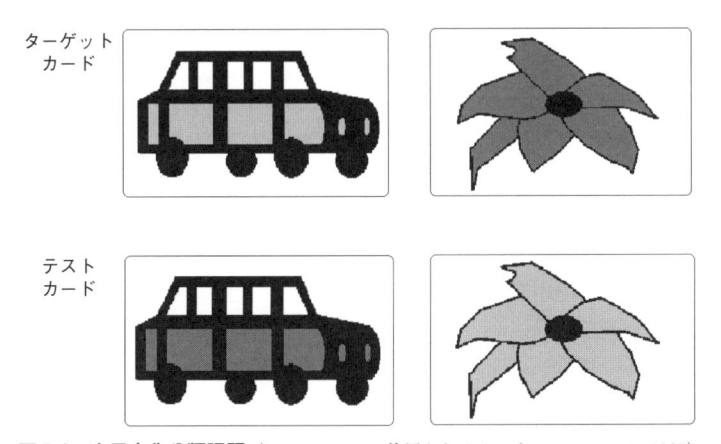

図7-6　次元変化分類課題（DCCS Taskに使用されるカード；Frye et al., 1995）。子どもはターゲットカードと同じ色（もしくは形）にテストカードを分類するよう言われる。その後，先とは違うルールでターゲットカードと同じ形（もしくは色）でテストカードを分類するよう言われる（実際は，たとえば▨は黄色，▧は緑色である）。

1994）などがある。いずれも，今行っている，もしくは行おうとする行動にストップをかけて，違う行動を行う，もしくは何もしない，という能力を測定している。おおむね，4〜5歳で抑制制御が可能という報告がなされている。

3）空間認知の発達　あなたの目の前に友人が座っており，一緒にコーヒーを飲んでいるとしよう。あなたはコーヒーカップの取っ手を右手で持って飲んでいる。この取っ手は，目の前の友人には右側に見えるか，左側に見えるか？　正解はもちろん左側であるが，実は幼児は，自分が持っている右側と同じように目の前の人も右側に見えていると思い込んでいる。これは空間概念がまだ確立されていないからであり，先の保存概念の説明でも述べた，子どもの自己中心的思考を表している（Piaget & Inhelder, 1948）。ピアジェらは子どもの空間認知の発達について，有名な「3つの山課題」を用いて検討している（図7-7）。そして，他者が観察している視点から見ている見え方が，自分の視点から見ている見え方と違うことを理解するのは，7〜8歳を過ぎるころからであり，空間概念は他者視点取得の能力があって初めて獲得されるとした。その後，ボーク（Borke, 1975）は，もっと子どもにわかりやすい課題提示法に変更して実験を行ったところ，3，4歳の子どもでも視点取得能力を有することを見出している。

4）心の理論　私たちは，他者と話すとき，当然ながら相手の人にも心があると思っているし，その心を推測したり予測しながら話をしている。もちろん自分自身にも心があり，他者と同じような状態のときもあれば，違うときもあるとわかっている。すなわち，自己や他者の心（欲求，信念，目的，意図，知識，思考，疑念，ふり，好みなど）を推測したり理解しながら，日常的にコミュニケーションをとっている。このような能力は「心の理論（theory of mind）」（Premack & Woodruff, 1978）と呼ばれる。では，子どもは「心の理論」を持っているのであろうか？　子どもの心の理論は，マキシ課題（Wimmer & Perner, 1983）や，アンとサリー課題（Barron-Cohen et al., 1985），スマーティーズ課題（Hogrefe et al., 1986）（図7-8）などの誤信念課題と呼ばれる課題によって，誤信念の理解を通して測定されている。誤信念の理解とは，他者と自己は異なる心をもっており，それぞれの心に基づいて行動する，ということがわかっていることをさす。この誤信念の理解はおおむね4歳を過ぎるころから可能になるという。最近では，心の理論と実行機能や作動記憶などの他の認知機能との関連（Carlson et al., 2002）や，子どもの嘘と心の理論との関連を検討する研究（藤戸・矢藤，2015）も見られる。

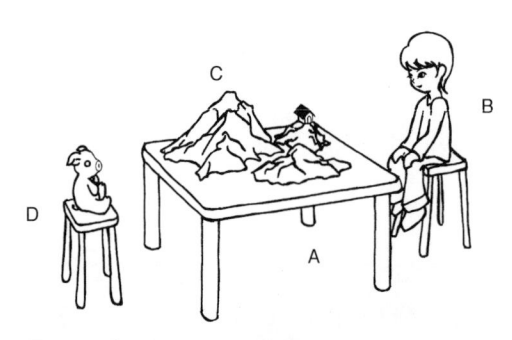

図7-7　ピアジェの3つの山課題（Piaget & Inhelder (1948)；画：船谷美穂）。
　A〜Dの4方向から机の上の山の写真を撮っておき，「人形にはどのように見えていると思うか」と子どもに聞く。4〜5歳までは，自身が見ているのと同じ写真を選んでしまうが，7〜8歳を過ぎるころから見ている位置が異なると見え方も異なるということがわかり始める。

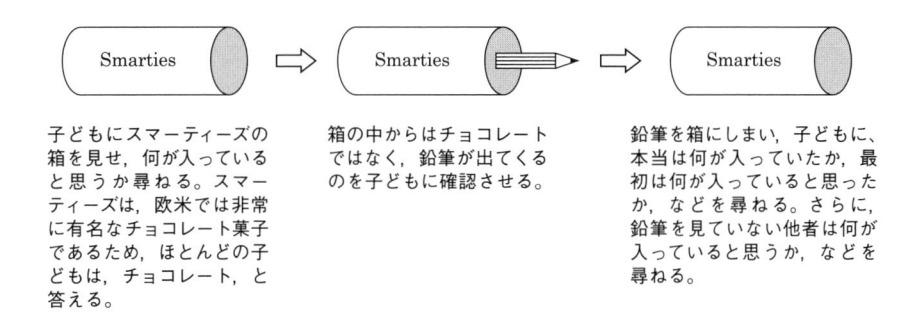

図7-8　子どもの誤信念を調べるためのスマーティーズ課題の手続き（Hogrefe et al., 1986）。

5）言語発達　　2歳ごろまでの乳幼児期の発達の大きな特徴のうちの一つは言語発達であろう。初めてのことばといえるのは生まれすぐに泣く声，つまり「産声」である。この発声が加齢とともに安定してきて，徐々にことばへと変化していく。言語発達の第1段階（反射的発声期：生後0〜2ヶ月）は，反射的な発声を繰り返す段階で，その多くは泣き声やむずがり声などである。第2段階（クーイング期：生後2ヶ月〜4ヶ月）に入ると，声が喉の奥の方から出てくるような声がよく発声される。これは，ハトの鳴き声に似ていることから「クーイング」と呼ばれる。第3段階（拡張期：生後4ヶ月〜6ヶ月）に入ると，いろいろな種類の音の高さや長さを変えたりしながら発声するようになる。この第3段階までは，ヒト以外の霊長類（サルやチンパンジーやゴリラなど）でも同じように見られる。ヒトとヒト以外の霊長類を分けるのが次の第4段階である。第4段階（基準喃語期：生後6ヶ月以降）に入ると，「喃語」を話すようになる。喃語とは，子音と母音を組み合わせた音の連鎖のことで，生後9ヶ月ぐらいまでは，同じ音を繰り返して発声する。たとえば「ババババ……」「ママママ……」などである。これを「重複喃語」という。生後9ヶ月を過ぎると，いろいろな音を組み合わせられるようになる。たとえば「バマダブ……」などでありこれを「多様喃語」という。

　第5段階（非重複喃語期：生後10ヶ月以降）に入ると，「ジャーゴン」もしくは「会話様喃語」と呼ばれる，大人には何を話しているか理解できないが，子ども自身はあたかもわかって話しているかのような，独特のおしゃべりを始める。この時期を経て，第6段階（有意味期：生後13ヶ月〜15ヶ月）に入り，1歳前後に「パパ」「ママ」など，有意味語が出現してくる。中でも初めての有意味語を「初語」という。第7段階（二語文期：18ヶ月〜30ヶ月）に入ると，有意味語は急増し，この時期は語彙爆発期と呼ばれることもある。さらに第8段階（会話期：30ヶ月〜）では，「おちゃ，ちょうだい」や「ママ，きた」などの二語文が出現し始める，その後，長文を用いて他者と会話ができるようになると同時に，ジャーゴンは消失していく。

2　他者との関係性の発達

仲間関係　　親子関係は，親が子どもの要求に応えるなど，親が子どもに積極的に合わせることで成り立つ非対称的な関係であるが，子ども同士の仲間関係は対称的であるため，自分と同レベルの他者の主張に触れ，衝突する最初の機会となる。それゆえ，仲間とのかかわりは，親子関係の文脈では得られがたい経験を豊富にもたらす重要な場となる。

　子どもは1歳を過ぎるころから他者を意識するようになるが，すぐに他者とかかわったり共同で活動したりすることはできない。古典的な研究例の一つとして，パーテン（Parten, 1932）は幼児の遊びの観察を通して，子どもが他者とかかわるようになっていく姿をとらえた。彼女は遊びを，「ぼんやり」型，「傍観」型，「ひとり遊び」型，「並行遊び」型，「連合集団遊び」型，「協同遊び」型の6つに分類している。このうち前者4つは，自分の身体に関わる遊びだけをしたり，お互い近くにいても別々の遊びに専念するなど単独型の遊びであり，後者2つは子ども同士が同じひとつの遊びをしたり，役割分担があるような集団型の遊びであった。2〜4歳児を観察した結果，年少児は「並行遊び」が多く見られたが，

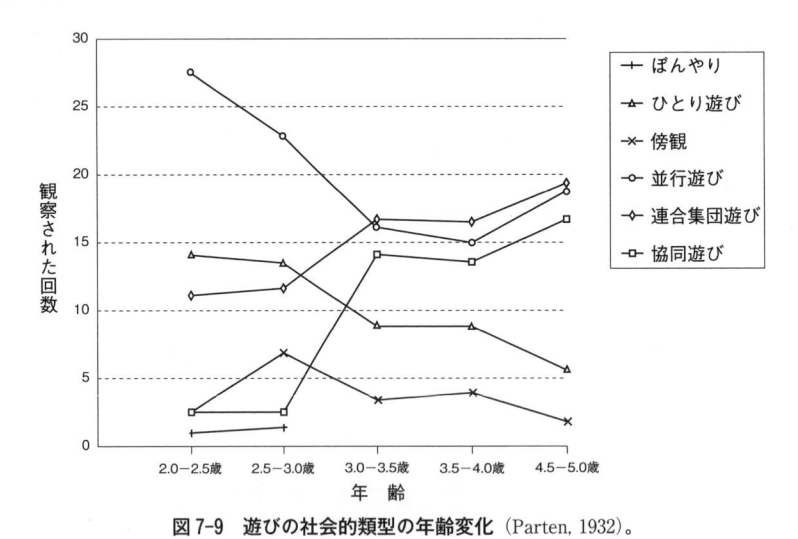

図 7-9 遊びの社会的類型の年齢変化 (Parten, 1932)。

加齢とともに「連合集団遊び」や「協同遊び」が増えてくる（図 7-9）。この分類法に基づき，預かり保育中の日本の子どもの遊びの観察を行った近年の研究でも，3〜4歳児は「ひとり遊び」，5歳児は「連合集団遊び」を最もよく行うこと，また男児は「ひとり遊び」を，女児は複数人での遊びが多かったことが報告されている（中尾・中原，2010）。このように，子どもは加齢とともに，徐々に他者とかかわるようになってくる。

　児童期に入ると，集団の一員として他者と共同で遊び，さらにはルールのある遊びもできるようになる。また，6〜7人の同性の友人で群れをつくって遊ぶようにもなる。この集団は「ギャング・グループ」と呼ばれ，この年代は「ギャング・エイジ」と言われる。ここでの遊びを通して，子どもは友人関係をより深め，集団のルールを学び，自己コントロールを身につけていくといわれている。また，このころになると，学習場面でも仲間と協力的に問題解決を行えるようになる（たとえば，岡田，2018）。

7-4　青年期・成人期

1　身体の発達

　青年期の始まりは，身体の変化をきっかけにして起こる。児童期の終わりから青年期前期，いわゆる思春期（puberty）と呼ばれる時期において，著しい成長がみられる。単に身長や体重の増加といった身体の量的変化だけでなく，性的な成熟という質的変化も生じる。人間の誕生時点で生殖器の形態に基づく特徴を第一次性徴と呼ぶのに対し，生殖器の発達と生殖能力を獲得する特徴を第二次性徴と呼ぶ。たとえば，男子では精通，変声，ひげ・腋毛などの体毛の発達，肩幅や筋肉の増大が生じ，女子では乳房，恥毛などの体毛の発達，初経，皮下脂肪の増大，骨盤や臀部の発達が生じる。これらの第二次性徴の発現により，子どもの身体から大人の身体へと成長していく。ただし，図 7-10 に示すように，男子と女子では第二次性徴の発生の順序が異なっている（Tanner, 1978）。また，こうした変化の受け止め方についても，男女差が指摘されている。上長（2006）は，性的成熟が生じた際の日本の青年の心理的受容度を検討した。その結果，男子は，筋肉がついてきたことに対して肯定的な反応が，変声や精通，恥毛の発達には中立的な反応であった。一方，女子は，乳房の発達には中立的な反応であったが，皮下脂肪や恥毛の発達，初潮の経験には否定的な反応であった。この結果から，性的な成熟に対して，男子は肯定的にとらえているが，女子は否定的に受け止めており，女子の方が大人になることに葛藤を抱えやすいといえる。

　男女差については，身体的発達が心理的問題に与える影響にもみられる。身体発達には個人差がある

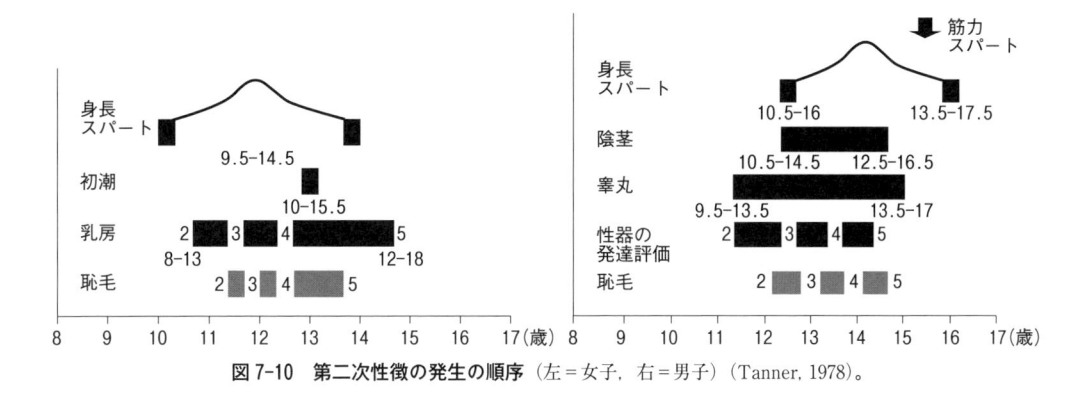

図 7-10　第二次性徴の発生の順序 (左＝女子, 右＝男子) (Tanner, 1978)。

が, 身体変化が普通よりも早く始まる人を「早熟 (early mature)」, 遅く始まる人を「晩熟 (late mature)」と呼ぶ。身体発育のタイミング (発育スパート) と抑うつ傾向について検討した上長 (2007) によると, 男子は早熟なほど身体満足度が高く, 抑うつ傾向が低いが, 早熟な女子は身体満足度が低く, 抑うつ傾向と関連していることが示された。さらに, 自己のボディ・イメージに対する不満が高い人は摂食障害の傾向があり, 自己評価が低く, 対人不安傾向が強いという結果も示されている (齋藤・溝上, 1994)。女子の理想的な体型は, 全身がスリムで痩せていることであり, それが美しく魅力的とされる (Cusmano & Thompson, 1997)。また, 社会的にもスリムな女性を理想とする価値観が広まっていることから, 女子にとって第二次性徴の発現は受け入れにくい側面があるといえる。

　青年は, 身体変化にともなうさまざまな不安や葛藤を経験するが, 社会文化的影響や, 早熟, 晩熟といった要因を考慮しながら, 適切なボディ・イメージを獲得していくことが重要である。

2　アイデンティティの模索と確立

1) アイデンティティの確立　　青年期は, 身体的発達と認知発達にともない, 社会や学校における自分, 過去から未来につながる自分など, さまざまな場面で自分とは何かを問い始める時期である。エリクソン (E. H. Erikson) が提唱した心理社会的発達理論によると, 青年期は第5段階にあたり, その発達課題は「アイデンティティ 対 アイデンティティ拡散」である。アイデンティティ (identity) は自我同一性とも訳される。エリクソンはアイデンティティの感覚について,「自分自身の内的な斉一性と連続性を維持する力が他者にとってその人がもつ意味の斉一性と連続性とが一致するという確信から生じる」とした (Erikson, 1959)。斉一性 (sameness) とは,「私は他の誰とも違う自分であり, 私は1人しかいない」という意味であり, 連続性 (continuity) とは,「今までの私もずっと私, 今の私もこれからの私もずっと私であり続ける」ことを意味している (大野, 2010)。つまり, アイデンティティの感覚とは, 自分に対する認識について, 他者からも同様に思われているという確信を示すものである。大野 (1984) は, アイデンティティは充実感と密接な関係にあるとし,「充実感は, 健康なアイデンティティを統合する過程で感じられる生活気分」と定義し, 充実感を測定する尺度を作成した。この尺度は, 充実感の生活気分を測定する「充実感気分－退屈・空虚感」と, アイデンティティを支える3つの側面として,「自立・自信－甘え・自信のなさ」,「連帯－孤立」,「信頼・時間的展望－不信・時間的展望の拡散」の4つの尺度で構成されている。分析の結果,「自立・自信－甘え・自信のなさ」,「連帯－孤立」,「信頼・時間的展望－不信・時間的展望の拡散」の得点が人の充実感の基本的水準を決定し, それを基準に「充実感気分－退屈・空虚感」は変動していることが示された (図7-11)。つまり, 充実感や気分は何かの出来事によって, または日ごとに変動しても,「自立・自信」,「連帯」,「信頼・時間的展望」は大きく変動しないのである。

　アイデンティティの形成は一朝一夕にいくものではなく, 時間をかけて取り組むものである。青年期は, 社会に出るための猶予期間であり, 社会的責任や役割, 義務が免除されている。これを心理社会的

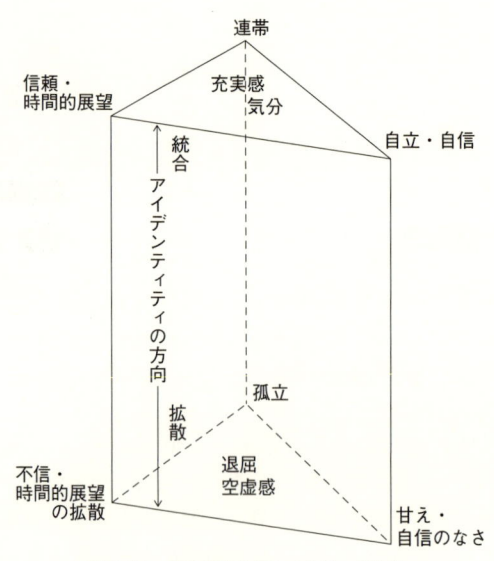

図 7-11　充実感モデル（大野，1984）。

モラトリアム（psycho-social moratorium）と呼ぶ。本来青年は，学業だけでなく，部活動やアルバイトなどさまざまな経験を通して，知識や内面を充実させ，大人になっていくと考えられてきた。しかし，近年は心理社会的モラトリアムが形骸化しているといわれている（宮下・杉村，2008）。宮下・杉村（2008）は，大学生の尋常ではない忙しさや，受験勉強や資格取得に追われる青年の実態について述べ，現代社会が青年のモラトリアムを保証する場になっていないという深刻な問題点を指摘している。

2）アイデンティティの拡散　アイデンティティの拡散とは，何者でもない，何にもなれないという状態である。うまくいかない感覚，なぜここに自分はいるのか，なぜ生きているのかなど，漠然とした不安を覚える。こうした問いがアイデンティティ・クライシス（危機）となる。西平（1990）は「アイデンティティの拡散をとおして，徐々にアイデンティティを確立していく過程」とした。つまり，アイデンティティ拡散とは，青年を不安定にし，苦しい状態をもたらすものではあるが，それを克服したときにアイデンティティを確立することができるといえる。現代青年においても，アイデンティティ危機が生じており，その程度によっては神経症様の症状が顕在化しうることが示されている（中谷・友野・佐藤，2011）。

　アイデンティティ拡散の形はさまざまあるが，その１つに「否定的アイデンティティ（negative identity）」がある（Erikson, 1968／邦訳，1982）。否定的アイデンティティとは，たとえば「どうせ私はできない」，「どうせ自分は異性からもてない」というように，自分をネガティブな方向に導くアイデンティティである。エリクソンは否定的アイデンティティを選択するきっかけとして，アイデンティティの危機が基本的信頼感を揺るがすほどの状況を指摘した。たとえば，大野（2010）は，家族や親戚に容姿や人格を否定するようなことを言われたり，学校でのいじめによるきっかけを挙げており，少年犯罪も否定的アイデンティティの心理力動で理解できるとしている。また，否定的アイデンティティには深刻な自己破壊につながるものもある。これらから，青年本人だけの問題ではなく，青年にかかわる大人や社会の影響が大きいといえよう。エリクソン（1968／邦訳，1982）は，否定的アイデンティティは青年の最終的なアイデンティティではなく，一時的な代替的方法であるとも述べている。三好（2008）は，青年期の谷崎潤一郎の伝記研究の論証を通し，谷崎が否定的アイデンティティを選択した後に成人期になって再び柔らかく統合されたまとまりへ再統合されたと示唆したことから，否定的アイデンティティを選択したとしても再統合に至る可能性があり，そのための支援が必要であろう。

　アイデンティティの確立は青年期で向き合う課題ではあるが，人の一生は青年期で終わることはなく，その後の成人期，老年期に続いていく。人は青年期に形成したアイデンティティによって支えられるが，ライフサイクルの中では新たなアイデンティティが問い返されるであろう。アイデンティティ形成の課題は生涯発達のプロセスにあるといえる。

3　他者との関係性の発達

1）親子関係　　青年期は，社会に出て，親から自立する時期にあたる。ホリングワース（Hollingworth, 1928）は，青年の心理的自立を「心理的離乳（psychological weaning）」と呼び，「家族の監督から離れ，一人の独立した人間となろうとする衝動」が現れるとした。また，ブロス（Blos, 1967）は，青年期の親からの分離の過程を，マーラーら（Mahler et al., 1975／邦訳, 1981）が提唱した「分離 – 個体化の過程」と対比させ，「第二の個体化の過程」と呼んだ。西平（1990）は，心理的離乳を3つに区分してとらえている。第一次心理的離乳は，青年期前期における親に対する反抗，離反，混乱が中心であり，第二次心理的離乳は，一人の人間として親を理解し，批判とともに感謝する。第三次心理的離乳は，親から与えられ内面化された価値観や考え方を超えて，自分らしい生き方を確立するものである。

　以上のように，これまでは青年期の親子関係は心理的離乳や自立が重要だとされてきたが，サントロック（Santrock, 2012）は，これらは古いモデルであると指摘した。新しいモデルでは，親との情緒的な結びつきである愛着（アタッチメント）と親からの自律が大切であり，親子関係と友人関係はつながりを持ち相互に影響し合う。そして，適度な葛藤が一般的でそれが肯定的な発達を機能させるとした。

　そこで，青年期の親子関係について，アタッチメントの視点から見ていく。ヘイザンとシェーヴァー（Hazan & Shaver, 1987）は，ボウルビィのアタッチメントスタイル（本章7-1参照）に基づき，成人のアタッチメントスタイルを提唱した。ヘイザンらによると，成人のアタッチメントスタイルは，他者と安定した関係を形成できる安定型，他者と親密な関係になることに多少に苦痛を感じる回避型，他者との関係に不安定さを感じる不安／アンビヴァレント型に分類されるという。その後，成人のアタッチメントスタイルは，安定型，とらわれ型，恐れ・回避型，拒絶・回避型の4つのスタイルで示すのが妥当であるとされた（Brennan et al., 1998）。乳幼児期に形成されるアタッチメントは，青年の対人関係においても重要であり，もし健全なアタッチメントが形成されていない場合，児童期や青年期の人格形成に有害な影響を与える可能性がある。たとえば，五十嵐・萩原（2004）は，中学生を対象に質問紙調査を行った結果，中学生が回答した幼少期の両親へのアタッチメントは，不登校傾向と関連していた。また，丹羽（2005）は，大学生らを対象に親へのアタッチメント尺度，自己受容尺度，親子関係尺度を用いて調査した結果，親への愛着不安の低い方がストレス状況における孤独感と対人関係不安を緩衝していることを示した。

2）友人関係　　青年期になると，親よりも同世代の価値観を強く意識し，友人とのかかわりを求めるようになる。青年期の友人関係の発達的意義について，宮下（1995）は，①自分の不安や悩みを打ち明けることによって情緒的な安定感・安心感を得る，②友人関係を通して自分の長所・短所に気づき内省することで，自己を客観的に見つめることができる，③楽しいことや嬉しいことだけでなく，傷つけ傷つけられる経験を通して人間関係を学び，思いやりや配慮を学ぶことしている。

　仲間関係の発達について，青年期前期では，チャム・グループと呼ばれる仲間関係が形成される。お互いの共通点や類似性を確認し合い，安心感を覚える。みんなと同じであるという同一感や，自分が仲間から浮いていないと感じることで自分に自信が持てる。しかし，自分の属しているグループからはみ出さないように並々ならぬ努力をしたり（保坂, 1993），集団の凝集性を高めるために排他的になることもあるため，こうしたかかわりが苦手な青年にとっては苦痛にもなる。青年期中期以降になると，ピア・グループと呼ばれる仲間関係が形成される。一体感や同質性を基盤としたギャング・グループやチャム・グループとは異なり，相手の個性を尊重し，互いの異質性を認め合ったうえで結びついている関

係である。

　友人関係の発達的変化について，落合・佐藤（1996）は中学生から大学生までの青年を対象に調査を行い，6種類の付き合い方を抽出した。結果，①本音を出さない自己防衛的な付き合い方，②友達と同じようにしようとする同調的な付き合い方，③できるだけ多くの人と仲良くしていたいと願う全方向的な付き合い方，④自分が理解され，好かれ愛されたいと願う付き合い方，⑤自分に自信を持って友達と付き合える付き合い方，⑥自分を出して積極的に相互理解しようとする付き合い方である。この6つの付き合い方は，「友達と積極的に深くかかわろうとするか－防衛的にかかわろうとするか」を両極とする「付き合い方の深さ」の縦軸と，「限定した範囲の友達とかかわろうとするか－広い範囲の友達とかかわろうとするか」を両極とする「付き合う相手の範囲」の横軸の2次元で整理できる（図7-12）。そして，青年の付き合い方は，浅く広い付き合い方から深く狭い付き合い方へ変化していく。

　しかし，2000年前後から，青年期の友人関係には「希薄化（従来に比べて友人関係が浅く，表面的になった）」と「選択化（場面や状況，相手と扱う内容において友人を使い分けるような付き合い方）」が生じているといわれている（辻，2006）。背景には，インターネットやSNSの発展，ギャング・グループの消失，社会経済的な差異といった問題が指摘されている。

3）恋愛関係　　青年期は，身体的発達によって自分の性を意識するだけでなく，異性への関心も増大する。髙坂（2009，2010）は，青年が恋愛することによって生じる心理的・実生活的変化を「恋愛関係の影響」として示した。その影響には，①興味や関心の幅の広がりや意欲の高まりが生じる「自己拡大」，②幸福感や楽しさ，安心感などの感情が生じる「充足的気分」，③友達などから今までよりも良い評価が得られるようになる「他者評価の上昇」という3つの肯定的な影響と，④自分一人の時間がとりにくくなる「時間的制約」，⑤デートやプレゼントなどでお金がかかる「経済的負担」，⑥友達と遊びに行きにくくなる「他者交流の制限」，⑦やきもちを焼いたり，漠然と別れる不安を感じる「関係不安」という4つの否定的な影響がある。

　また，恋愛関係をもつことで生じる青年の変化や影響について，大野（1995）は，「アイデンティティのための恋愛」として論じている。大野（1995）は，アイデンティティのための恋愛について，「親密性が成熟していない状態で，かつ，アイデンティティの統合の過程で，自己のアイデンティティを他者か

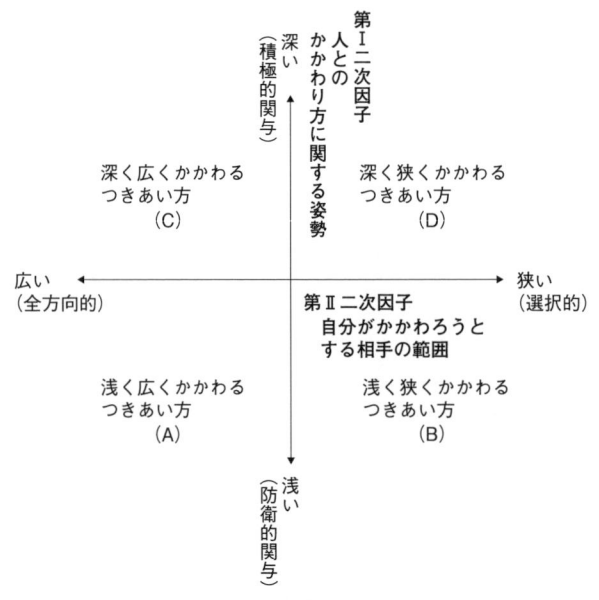

図7-12　友達との付き合い方を構成する2次元と付き合い方の4パターン（落合・佐藤，1996）。

らの評価によって定義づけようとする，または補強しようとする恋愛的行動」と定義した。そのため，青年期の恋愛はエネルギーの奪い合いとなる。アイデンティティ形成の途上であるからこそ，恋愛関係は不安定となり，結果として長続きしにくく，失恋を経験しやすいのである（髙坂，2017）。

4 成人期

　成人期の発達課題は，表7-1にあるように，職業に就くこと，配偶者を得たり子どもを生み育て，家族を形成すること，そして市民としての責任を負うことなどである。エリクソンは，アイデンティティの確立に続く第6段階の発達課題として，「親密性 対 孤立」とした。この主題は，青年期やそれ以前から恋愛という形で現れている。青年期の恋愛は，アイデンティティのための恋愛（大野，1995）であった。エリクソン（Erikson, 1959／邦訳，2011）が「適切なアイデンティティの感覚が確立して初めて，異性との本当の親密さが可能になる」と述べているように，アイデンティティ確立の先に結婚に至る恋愛関係が成立するといえる。青年は次第に愛する相手に個別の条件を求めない「無条件性」，相手の喜びが自分の喜びでもある「相互性」という愛の本質を考えるようになり，自分と他者のための恋愛となる。そして，恋愛から結婚へと関係を進展していくが，そこには，愛情の強さや類似性の程度だけでなく，お互いを労わり補い合うという相互理解が重要となる。

5 キャリア発達

　キャリア（career）とは，「人が生涯の中で様々な役割を果たす過程で，自らの役割の価値や自分と役割との関係を見出していく連なりや積み重ね」（中央教育審議会，2011）をさす。スーパー（Super, 1957）は，生涯にわたってキャリアを通して自己実現していくという考え方をキャリア発達の段階として示し，発達とともに，「成長期」，「探索期」，「確立期」，「維持期」，「離脱期」という5つの段階に区分した。青年期は「探索期」の段階にあたり，仕事に就くための能力を身につけたり，実際に仕事をしてみて仕事の内容と自分の関心や能力をマッチングさせたりする。青年は仕事を選ぶ際に，自分が何のために働くのか，自分にとって働くとはどういうことかといった，職業観や労働観が影響する。また，就職活動を通して職業と自己理解を行っていくが，「課題探求（task exploration）」と「アイデンティティ探求（identity exploration）」との相互作用の中でキャリア選択が深化していく（高村，1997）。

　就職した初年度は，それまで考えていた職業や職場のイメージと現実とのギャップが大きく，仕事のできない自分へのショックが重なり，リアリティ・ショック（幻滅体験）を経験する。白井（2008）は，リアリティ・ショックの克服には，職場での上司や先輩が重要なはたらきをすると示した。上司は新入社員に知識やノウハウを学び取らせ，上司や有能な先輩社員のようになりたいと思わせることで見通しを持たせ，意欲を引き出す。リアリティ・ショックの克服を経て，職業上での専門性やアイデンティティを確立していくのである。

　なお，近年は2007年に制定された「仕事と生活の調査憲章」により，労働者の仕事と生活の両立を意味する「ワーク・ライフ・バランス（work-life balance）」が取り上げられるようになった。2018年7月には，「働き方改革を推進するための関係法律の整備に関する法律」が公布され，国がこれまでの働き方に一石を投じた（厚生労働省，2018）。しかし，女性は家事と育児，仕事の両立において，出産・育児期の就業継続は依然として難しく，このことが再就職後の仕事の処遇，家庭との両立負担，メンタルヘルスにも影響を与える可能性が示唆されている（池田，2010）。このように，共働き世帯の男女の働きにくさや，長時間労働，正社員とそれ以外の社員の処遇の二極化，少子化等の社会の構造的な問題も影響しているため，実現はなかなか難しい。なお，企業組織も従業員のワーク・ライフ・バランス実現のために，仕事と生活の葛藤（ワーク・ライフ・コンフリクト）の状況を確認し，そこから必要な働きかけを行っていく必要がある。

　生涯発達が問われる現代において，働き方は生き方につながる問題である。さらに，社会にどう出るかを考えるとき，社会的信頼（social trust）が必要となるが，社会的信頼は多様な仲間と共通の目標の

ために仕事をしたり，世代を超えてつながっていくことでつながる。大学時代をいかに過ごすかが，その後の人生にも影響を与えるといえる。

7-5 中年期・老年期

1 中 年 期

エリクソン（E. H. Erikson）の心理社会的発達理論では，成人初期の次が7番目の段階の「中年期（成人後期）」となる。中年期の発達課題と危機は「世代継承性 対 停滞」とされている。年齢は40代から60代前半で，職場で部下を指導したり，結婚して子どもを育てていく時期である。ここでは，成人初期に築いた他者との親密な関係を基盤として，次は新しい存在やもの，概念などを生み出すことにより，次の世代へ引き継いでいくことが課題となる。具体的には，子どもの世話や教育，後進の若者の指導，文化や伝統の継承などがそれにあたる。一方で，このような世代を意識した継承性を持つことができないと，利己的や停滞といった危機に陥ることになる。

これまで中年期は，心身の健康も充実し，生活も安定した人生の最盛期と考えられてきた。しかし，職場や雇用のストレスや不適応，家庭内でのトラブル，老親の介護など，中年期に直面する問題は多様かつ深刻である。1970年半ばくらいからは，実は不安定な要素の多い人生の転換期としてとらえられている。

レヴィンソン（D. J. Levinson）はライフサイクルにおける中年期を重要視した。40歳頃を「中年の危機」と呼び，この時点でなすべき課題を3つ挙げている（Levinson, 1978）。①これまでの人生を振り返り，再評価すること。②これまでの人生で不満が残る部分を修正し，新しい可能性を試してみること。③人生の後半に向けて，生じてきた問題を見つめること。そして，多くの人が「自分の人生はこれでよかったのだろうか」という激しい混乱を経験するとしている。レヴィンソンはこのような葛藤を「若さと老い」「男性性と女性性」「破壊と創造」「愛着と分離」という4つの両極性として示している。中年の危機とは，これらの対立する事項に自分で折り合いをつけながら統合していく過程であるといえるだろう。

また，ユング（C. G. Jung）も，中年期を「人生の午後」と位置づけて，自分とそれをとりまく世界が決定的に変化することが起こる時期としている（Jung, 1933）。陽は正午を境に日没へとゆっくり暮れていく。人生を一日にたとえるならば，半ばを過ぎた中年期以降は，できていたことができなくなったり，これまであったものがなくなっていくといった，衰退や喪失の時期といえる。しかし一方では，人間のさらなる深化や成熟にとって重要な時期であるといえるだろう。

中年期というのは，これまでの自分という存在そのものが，さまざまな要因によって思いがけず揺さぶられる時期としてとらえることができる（図7-13参照）。身体的には体力の衰えや老いの自覚があり，仕事では中間管理職のような狭間の立場としての葛藤や職業上の限界感の認識，また家庭では子どもの自立にともなう夫婦関係の見直しや老いた親の介護など，これまでにない大きな変化を体験することになる。このような自己内外の変化によって，自分の生き方や在り方を問い直すことは，今までの自分では生きていけないという，アイデンティティそのものの問い直しである。変化や揺らぎを主体的にとらえ，否定したり逃げたりせずにこれからの生き方を模索する過程として，中年期にはアイデンティティの再体制化が行われる（岡本，1997）。

中年期の女性に多くみられる問題には，子どもの自立にともなうものがある。子どもが成長して親の手を離れるようになる時期に母親が体験する心身の不適応状態を「空の巣症候群」という。自分の関心と活力を子育てに注いできた母親は，子どもが親ばなれをはじめると，母親役割の喪失にともなって，生きがいまで失ったように感じてしまう。まだ仕事に従事していてやりがいを感じている夫との対比などもあり，後悔や空虚感，無力感，抑うつ感などを抱えるようになる。また，更年期障害などによる心身の不安定な状態もあり，中年期の危機を体験しやすい。

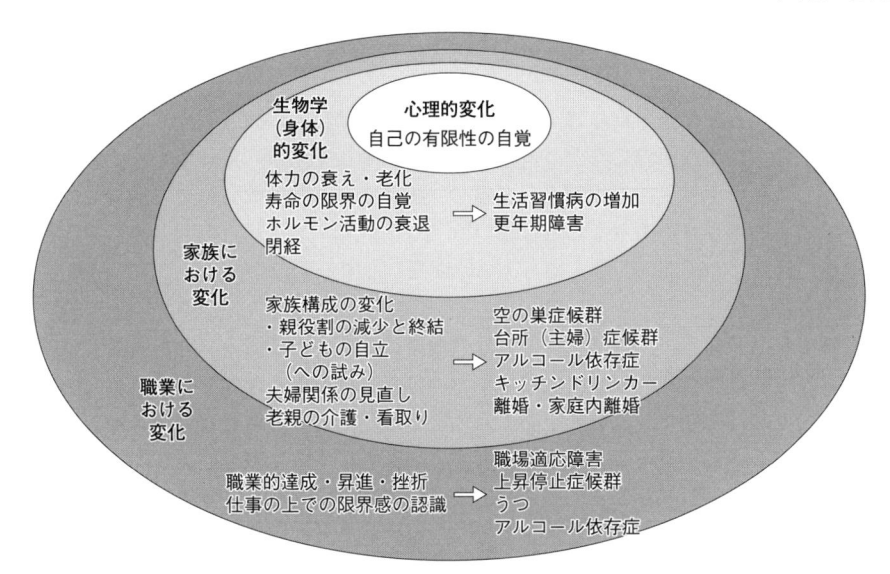

図7-13　中年期危機の構造（岡本，2002）。

　中年期は，若さから老いへのゆるやかな転換期である。このような問題に対して，母親としての役割を回復させようと外面的な解決をはかることが望ましいとは限らない。これまで母親として果たしてきた役割を評価して半生をとらえ直し，新たな自分を模索していくという内面的な作業が必要になる。女性だけでなく，中年期に生じる危機への心理臨床援助では，これまでの生き方を見つめ直して，これからの自分の人生をじっくりと考えていくことが重要となる。心身の変化へ対応していけるだけの強さや柔軟性が求められることも中年期の課題といえるだろう。

2　老　年　期

　エリクソンの心理社会的発達理論において，中年期の次，人生の最後となる8番目の段階が「老年期（高齢期）」である。発達課題とその危機としては「自我の統合 対 絶望」とされている。年齢は60代後半からであり，定年で仕事を退職したり子育てを終えた後から死に至るまでの時期をさす。中年期に次の世代を意識した世代継承性を持つことができたら，老年期では，自分の人生を振り返り，人生を意味づけ，これまで未解決だった問題を処理して，統合していくことが課題となる。具体的には，今までの人生全体を総括したり，自分の存在や人間の価値などについて理解を得たりすることが目的となる。また，私欲という自我の執着から離れて，家族や社会，国や世界といった幅広い視野を獲得することで，成熟した知恵の発揮が期待されるようになる。一方で，このような統合性を持つことができないと，人生に大きな悔いを残し，衰えるままに死を迎えるという絶望といった危機に陥ることになる。

　老年期には「4つの喪失」があるといわれている（長谷川・賀集，1975）。

　①心身の健康　　加齢にともなって身体機能の低下がおこるのは必然である。一般的に，体力の低下は老いの自覚として認知されやすい。身体機能の低下によって日常生活の自立が困難になると，精神的健康が悪化することもある。このように，身体機能は高齢者の心理に強く影響する要因だと考えられている。

　②経済的基盤　　定年によって仕事を退職し，年金で生活するようになると，現役時代と同程度の経済力を維持することは難しい。定年制度のない自営業などであっても，若いときと同じペースで仕事ができるとは限らず，縮小した仕事量では収入も減ることになる。

　③社会的つながり　　退職すると，これまで仕事を通して維持されていた人間関係は断ち切られることになる。また，子育てが終了すれば，子どもを通してつながりのあった親同士の人間関係も希薄になる。さらに，高齢になって活動範囲が限定されると，社会活動や近所づきあいの頻度も減る。そして，

高齢になるとともに近しい人の死は身近なこととなり，親や配偶者，友人や知人と死別する機会も増えていく。

　④**生きる目的**　　成人期や中年期には，生きるための目的は自分が強く意識するまでもなく，すぐ目の前に存在していた。仕事や子育てなど，明確な目標に向かって懸命に走っていくことが生きがいとなっていた。しかし，仕事や社会的な役割から引退し，子育てからも解放された立場では，それまでのように自然と生きる目的が現れるようなことはない。

　一方で，老年期はむしろ挑戦期と呼んでもよい時期だ，とする見方がある（井上，1993）。喪失体験に立ち向かうという視点から，先の4点について考えてみよう。

　①**健康への関心が高くなる**　　高齢者ほど自分の健康に気をつけている。若いときには気にもしなかった身体の不調にも敏感になり，健康を維持するための食品や運動の情報を集め，日常的に努力をしている。身体的なことだけでなく，認知症予防のためにもなるからと，新たな勉学に励む人も多い。身体機能の低下を自覚するからこそ，このように挑戦する気持ちが芽生えるといえる。

　②**資産を守り運用する**　　これまでの蓄えや年金での暮らしになると，無駄な支出や衝動買いなどを控えるようになる。また，資産を守るだけでなく，運用することに興味を持つ高齢者も少なくない。企業も高齢者向けに資産運用の講座などを開き，彼らの挑戦する姿勢を後押ししている。いまや世界一の高齢社会である日本において，高齢者をターゲットにした市場は大きい。さまざまな経済活動において，高齢者の動向は高い注目を集めている。

　③**新しいつながりを持てる**　　仕事や子ども，近所などの人間関係には，断ち切るわけにはいかないしがらみがある。しかし，高齢者の新たな社会的つながりは，それらとは無縁のところで，自分からつくっていくという良さがある。高齢者は新しいつながりづくりに挑戦するために，趣味を楽しみながら仲間をつくったり，学習会などで人間関係をつくり出している。そのような新しい出会いでコミュニケーションをとることは，心身ともに活性化する大きな要因となる。

　④**本当にやりたかったことができる**　　これまでやりたいと思っていたけれど，仕事や子育てなどに追われてできなかったことができるようになる。若いころにはなかった時間や資金，知恵や情報などを活用すれば，思った以上に可能性は広がっていると考えられる。成人期や中年期とは異なり，自分が本当にやりたかったことに挑戦するという生きがいを見出せるのが高齢期であるといえる。

　このように見てみると，老年期や高齢者は決して，何かを失うばかりではない。失ったものの重要さを実感し，状況へ適応することを模索しながら，新たなものを得ようとまた挑戦していく過程にあるといえる。それは，高齢者自身の気持ちの問題だけではない。周りの人々もそのような見方で高齢者をとらえ，支えていくことが重要であろう。

3　幸せな老いと死を迎える心理

　幸せな老いとはどのようなものだろうか。仕事や子育てから解放されて，自分が本当にやりたいと思っていたことをやりながら第二の人生を楽しんでいる人や，あたたかい家族や友人に囲まれながら不自由のない生活を送っている人が，幸福な高齢者としてイメージされるかもしれない。前項で述べたように，さまざまな喪失を経験しながらも，それにうまく適応しながら年齢を重ねていく過程をサクセスフルエイジングという。

　健康であることや病気や障害がないといった客観的健康はサクセスフルエイジングのひとつの条件であると考えられており（Depp & Jeste, 2006），また認知機能や身体機能が維持されていることも含まれる。しかし，健康でない高齢者は幸福ではないのだろうか。サクセスフルエイジングを構成する要素には，さまざまな側面がある（図7-14参照）。心理面で注目されるのが，高齢者本人の主観的な評価や感情，つまり主観的幸福感によって，幸福の程度を測ることである。

　主観的幸福感などが単純に生物学的側面の加齢や社会学的側面の加齢の影響を受けないのは，さまざまな喪失体験に対して，自分なりの適応のやり方を見出していくからだと考えられる。その過程は「選

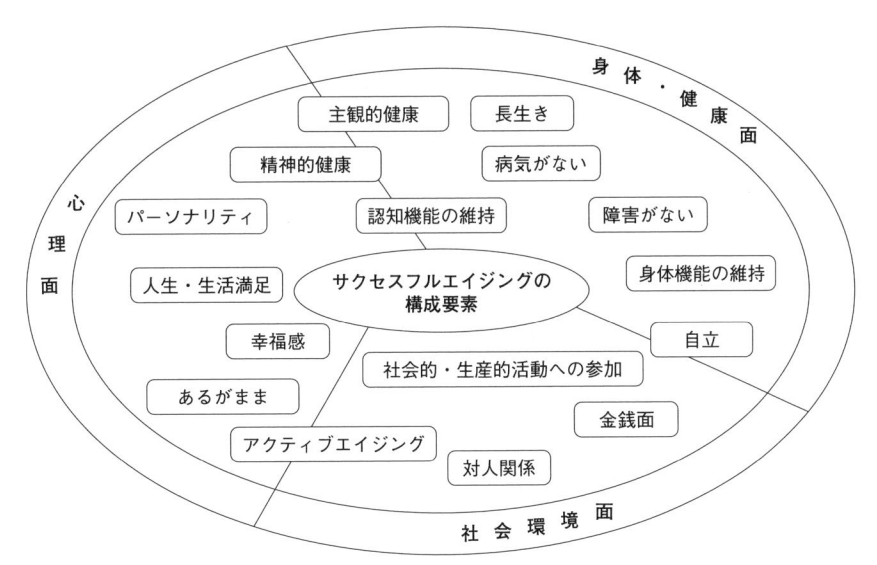

図 7-14　サクセスフルエイジングの構成要素（田中，2011）。

択」「最適化」「補償」の 3 つの要素に分けられる（Baltes, 1997；selection, optimization and compensation：SOC モデル）。これまで掲げていた目標の達成が難しくなったときに，目標を切り替えたり，目標の水準を下げたりする「選択」を行うことは，いろいろな機能を喪失しやすい高齢者に当てはまりやすい方略である。次に，新たな目標達成のために自分が持っている資源（やる気や能力，時間や資金など）を利用しなければならないが，加齢にともなってさまざまな資源が小さくなっている高齢者は，限られた資源を効率よく分配する工夫が必要になる。この工夫を「最適化」という。しかし，資源の喪失には工夫をしても元に戻すことが難しいものもある。そのようなときに外部からの援助を得て喪失を補うことを「補償」という。日常的な例ならば，歩行に杖を使用したり，カレンダーに先の予定を書き込んだりすることがこれにあたる。以上のような方略で，老いることへの適応がうまくできた人の主観的幸福感は高いと考えられる。主観的幸福に関連する高齢者の情動について，社会情動的選択理論（socioemotional selectivity theory）による説明がある（Carstensen, 1992）。この理論では時間の制限が目標に影響する。すなわち，若くて人生の時間が十分にある場合は，新しい経験や知識の幅を拡げるために目標を設定する傾向にあるが，人生の残り時間を意識するようになると，目標はより現実的になる。高齢者では情動的な満足が重要視され，ポジティブな情報や経験へ最適化する傾向があると考えられている（Carstensen et al., 1999）。

　死を意識した終末期に，人間はどのような心理になるのだろうか。死について語ることがまだタブーとされていた 1960 年代，アメリカの医師キューブラー = ロス（E. Kübler-Ross）は，シカゴの病院で「死とその過程」というワークショップを行った。そこで末期の患者約 200 人との面談内容を録音し，死にゆく人々の心理を分析した（Kübler-Ross, 1969）。キューブラー = ロスは，死期が近い患者との対話から，死の受容には 5 つの段階からなるプロセスがあることを発見した。

　①**第 1 段階「否認」**　　人々ががんの告知を受けたときの最初の反応は，大きな衝撃とともに自分が死ぬということはないはずだと否認する段階。仮にそうだとしても，自分は助かるのではないか，といった部分的否認のかたちをとる場合もある。

　②**第 2 段階「怒り」**　　なぜ自分がこんな目にあうのか，なぜ死ななければならないのか，これは理不尽だ，という怒りの段階。

　③**第 3 段階「取引」**　　もし病気が治ったら悪いところはすべて改めるのでどうか治して欲しい，あるいは，もう数ヶ月生かしてくれればどんなことでもする，などと死なずにすむように取引を試みる段

階。神などの絶対的なものにすがろうとする状態でもある。

④**第4段階「抑うつ」**　取引がかなわないと自覚し，運命に対する自分の無力さを感じて失望し，ひどい抑うつに襲われる段階。この段階はさらに2つに分かれ，病状が悪化することにともなうさまざまな喪失への「反応性抑うつ状態」と，現世との別れを覚悟し死を迎える準備をするための「準備性抑うつ状態」の2種類の抑うつが体験される。

⑤**第5段階「受容」**　これまでの段階を経て，死を受容する最終段階を迎える。周囲の対象への執着もなくなり，安らかに死を受け入れる。死を迎える準備が整ったということである。

ただし，すべての患者が同様の経過をたどるわけではない，ということは重要である（Kübler-Ross & Kessler, 2005）。人それぞれの死へのプロセスには，その人の文化的背景や経済状態，パーソナリティ，ソーシャルサポート，社会適応能力，死生観・宗教観などさまざまな要素が複雑に影響している。

● 理解を深めるための参考図書

杉村 伸一郎・坂田 陽子（編）（2004）．実験で学ぶ発達心理学　ナカニシヤ出版

和田 実・諸井 克英（編）（2002）．青年心理学への誘い──漂流する若者たち　ナカニシヤ出版

渡辺 弥生・伊藤 順子・杉村 伸一郎（編）（2008）．原著で学ぶ社会性の発達　ナカニシヤ出版

8 パーソナリティと知能

　人はさまざまであり，1人として同じ人はいない。優しい人もいれば，意地悪な人もいる。勉強のできる人もいれば，できない人もいる。このような1人ひとりの違いを個人差と呼ぶが，そもそもどうしてこのような違いが出てくるのであろうか。本章では，このような個人差に関わる心理学的概念である「パーソナリティ」と「知能」について概説する。

8-1　パーソナリティ

1　パーソナリティとは

1）パーソナリティの定義　　電車内で空いている席が1つもない状態だったとしよう。そこに足が不自由そうなお年寄りが乗車してきたとき，Aさんは目をつぶって寝て気づかないふりをし，Bさんは席を立って譲った。同じ状況におかれているのに，どうしてこの2人の反応は違ったのだろうか？　この違いを説明するのが「パーソナリティ（personality）」である。

　パーソナリティは簡潔に表現すれば，行動に見られる多様な個体差を説明するための概念であるが，「定義しにくい概念」ともいわれている。そのようななかで，いくつかの定義を，星野（1985）を参考にして，挙げてみることにする。オールポート（Allport, 1961）は，「個人を特徴付けている行動と思考とを決定するところの精神・身体システムであって，その個人の内部に存在する力動的な組織である」としている。一方，アイゼンク（Eysenck, 1953）の定義は「生体が実際に行う行動パターンの総和であり，（中略）次の4つの領域の機能的相互関係を通して発生し，発達していくことにより，その行動パターンが形成される。その4領域とは認知的領域（知能），能動的領域（意志），感情的領域（気質），身体的領域（体質）である」となっている。また，キャッテル（Cattell, 1950）は「人がある状況に置かれたとき，その人がどうするかを告げるもの」と定義している。

2）類似概念との関係　　パーソナリティと似たような概念に性格（character）がある。これらを区別するのも非常に難しいが，パーソナリティは環境に対しての適応機能に関する全体的特徴とされることが多く，知能，感情といった要素も含まれる場合が多い。それに対して，性格は情意的，意志的な行動様式の特徴とされることが多く，知能などは含まれないと見なされることが多い。こうしてみると，広義のパーソナリティは性格の上位概念といえるだろう。

　また，パーソナリティは生後の環境条件によってつくられるもので，性格は遺伝的要因が重視されるという見方もある。遺伝的といえば，先天的に決定されているということになるが，これに関しては気質（temperament）という概念もある。気質は個人の情緒的な反応の特徴で，生理学的過程と関連が深いと考えられている。気質の方が先天的に決定されやすいという見方もあり，気質は性格の基底的な部分で，その下部構造だと見なす場合もある。他に性格は意志の特質で，気質は感情の特質ととらえられることもある。

　このように，パーソナリティはさまざまな概念と包含関係にあったり，意味的に重複したりしている

うえ，研究者間によって，そのとらえ方も異なったりもするので，広い意味での「パーソナリティ」がこれらの概念の総称になることも多い。

2 パーソナリティ理論

　パーソナリティに関する理論は，類型論と特性論の2つが代表的である。また，これらの2つの考えを併せ持つような階層的な把握の仕方もある。

1）類型論　類型論（typology）とは一定の原理に基づいて組織的に類型を決定し，それによってパーソナリティを整理・分類するアプローチである。わが国で根強い人気を持つ血液型による性格の類型などもこれに含まれるが，心理学では輸血用の血液型と性格とには直接的な関連がないとされている。ただ，古代ギリシャでも，体液（血液，胆汁など）と気質との関連づけを行っていたといわれている。このように古くからの起源を持つ類型論だが，近代以降で有名なものはクレッチマー（Kretschmer, 1921）の体型に着目した性格類型であろう。クレッチマーは二大精神病と呼ばれた精神分裂病（現代では統合失調症という呼称を用いるが，ここでは説明のためにあえて旧来の呼び方にした）と躁鬱病の病前性格を検討するなかで，精神分裂病と痩身型（細長型），躁鬱と肥満型との関連が強いことを見出した。そして，精神病者だけでなく，分裂気質，躁鬱気質という性格傾向と体型とにも，同じような関係があると一般化した。しかし，その後の追試研究では，この考えは否定されている。

　シェルドンとスティーヴンス（Sheldon & Stevens, 1942）は非臨床群を対象にした統計的な検討によって，消化器系が発達していると見られる肥満的な内胚葉型は内臓緊張型気質，筋骨がたくましい中胚葉型は身体緊張気質，神経・感覚器がよく発達していて身体発育は華奢な外胚葉型は頭脳緊張気質と相関関係にあるとした。もともとはクレッチマーを批判する形で始まった研究であるが，クレッチマーと似たような関連性を確認することになった。ただ，この研究も方法上の問題が指摘され，この類型論を支持する結果ばかりではなかった。

　ユング（Jung, 1921）は，心的エネルギーが外部に向かい，外界から刺激されやすい「外向型」と，それが内部に向かい，自分の内界に興味を向けやすい「内向型」とにタイプを2分した。「外向型」は活動的，積極的で他者との関わりを好み，「内向型」は内気で内省的，孤独を好むといった特徴を持つとされている。さらに彼は，基本的な心的機能を思考−感情，直観−感覚の2つの軸で記述し，先述の向性と掛け合わせて，8つの類型を提唱した（表8-1）。「外向−内向」という分類は，日常語にもなっているうえ，精神分析や分析心理学には懐疑的な立場のアイゼンクらからさえも評価されている。

　類型論は，少数の典型に当てはめて人格の全体把握が容易であるといった長所を持つ反面，多様な人間を少数の典型には分類しにくく，典型に当てはまらないような中間型・移行型の理解に不向きであるなどの短所もある。また，当てはめた類型の特徴すべてがあるように誤解されやすいうえ，パーソナリティを固定的に見て，発達的変化を無視しているなどの批判もある。

表8-1　ユングの類型

	内　向　性	外　向　性
思考機能	主体の観点に強く影響される。理論のための理論を求める―理論家，哲学家	知性化傾向。実際性，客観性を重視。狂信的。―改革者
感情機能	深い内的感情生活。外界との感情交流を求めない。―宗教家	調和的，社交的で親しみやすい。―慈善事業家
感覚機能	主観的世界に没入。従順と頑固―芸術家	対象に感覚的に結合。身体的享楽をしやすい。―道楽者，耽美主義者
直観機能	主観的直観。外的事象に無関心―芸術家，夢想家	可能性の予見。予言能力―実業家，政治家

2）特性論　　特性論（trait theory）は，個人のパーソナリティの差異を，多かれ少なかれすべての人が共通に有する多種類の人格特性の測定値の組み合わせの差異として表わそうとするアプローチである。

　オールポートはパーソナリティ特性に関して，すべての人が量的な差異はあるにせよ共通して持っているものと，その個人だけが持っている個人的特性とに分け，前者として14種類の共通特性を挙げた。そして，各特性が発現する際の心理・生理的素材になるとされる7項目を加えて，21項目からなる測定結果をプロットしたパーソナリティプロフィールを心誌（psychograph）と呼んだ。これは，特性を数量的に表してパーソナリティを比較したという点で画期的であったが，なぜ，これらの特性が選択されたのかなどの根拠は明確にされなかった。

　パーソナリティ特性を表す言葉は数多く，その中からどれを選択するのかというのは大きな問題であった。しかし，たとえば，「外向的な」人は「社交的」であることが多いなど，いくつかの特性同士は相互に結びついていたり，似ていたりするので，そういう特性群の背景に基本的な因子を想定してまとめることもできる。これを可能にしたのが因子分析で，キャッテル（Cattell, 1950）はこの因子分析を用いて12～16の根源的特性を抽出した（表8-2）。これをもとに作られたのが16 PF人格検査（Cattell 16 Personality Factor Inventory）である。また，ギルフォード（Guilford, 1959）もキャッテル同様，因子

表8-2　キャッテルの16因子（Cattell, 1950）

打ち解けない【分裂的】 （超然とした，批判的，冷たい）	打ち解ける【情緒的】 （社交的，協調的，人好き，のんき）
知的に低い【低知能】 （具体的思考）	知的に高い【高知能】 （抽象的思考，利発）
情緒不安定【低自我】 （感情的，動揺しやすい，移り気）	情緒安定【強自我】 （おとな，現実直視，冷静，忍耐強い）
謙　虚【服従的】 （温厚，順応的，御しやすい，従順）	独　断【支配的】 （攻撃的，権威的，競争的，いこじ）
慎　重【退潮的】 （用心深い，まじめ，無口）	軽　率【高潮的】 （衝動的，熱狂的，無頓着）
責任感が弱い【弱超自我】 （御都合主義，無責任）	責任感が強い【強超自我】 （忍耐強い，礼儀正しい，道義的，規律的）
物おじする【脅威に対する過敏】 （控え目，気おくれ，臆病）	物おじしない【脅威に対する抗性】 （大胆，遠慮のない，自由奔放）
精神的に強い【徹底した現実主義】 （自力本願，現実的，実用主義）	精神的に弱い【防衛的な情緒過敏】 （直観的，非現実的，繊細）
信じやすい【内的弛緩】 （順応的，ねたみのない，協調的）	疑り深い【内的緊張】 （うぬぼれ，抜け目ない，懐疑的，好奇心の強い）
現実的【現実性】 （用意周到，慣習的，実務的）	空想的【自閉性】 （現実に無頓着，非慣習的，ぼんやり）
率　直【無技巧】 （飾らない，純粋，気どりのない）	如才ない【狡猾】 （打算的，警戒心の強い，見通しのきく）
自信がある【充足感】 （落ち着いた，安定した，自己満足した）	自信がない【罪責感】 （自責的，心配症，苦労性）
保守的【保守性】 （既成観念の尊重，因習的）	革新的【急進性】 （自由主義的，分析的，実験的）
集団的【集団依存】 （集団志向，従者的）	個人的【自己充足】 （自己決断的，才覚のある）
放縦的【低統合】 （世間体を気にしない，衝動的）	自律的【高統合】 （世間的，自覚的，自制的）
くつろぐ【低緊張】 （穏やか，不活発，満たされた）	固くなる【高緊張】 （欲求不満的，興奮的，落ち着かない，張りつめた）

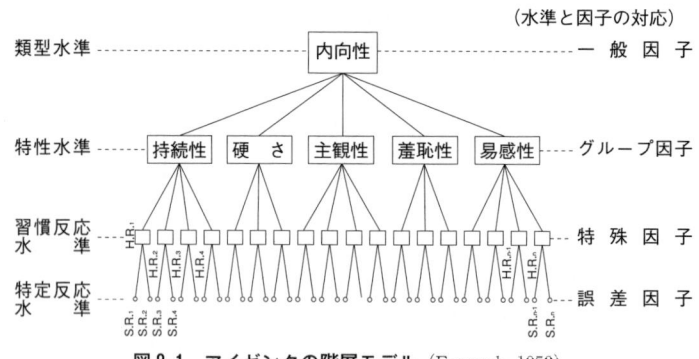

図8-1　アイゼンクの階層モデル（Eysenck, 1953）。

分析を用いた特性論的把握を行っている。

　特性論は，パーソナリティの個人差を測定値パターンの相違としてとらえるため，類型論で問題となる中間型の無視といったようなことが起こらない。また，大量データを統計的に処理する因子分析の手法を用いる立場が多くとられ，客観的把握ができているようにとらえられやすい。しかし，そこで取り上げられる特性や因子分析の手法に結果が左右されることは否めない。さらに，パーソナリティの発達を考慮せずに静的なものとしてとらえていることや，特性間の力動的な関係をあまり想定していないところも問題点として挙げられている。

3) **階層的把握**　類型論も特性論もそれぞれの長所があるものの短所もある。そこで，両者を統合的にとらえるパーソナリティの階層モデルをアイゼンク（Eysenck, 1967）は提唱した（図8-1）。最下層の特定的反応はある場面のみでの日常的な個人の反応で，次の層が同じ状況での似たような反応パターンである習慣である。その上の層は，習慣的な反応がまとまって形成されるパーソナリティの特性である。そして最上層が，種々の特性が集積されてできあがる類型となる。このようにアイゼンクは，類型は特性から形成されるという仮説に従って，因子分析の結果を用いながら，パーソナリティの基本構造を階層構造としてとらえた。この考えに基づいてでき上がったパーソナリティ検査がモーズレイ人格目録（Maudsley Personality Inventory: MPI）である。

8-2　知　　能

1　知能とは

　「知能（intelligence）」という言葉は日常的にもよく使われるが，その定義はさまざまである。従来の多様な検討をまとめると，知能は以下の4つのように定義されている。

　まず「知能とはものごとの関係を認識する能力である」といったような抽象的な思考能力であるという定義。次に「知能とは学習能力に関する総合的能力である」というような学習能力的な定義。さらには，「知能とは新しい課題や条件に対する一般的な心理的適応能力である」などとする環境への適応力を重視した定義。そして，「知能とは知能検査によって測られたもの」という操作主義的な定義。これらのいずれにも良い点と問題点があり，どれが適切かを判断するのは難しい。そこで，知能を包括的に定義しようとするむきもある。たとえば，ウェクスラー（Wechsler, 1991／日本版 WISC-Ⅲ刊行委員会訳, 1998）は自身が開発した検査で測る知能を"目的的に行動し，合理的に思考し，能率的に環境を処理する個人の総合的・全体的能力"と定義している。しかし，これでは「本質的に知能とは？」という問いに答えるには曖昧すぎる。

　こうして考えてみると，知能の定義は非常に難しいといえる。このようなこともあって，知能に関してはその定義よりも，どのような構造になっているかという点から，構成要素の把握という方向での研

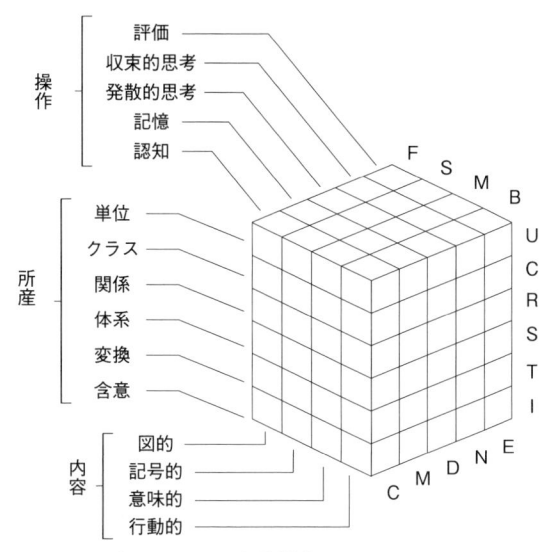

図 8-2　ギルフォードの知能構造モデル（Guilford, 1967）。

究が進んでいる。

　スピアマン（Spearman, 1904）は，知能検査が測定するのは，各課題に共通して影響力を持つ共通因子としての一般知能因子と各課題に独自に作用する特殊因子であるとし，知能の2因子説を唱えた。一方，サーストン（Thurstone, 1938）はさまざまな知能検査を因子分析し，一般知能因子だけでは知能の構造を説明できないという結論に至り，空間，知覚，言語，記憶，語の流暢性，数，推理の7因子を挙げ，多因子説を提唱した。また，ギルフォード（Guilford, 1967）は，因子分析の対象となる知能検査の課題によって結果が左右されないように，知能の因子構造を包括的に秩序づけて理解しようとした。そして，内容，操作，所産の3次元を仮定し，これらを処理する能力が知能であると考えた。内容は，扱う情報の中身であり，図的，記号的，意味的，行動的の4種が想定されている。操作とは，内容に加えられる心理的な操作で，認知，記憶，発散的思考，収束的思考，評価の5つに分類される。所産は内容を操作した結果の伝達に関わり，単位，クラス，関係，体系，変換，含意の6種が挙げられている。この知能構造モデルは図 8-2 のように 4×5×6 の 120 因子を仮定していることになり，このうち 80 個以上は確認されているという。残りについては，そのような因子が確認されるような研究を待つか，残りの因子が測定できるような検査の開発を促すことで確認されるか，という形になっている。

　キャッテル（Cattell, 1941, 1963）は一般知能を結晶性知能（おおまかにいえば教育・経験に基づく知能）と流動性知能（おおまかにいえば新奇事態に適応する知能）とに分けた。キャッテルに教えを受けたホーン（Horn, 1965）は互いに同格な多因子で知能が構成されていると考えた。また，キャロル（Carroll, 1993）は知能が3つの階層からなるとし，最上層に一般知能，次に結晶性知能などを含む8つの因子，その下にさらに詳細な特殊因子があると考えた。これらの考えを統合したのが CHC 理論（Cattell-Horn-Carroll theory）で，近年開発された知能検査や認知機能検査はこの理論に基づいているものが多い。

2　類似の概念

　一般的には「知能が高い人」というと「学校の成績が良い人」「人が思いつかないような発想をする人」「社会的に成功している人」などのイメージが浮かびやすい。これは「知的能力」というような言葉でまとめられうる概念がいくつか存在するからだと考えられる。

　学校の成績（学業成績）の良し悪しは「学力（academic achievement）」と呼ばれ，学習，なかでも学校教育によって得られた能力をさす。学力も知的な能力なので，知能との関連性は非常に高い。しか

し学力は，学習態度や動機づけといった学習者の要因，教授法やリーダーシップなどの教授者の要因，学習される領域の要因など，さまざまな影響を受けやすい。また，学力は学力テストによって測定されるが，それは学習到達度のような形で表現される。つまり，学力は遂行の度合いであったり，達成度であったりと，後天的に獲得されて表に出た知的能力であるのに対し，知能の方は潜在的で素質的な要素が強いものと見られる傾向がある。

「創造性（creativity）」も知能とは密接な関係を持つ概念である。ただ，知能を測る知能検査には与えられた課題から 1 つの解へと思考を収束させることが求められることが多いのに対し，創造性は自由に思考を発散させて，いかに独創的で新奇なアイデアを出すかを求められるというのが異なる点といえよう。

その他に広い意味での知的な能力として，情報処理的な認知的能力や社会的能力などもそこに含まれるとする考えもある。いずれにせよ人間の行動はさまざまな形で知性的行動として表れてくるので，知能と関連する概念は無数にあるといってよいだろう。

8-3　パーソナリティ・知能の測定

1　心理アセスメントとは

ある状況で生体に刺激を与えて，その反応から生体内にある「心」を推測するというのが心理学の基本である。なぜこのような刺激状況で，このような反応が出てきたのかということを説明するものとして「心」を仮定するのである。このプロセスを厳密な心理学的手法を用いて調べるのが広い意味での心理アセスメントで，その手法には観察法，面接法，実験法，質問紙法，検査法などがある。特に臨床心理学の現場では，さまざまな心理アセスメントの結果を組み合わせて「見立て（心理学的診断）」を行い，それに従って心理面接（心理療法）の計画を立てたりもするので，心理アセスメントは非常に重要なものであると言える。

2　心理検査

心理検査は心理テストとも呼ばれるが，これらは巷にあふれている「占い」のような「心理テスト」とはまったく別物である。心理検査と呼ぶには，その検査がデータによって十分検証されていることが前提となり，妥当性（測定したいものが測定されているか），信頼性（測定結果は安定しているか）が保証されていて，標準化（実施法，解釈法などの手続きが確立されている）がなされていることが要求される。

心理検査は個人の心理的特性を把握することを目的に使用されることが圧倒的に多い。その心理的特性の中でも，よく扱われるのが前の 2 つの節で概説したパーソナリティと知能である。そこで，以下にパーソナリティ検査と知能検査を概観してみたい。

3　パーソナリティ検査

1）質問紙検査　質問紙性格検査は，性格が反映されると思われる多数の質問項目への反応を見る検査である。自己記入式になるので，被検査者が自覚している部分のパーソナリティを測定していることになる。わが国で有名なものは Y-G 性格検査（矢田部-ギルフォード性格検査）で，これは 12 の性格特性を測定する。ただし，因子妥当性が保証されていないことと，自己記入式だけに，結果を社会的に望ましい方向に歪められることが問題にもなる。

その点，MMPI（ミネソタ多面人格目録）は，精神障害者の反応を外在基準としていて，基準関連妥当性が保証されているうえ，検査結果の妥当性を検討できる尺度（虚偽尺度，妥当性尺度など）も含まれていて，さらに質問項目の内容が何を測定しているかを読み取れないため有用な質問紙検査である。ただし，550 項目からなっているので，被検査者への負担は非常に大きいといえる。

　ただ，この550項目という膨大な項目群をアイテムプールとして活用し，さまざまな臨床群と健常群の検査結果を比較することで，新たな追加尺度を作るのが可能というのもMMPIの特長である。たとえば，摂食障害患者群がより反応しやすい項目を抽出して，摂食障害尺度を作成するといったことが可能なのである。こうして追加された尺度は500を越えるともいわれていて，中には顕在性不安検査MAS（Manifest Anxiety Scale）のように独立した検査として活用されているものもある。

2）作業検査　　作業検査は，被検査者に一定の作業を与え，その遂行過程や結果からパーソナリティを推測するものである。わが国で代表的な作業検査は内田クレペリン精神作業検査で，1桁の数字を単純加算していく作業を連続して行わせ，「作業曲線」から「意志」「気質」などの判定を導き出すものである。

3）投影法（投映法）　　投影法は，曖昧な刺激を与えて被検査者の自由で独自な反応を引き出す検査法である。投影法は各検査の特性から，さらに以下のように分類されている。
　①連想法　　連想法は，言語的・聴覚的あるいは視覚的な刺激を被検査者に与え，自由な連想を引き出す検査法である。たとえば，ロールシャッハ法（Rorschach, 1921）は，ほぼ左右対称のインクのシミ状の模様（図8-3）を見せ，それが何に見えるか，何に似ているように思うかなどを問う。そして，どのような反応がどのような理由で連想されたかによってスコアリングがなされ，病理，現実検討能力，向性などさまざまなパーソナリティ特性が描き出される。
　他に，無意識に潜むコンプレックスを把握するためにユングが考案した言語連想検査なども連想法の代表的なものである。
　②構成法　　構成法は，検査素材が提供する枠組みにのっとって被検査者にあれこれ想像させるものである。有名なものとしては，マレーとモーガン（Murray & Morgan, 1935）が開発したTAT（Thematic Apperception Test：主題統覚検査）が挙げられる。これは，図8-4に示すように，場面設定があいまいな絵を見せて空想物語を作らせるもので，その物語の主題内容から被検査者のパーソナリティを理解しようとする検査である。TATは子どもには難しいとされているので，子ども版のTATであるCAT（Children's Apperception Test）も開発されている。こちらは，子どもは動物に感情移入しやすいということで，動物が主人公の物語を作らせる形になっていたが，後に人間図版も開発されている。
　③完成法　　完成法は，未完成の文章や物語を完成させることを求める検査法で，文章完成法（SCT）やローゼンツヴァイク（S. Rosenzweig）のP-Fスタディなどが代表的である。前者は「私はよく人から＿＿＿＿」といったような不完全な文章を呈示して，空欄部分の言葉を補完させるもので，も

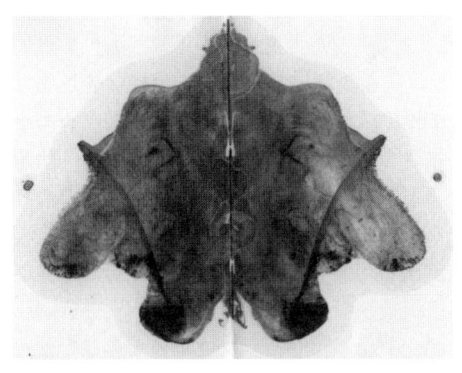

図8-3　ロールシャッハ法の模擬図版。

図8-4　TATの模擬図版。

図 8-5　P-F スタディの模擬刺激画。

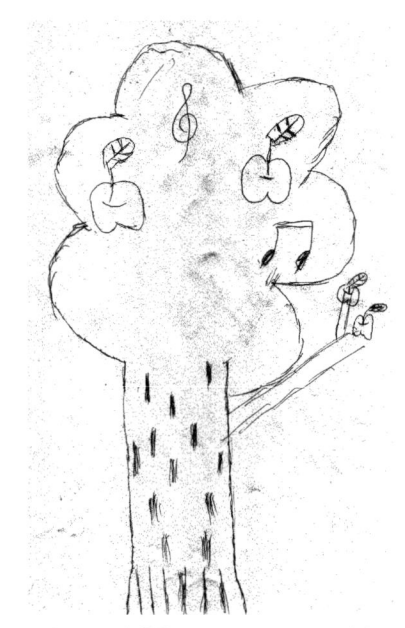

図 8-6　小学生のバウムテストの一例。

ちろん投影法でもあるが，語彙や表記能力を見るような能力検査的な性格も有している。一方 P-F スタディは，欲求阻止場面を描いたマンガのような絵の中にある欲求不満状態の人の台詞を吹き出しの中に書き入れるという形式をとっている（図 8-5）。これにより，被検査者の攻撃の方向（他責的，自責的，無責的）と攻撃の型（障害優位，自我防衛，要求固執）を知ることができる。

　④**選択法**　　選択法は，いくつかの刺激の中から一定の基準で選択をさせる方法で，ソンディ・テストが有名である。これは，ソンディ（Szondi, 1972）の運命心理学の考えに基づいており，8 枚 1 組（合計 6 組，48 枚）からなる精神障害者男女の顔写真の中から好きなものと嫌いなものを 2 名ずつ選ぶ形式をとっていて，被検査者の衝動病理や家族的無意識を明らかにすることができるとされている。

　⑤**描画法**　　描画法は，被検査者に絵を描かせるもので，描く内容を指定しない自由画的な検査もあるが，圧倒的に多いのはある程度描画内容を指定する検査である。簡便かつ有名なものとしては「実のなる木を 1 本描いて下さい」と指示するバウムテスト（Baum test）がある（図 8-6）。これはコッホ（K. Koch）が発案したもので，臨床現場ではかなりよく使われている。

　また，人物画検査もよく用いられ，グッドイナフ検査（Draw-a-Person test; Goodenough test）のように知能検査として使われているものもある。人物だけでなく家と木も描かせるのはバック（Buck, 1948）が開発した HTP テスト（House-Tree-Person test）である。

　さらに，中井（1973）は統合失調症患者への描画を介した関わりの中から，風景構成法を創案した（図 8-7，図 8-8）。これは，川・山・田・道・家・木・人・花・動物・石・「足らないと思うもの」という要素を逐次的に描いてもらって風景画的な絵に仕上げるというもので，この要素の中には先述したHTP テストの内容も含まれている。中井は風景構成法を検査としてよりも治療的かかわりのツールとして使うことを重視していて，統合失調症者への配慮から，描きやすくする補助的な手段として，治療者・検査者がフリーハンドで画用紙に枠を描いてから描かせるという枠付け法を採用している。この枠付け法は近年，バウムテストなどにも応用されることが多くなっている。

　この他に，家族で何かをしているところを描かせる動的家族画など，さまざまな描画法検査が考案されている。

　投影法は，本人が意識していないような水準，つまり前意識，無意識という深い水準までの測定が可能とされているが，検査の施行，解釈にはかなりのトレーニングが必要で，容易には実施できないのが

図8-7　子どもの風景構成法の一例。

図8-8　成人女性の風景構成法の一例。

難点である。

4　知 能 検 査

1）**知能検査の歴史**　　1900年代に入って，知的発達遅滞をもつ子どもへの特別支援教育が必要という認識が生まれ始め，フランスでは特別支援が必要な子どもかどうかを判断するために，ビネー（A. Binet）が精神科医のシモン（T. Simon）の協力を得て初の知能検査を開発した。ビネーの検査は簡単な問題から順に難度を上げていく「年齢尺度」で構成されていて，それぞれの項目は該当する「年齢級」に属している。そして，どの年齢級の問題まで正答できたかによって「精神年齢（mental age）」を算出できた。この検査はビネー式知能検査と呼ばれ，一般知能とビネーが呼んだ包括的な知能を測定するものであった。そして，各国でこの形式に基づいた知能検査が開発されることになった。なかでも有名なものが，ターマン（L. M. Terman）の作成したスタンフォード・ビネー知能検査である。この検査が画期的であったのは，精神年齢だけでは異なる年齢の者同士の知能の比較ができなかったのを，精神年齢を生活年齢で割り，それに100をかけることで算出される「知能指数IQ（intelligence quotient）」を採用して比較可能にしたことである。たとえば，同じ10歳5ヶ月の精神年齢を持つ子どもでも，一方は生活年齢が10歳5ヶ月，他方は8歳4ヶ月だとすると，IQはそれぞれ100と125となり，8歳4ヶ月の子どもの方が知的に高いことになる。このようなわかりやすさもあって，ビネー検査はわが国でも複数の研究者が開発を行い，鈴木ビネー式実際的・個別的知能測定法や田中ビネー知能検査法などが広く用いられるようになった。特に後者は改訂を重ね，現在は田中ビネー知能検査Ⅵが標準化されている。

　一方，ウェクスラーは知能を包括的ではなく分析的に診断することを目指して，ビネー式とは異なる個別的な知能検査を開発した。この検査は11種類の下位検査からなり，それぞれの下位検査は言語性検査と動作性検査に分類されている。このように構成されているので被検査者の知能を下位検査得点のプロフィールで表現したり，言語性IQと動作性IQのずれを見たりして，分析的にとらえることが可能なったのである。また，このウェクスラー式の検査では平均100，標準偏差15となる「偏差IQ（deviation IQ）」が採用されていて，同年齢集団の中で相対的にどの位置にあるのかがわかるようになっている。

　なお，ビネー式の知能検査は幼児から成人まで，幅広い年齢層の知能を測定できるが，ウェクスラー式知能検査は，幼児用のWPPSI（Wechsler Preschool and Primary Scale of Intelligence），児童用のWISC（Wechsler Intelligence Scale for Children），成人用のWAIS（Wechsler Adult Intelligence Scale）に分かれている。それぞれが日本でも標準化されて版を重ね，現在はWPPSI-Ⅲ，WISC-Ⅴ，WAIS-Ⅳとなっている。

　これらは個別式の知能検査で検査者が被検査者と向かい合って1対1で実施する。それに対して，多数の被検査者に一斉に実施する集団式の知能検査もある。集団式の知能検査は第一次世界大戦でアメリ

カ軍が兵士として適格な者を大量に集めるために開発された。集団式知能検査はペーパーテストであったが，識字率が低い時代で必ずしも英語の読解力がある者ばかりではなかったため，文字を使用するA式，文字を使用しないで絵や記号などで答えさせるB式の2種類が考案された。これらの集団式知能検査も個別式知能検査と同様，複数の研究者によって日本版が作られ改訂が重ねられた。

2）知能検査の問題点　　知能検査は知能という漠然としたものをIQや偏差IQといった形で可視化し，非常にわかりやすいものにした。その反面，あくまでも知能の一側面を測っているにすぎない知能検査が，知能という非常に多様なものを完全に測定できていると見るような誤解も多く生じてきた。知能検査といえども「検査」なので，測定しようとしたものしか測定できないのは当然である。知能の定義に関して統一見解がないのであるから，知能検査にどのような課題を採用するかということも，当然その開発者の知能観の影響を受けるだろう。また，現在主流となっている知能検査は，国語や算数などの学力とは相関が高いが，美術などの成績とはあまり相関がないといわれている。さらに，創造性や社会性など知的能力として重要なものに関する課題も十分盛り込まれているとはいえない。そのような形でできあがっている知能検査の結果が知能全体を測っていると考えるのは無理がある。これらの問題に関しては，使用する知能検査がどのような知能観のもと，どのような過程を経て開発されてきたかを検査者が熟知して施行し，解釈することで，ある程度改善が可能である。

　他にも，たとえば，知能検査の結果が小学校1年の時と中学校2，3年の時では相関係数が0.5〜0.6程度しかなく，検査結果の恒常性を保てていないという問題や，そのために被検査者の将来（社会的成功の度合いなど）を正しく予測ができないという批判もある。

　これらの限界があることを踏まえて知能検査は活用されるべきであろう。

5　テストバッテリー

　パーソナリティや知的能力といった個人の特性は多面的なものなので，どのように優れた検査でも，それ一つで十分な把握をすることはできない。そのうえ，それぞれの心理検査法には長所も短所もあるので，複数の心理検査を組み合わせて実施することにより，総合的にパーソナリティや知能をはじめとする能力を把握しようとするのが一般的である。この組み合わせをテスト・バッテリーと呼んでいる。

　テスト・バッテリーを組む際は，どのような理論に基礎を置くか，どのような対象に検査を実施するのかなどをよく考慮すべきである。いつでも誰に対しても同じ組み合わせにするなどの固定化は避けなければならない。また，各検査結果を並列的に表記するというのではバッテリーを組んだ意味がないので，総合的・力動的に解釈していくことが求められる。

●理解を深めるための参考図書

村上　宣寛（2007）．IQってホントは何なんだ？：知能をめぐる神話と真実　日経BP社

詫摩　武俊・滝本　孝雄・鈴木　乙史・松井　豊（編）（2003）．性格心理学への招待：自分を知り他者を理解するために　サイエンス社

氏原　寛・岡堂　哲雄・亀口　憲治・西村　洲衛男・馬場　禮子・松島　恭子（編）（2006）．心理査定実践ハンドブック　創元社

9 　心の臨床と支援

　臨床心理学は，個人の適応上の問題や行動上の障害を心理学的知識や技術を用いて理解・支援しようとする心理学の一分野といえる。心理学の学問体系に組み込まれており，アカデミックな研究がなされている一方で，心理臨床的「実践」を抜きにしては成り立たない学問でもある。

　臨床心理学の実践領域は，①心理アセスメント（査定），②心理的支援・介入，③地域援助の3つが挙げられることが多い。たとえば，「臨床心理士資格審査規程」第11条には，臨床心理士に求められる固有な専門業務として，「臨床心理士は，学校教育法に基づいた大学，大学院教育で得られる高度な心理学的知識と技能を用いて臨床心理査定，臨床心理面接，臨床心理的地域援助及びそれらの研究調査等の業務を行う」とされている。また，公認心理師法第2条第1項においては，公認心理師の業務として，「(1) 心理に関する支援を要する者の心理状態の観察，その結果の分析，(2) 心理に関する支援を要する者に対する，その心理に関する相談及び助言，指導その他の援助，(3) 心理に関する支援を要する者の関係者に対する相談及び助言，指導その他の援助，(4) 心の健康に関する知識の普及を図るための教育及び情報の提供」の4つが挙げられている。このように，臨床心理学的支援を専門とする2つの代表的な資格においてもともに，心理アセスメント，心理的支援，地域援助は専門業務であると規定されている。

　本章では，第1節において心理アセスメント，第2節において心理的援助，第3節ではコミュニティ心理学の視点から地域援助についてそれぞれ解説する。続いて第4節では，近年，より重要視されるようになった障害者への支援を臨床心理学の視点から解説する。

9-1　心理アセスメント

1　心理アセスメントとは何か

1）心理アセスメントとは　　臨床心理学の支援の対象には，精神疾患を抱えた人だけではなく，いわゆる病気ではないが，さまざまな心理的な問題，悩み，人生上の苦しみなどを抱えた人たちも含まれている。こういった心理的な支援を必要としている人たちをクライエント（来談者）と呼ぶ。臨床心理的な支援を必要とするクライエントは，訴える悩みや外に現れた症状が直接，特定の原因によって引き起こされているとは限らない。心理的問題は，多くの場合，複数の要因が複雑に絡み合って起こるものである。クライエントへの支援を適切に行うためには，心理的問題を引き起こした要因やきっかけ，クライエントの現在の心理状態，パーソナリティや能力，クライエントを取り巻く環境などを理解するため，心理学的なアセスメントが必要である。心理アセスメントは心理査定とも呼ばれ，クライエントに心理的な支援を行おうとする際に，支援の方針や今後の見通しを立てるために，クライエントの心理状態・生活状況・個人史・発達・知能・パーソナリティについて心理学的観点から詳しくとらえ，分析することである。

　クライエントへの支援を始めようとするとき，支援者側は，まず問題の発生要因や持続要因，それらのメカニズムを理解する必要がある。それらを把握した後でないと，適切な介入法を選択し，具体的な計画を立てることができない。そのため，この心理アセスメントをもとにして，ガイダンス，カウンセリング，心理療法，環境調整などの心理的支援や心理的介入を行っていくのが一般的であり，その意味では，心理アセスメントは心理的支援や介入の基盤となるものであるともいえる。

　また，心理アセスメントは，心理的支援・介入が行われる初期だけに行われるとは限らない。その支援が役に立っているかどうか，問題の解決につながっているかどうか，クライエントの心の健康が回復に向かっているかどうかを明らかにするため，継続した心理的支援・介入の途中や終了時において，再びアセスメントが行われることもある。

　このように，心理アセスメントは心理的支援の専門家にとって重要なプロセスといえる。実際，臨床心理士に求められる能力の一つに心理アセスメントが挙げられており，公認心理師の業務としても，公認心理師法に「心理に関する支援を要する者の心理状態を観察し，その結果を分析すること」と明記されている。

2) 見立てとケースフォーミュレーション　　心理アセスメントと類似の用語として，「見立て」,「ケースフォーミュレーション」がある。「見立て」とは，心理アセスメントを含む広い概念であり，クライエントの問題の背景要因やメカニズムの理解，適切な支援方法やその結果の見通しをさすものである。この言葉を，心の問題の理解の場にはじめて提唱したのは，精神科医の土居健郎であるといわれている。彼は，「見立て」を「診断的なものを含んでいるが，しかし単に患者に病名を付することではない。それは断じて分類することではない。それは個々のケースについて診断に基づいて治療的見通しを立てることであるとともに，具体的に患者にどのように語りかけるかを含むものであって，きわめて個別的なものである」と述べている（土居，1996）。さらに，河合（1996）は，心理臨床の立場から，「心理療法を行う上で，土居の言うような『見立て』が『診断』より有用であると考えている」と述べており，今では「見立て」という言葉は心理臨床の場でも広く用いられている。

　一方，「ケースフォーミュレーション（事例定式化）」とは，アセスメントで得られた情報をもとにケースを理解し介入計画を立てるために行われるものである。クライエントの情報をもとにして行動上の問題あるいは心理的な問題の成り立ちを客観的かつ，科学的に検討しようとするプロセスであり，ケースフォーミュレーションに基づいた支援では，個々のケースの情報を丁寧に集めてアセスメントを行い，それをもとに仮説を生成し，クライエントの問題や状態が改善されているかどうかによって測られる妥当性を支援の過程で確かめながら進められる。この用語はもともと認知行動療法において使用される傾向があったが，現在では他の心理的支援アプローチでも使用されるようになってきている。

3) 精神医学的診断と心理アセスメント　　臨床心理学を専門とする臨床心理士や公認心理師は精神医学的診断を行うことはできないが，クライエントの状態を精神医学的な側面から理解したり，医療領域などで医師をはじめとする医療従事者と連携したりする際には，精神医学的な診断基準は必要な知識の一つである。医療領域において，精神医学的診断がなされる際，DSM もしくは ICD の基準が用いられることが多い。

　DSM（精神疾患の診断・統計マニュアル：Diagnostic and Statistical Manual of Mental Disorders）とは，精神障害の分類のための標準的な基準を呈示するものであり，アメリカ精神医学会によって出版されている。DSM の初版（DSM-I）は 1952 年に出版され，以降数回にわたって改訂版が発行されてきた。現在では第 5 版（DSM-5）が出版されている。

　ICD（国際疾病分類：疾病及び関連保健問題の国際統計分類 International Statistical Classification of Diseases and Related Health Problems）とは，傷害・疾病・死因の統計を国際比較するため世界保健機関（WHO）がまとめた統計分類である。1900 年に初めて国際会議で承認され，その後改訂を重ね，現在では第 11 版が公表されている。

　DSM および ICD は，1980 年に作成された DSM-Ⅲ以降，精神科医間で精神障害の診断が異なるという診断の信頼性の問題を解決するため，操作的診断基準が採用されている。操作的診断基準とは，疾患に特徴的な複数の症候のうち何項目が患者に該当するかに基づいて診断を決定するというものである。これは，精神疾患は明確な原因が不明なものが多く，また疾患を特定する客観的な検査法がほとんどな

いため，臨床症状のみに依存せざるをえないことによる。

　なお，これらの分類や診断基準は数年ごとに見直され，改訂版が出されている。今後も改訂された際には，最新の診断基準や分類を確認しておくことが必要である。

　一方，心理アセスメントには，DSM や ICD のような客観的な基準があるわけではない。心理アセスメントの目的は，多角的な視点から情報を得，それらを総合的，複合的に解釈しながらクライエントを全体性の視点から理解しようとすることといえる。そのため，精神医学的理解，人格構造についての理解，発達的視点，ライフサイクルについての理解などが必要であり，多様な心理学的知識が必要である。さらに，心理アセスメントにおいては，異常性や精神病理，能力的な弱さを明らかにし，それらを見立てることだけでは不十分である。人は弱い面だけではなく，ポジティブで肯定的な側面や強みを必ず持っている。これらを総合的かつ全人格的に理解し，また肯定的な面や強みを実際の心理的支援に役立てるため，クライエントの潜在的な能力，心理的な健康さ，適応能力など，心理的な問題の取り組みに有効に働くと考えられる側面にも着目することが重要である。

　このように，心理アセスメントにおいてはクライエント全体を理解することが求められるが，人をそのまま全体として理解することは非常に難しい。さらには，心理アセスメントでの情報収集および得られた情報による分析・解釈については，精神医学的診断に比べ，客観性の確保が十分とはいえない。そのため，得られた情報が十分なものといえるかどうか，得られた情報からの解釈や分析は適切か，主観による偏りがないかどうかなどについて，つねに自分自身でも確認するとともに，対人援助職者が指導者（スーパーバイザー）から指導を受けるプロセスであるスーパービジョンや事例検討会を通じて自己研鑽する必要がある。

4）リスクアセスメント　　心理的支援の現場においては，ときには，自殺を考えているクライエントや，虐待を受けているクライエントに出会う可能性がある。このようなクライエントを目の前にしたとき，心理的支援の前に，まずは身体や生命の危険の有無・程度を評価するためのリスクアセスメントを行い，身体や生命の安全を確保することが必要となる。たとえば，クライエントが自殺をほのめかした場合，実際に自殺のリスクが高いようであれば，家族へ連絡したり，精神科医療機関を未受診であれば受診を勧めたりすることによって，自殺を未然に防ぐことが必要であろう。また，虐待の可能性が高く，緊急に介入する必要性が高いようであれば，児童相談所や福祉事務所等への通報により，虐待が行われている家庭や施設への介入と被虐待児・者の保護が第一に選択されるべきである。このように，心理的支援につなげる前に緊急的な介入が必要となる場合があり，そのための適切なリスクアセスメントについてもつねに認識しておく必要がある。その一方で，後に述べる守秘義務との兼ね合いもあり，時には，高度で専門的判断が求められることがあることも理解しておく必要があるだろう。

2　心理アセスメントの方法

1）面接　　心理学における面接法は，調査的面接法と臨床的面接法に大きく分けられる。調査的面接法は，実験法や調査法などとともに心理学研究法の一つであり，面接場面において，面接者が対象者に対して直接，質問を行い，データ収集するものである。

　調査的面接法は，その構造により「構造化面接」，「非構造化面接」，「半構造化面接」の３つに分けられる。「構造化面接」とは，目的に応じて設定された質問項目を決められた順序で行い，対象者にその質問に応じた回答を求めるものである。一方，「非構造化面接」とは，質問項目や呈示順序は最低限度のものしか想定せず，対象者に自由に語ってもらう面接構造である。その両方の特徴を合わせ持つのが「半構造化面接」であり，ある程度質問項目やその呈示順序は決められているものの，対象者の回答により柔軟に質問項目や呈示順序に変更が加えられる面接法である。

　支援のための臨床的面接法も，上記に似た構造に区分される。構造化面接法の例として，SCID（structured clinical interview for DSM）が挙げられる。これは，DSM の診断基準に基づいて構造化さ

れた精神医学的診断ツールである。半構造化面接の例としては，インテーク面接が挙げられる。インテーク面接とは，カウンセリングや心理療法の初回または初期の数回に行われる面接のことである。クライエントの主訴，主訴にまつわるさまざまな情報を得るとともに，問題の背景理解や心理アセスメントのために必要な情報を得る。一般的には，現在の症状が生じるまでの経過である「現病歴」，生まれる前または生まれてから現在に至るまでの生活状況や発達状況についての「生育歴」，家族に関するこれまでの状況である「家族歴」，現在来談した相談機関または医療機関に来談する前にどのような機関を訪れてきたのかという「来談歴」，ほかにクライエントの年齢に応じて，「教育歴」や「学歴」，「職歴」なども尋ねる場合がある。なお，インテーク面接には，上記の情報収集の目的以外に，心理的援助についての説明を行い，同意を得，信頼関係（ラポール）を形成することも目的とされている。非構造化面接の例としては，たとえば継続されているカウンセリングにおいて，クライエントが自由に語り，それをカウンセラーが共感的に傾聴していくような形式での面接構造が挙げられる。

　心理臨床の現場では，状況に応じてこのような面接方法を用いながら必要な情報を収集し，心理アセスメントを行い，クライエントの問題を見立て，支援を行っていく。その中で，上記のどのような面接形態であっても，信頼関係の形成・維持の重要性を認識し，共感的な傾聴を心掛け，クライエントには過度な緊張を感じることなく語ってもらうことが重要である。

2) **観察**　　心理アセスメントにおいては，観察による情報収集も重要な方法として挙げられる。観察法は，大きく分けると自然観察法と実験観察法とに分けられる。自然観察法とは，日常場面において対象者を観察する方法であり，実験観察法とは，実験室などで環境要因を統制し，対象者を観察する方法である。この2つの観察法のうち，心理アセスメントを行う際には自然観察法が用いられることが多く，例として，スクールカウンセラーが対象となっている子どもの授業中の様子を観察し，その様子や行動の特徴を把握するといった場面が挙げられる。

　また，観察法は，その観察形態として，対象とかかわりながら観察を行う「参加観察」と，対象者とかかわりを持たずに観察を行う「非参加観察」とがある。臨床心理学の実践の場においては，「非参加観察」は，たとえば子どもが自由に遊んでいる場面をワンウェイミラーから見る場面や，精神科デイケアにおいてグループで作業に取り組んでいる患者の様子を離れた場所から観察する場面などが挙げられる。一方，「参加観察」は，たとえば，心理臨床面接場面や心理検査場面でのクライエントの言動・様子についての観察，子どもを連れた母親との面接場面での子どもの行動の様子や親子間のコミュニケーションの観察などが挙げられる。参加観察は多くの心理臨床援助場面で行われており，支援者は意識的にも無意識的にもこれらの観察を通じてクライエントの心のありようやその動きについての情報を収集しているといえる。

　いずれにしても，心理臨床の現場において観察にて得られる情報は，クライエントの自然な行動特性，対人コミュニケーションの特徴，日常における人間関係などの幅広い情報を得られることが利点である。また，たとえばクライエントのふとした表情やしぐさから，言語化されない感情が現れることもあり，支援する側が，そのような情報を的確に得られれば，心理アセスメントに重要な情報がもたらされることになる。しかし，一方で，クライエントの行動を支援者側がきちんととらえられるかどうか，適切な意味づけができるかどうかで，観察によって得られた情報が有用なものとなるかどうかに差が現れる。また，ときには，クライエントに対して何らかのバイアスが支援者側に生じてしまい，観察の結果得られた情報の信頼性が十分なものではなくなってしまう可能性がある。そのため，観察による情報収集やその理解においては，支援者側は，日々，心理臨床的な知識や経験を積むことだけではなく，自身のバイアスが観察による情報収集を阻害していないかどうか自覚する必要がある。

3) **心理検査**　　心理検査には，質問紙法，投映法，知能検査法，発達検査法，神経心理学的検査などが用いられる。これらの検査は，大きく分けると，知的能力の評価や発達に関する検査，パーソナリテ

ィを測定する人格検査，状態や症状をアセスメント・スクリーニングする検査というようにも分けられる。ただし，心の問題は，先に述べたように多くの複雑な要因が絡んで起こるものである。一言で「心」といってもその機能やはたらきは多層的で，状況や場面によっても変化しうる。このような複雑な「心」を測定するためには，1つの心理検査ですべてを測ることは難しい。そのため，実際には，複数の心理検査を組み合わせ，測定したい側面を的確に測れるように計画がなされる。このように複数の心理検査を組み合わせ，測定することをテストバッテリーという。

各心理検査には，何を測定できるのか，どのように測定できるのか，それぞれ特徴や長所・短所がある。たとえば，長時間かかる検査を組み合わせ，クライエントに負担をかけすぎると，検査後半には集中力の途切れ，疲弊感が現れ，通常の心の状態を適切に測っているとはいいがたい結果となってしまうだろう。また，クライエントの抱える問題や状態を適切に測定することができない種類の心理検査を組み合わせても意味がないことは容易に想像できる。こういった問題ができる限り生じないよう，テストバッテリーでは適切に心理検査を組み合わせることが必要である。さらに，たとえば，抑うつ状態を訴えるクライエントの背景に，認知能力のバランスの悪さが潜んでおり，それが日常生活を送るうえで困難をもたらし，心理的な反応として抑うつ状態が生じていることが推測される場合もある。その場合，抑うつ状態の測定だけではなく，認知能力のバランスや認知処理過程の特徴の測定も必要となるだろう。そのため，実際には，心理検査を実施する前に，クライエントの抱える心理的問題の背景をある程度予測しておかないと，適切な心理検査を選ぶことができないことも多い。このように，心理検査においては，クライエントの年齢，心的エネルギー，知的能力，検査への動機づけ，考えられる心理的背景などさまざまな視点から検討し，適切な心理検査を選び，必要に応じて組み合わせて実施することが必要である。

さらに，心理検査で得られた結果をどのように解釈するかにおいても，クライエントの心の状態を適切に理解できるかどうかの差につながってくる。結果が数値化される心理検査が多いが，その数値が何を意味するのか，クライエントのどのような特徴を表しているのか，日常の行動，様子，思考，情緒とどのようなつながりがあるのか，検査でとらえきれなかった特徴はどういったものかといった多角的な視点で解釈することが必要である。さらには，その検査結果をクライエント本人，支援する関係者や家族等に十分伝わるよう，伝える相手に合わせた説明も必要となる。

このように，心理検査は単にクライエントに検査を実施し，数値を出すだけの過程ではない。心理検査の選定，実施時の行動観察，結果の解釈，説明までも含めるものであり，総合的な心理学・臨床心理学の知識および技術が必要であることを覚えておく必要がある（なお，心理検査の詳細については，第8章を参照すること）。

3　心理アセスメントにおける倫理的配慮

心理アセスメントは，これまで述べてきたように，心理的支援を行ううえで基礎となる重要な位置にあるといえる。心理アセスメントやその後の心理的支援を安全かつ適切に実施するために，さらに倫理的な配慮が必要となる。古澤ら（2000）は，心理学研究における倫理上の留意点として，①インフォームドコンセント，②プライバシーの保護，③結果のフードバックを挙げており，この3点から心理アセスメントの倫理についても取り上げる。

1）インフォームドコンセント　インフォームドコンセントとは，「説明と同意」，つまり十分な説明がクライエントになされ，それによる納得のうえで同意を得ることである。心理検査や心理的支援を行う場合には，その概要や目的などを，検査や支援を受けるクライエントが納得できるよう説明をしなければならない。それをクライエントが十分に理解し，同意したうえで心理アセスメントや支援に入るべきである。さらに心理検査の実施に焦点を当てると，上記の他に，クライエントに心理検査による負担やリスクが想定される場合はそれを十分に説明していること，心理検査に対する質問があれば検査者は

それに対して十分な回答をする準備があることを伝えること，心理検査途中であっても自由に検査実施への同意を撤回したり中断したりできることや同意を撤回しても不利益を被らないことを説明していることも必要となる。

2）プライバシーの保護　心理アセスメントや心理的支援の過程において，クライエントは現在抱えている問題や自分自身，時には家族や友人，過去の出来事などについて，心の内にある思いを支援者に語る。その中には自身の弱みや人に知られたくないことも含まれる。場合によっては，心理検査を受けたこと，相談に行ったこと自体も秘密にしておきたいクライエントもいるだろう。また，自分の悩みや状況を打ち明ける際，秘密が十分に守られているという安心感があってこそ，初めて自分の心の中を落ち着いて見つめ，率直に語れるという守りの意味もある。このように心理アセスメントや支援においては，プライバシーの保護に十分に配慮する必要がある。なお，臨床心理士や公認心理師などは守秘義務が課せられ，違反した場合においては，一定の処分や罰が付されることが倫理規定や法によって定められている。

3）結果のフィードバック　心理アセスメントの中でも，特に心理検査を行った場合は，その結果をクライエントに伝えるフィードバックが行われることが多い。この心理検査結果のフィードバックについては，単に結果を伝えるという意味があるだけではない。心理検査結果とそこから読み取った概要を検査者が伝え，クライエントがそれを理解し，不明点や違和感のある点があればそれについて検査者と話し合うというプロセスにおいて，クライエントの自己理解が進んだり，心理的援助への動機づけや検査者・支援者に対する信頼関係の構築につながったりするような重要な場となりうる。一方で，クライエントにはなじみではない専門用語ばかり用いた説明や，クライエントの問題を的確にとらえられていない解釈などでは検査自体がクライエントにとって意味のあるものにはなりえない。誠実かつクライエントの理解や状態に配慮した説明を心掛けないと，言葉だけ独り歩きをしてしまい，クライエントに誤解を与えかねず，ときにはクライエントを傷つけることにつながってしまう。

　心理アセスメントを含む臨床心理行為は人の心に深く踏み込む行為でもある。人に知られたくない，自分でも直視したくない心の側面にも，場合によっては触れていくことにもなりうる。そのため，心理的に支援することが，方向を誤ると，クライエントの心を傷つける行為につながりかねない。心理的な支援をする側は，その危険性をつねに認識しておくことも重要である。

9-2　心理療法

1　心への支援

　人が人の病気を治すことは，もともと人に備わっている性質によるものであり，動物全般が本能的に持っているものであろう。子どもを育てる動物の親は，エサを食べさせるだけでなく，毛繕いをしたり，ケガをすれば舐めることを通して治療に寄与している。人もケガした人に手当てをするが，手を当てることは最も原始的な治療的行為である。お母さんは痛い思いをして泣いている子どもに「痛いの痛いの飛んでいけ」と言って，手を当てるが，これは世界各国で見られる最も原始的な心理療法と考えられる。

　人の命は「今ここ」にあり，環境世界とうまく馴染んでいれば心の問題は生じないが，進化によってファントム（幻影）をつくりだしたために，さまざまな問題が生じたと神田橋（2006）はいう。頭の中にイマジネーションの世界をつくりだし，人はそこから外界を見ている。たとえば，空を飛びたいというイメージが飛行機をつくりだしたという見方である。そのようなイメージの世界を持たない動物には難しい心の病気は生じない。犬には胃に穴が開くほどのストレスはあまりないし，不登校の猫もいない。ファントムを持つ内的な世界は，とても大きなものであるが，同時に悩みや苦悩，病気をつくり出す力

も持っている。人は自らがつくり出した人工的な環境世界を享受しつつ，またその中で苦しんでいる。

そのような人の心に対するアプローチは古くから行われてきているが，それはインドやギリシャの哲学などで，人はいかに生きるべきかというテーマや，宗教において悩み苦しむ人をいかに救うか，救われるかというテーマで語られてきた。心の平安を求める人と，支援しようとする人はいつの時代にも存在した。

しかしそれは簡単ではなく，精神病者にとっては長い闇の時代があり，中世のヨーロッパでは，理解できない病気は悪魔のなせる業とも見なされて弾圧されたり，魔女狩りの名の下に抹殺の憂き目にもあった。弱った心に光が当てられるのは，ようやく近代に入ってからであった。自然科学の時代になると，人間の心も自然科学的に理解しようとする行動科学としての心理学が発展した。

日本では病気は「気」の病であり，心の病気といっても「気の持ちよう」とか「気のせい」などといわれたりすることが現在でもある。心の病気や悩みというものは目に見えず，理解されにくい。また心の病を抱えた人もそれを明らかにしないことが多いので，病とともにその支援も見えにくいものとなっている。

心の支援とは何か，難しい問いとなるが，心の苦悩に人が外から何ができるのか，支援したいという素朴な気持ちがいかに専門性を持った技法たりえるのか，考えていこう。

2 人間観と自我構造

心理療法は人への見方，「人間観」とかかわっていることが多く，技法もそこから派生してきたものが多いので，まずそこから概観してみよう。

1）フロイト　フロイト（S. Freud）は，人間の心には広大な無意識の領域があるとし，自我の三層構造を考えた（図9-1）。

①エス（id）　フロイトは「エス（それ）」としか呼びようのないものとして名づけたものであり，ヒステリーの患者の治療中に，通常の意識以外に無意識の広大な領域が心の奥底にあるという確信を得た。そこには受け入れられない本能的な欲動が詰まっており，これは性衝動のエネルギーであるとして，「リビドー」と呼んだ。それがそのまま表面に出てくると社会適応に支障をきたすので，「抑圧」という防衛機制によって封印し，意識には昇ってこないようにしている。

②自我（ego）　通常「これが私」と思っている自己であり，物事を理解したり，判断や感情を持ち，

右図は心の構造であり，上部が外界側，下部が心の奥底になる観念的な図である。

エス：性的衝動，攻撃衝動など本能的エネルギーのたまり場。自我（意識）に受け入れられないエネルギーが満ちており，意識下に抑圧されている。生まれたままの欲動を持っており，社会化されていない。境界線上で上部にあって，意識に上りやすいところは「前意識」といわれる。

自我：現実を認識する力が必要であり，エスの本能的な欲動を統制し，超自我的な「こうすべき」という観念との間を調節しながら，現実的外界に対処する自分。さまざまなことを感じ，迷い，判断して行動する自分である。

超自我：道徳的観念を司っている部分で，「今は勉強すべき」「道ばたにゴミを捨ててはいけない」などは道徳的であろう。一方で，「人は殺してはいけない」などは意識的に我慢しているわけではない。「そんなことは当たり前」と感じるのは，無意識的に統制されているからであり，超自我のラインは意識から無意識領野まで広がっている。

そして，「〜すべき」という面は「こんな人になるべき，なりたい」という未来を目指す自分でもある。

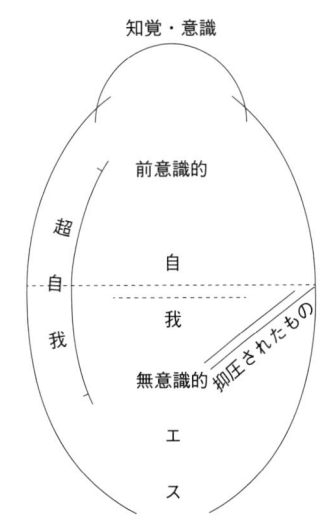

図9-1　フロイトの自我構造（前田，2008より）。

具体的な行動を決定している自分である。もともとドイツ語で「ich」であり，「私」という言葉であった。無意識のエスからの本能衝動的圧力と，超自我の"〜するべきである"という道徳原則との間の葛藤を仲介する機能を持っており，人が通常「自分」と思っているものに相当する。

　③**超自我**（**super ego**）　社会的な諸規範が内在化したものであり，幼児期に躾などを通して両親の在り方を取り入れてつくられる「良心」であり，それに従って自分がそのような人になりたいという「自我理想」を司る部分でもある。人をより人格的に成長させる役割を持っているといえよう。

　この自我の三層構造は相違するものの組み合わせであり，矛盾や葛藤を引き起こす。エスは通常抑圧されて意識されないが，「錯誤行為」「夢」「神話や昔話」「症状」の中に見ることができ，症状は無意識の問題であることが心理療法とつながるゆえんである。フロイトは，無意識にあるものを意識化することが，心理療法の目的であると考えた。もっとも，この考え方は精神分析が発展，変化するにつれて，反復する対人関係パターンを洞察するという方向へ変化してきており，「自己洞察」が重要である。

2) **ロジャーズ**　ロジャーズ（C. R. Rogers）は人間の生命的な力を信じ，人は誰でも「自己実現傾向」を持っており，それが最も根源的な動因であると考えた。彼の「自己理論」では，自己構造と体験の調和や一致が問題とされる。自己が知覚的，直感的な体験に気づくことを否認するときに心理的不適応をきたすと考えた。外界からの刺激をうまく自己に取り入れられないときに不一致なもやもやとしたものが残ってしまうともいえよう。

　彼は人が「ひと」になることが重要であると考え，人は普段仮面をかぶっていることに気づき，あるがままの感情を十分に体験し，防衛や堅さを捨てて体験に開かれることが重要であると考えた（Rogers, 2005）。図9-3を見ると，「自己構造」（Ⅱ）と「体験」（Ⅲ）が重なるⅠ領域はアルファベットが多くなっており，ここは自己概念が個々の体験（アルファベット）と共有，一致している。それに比べて図9-2では一致しているⅠ領域が少なく，経験が共有されないままにⅡ領域，Ⅲ領域に残されている。

　このⅡ領域は「歪曲」された部分であり，Ⅲ領域は「否認」された部分である。たとえば，子どもの経験が親によってありのままに承認されないと，その体験が「歪曲」されたり，経験自体が「否認」されることを示している。それが多いと「心理的緊張状態の人格」（図9-2）となるので，図9-3のように自己構造と体験が一致する部分（Ⅰ）が多くなることが好ましい。そしてあるがままの体験を受容し，自己実現を図ることが心理療法の目的となる。

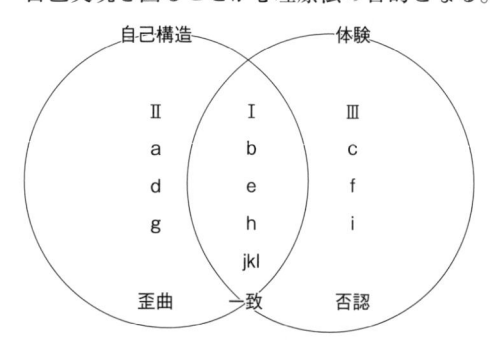

図9-2　心理的緊張状態の人格。

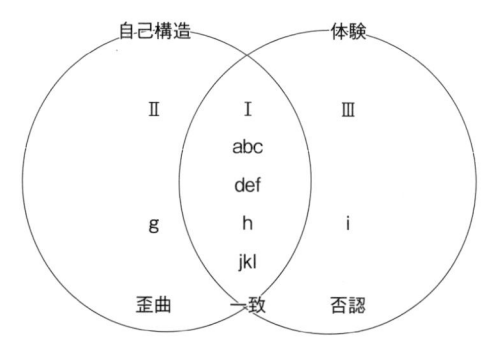

図9-3　自己構造と体験の一致（Rogers, 1951）。

3) **ユング**　一方，ユング（C. G. Jung）はフロイトと一時期はとても近い関係にあったが，後に考え方の相違により離反して「分析心理学」をつくり上げた。フロイトの無意識は本能的な衝動の塊であったが，ユングはこの中に創造性の源泉を見出し，個人無意識の奥底には民族や人類に共通の「普遍的無意識」があると考えた。そして心の底に「元型（Archetype）」というものがあり，それ自体は見つける

ことができないが，夢や神話，伝説の中にその表現が見られるとした。たとえば，「太母（グレートマザー）」・「影（シャドー）」・「老賢人（オールドワイズマン）」・「アニマ（男性の中の女性像）」・「アニムス（女性の中の男性像）」などである。人の遺伝子は人類共通であり，同じ身体の構造や仕組みを持っており，同じはたらきをしていることは疑う余地がない。同じように心は目には見えないが，人には皆父母があり，人とかかわり，生きて生活していくことは共通しているので，心の奥底には共通したはたらきがあると考えるのは無理なことではない。「太母」は母親の元型であり，育て育むというはたらきを持っているが，その機能が強すぎると子どもを覆い尽くし，自立させないようにしてしまう。マザコンなどという言葉があるが，太母のイメージから自由になれず，そこから自立できずに覆われてしまっている様を思い起こすことができる。また元型「影」の部分は誰にもあり，人は社会的な自己（ペルソナ）を持たなければ社会適応できないが，その代わりに背後にしまわれ生かされなかった自分が影をつくり，無意識の奥に溜まっていく。たとえば，ある大学への入学を選択することは，他の大学に行った場合の可能性を潰すことである。人生の中である異性と結婚すれば，他の人との結婚可能性はなくなる。社会でうまく適応できなくなったり，あまりにも意に沿わない選択をしていると，蓄積されたこの影の部分が，心への負担という問題となって表れてくる。

　心の深層を扱うユング派の夢分析では，まずクライエントの影の部分が夢に表れるという。「老賢人」という元型では，心理的に追い詰められたり限界が来ると，助けてくれる存在として夢に表れることもある。中国の仙人や『ハリー・ポッター』のダンブルドア校長，『スター・ウォーズ』のヨーダなど，おじいさんのキャラクターを思い浮かべるとよい。そのようなイメージが共通して表れるのは，人の中にそのイメージの元型があると考えるものであり，内的イメージの展開を通して自己実現を図ることが重要となる。

　多くの学者が人の心の仕組みを考え，心理的な構造について述べている。自分の全体を「自己」と考えれば，ロジャーズの「自己」は全体をさしている。フロイトの「自我」は心の全体の一部分になる。ユングのように，自我は意識的なもので，「自己（self）」は無意識の中に存在するというとらえ方もある。それぞれの「自分」というものに対するとらえ方自体を理解すると，理論がよくわかるだろう。

3　心理療法の種類
1）　話し合うという支援

　クライエントに対する心理的な支援について，臨床心理士や公認心理師などの専門家が行う中心的なものは心理療法であり，有効な支援を専門化した最も有名なものは，カウンセリングと呼ばれるものである。この言葉は巷にも溢れており，エステやダイエット，カツラのCMで「無料カウンセリングをします」と言い，「カウンセリング化粧品」などというのもある。カウンセリングは「相談」という意味なので，さまざまな場合に相当する。その中で心の悩みや問題，症状などにかかわるのも心理カウンセリングと呼ばれる。図9-4を見ると，その幅の広さと種類の多さがわかるだろう。

　人が人に何かを相談するときには，相談者が持っていない何かを得ることが必要で，カウンセラーがそれを与えることで相談者は利益を得る。それは物や情報などであり，ガイダンス（指導）といわれるものもある。しかし扱う内容が心の奥に達するほどカウンセリングが扱う領域は深くなり，相談者の性格や生き方，人生にかかわってこざるをえない。心の悩みや問題は対人関係や家族問題，ストレスなど多岐にわたるが，家族とうまくいかないという主訴でも，家族との付き合いは生まれたときから生じており，関係がこじれれば早急には解決しないことは簡単に理解されるであろう。それらに対する技法として，多くの心理療法が開発されてきている。

　元来，相談するというのは言語を使用するのが基本であり，言葉をしゃべるということは人間ならごく普通のことなので，言葉で人に変化を与えるのが，心理療法の基礎としてあり，支持的心理療法をはじめとして，精神分析的心理療法，認知行動療法，他の多くの心理療法は話し合いから始まる。

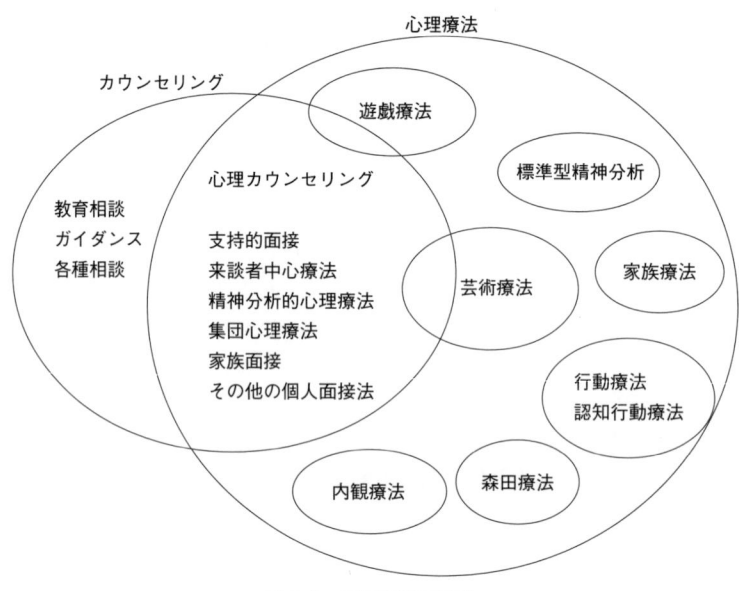

図 9-4　心理療法の領域。

2)　媒介の使用

　次に言語に加えて，より有効に心理療法の価値を高めようとしたものがある。フロイトは「夢は無意識への王道である」と言ったが，話し合いの中に「夢」を持ち込み，夢分析をすることで言語では表現できない無意識からのメッセージを読み解くとか，面接中に絵を描いてもらって，そのイメージからクライエントのメッセージを受け取ることで描画療法として生かしていくこともできる。

　一般的に芸術は人の心を癒やす作用があり，健常な人でも絵画や音楽に親しみ，詩作やダンスをしたり，写真撮影や書道をした経験があるだろう。これらを楽しむことに価値があり，自分の精神衛生や人生にとって意味があり，変化を与えると感じる人も多いのではなかろうか。カラオケで歌うことも，一八番の歌なら α 波の脳波が出現し，リラックスした気分状態を示すといわれる。そのように，人の心に影響を与えるもろもろの芸術的コンテンツは心理療法として利用され，「芸術療法」として施行されている。言葉を使用することが難しい場合には，積極的に活用されることがある。思春期のクライエントなど，言葉でいろいろな問題を言語化することに抵抗があったり，小さい子どもなど言葉ではうまく自己表現できないことも多い。

　小さい子どもの場合は，言葉の代わりに遊びを導入することもある。子どもは自分の心についてうまく語ることができないし，心の問題が「お腹が痛い」「気分が悪い」などの身体症状として表れることも多いので，よけいに話しをすることが難しい。「遊戯療法」はセラピストが子どもと遊びながら問題を把握し，心の変化を目指すものである。

3)　構造の相違

　言葉を利用する心理療法といっても，特殊な構造をつくるものもある。たとえば，「(集中) 内観療法」は 1 週間泊まり込み，朝起きてから寝るまで，1 日 15 時間以上屏風の片隅に座り，対人関係のギブ＆テイクを調べるというものである。その中でたとえば，小学校の 1 ～ 3 年生の間にお母さんに「してもらったこと」「して返したこと」「迷惑をかけたこと」を集中して考えるのである。1 日中そのことを考えるという特殊な意識集中状態の中で，内観者は自分の行いを内省し，自分が人から深く愛されていたことの重要性に気がついていく。

　また，これらの分け方とは別に，「個人心理療法」という 1 対 1 で施行する技法に対して，「集団心理療法」というものもあり，集団で種々の技法を用いることも行われている。人は個人でいるのと集団で

は振る舞いが違い，集団での力動を積極的に生かしていこうとする技法である。集団の中で他のメンバーの振る舞いを見て学ぶこともあるし，かかわり合って影響し合うことも利点となる。これはエンカウンターグループのようなロジャーズ流のものもあれば，精神分析的なもの，集団による芸術療法もある。「家族療法」は家族という集団を扱って家族システムの変化を狙う技法であるし，セラピストも複数になることがある。

4 心理療法の技法

　言葉によるコミュニケーションが人間関係の始まりであり，それによって人は大きな影響を受ける。苦しいことやつらいことを人と分かち合えば苦しみは軽減されるし，楽しいことを人と分かち合えば愉しさは増加するだろう。そして，心の深い問題を抱えながらセラピストと会うことになったクライエントは，問題改善への期待とともに，未知の相談室に来談して大きな不安，緊張を感じていることをセラピストは心しなければならない。ラポール（疎通性）を大事にし，クライエントの信頼感を得ることが心理療法的関係をつくるために重要である。そのうえで，いくつかの心理療法の在り方を見ていこう。

　1）来談者中心療法　　ロジャーズが提唱した来談者中心療法は「人間性心理療法」といわれるが，他の心理療法を実施する場合の基礎としても意義あるものである。彼は「治療的パーソナリティー変化のための必要十分条件」として六条件を提示したが，そのうちの「中核三条件」が下記である。
　　①自己一致〈一致〉　　　セラピストがクライエントとの関係の中で自己体験をありのままに意識し，ありのままでいられること。セラピストはクライエントから多くの話を聞くが，仮にそこでネガティブな感情を抱いても，そのまま偽りなく味わっていられるか，体験と意識が一致していることが求められる。
　　②無条件の肯定的〈積極的〉関心　　　選択や評価なしにクライエントの話に積極的に関心を向けること。「受容」的な態度でいること。種々雑多な話題や言動についてセラピストの体験や理解を超えたことにも，積極的な関心を持って聞くことが求められ，それによってクライエントは安心してしゃべることができる。クライエントの問題は他者には話しにくいことが普通であり，理解されないことも多い。そのために彼らは相談室のドアを叩いているのである。
　　③共感的理解　　　クライエントが感じていることを，あたかもセラピストがそのクライエントになったかのように同じように感じられ，相手の身になって理解し，共振れすること。特に共感する内容は否定的な体験であることも多い。楽しいことに対する共感は専門家でなくてもしやすいものである。苦しいこと，つらいこと，悲しいことなど否定的な体験や感情に沿っていくことが望まれるし，これら否定的な感情経験をセラピストが同じように味わうことは，大変なことである。

　　上記の三条件はとても有名になり，当たりまえのように使われるが，そのために本当に理解されているかが気にかかるところでもある。カウンセリングは1回や2回では終わらない。半年，1年，5年間，ずっと否定的な話を聞いていても，セラピストは自分が「一致」していられるか，ずっと積極的に関心を持ってクライエントの話を聞いていられるのか，自分にはまったく経験のないことを共感的に理解できるのか，これらの簡単な言葉の中に，深い困難な課題が込められているのである。
　　この技法は非指示的で，支持的な療法なので，クライエントに指示せず，その人の内なる自己実現の力を信じて，反射や明確化などの技法をもって面接を進めていく。クライエントの言葉を繰り返したり，曖昧な感情を「このような気持ちでしょうか」と明らかにしていく。「どうしたら治るんでしょうか？」という言葉に，セラピストは「こうしたら治るでしょう」とは言わない。それに答えずに，しかもクライエントがセラピストを信頼してずっと通ってくることが必要である。非指示的というのは実は難しいことである。
　　「傾聴」も重要である。ただクライエントの話すことを聞いているだけでなく，active listening でク

ライエントに沿っていく。神田橋（1992）は傾聴について"共に在る"というイメージが治療的になると言う。四国のお遍路をする人は，笠に「同行二人」と書いており，一人は自分，もう一人は弘法大師空海であり，共に在るイメージを持ってお寺を回るのだ。よけいなことを言わずに一生懸命に聴いていることが，同行しているイメージをつくるというのである。人は苦しいときも，誰かがいて自分のことを分かってくれていると思うだけで頑張れることがある。

2）精神分析的心理療法　　フロイトが創始した「精神分析療法」は「心に思い浮かんだことを，包み隠さずしゃべる」という自由連想法を用いた治療法であり，一定の場所で定期的に時間を決めて行うなど，「治療構造」を重んじる技法である。しかもそれを週に4回から5回行うので，「毎日分析」などといわれる。日本では現実的にそれほどやれないことが多く，自由連想的に週に1，2回面接する「精神分析的心理療法」が多く実施されている。

　無意識の領域に悩みや症状をもたらしているものの原因があり，それを意識化することが治療につながるという考え方であるが，近年は幼少期から引きずっている両親との関係から自由になることや，クライエント自身の対人関係パターンを洞察するような方向にシフトしてきている。

　自由連想自体は自由ではなく，かなり不自由なものである。思いつくことを面接時間中ずっと「包み隠さず」話し，それを毎週継続的に続けるのは，クライエントにとって大変なことである。沈黙が続けば，それを「抵抗」として分析をする。セラピストは基本的中立なので，クライエントはしだいに過去の重要な人物のイメージをセラピストに投映していく。セラピストはそれを「感情転移」と見なして「解釈」をする。「私に頼りたいと感じているのは，あなたがお母さんに向けている感情と同じではないですか？」などである。転移分析，抵抗分析は精神分析的心理療法の中で重要なものである。

　ここでの聞き方は，先の来談者中心療法とは少し違ってきて，「平等に漂う注意」を持ってすることになる。自由連想的に語っているクライエントの話を無注意的に半分ぼおっとしながら細かい所にも注意を向けて，その中に手がかりを見つけるような感じである。そこで意識から無意識までを含んだクライエントの内的世界を理解していく。それは「ことばの含意・含意の外，間，雰囲気・空気とその動きといった言語的非言語的に表されているもの全体を心で味わう」（松木，2015）という聞き方である。

　それらを通して，悩みや精神的な症状の背後にある葛藤や，クライエント自体の性格の癖，対人関係のパターンや問題を洞察していくのが目的となる。

3）遊戯療法　　遊戯療法の対象者は子どもである。子どもはまだ自分の言動や問題を言語化することができない年齢にあり，意識的に言語を操作できなくても，その言動はその子らしさを表しており，その子らしい人へのかかわりが伺える。それで，子どもと遊ぶという技法で心理療法が成立する。元来，子どもが遊ぶことで人として成長するのは，どんな子も同じである。

　先述のロジャーズの来談者中心療法を子どもに適用したのが，アクスライン（Axline, 1947）であり，下記の8原則を示した。

　①子どもとの間によいラポール（信頼関係）を成立させる
　②あるがままの子どもの姿を受容する
　③許容的な雰囲気をつくる
　④適切に情緒を反射する
　⑤子どもに自信と責任を持たせる
　⑥あくまでも子ども中心の態度を取り，子どもの後に従う
　⑦遊戯面接はゆるやかに進む過程であるので，先を急がずゆっくりとした姿勢で待つ
　⑧子どもの心身の安全と安心を守るための制限を加える

子ども中心に，セラピストがよいかかわりを保ちながらゆっくりと後に従っていくと，子どもの心が変化していくということである。この最後に「制限」がある。精神分析は「治療構造」という考え方から，心理療法を実施する場合，決められた時間に同じ場所で出合い，一定の料金を払って同じ人と継続的に会っていくなどの構造を重視する。他の技法でもこの点は同様であろう。子どもと遊ぶことは一般の人でもできるが，このような一定の安定した継続的な構造のもとで人の心は変化していくのである。だが，遊戯療法中に子どもが部屋を飛び出したり，もちろんケガをさせても子どもを守れないし，玩具が壊されるのもよくない。何でも自由にといっても制限が必要なのは理解できるだろう。ユングは心理療法を「フラスコの中で化学反応が起きるようなもの」とたとえたが，器であるフラスコも大事なのである。

遊戯療法の場では，子どもの心の問題が露呈される。患児は何らかの問題を抱えている結果，言いたいことが言えずに我慢しており，誰かへの怒りで一杯になって，恐竜同士の激しい戦いの遊びを好むかもしれないし，それは直接セラピストに向かうかもしれない。しかし，セラピストが十分に受け止めると次の段階に移って，彼はもっと良い人へのかかわり方を模索するだろう。お母さんから愛情を受けられなかった子どもは，セラピストにそれを求めるだろうし，それが満たされると子どもの心も変化，成長していくだろう。東山（2005）は"子どもが遊びを演じ尽くすまで付き合う"ことがセラピストの基本的態度であると述べている。

ここに，河合隼雄が日本に導入した「箱庭療法」を持ち込むことも多く行われる。一抱えほどの木枠の器に砂を敷き詰め，用意された人形や，家などの建築物，動物や木などの自然物を置いて，クライエントに箱庭的小世界をつくってもらう。心象世界が表現され，その展開が心の変化と重なる。セラピストの役割はそれを理解して見守り，ついていくことである。

4) 行動療法・認知行動療法　　学習理論の応用として，1950年代には「行動療法」が開発された。これらは開発者が複数であり，それぞれの技法をまとめて行動療法といわれる。さまざまな技法があるが，クライエントの抱える行動上の問題は，ある場面に対して何らかの原因で不適切な反応（感情や行動）を結びつけ，それが習慣化してしまったことが原因であると考え，不適切な反応を修正することを目的とする。暴露法や系統的脱感作法，トークンエコノミー技法など多種の技法がある。

これはベック（A. T. Beck）の認知療法，エリス（A. Ellis）の論理情動行動療法を経て，「認知行動療法」へと発展していき，学習行動よりも認知を重んじ，その変容を図る心理療法へと発展してきている。これは問題を具体的な精神行動としてとらえ，どのような状況でどのように生じるかの分析をした後に，問題解決のための治療目標を具体的に明確にして変容を目指すものである。人のものの考え方や受け取り方（認知）に注目して，気持ちを楽にしたり，行動をコントロールしたりする技法である。医療場面での具体的な活用法として，近年では「リラクセーション法」や瞑想を取り入れた「マインドフルネス認知療法」などがある。

その他にも数々の心理療法があり，一人で多くの技法を身につけることはとてもできない。臨床現場も医療領域，教育領域，福祉領域，産業領域，司法領域と幅広く広がり，現場に応じた技法も必要である。セラピストを志す者は，まず心を病む人にかかわる基本的な姿勢を身につける必要がある。村上（1976）はクライエント・セラピスト関係を「を・に・と」の関係として説明し，「クライエント**を**治療する」のではなく，「クライエント**に**かかわる」のでもなく，「クライエント**と**かかわる」という在り方を示し，より動的で相互的，主体的なかかわりで両者が同じ地平に立つ「と」の関係こそが基本的な姿勢であることを強調している。クライエントとは対等であり，尊重するのは基本的な価値観である。

その上で，自分の考え方や人生経験に合致した臨床技法を見つけて，1つか，多くても数種の方法を習得することになる。料理人が包丁一本で何十年も修行を積むように，心理療法の習得も職人のように経験を積む必要があるものが多い。そのような技法習得に意欲を注ぎ続けられる者が良いセラピストた

る資格を持つことになるだろう。人の心を変化させたり，成長させたりすることは簡単ではないことを胸に刻み，謙虚にクライエントに寄り添うことが必要である。

9-3 コミュニティ心理学と支援

1 臨床心理学におけるコミュニティへのアプローチ

1) 現代社会における心理的支援　　伝統的に臨床心理学は個人を援助対象とし，その個人の心理的特性に問題の要因や解決の方略を見出してきた。フロイト（S. Freud）の精神分析学をはじめとして，言語面接による心理的治療や援助の理論と技法は個人のニーズに対応するという文脈のなかで成立したといってもよい。しかし今日臨床心理学における対人援助の理論と技法は，個人のニーズのみならず，社会のニーズに対応するものであることを求められるようになってきている。すなわち個人と社会の双方の関係を考えるアセスメントの視点と介入の技法が必要とされるようになっているのである。

　たとえば学校における児童生徒の心の問題（いじめ，不登校，発達障害児への支援，事件・事故における緊急支援など）は，児童生徒への個別援助だけでは対処しきれない。自発的に援助を求めてくる児童生徒は少ないなかで，児童生徒を全体として支援する学校組織としての取り組みが必須となる。また児童虐待や配偶者間暴力の問題は，心理的問題のみならず現実的な危機対応として多機関での連携作業が不可欠となる。つまり被害者は多様な支援者とかかわることになり，心理的援助は複数の支援関係の網の目のなかで機能することが求められる。さらに産業領域では，過労死の問題に代表されるように，働く人々の心身に影響を与える労働環境や経済状況の要因が大きく，労働者個々人の心理的特性にのみ問題の発生や維持の要因を求めることはできない。職場の（心理面も含めた）安全衛生については事業者として取り組むべき責務とされているため，労働者個々人の業務に係る心身の問題の解決には，上司や同僚の理解，仕事の内容や作業上の工夫などの職場環境を調整するアプローチが重要になってくる。

　こうした例から考えられるのは，個人を対象とした心理的援助も今日，より広い社会的文脈のなかに位置づけられ，個人と，個人を取り囲む社会的環境とを包摂した全体的な心理学的支援が必要とされているということである。個人を援助対象とする場合でも，周囲の環境とどのような相互関係にあるのかということや，環境のなかのどのような要因が個人の心理に影響を与えているのかという視点から，アセスメントと援助の実践を行うことが重要になる。同時にそれは，環境に対して関与していくことも援助実践の一部であることを意味する。個人への心理援助であるとともに，社会領域における心理的問題に対する対処ニーズに応えるものとして，その重要性が増してきているのである。

2) 心理的支援の専門職における業務としての地域援助　　上記のような考え方は，心理的援助の民間資格である臨床心理士および国家資格である公認心理師の実践のなかに，地域援助という形で具体化されている。臨床心理士の４つの業務のなかには「臨床心理的地域援助」があるが，山本（2001）によれば，臨床心理学的地域援助とは「地域社会で生活を営んでいる人々の，心の問題の発生予防，心の支援，社会的能力の向上，その人々が生活している心理的・社会的環境の調整，心に関する情報の提供などを行う臨床心理学的行為」と定義される。また公認心理師の４つの業には，当該要支援者の支援に関係する者への助言・指導と，広く国民全体に対する心の健康教育が定められており，前者はコンサルテーションと呼ばれる活動に相応し，後者は心の問題の発生予防を目的とするものである。

　いずれも，個人を対象とし個別面接を主たる援助方略としてきた臨床心理学実践の範囲を拡げ，社会的環境にも働きかけることを眼目としている。アプローチの対象は個人だけではなく，個人が属するコミュニティの「周囲の人々」も対象に含め，さらにはより広く社会全体を視野に入れている。その内容を見ても，心理的問題の発生を社会レベルで未然に防ぐことや，社会的に生きる能力を高めるという現実的な目標の設定，心理教育に代表される心の問題の知識の普及など，前述したような社会的ニーズに応える心理的援助の形が，具体化されているのである。

　さて，このような心理的援助の形は，伝統的な個人心理療法が実践してきた個人対象の援助理念や方法と異なる部分も多い。その点に自覚的になり，臨床心理学や地域精神衛生の分野で，個人が生きる社会的環境を含めた心理学的援助実践を行ってきたのがコミュニティ心理学である。コミュニティ心理学は臨床心理学的地域援助の基盤となる視座と方法論を提供している（箕口，2011）。これをふまえ本稿では，コミュニティ心理学における問題の理解および支援についての考え方と方法について説明する。

2　コミュニティ心理学の特徴

1）問題意識の所在　　コミュニティ心理学は 1965 年にアメリカのボストン郊外スワンプスコットで開催された「地域精神保健にたずさわる心理学者の教育に関する会議」において旗揚げされたとされる（山本，1986）。精神障害者の社会生活を支援するため，精神衛生の専門家が地域に入って活動するうえで，臨床心理学者にとって大きな発想の転換が必要になったことが，その契機だという。この発想の転換を山本（1986）は，従来の臨床心理学は「医学・医療パラダイム」と「実験・心理主義パラダイム」が足枷となっており，「現実世界からの問題の投げかけ」に対して「なぜ心理臨床家はもっと視野を広くもたないのか，なぜもっと現実につきつけられた問題に即応したサービスやそのシステムを柔軟に考えようとしないのか」（p.34）という問いとして提起している。

　すなわち，視点を個人の心的内界から生活上の現実に移したとき，従来の個人を対象とする臨床心理学の方法では，問題の解決に対し不十分ではないかという問題意識である。さらに現代社会で発生している心の問題はこれまでより複雑化し深刻になっているという認識のもと，「不安や抑うつ，問題行動といった個々の症状や問題の治療・改善を念頭においた伝統的な心理臨床サービスの理論や技法」だけでは不十分で，「既存の理論や方法を適用する発想から，現実のニーズに対応した心理援助サービスを提供する発想への転換」が求められている（箕口，2011，p.10）という。このような問題意識が臨床心理学的地域援助実践の背景にあることをまず確認したい。

　このような経緯からもわかるように，コミュニティ心理学では，その理念や方法論を，しばしば伝統的な個人心理臨床との対比で強調する（表9-1）。要約すれば，コミュニティ心理学では，固定した援助構造のなかで個別に対応するよりも，援助対象者の生活場面に直接出向き，多様なサービス・人的資源を活用・協働しながら，その人またはコミュニティの強みを活かして QOL を高めることを目指すといえるだろう。

表 9-1　伝統的個人心理臨床とコミュニティ心理学の対比（山本（1986, p.52）および山本（2001, p.251）に基づき筆者が作成）

	伝統的個人心理臨床		コミュニティ心理学
援助の視点と構造	個人を対象にする	——	集団，組織，地域社会を対象にする
	相談室，病院，私設内での援助	——	生活の場，地域社会での援助
	患者・クライエントとして見る	——	生活者として見る
	治療モデルによるアプローチ	——	予防，教育的アプローチ
	セラピー（心理療法）	——	ケアを基盤としたかかわり
	病気を治療する	——	心的・生活能力の成熟を促進する
	一人でかかえる	——	ケア・ネットワークのなかでかかえる
	専門家のみで援助	——	非専門家，地域の人的資源の尊重と活用
	専門家中心の責任性	——	地域社会中心の責任性
	病気が焦点	——	来談者の生活，生きざまの構造が焦点
	特定の直接的サービス	——	多様なサービス資源の活用
援助の方向	個人の現在から過去へ（現在→過去）	——	個人の現在から未来へ（現在→未来）
	弱い側面の変革	——	強い側面の活用と強化，資源の利用
	個人の内面への働きかけ	——	環境への働きかけ
	深入りする	——	深追いせず，見守る
	よろい（防衛）をはぐ	——	よろい（防衛）を大切にする
	距離の固定	——	距離の柔軟性

　しかしこのような考え方は，個人を対象とする面接や心理査定などの理論や方法を否定するものではない。現実のなかで個人の心におこる事象を理解しかかわっていく姿勢は，これまで臨床心理学のなかで体系化されてきた理論や方法論的枠組みによって培われるものであろう。それをふまえながら，問題の性質や対象者のニーズに臨機応変に対応することが可能となるよう，視野や発想を広げることを呼びかけているのである。

2）コミュニティ心理学の定義と特徴　　コミュニティ心理学の定義にはさまざまなものがあるが（箕口，2011；高畠，2011），本稿では山本（1986）の定義を取り上げる。山本（1986）はコミュニティ心理学を「様々な異なる身体的心理的社会的文化的条件をもつ人々が，だれもが切りすてられることなく共に生きることを模索する中で，人と環境の適合性を最大にするための基礎知識と方略に関して，実際におこる様々な心理社会的問題の解決に具体的に参加しながら研究をすすめる心理学」（p.42）と定義している。

　この定義を見ていこう。まず対象となるのは「様々な異なる身体的心理的社会的文化条件をもつ人々」である。コミュニティ心理学では「コミュニティ」をアプローチの対象としているが，地政学的な社会生活のまとまり（地域社会）にとどまらず，一定の空間（インターネット上も含め）に集う人々の間に働いている集団の機能に注目し「関係的コミュニティ」も対象とする（高畠，2011）。たとえば同じ問題を抱えた当事者が互いに互いの自助を支え合う自助グループなどは，「関係的コミュニティ」の代表的なものである。同じ問題を抱えていても，それぞれ置かれている状況は異なり，直面している課題も異なっているが，グループのなかでは，共通の問題について話し合い，それぞれ自分の課題に向き合いながら，その取り組み自体をグループの力によって支えていくのである。それぞれの立場を尊重しながら，メンバー同士の相互関係によって成り立っているのが自助グループである。このようにコミュニティにおける関係性に注目するときには，「患者」とか「障害者」というカテゴリーによって対象を判断したり評価したりするのではなく，個々人がもつ身体的・心理的・社会的・文化的条件をふまえ課題にアプローチする姿勢が重要となる。

　つぎに，「だれもが切りすてられることなく共に生きることを模索する中で」とあるのは，コミュニティ心理学がコミュニティ（社会）のあり方について，明確な価値的態度をもつということである。定義にもあるように「実際におこる様々な心理社会的問題の解決に具体的に参加」することをその方法的理念とするコミュニティ心理学では，「解決」の内実について自覚的な態度があるということである。

　その「解決」の内実にあたるのが，「人と環境の適合性を最大にする」という部分であろう。「人と環境の適合」はコミュニティ心理学におけるキー・コンセプトの一つであり，「生活体としての人（または，集団）が，物理的－社会的要素を含む生活環境との間で，調和した機能的かかわりがもてる状態」と定義されている（北島，2006）。北島（2006）は，子犬を飼い始めた家庭である時から子犬が夜鳴きをするようになったというたとえ話を挙げて，「人と環境の適合」について説明している。このたとえ話では，子犬が鳴く原因は，寂しさや不安ではなく，犬小屋のサイズが子犬の成長に比して小さくなったからだということになっており，私たちは問題の原因や対策を「個」に求める傾向があるが，しかし原因は「環境」にあると考えることによって問題解決が生み出されることを説明している。人の抱える心理－社会的問題を，このような「適合の悪さ」としてみることによって，「個」に問題を帰属させ「個」を変えようとする介入の限界を乗り越える道が拓かれることになるのである。この見方に立つと，介入は「個」に限定されることなく，人と環境の両面をアセスメントして問題を改善したり解決したりする計画を立てて実行することが必要となる（高畠，2011）。

　このように，問題を個人要因や環境要因という単一の要因によって説明するのではなく，両者の相互作用において生じていると見なし，その相互作用のあり方を改善する，すなわちより良い適合を目指して，個人と環境の双方に介入戦略をもつのが，コミュニティ心理学の方法論だということになる。そしてその方法は，問題解決に具体的に参加するという実践のなかで研究されていくのである。

表 9-2　臨床心理学的地域支援の理念（山本（2001）に基づき作成）

	理　念	概　要
1	コミュニティ感覚	援助者になる側も被援助者になる側も地域コミュニティの一員であり，共に生き，共に生活しているという感覚を大切にする
2	社会的文脈内人間	被援助者は家族，学校や職場，地域社会のなかで生活している人であり，社会的文脈内の存在として，周りのシステムとどのような関係を持っているのかを理解する
3	地域社会の人々との連携	被援助者への援助は地域社会の人々，すなわち家族や友人，近隣，社会のさまざまな人的資源との連携のなかで行われ，臨床心理的個別援助もその連携のネットワークの一員として専門性を役立たせる
4	治療よりも予防	問題が発生してから心理療法等で問題解決をするよりは，問題が起きないように予防対策に力をいれる
5	強さとコンピテンスの重要性の強調	弱いところを改善し修復するという医学モデルではなく，対象者が持っている強みをより強化し，コンピテンス（有能さ）を向上させるように支援していく
6	エンパワメントの重要性	個人・組織・コミュニティの３層にわたり，自らの生活に統制力と意味を見出すことで力を獲得するプロセスである。生活者として生きている人々が，自分の問題を自ら統御・解決し，集団や社会の中で共に支え合って生きているという感覚を持てること，必要に応じて社会に発信・主張していく力を持つことを目指して支援する
7	非専門家との協同	被援助者を支援するソーシャル・サポート・ネットワークの一員として，被援助者の身近にいる人々，生活を共にしている人々の協力を歓迎し，協同する
8	黒子性	被援助者または集団や組織が主役であり，それらの人々が，自らの責任で生き自分をコントロールし生きることを影から見守り，必要な時に援助の手を差し伸べる
9	サービスの多様さと利用しやすさ	被援助者（ユーザー）がサービスを選べるように，また利用しやすいように提供する
10	ケアの精神の重要性	問題の解決，症状の除去といったキュアの考え方だけではなく，それらが及ばない状況に直面する人々を支援するために，被援助者の現実を受容し，同時に援助者自身も自らの「及ばなさ」を認めながら，そこから何か意味を見出そう，何かを学ぼうという態度がケアである。そのためにじっくりと耳を傾け，共感的に支援し続ける

　以上からコミュニティ心理学の特徴を簡単にまとめると，次のようになるだろう。

　①問題の在処を，個人と環境との関係性のなかに見る。人はさまざまな身体的・心理的・社会的・文化的条件に基づく生活文脈のなかで，家族や学校，職場などの環境のなかで他者と相互作用しながら生活している。個人の抱える問題は，こうした文脈のなかで起こっているとみる。

　②人と環境との適合をはかることが目標となる。山本（2001）は，臨床心理学的地域援助の理念として10の項目を挙げている（表9-2）が，そのなかで，援助対象者の問題や脆弱性を改善・修復する治療モデルではなく，対象者のもつ強みを活かし，コンピテンス（有能さ）を向上させるよう働きかけていくことを強調している。そして，生活者として生きている人々が，自らの問題を自ら統御・解決し，統制力と意味を見出すことで力を獲得するエンパワメントの重要性を挙げる。その人がもつ，環境と関わっていく力に注目することに支援の力点を置いているといえよう。

　同時に，問題発生の予防対策に力を入れることや，ソーシャルサポート・ネットワークとして，地域で対象者の身近に生活している非専門家の人々（家族や友人，近隣，職場，他職種の支援者）と協力関係をもつことも理念として挙げられているが，これらは環境へのアプローチと見なすことができるであろう。すなわち環境の側に介入することで適合性を高め，その人がより生きやすくなることを目指すのである。

　③方法的特徴として，具体的に問題解決に参加するという方法をとる。これには，援助者自ら対象者の生活の場に入って援助を行うアウトリーチも含まれる。他にもコンサルテーション，当事者や地域との協働連携などが挙げられる。

3 コミュニティ心理学における問題理解の視点

1）生態学的視座　　コミュニティ心理学においては，人を，物理的・生物学的環境ならびに社会環境との間で相互作用を営みつつ，その文脈のなかで，生存し適応するために行動する「文脈内存在」と見なす。そしてそのなかで個人が抱える問題をとらえる視点として，生態学的視座（植村，2007）を採用している。生態学的視座においては，個人の行動の要因を個人の特性（パーソナリティや情動，欲求，または攻撃性などの心理的特性）にのみ求めず，個人と環境との相互作用によって生起していると考える。この視点に立つと，ある人の行動はその人が属する社会システムまたは社会的場面に対し影響を与えるとともに，それらから影響を受けるという，相互的・円環的関係のなかで生起したり変化したりしていると理解できる（安藤，2009；高畠，2011）。

2）ブロンフェンブレナーの「人間発達の生態学」　　生態学的視点から人間を理解する理論モデルとして，ここではブロンフェンブレナー（U. Bronfenbrenner）の「人間発達の生態学」を紹介する。このモデルは，子どもの発達をとらえる理論的枠組みとして示されたものであり，「積極的で成長しつつある人間と，そうした発達しつつある人間が生活している直接的な行動場面の変わりつつある特性との間の斬進的な相互調整についての科学的研究」であると定義されている。そして「この過程は，これらの行動場面間の関係によって影響を受け，さらにそれら行動場面が組み込まれているもっと広範な文脈によって影響」を受けているとされる。行動場面とは，子どもが直接周囲の環境と相互作用する場面のことであり，生態学的システムを構成している。そして生態学的環境を，複数の行動場面と，それらを包摂するより広い環境（システム）が次々に抱き合わされていく入れ子構造としてモデル化し，ある子どもの行動や発達に直接影響を与える行動場面だけでなく，直接に影響を与えないが，それを包摂する諸システム間での相互関係も発達に対して影響を及ぼすとしている。これらの構造は，マイクロシステム，メゾシステム，エクソシステム，マクロシステムと呼ばれている（Bronfenbrenner, 1979／邦訳，1996）。

　①**マイクロシステム**　　たとえば家庭や幼稚園，保育園，学校など，特有の物理的・実質的特徴をもっている具体的な行動場面において子どもが経験する活動，役割，対人関係のパターンである。

　②**メゾシステム**　　2つまたはそれ以上の行動場面間の相互関係からなる。たとえば家庭と学校，家庭と友達関係などである。

　③**エクソシステム**　　個人のマイクロシステムおよびメゾシステムに影響を及ぼしたり，または影響されたりするが，個人を積極的な参加者として含めていない行動場面である。たとえば学校を運営する上部組織や自治体の教育委員会，両親が所属するコミュニティなど。

　④**マクロシステム**　　マイクロ，メゾ，エクソシステムの形態や内容における一貫性であり，その一貫性の背景にある信念体系やイデオロギーに対応するものである。

　このような生態学的視座による研究を一つ紹介する。丸山（2011）は，小学校に入学したばかりの多動傾向の強い子どもたちが学校環境に適応していくプロセスを，人と環境との相互作用に注目した生態学的視座からとらえ，個人の脆弱性を治療対象とした治療モデルでなく，集団や環境との相互作用のなかで発達を促進させ，現状をよりよい方向に増進させる発達モデルを検討している。

　そこでは幼稚園 – 小学校 – 家庭 – 教育委員会というシステム間の連携による支援体制と，学校内での共通の語り（小1プロブレム，学級崩壊）によるナラティブ・ベイストな理解と対応という文脈のなかで，他児とは著しく異なった多動児の行動が容認され，容認していた担任たちも校長から容認され，その学校の取り組みも教育委員会や他児童の保護者から容認されるといったように，複数の関係が入れ子構造として相互に肯定的な影響を及ぼし，支援の柔軟性と関係者それぞれの適所形成を促す場を生み出していたと結論されている。

　すなわち学級のなかで多動傾向の強い子どもたちが担任や他児と直接的にかかわる行動場面（マイクロシステム）は，その文脈や行動の意味を媒介として，メゾシステムやエクソシステムと相互に影響を与えあい，多重な生態学的環境のなかで学校適応を果たしていったことが理解されるのである。多動傾

向の強い子どもたちの個人的特性から問題をアセスメントし介入方略を考えるのではなく，複数のシステム間の相互影響関係によって子どもの発達を促すというコミュニティ・アプローチの形がここに示されているといえよう。

　このように，問題を個人的特性に帰属させず，文脈のなかで対象児・者を理解し，そのなかでより適切な環境適応すなわち個人と環境とのより良い適合を可能にするようなシステム内・システム間の相互影響関係を生み出すための視点が，生態学的な視座なのである。

4　社会の多様性に応じた多様な支援

　コミュニティ心理学における支援の方法は，それぞれの領域の文脈に応じた多様な方略が存在している。表9-3に代表的な方法についてまとめたので，参照してほしい。加えて，アクションリサーチなど

表9-3　コミュニティ心理学における介入と援助のアプローチ（山本（1986），箕口（2011）に基づき筆者が作成）

アプローチ	概　要
アウトリーチ	アウトリーチとは，援助者から対象者が生活する場に出かけていって援助を行う活動のことである。伝統的な臨床心理面接が，日常とは区別された面接室で対象者が来訪するのを待つスタイルであったのに対し，援助者から進んで働きかけ，ニードやリスクのアセスメントを行い，支援を提供していくことになる。
予　防	「精神的問題が発生してから」ではなく「発生しないよう」にすることを重視する。キャプラン（G. Caplan）は予防精神医学を確立し，第一次から第三次までの予防アプローチを体系化した。まず一次予防では，地域社会において精神疾患の発生を減らすことを目的とし，生物学的・心理的・社会的ニーズの充足が重視される。ニーズとは，物質的なものに加え，親に愛されケアされるという心理社会的供給，学校での仲間関係，仕事上の人間関係，社会的・文化的役割や職業上の業績，他者からの肯定的評価である。二次予防では，潜在的な患者や疾患の兆候を示し始めた人々を対象とし，罹患期間を短縮することによって，その疾患の重篤化や慢性化を防ぐことを目的とする。そこでは，そのコミュニティ内のすべての潜在的な患者に関心を向けることが必要であり，早期の診断技術と有効な治療方法が求められる。さらに三次予防においては，病気の状態を遷延させる要因を減らし，慢性化に伴って生じる障害の程度を最小限に食い止めることが求められる。疾病の回復期にある人々に焦点を当て，再発予防とリハビリテーションによる社会復帰すなわち人間としての尊厳を失い望ましくない状態に陥っている人びとを，再び望ましい状態に立ち戻らせることを目指すのである（箕口，2011）。さらに近年では新しい予防の考え方として，普遍的予防，選択的予防，支持的予防という，対象とされる集団に合わせた介入戦略が提案されている（高畠，2011）。
コンサルテーション	コンサルテーションとは，一方をコンサルタント，他方をコンサルティと呼ぶ異なる専門家の間の相互作用であり，たとえば，クラスに不登校生徒を抱える教師（教育の専門家：コンサルティ）に対し，そこで生じている心理的なさまざまな問題の解決が，コンサルティの仕事のなかで効率的に行われるように，心理や精神保健の専門家（コンサルタント）が側面から協力していく働きかけ（間接的援助）のことをいう（箕口，2011）。山本（1986）はコンサルテーションと助言指導との違いを強調している。どうしたらよいかという答えを提供するのがコンサルタントの役割ではなく，対象理解を深め，対象児・者の問題とされている行動を，教師や援助者に投げかけられている問いとして感知することによって，なにをしていったらよいかの答えをコンサルティとともに探す作業をしていくのがコンサルテーションである。
危機介入（緊急支援）	危機介入とは，日常生活で危機に直面している集団や個人に迅速で即効的な介入を行い，危機から脱出させると同時に，その後の適応をはかる援助をさす。介入の考え方としては，精神衛生の専門家の積極的・指示的な関与が不可欠であり，手軽に利用できる支援システムや援助機関の存在が重要となる。そして，危機状態に陥った人の心のバランスをできるだけ早くもとの状態に回復させるべく，状況を理解し，その理解に基づいた即時的・即応的な介入を行うのである。ここではアウトリーチによる支援が重要になる。なお，学校教育分野では「緊急支援」とも呼ばれる。
ソーシャル・サポート・ネットワーキング	ソーシャル・サポートとは，家族や友人，学校の教師や仲間，職場の同僚や上司など，周囲の人たちとの結びつきと，この結びつきから得られるさまざまなサポートをさす。ソーシャル・サポートを用いて人を援助する方法をソーシャル・サポート・ネットワーキングという。クライエントをとりまく環境に働きかけることを中心とするアプローチであり，身近な人たちのインフォーマルな資源だけでなく，専門家や専門機関のフォーマルな資源と協働して，新たな連結をつくることや，連結をつくり直すことを行う。

の研究戦略や，倫理の側面など，コミュニティに関わって支援を実践するうえで知っておくべきことは多いが，本稿では制約があるため，成書をぜひ参考にしてほしい。伝統的な個人心理臨床における人間理解とかかわり方の基本をふまえながら，面接室の外に出て支援を実践するためには，支援者自身の人間観や社会観，そして対人援助の枠組みについて自覚的になる必要があり，不断に自分を問い直しながら社会に参加することが求められる。専門家であると同時に社会を構成する一人の人間として，その双方を絶えず往き来しながら理論と実践を練り上げていくことが，多様な社会的現実から提起されるニーズに柔軟に対応できる心理的援助を可能にするのである。

9-4　障害者支援

1　発達障害とは

1) 障害の概念　本節では，障害の中でも発達障害について取り上げるが，まずは障害とは何かを考えていきたい。障害の定義については，世界保健機構（WHO）が1980年に提唱した「国際障害分類（International Classification of Impairments, Disabilities and Handicaps: ICIDH）」モデルで示されてきた（図9-5）。ICIDH モデルは，病気（疾患）が原因となって機能・形態障害が起こり，それから能力障害が生じ，社会的不利を起こすという一方向性の作用を示している。障害を「機能・形態障害」，「能力障害」，「社会的不利」の3つのレベルに分けてとらえるという，障害の階層性を示した点では画期的なものであったが，障害をマイナス面から分類していること，社会的不利を被る原因は個人の障害にあるとして，環境要因および障害者本人の悩みや苦しみ，絶望感といった主観的障害を考慮していないことなどが問題とされた（上田，2002）。

　そこで，マイナスよりもプラス面に重点を置くという方針に立って，2001年に「生活機能・障害及び健康の国際分類（International Classification of Functioning, Disabilities and Health: ICF）」に改定され，現在はこの ICF モデルが用いられている（図9-6）。ICF モデルは，「生活機能」，「障害」，「健康状

図 9-5　ICIDH: WHO の国際障害分類（1980）の障害構造モデル（文部科学省，2006）。

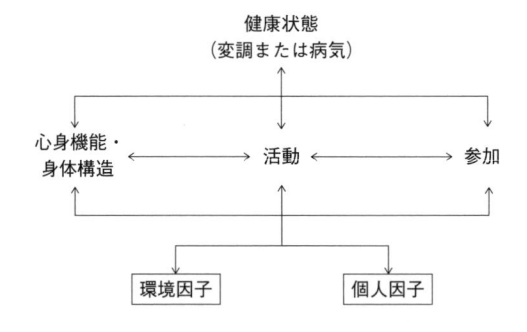

図 9-6　ICF の構成要素間の相互作用（文部科学省，2006）。

態」の視点から,「心身機能」,「活動」,「参加」の3つの活動レベルが互いに影響し合うものであり,障害を活動の制限や参加の制約としてとらえた。つまり,ICFモデルは,個人要因だけではなく環境要因も重視し,個人と環境の相互作用によって障害が生じるとしたのである。なお,「健康状態」には,疾患や外傷だけでなく,高齢や妊娠,ストレス,先天異常,遺伝的素因などを含むような概念としても拡大した。

　障害者を支援する際,障害者の障害（マイナス）を中心に見るのではなく,プラス（健常な機能・能力・参加状況,さらにはプラスの環境因子）に重点を置き,総合的に理解していく必要がある。

2) 発達障害の概念と発達のつまずき　近年,発達障害（発達症）はメディアでも取り上げられ,芸能人などが発達障害の当事者として著書を出版するなど,社会的にも注目されるようになった。発達障害とは,生まれつきの脳機能障害が原因であり,発達早期から精神発達にかかわる社会性や注意と衝動性の制御に問題を抱え,社会適応に困難をきたすことである。発達障害の診断は,アメリカ精神医学会の「精神疾患の診断・統計マニュアル（Diagnostic and Statistical Manual of Mental Disorders: DSM）」や,WHOの「国際疾病分類　疾病及び関連保健問題の国際統計分類（International Statistical Classification of Diseases and Related Health Problems: ICD）」に基づいて行われる。2013年5月に改訂されたDSM-5（APA, 2013／邦訳, 2014）では,発達障害は「神経発達症群／神経発達障害群（Neurodevelopmental Disorders）」となり,概念の変更も行われた。この神経発達症群には,知的能力障害群（Intellectual Disabilities: ID）,コミュニケーション症群／コミュニケーション障害群（Communication Disorders）,自閉スペクトラム症／自閉症スペクトラム障害（Autism Spectrum Disorders: ASD）,注意欠如・多動症／注意欠如・多動性障害（Attention-Deficit/Hyperactivity Disorder: ADHD）,限局性学習症／限局性学習障害（Specific Learning Disorder: SLD）,運動症群／運動障害群（Motor Disorders）が含まれている（表9-4）。これらの発達障害には,それぞれの特徴があり,また,重複することもある。たとえば,自閉スペクトラム症をもつ人は知的能力障害を併存することがあるし,注意欠如・多動症をもつ人は限局性学習症を併存することがある。これは,それぞれの症状が連続していて特性の重なる部分が多いためであり,障害を区別することはとても難しい。そこで,症状を連続体（スペクトラム）としてとらえるのである。

　以下に,知的能力障害群,自閉スペクトラム症,注意欠如・多動症,限局性学習症を取り上げ,各診断基準や特徴を述べる。ただし,特性の現れ方には個人差があることに注意したい。

表 9-4　神経発達症群／神経発達障害群の分類（DSM-5（2013）に基づき抜粋改変）

主分類	下位分類
知的能力障害群	知的能力障害,全般的発達遅延,特定不能の知的能力障害
コミュニケーション症群／コミュニケーション障害群	言語症／言語障害,語音症／語音障害,小児期発症流暢症／小児期発症流暢障害（吃音）,社会的（語用論的）コミュニケーション症／社会的（語用論的）コミュニケーション障害,特定不能のコミュニケーション症／特定不能のコミュニケーション障害
自閉スペクトラム症／自閉症スペクトラム障害	自閉スペクトラム症／自閉症スペクトラム障害
注意欠如・多動症／注意欠如・多動障害	注意欠如・多動症／注意欠如・多動性障害
限局性学習症／限局性学習障害	限局性学習症／限局性学習障害
運動症群／運動障害群	発達性協調運動症／発達性協調運動障害,常同運動症／常同運動障害,チック症群／チック障害群,他の特定されるチック症／他の特定されるチック障害,特定不能のチック症／特定不能のチック障害
他の神経発達症群／他の神経発達障害群	他の特定される神経発達症／他の特定される神経発達症群,特定不能の神経発達症／特定不能の神経発達障害

表 9-5　自閉スペクトラム症の診断基準 (DSM-5 (2013), 森・杉山・岩田 (2014) に基づき改変)

以下のA，B，C，Dを満たすこと
A：複数の状況で社会的コミュニケーションおよび対人的相互反応における持続的な欠陥（以下の3点）
　1．社会的，情緒的な相互関係の障害
　2．他者との交流に用いられる言葉を介さないコミュニケーションの障害
　3．（年齢相応の対人）関係の発達・維持の障害
B：行動，興味，または活動（以下の2点以上で示される）の限定された反復的様式
　1．常同的で反復的な運動動作や物体の使用，あるいは話し方
　2．同一性へのこだわり，日常動作への融通のきかない執着，言語・非言語上の儀式的な行動パターン
　3．集中度や焦点づけが異常に強く限定，固定された興味
　4．感覚入力に対する敏感性あるいは鈍感性，あるいは感覚に関する環境に対する普通以上の関心
C：症状は発達早期の段階で必ず出現するが，後になって明らかになるものもある
D：社会的，職業的，または他の重要な機能に重大な障害を引き起こしている
E：これらの障害は，知的能力障害または全般的発達遅延ではうまく説明されない

　①知的能力障害群　　従来の定義としては，知的障害と適応障害の両方が存在し，知能の高低で重度分類が行われていた。しかし，DSM-5では知的障害と適応障害の両方が存在するが，重症度評価の指標として，知能指数の分類ではなく，生活適応能力が重視されるようになった。主に，概念的（学力）領域，社会的領域，実用的（生活自立能力）領域に関して，それぞれ具体的な状態像から重症度の判定を行うようになった。

　②自閉スペクトラム症　　旧診断基準（DSM-Ⅳ-TR）では，広汎性発達障害（アスペルガー障害を含む）に該当する。DSM-5より重症度水準による分類が作られ，レベル1（支援を要する），レベル2（十分な支援を要する），レベル3（非常に十分な支援を要する）の3段階に分けられ，それぞれの診断領域について重症度を特定するようになった。また，症状の発現期が「症状は発達早期の段階で必ず出現するが，後になって明らかになるものもある」となり，成人期の診断に対応しやすくなったといえる（表9-5）。自閉スペクトラム症の最大の特徴は，社会的コミュニケーションの問題であるが，中でも他者への配慮や関心，情緒的なかかわりが希薄であり，状況に応じた対人関係の形成が困難であるといった問題がある。また，同一性へのこだわりと感覚刺激に対する特殊な反応が見られる。そのため，習慣化された方法を変更しなくてはいけなくなったり，予定外の事態が生じると，不安や緊張が高まってパニックになることがある。感覚刺激に対する反応は，過敏なだけでなく鈍感な場合もあり，怪我をしても痛みを感じずに平気でいたりする。

　また，これらの特性は，発達段階によって現れ方は異なる。乳児期には新生児模倣の少なさ，幼児期には共同注意が乏しく限定的にしか生じない，学童期以降でも相手の感情の理解や共感を示せないといった特性が見られる。その結果，周囲に溶け込めず孤立し，不登校や引きこもりといった学校や職場に居場所がないといった状態を呈することもある。

　③注意欠如・多動症　　注意欠如・多動症は，「不注意」と「多動性および衝動性」によって特徴づけられる（表9-6）。不注意とは，注意を必要な時間維持することが困難なため，気がそれやすく，やるべきことを忘れたり，物をなくしたりする状態をさす。多動性および衝動性とは，静かに過ごすことが苦手で，離席，おしゃべり，待つことへの困難，結果として他者への活動の妨害などが生じる状態をさす。落ち着きのなさや集中力の乏しさは程度の差はあれ，どの子どもにも見られる特性であるが，親が子どもと一対一で接しているときには，そうした特徴に気づきにくいが，こうした子どもが保育園や幼稚園に入ると，その特異性が顕著に見られるようになる。しかし，このような行動は周囲にネガティブな反応をもたらし，子どもは教師の叱責を頻繁に受け，自身の自己評価，自己肯定感を低下させる。自尊感情の低下にともなう情緒的な問題や，暴力，非行といった反社会的な行動である二次障害の問題も生じる。

　なお，DSM-5における変更点は，発症年齢は「7歳以前」から「12歳になる前から」へと引き上げられたこと，それに加えて，加齢によって必要項目数が減り，成人期の診断が容易になったこと，多動・衝動性優位型，不注意型，混合型など下位分類の代わりに，過去6ヶ月間の症状特性により「存在」

表 9-6　注意欠如・多動症の診断基準（DSM-5（2013），森・杉山・岩田（2014）に基づき改変）

⑴不注意／⑵多動性 – 衝動性のいずれか，または両方の症状が 6 ヶ月以上持続し，社会・学業・職業の機能を損なわせている。

A1：不注意による間違いが多い，注意の集中や持続が困難などの 9 つの項目のうち，以下の症状が 6 つ（17 歳以上では 5 つ）以上，6 ヶ月以上持続

 a．こまやかな注意ができずケアレスミスをしやすい
 b．注意を持続することが困難
 c．話を聞けないようにみえる（うわの空，注意散漫）
 d．指示に従えず，宿題などの課題が果たせない
 e．課題や活動を整理することができない
 f．精神的努力の持続を要する課題を嫌う
 g．課題や活動に必要なものを忘れがちである
 h．外部からの刺激で注意散漫となりやすい
 i．日々の活動を忘れがち

A2：じっとしていられない，順番を待てない，他人のことに口出ししたり，横取りしたりするなどの 9 つの項目のうち，以下の症状が 6 つ（17 歳以上では 5 つ）以上，6 ヶ月以上持続

 a．着席中，手足をソワソワ，モジモジする
 b．着席が期待されている場面で離席する
 c．不適切な状況で走り回ったりよじ登ったりする
 d．静かに遊んだり余暇を過ごすことができない
 e．「突き動かされるように」じっとしていられない
 f．しゃべりすぎる
 g．質問が終わる前にうっかり答え始める
 h．順番待ちが苦手である
 i．他の人の邪魔をしたり，割り込んだりする

B：不注意，多動・衝動性の症状のいくつかは 12 歳までに存在
C：不注意，多動・衝動性の症状のいくつかは 2 つ以上の環境で存在（家庭や学校，職場など）
D：症状が社会，学業，職業機能を損ねている明らかな証拠がある
E：統合失調症やほかの精神障害の経過で生じたり，説明することができない

と表現するようになったことである。

　④**限局性学習症**　　従来の学習障害に該当する。読み，書き，算数の障害を区分するが，症状記載は詳細になった。たとえば，読みの障害の場合，単語の読みの正確さから始まって，読む速度，流暢さ，文章の理解度合いなどを評価すると規定している。また，知的障害と同様に，援助や配慮の必要程度による重症度分類が導入され，軽度，中等度，重度の区分が設けられた。

　なお，学習障害の定義は世界共通ではない。わが国においては，文部省（現，文部科学省）の「学習障害の定義」によると，「学習障害とは，基本的には全般的な知的発達の遅れはないが，聞く，話す，読む，書く，計算するまたは推論する能力のうち，特定のものの習得と使用に著しい困難を示す状態を指すものである」とされている（文部科学省，1999）。

　また，読み書きに限定した学習困難をディスレクシア（Dyslexia）や読み書き障害という。学習障害の子どもがすべての特徴を持っているのではなく，音読は得意だが漢字の書き取りは苦手，計算は得意だが国語は苦手など，さまざまなタイプがある。特に学習障害の場合，本人はまじめに取り組んでいるのに，なかなか結果がともなわないため，親や教師から努力不足，真剣さがないといった誤った評価を受けることがある。次第に学習性無力感に陥り，学習に励まなくなるといった状況に追い込まないよう，その子に合った適切な支援を行う必要がある。

　なお，2012 年に文部科学省が全国の学校を対象に実施した調査によると，通常学級に在籍し，知的障害がない児童生徒のうち，学習面で著しい困難を示す者は 4.5％，「不注意」または「多動性 – 衝動性」の問題を著しく示すものは 3.1％，対人関係やこだわり等の問題を著しく示す者は 1.1％であり，重複を除くと 6.5％という結果が示された（図 9-7）。2002 年に実施した調査も同様の結果であったことから，

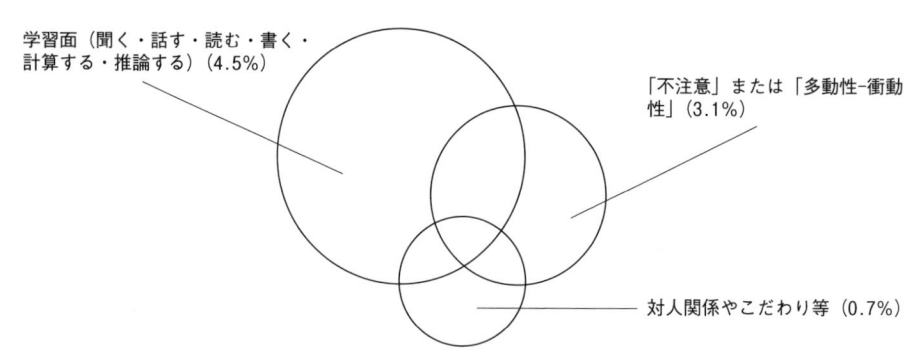

学習面（聞く・話す・読む・書く・計算する・推論する）(4.5%)

「不注意」または「多動性-衝動性」(3.1%)

対人関係やこだわり等（0.7%）

図9-7　知的発達に遅れはないものの学習面や行動面で著しい困難を示すと担任教師が回答した児童生徒の割合（文部科学省，2012）。

通常学級には一定の割合で発達障害の子どもが学んでいると推察される。

　発達障害は以上のような特性があるが，発達するにつれて消えたり治ったりすることはなく，本人も生きづらさを感じて悩んでいる。本人の特性を早期に正しく理解することは，子どもの生きづらさをやわらげて成長を促すことにつながっていく。また，本人だけでなく，発達障害に対する周りの理解と支援が不可欠である。

2　発達障害者への支援

1）発達障害児に対する就学前支援
　発達障害児の就学前の発達支援は，保健センターや医療機関での早期発見・早期療育，発達相談から始まる場合が多い。保護者や家族が抱えている悩みや問題に答えながら，まずは子どもの発達ニーズを適切にアセスメントして対応していくことが求められる。たとえば，日常でできる生活動作や生活環境づくりのサポートを行ったり，応用行動分析といった手法を用いて問題行動を減らし，望ましい行動を増やす働きかけをしたり，ソーシャル・スキル・トレーニングを行ったりと，さまざまな視点・手法で支援を行うことがある。

　そのためには，早期から発達促進，問題行動の理解や対応，障害に対する認識を深める関わり等，家族の生活全体にわたる支援を継続的に行うことが必要である。あわせて，保育所や通所施設，幼稚園等への保育支援をコンサルテーション等により支援者が協力して取り組む現場支援などがある。保育現場でのコンサルテーションでは，記録を基に検討していくこと，担当者の孤立を防ぐこと，関係者で方向性を共有していけるような配慮が必要である（無藤，2002）。

2）特別支援教育と法律
　戦後のわが国では，1970年代頃より，巨大な施設での収容生活ではなく，障害者もともに地域で生活するというノーマライゼーションの理念が浸透していった。しかし，養護学校の義務化が実施されたのは1979年になってのことであり，これにより，すべての子どもが学校教育を受けることができるようになった。その後，1993年より「通級による指導」が導入され，通常学級における個別支援として，通級指導教室による支援が行われるようになった。翌年の1994年には，スペインで開催された「特別なニーズ教育に関する世界会議」でインクルージョン（包含）を基調とする「サマランカ宣言」が採択された。インクルージョンとは，障害のある子どもを通常学級で教育する，あるいは，可能な限り通常学級に近い場所で教育することをさす。そして，1999年4月に，「精神薄弱」が「知的障害」に法的に変更された。

　戦後の特殊教育では，基本的に知的に遅れのある子どもを対象にしていたが，発達障害に関する医学的知見，ノーマライゼーションの理念の浸透などにより，これまで特殊教育の対象ではなかった発達障害児に対する関心が高まった。2005年に発達障害者支援法が施行され，発達障害とは，「自閉症，アスペルガー症候群その他の広汎性発達障害，学習障害，注意欠陥多動性障害その他これに類する脳機能の

障害であってその症状が通常低年齢において発現するもの」と定義され，発達障害が初めて支援対象となった。この法律では，発達障害を早期に発見し支援すること，学校での教育支援，就労支援，自立および社会参加など，生涯にわたる支援を目指した。2007 年 4 月に学校教育法が改正され，特殊教育が特別支援教育に，盲・聾・養護学校は特別支援学校に，特殊学級は特別支援学級と名称が変更された。また，学習障害や注意欠如・多動性障害，高機能自閉症等も，通級による指導の対象となり，各学校に特別支援コーディネーターや特別支援教育支援員を置くなどシステムとしての支援体制を整備していった。2010 年には障害者自立支援法，2011 年には障害者基本法が改正され，発達障害の人たちも支援の対象に認められた。

　2016 年には発達障害者支援法が改正され，その定義には「障害及び社会的障壁により継続的に日常生活又は社会生活に相当な制限を受けるもの」という ICF の障害概念に基づく内容が追加され，発達障害が環境との相互作用にあるということが明確化された。さらに，いじめ防止，司法手続きにおける意思疎通のための手段，就労の定着支援などの内容が盛り込まれた。こうした流れにともない，各都道府県，政令指定都市に発達障害者支援センターが設置され，発達障害者に対する支援が推進されるようになった。

　また，2016 年 4 月には障害者差別解消法が施行され，この法律では，障害を理由とした不当な差別的取扱いを禁止した。合理的配慮の提供は，公的な機関では法的義務となり，民間では努力義務とされている。

3）親と家族への支援　　障害者本人の支援だけでなく，親や家族への支援も忘れてはならない。発達障害児の発達を促進するためにかかわるのではなく，親としての発達，家族としての発達を促そうという発達支援の視点が必要である。ただし，親や家族は子どもの障害に直面して心理的ショックを受け，家族としての機能が低下している場合がある。どのようにわが子の障害を受けとめ，育てていくかという障害受容のステージ理論を，支援者としては理解しておくとよい。まずはあるがままに家族を受容し，子育てへの自信回復やストレスを和らげることが必要である。

● 理解を深めるための参考図書

河合　隼雄（1987）．明恵　夢を生きる　京都松柏社

河合　隼雄（1993）．ブックガイド心理療法　日本評論社

村瀬　嘉代子・青木　省三（2000）．心理療法の基本　金剛出版

ニイル，A.S.（1926）．堀　真一郎（訳）（2009）．問題の子ども　黎明出版

小此木　啓吾（2002）．フロイト思想のキーワード　講談社

渡辺　久子（2000）．母子臨床と世代間伝達　金剛出版

引用文献

第1章

Ashitaka, Y., & Shimada, H.(2014). The cultural background of the non-academic concept of psychology in Japan: Its implications for introductory education in psychology. *International Journal of Psychology, 49*, 167-174.

Gregory, R. L.(1963). Distortion of visual space as inappropriate constancy scaling. *Nature, 199*, 678-680.

長谷川 寿一（2008）．心理学とは　長谷川 寿一・東條 正城・大島 尚・丹野 義彦・廣中 直行　はじめて出会う心理学（改訂版，pp. 3-27）．有斐閣

廣岡 秀一・小川 一美・元吉 忠寛（2000）．クリティカルシンキングに対する志向性の測定に関する探索的研究　三重大学教育学部研究紀要，*51*，161-173.

市川 伸一（2002）．心理学って何だろう　北大路書房

梅本 堯夫（1994）．心理学の起源　梅本 堯夫・大山 正（編著）　心理学史への招待──現代心理学の背景──（pp. 1-16）．サイエンス社

第2章

Bloom, F. E., & Lazerson, A.(1988). *Brain, mind, and behavior*(2nd ed.). New York, NY: Freeman.

Gazzaniga, M. S., & Heatherton, T. F.(2005). *Psychological science*(2nd ed.). New York, NY: W. W. Norton & Company.

八田 武志（2003）．脳のはたらきと行動のしくみ　医歯薬出版

Klüver, H., & Bucy, P. C.(1939). Preliminary analysis of functions of the temporal lobes in monkeys. *Archives Neurology and Psychiatry, 42*, 979-1000.

森岡 周（2007）．脳を学ぶ「ひと」がわかる生物学　協同医書

Penfield, W., & Rasmussen, T.(1950). *The cerebral cortex of man*. New York, NY: Macmillan

酒井 邦嘉（1997）．心にいどむ認知脳科学　岩波書店

柴崎 浩・米倉 義晴（1994）．脳のイメージング──脳のはたらきはどこまで画像化できるか──　共立出版

Sternbach, R. A.(1966). *Principles of psychophysiology*. New York, NY: Academic Press.（スターンバック，R. A.　中川 四郎・古閑 永之介・中川 泰彬・遠藤 四郎（訳）（1969）．精神生理学入門　医学書院）

山田 冨美雄（1998）．生体反応の見取り図　宮田 洋（監修）　藤沢 清・柿木 昇治・山崎 勝男（編）生理心理学の基礎　新生理心理学（第1巻，pp. 24-35）．北大路書房

山本 健一（1996）．脳とこころ──内なる宇宙の不思議──　講談社

第3章

Atkinson, R. C., & Shiffrin, R. M.(1971). The control of short-term memory. *Scientific American, 225*, 82-91.

Baddeley, A.(2000). The episodic buffer: a new component of working memory? *Trends in Cognitive Sciences, 4*, 417-423.

Baddeley, A.(2007). *Working memory, thought, and action*. New York: Oxford University Press.

Baddeley, A. D., & Hitch, G.(1974). Working memory. In P. M. Rabbit & S. Dornic(Eds.), *Psychology of learning and motivation*(Vol. 8, pp. 47-89). New York, NY: Academic Press.

Bartlett, F.(1932). *Remembering: A study in experimental and social psychology*. Cambridge, MA: Cambridge University Press.（バートレット，F.　宇津木 保・辻 正三（訳）（1983）．想起の心理学　誠信書房）

Brainerd, C. J., & Reyna, V. F.(2005). *The science of false memory*. London: Oxford University Press.

Cohen, G.(1990). Why is it difficult to put names to faces? *British Journal of Psychology, 81*, 287-297.

Collins, A. M., & Loftus, E. F.(1975). A spreading-activation theory of semantic processing. *Psychological Review, 82*, 407-428.

Collins, A. M., & Quillian, M. R.(1969). Retrieval time from semantic memory. *Journal of Verbal Learning and Verbal Behavior, 8*, 240-247.

Cowan, N.(2001). The magical number 4 in short-term memory: A reconsideration of mental storage capacity. *Behavioral and Brain Sciences, 24*, 87-185.

Craik, F. I., & Watkins, M. J.(1973). The role of rehearsal in short-term memory. *Journal of Verbal Learning and Verbal Behavior, 12*, 599-607.

Deese, J.(1959). On the prediction of occurrence of particular verbal intrusions in immediate recall. *Journal of Experimental Psychology, 58*, 17-22.

Ebbinghaus, H.(1885). *Über das Gedächtnis*. Leipzig, Deutschland: Dunker & Humbolt.（エビングハウス，H.　宇津木 保（訳）（1978）．記憶について──実験心理学への貢献──　誠信書房）

日比野 治雄（1999）．感覚　中島 義明・安藤 清志・子安 増生・坂野 雄二・繁桝 算男・立花 政夫・箱田 祐司（編）心理学辞典（p. 133）．有斐閣

Kanizsa, G.(1979). *Organization in vision: Essays on Gestalt perception*. Santa Barbara, CA: Praeger Publisher.（カニッツァ，G.　野口 薫（監訳）（1985）．視覚の文法──ゲシュタルト知覚論──　サイエンス社）

Meyer, D. E., Schvaneveldt, R. W., & Ruddy, M. G. (1975). Loci of contextual effects on visual word recognition. In P. M. R. Rabbit, & S. Dornic (Eds.), *Attention and performance V* (pp. 98-118). New York, NY: Academic Press.

Miller, G. A. (1956). The magical number seven, plus or minus two: Some limits on our capacity for processing information. *Psychological Review, 63*, 81-96.

Milner, B. (1966). Amnesia following operation on the temporal lobes. In C. W. M. Whitty, & O. L. Zangwill (Eds.), *Amnesia* (pp. 109-133). London: Butterworth.

二木 宏明 (1989) 脳と記憶——その心理学と生理学—— 共立出版

苧阪 満里子 (2002) 脳のメモ帳——ワーキングメモリ—— 新曜社

Peterson, L., & Peterson, M. J. (1959). Short-term retention of individual verbal items. *Journal of Experimental Psychology, 58*, 193-198.

Roediger, H. L., & McDermott, K. B. (1995). Creating false memories: Remembering words not presented in lists. *Journal of Experimental Psychology: Learning, Memory and Cognition, 21*, 803-814.

Schmidt, R. F. (Ed.). (1986). *Fundamentals of sensory physiology*. New York, NY: Springer. (シュミット, R. F. (編) 岩村 吉晃・酒田 英夫・佐藤 昭夫・豊田 順一・松裏 修四・小野 武年 (訳) (1989). 感覚生理学 (第2版) 金芳堂)

Scoboria, A., Wade, K. A., Lindsay, D. S., Azad, T., Strange, D., Ost, J., & Hyman, I. E. (2017). A mega-analysis of memory reports from eight peer-reviewed false memory implantation studies. *Memory, 25*, 146-163.

Squire, L. R. (2004). Memory systems of the brain: A brief history and current perspective. *Neurobiology of Learning and Memory, 82*, 171-177.

Stevens, S. S. (1962). The surprising simplicity of sensory metrics. *American Psychologist, 17*, 29-39.

Teghtsoonian, R. (1971). On the exponents in Stevens' law and the constant in Ekman's law. *Psychological Review, 78*, 71-80.

Tulving, E., & Thomson, D. M. (1973). Encoding specificity and retrieval processes in episodic memory. *Psychological Review, 80*, 352-373.

Vos, J. J., & Walraven, P. L. (1971). On the derivation of the foveal receptor primaries. *Vision Research, 11*, 799-818.

Weinstein, S. (1968). Intensive and extensive aspects of tactile sensitivity as a function of body part, sex, and laterality. In D. R., Kenshalo (Ed.), *The skin sense.* (pp. 223-261). New York, NY: Springer.

Wolf, J. et al. (2018). *Sensation and perception* (5th ed.). Sunderland, MA: Sinauer Associates.

山下由己男 (2008). 色の知覚 菊池 正 (編) 朝倉心理学講座6 感覚知覚心理学 (pp. 34-51). 朝倉書店

Young, A. W., Hay, D. C., & Ellis, A. W. (1985). The faces that launched a thousand slips: Everyday difficulties and errors in recognizing people. *British Journal of Psychology, 76*, 495-523.

第4章

Adolphs, R., Tranel, D., Damasio, H., & Damasio, A. R. (1995). Fear and the human amygdale. *Journal of Neuroscience, 15*, 5879-5891.

Averill, J. R. (1980). A constructivist view of emotion. In R. Plutchik, & H. Kellerman (Eds.), *Emotion: Theory, research and experience, Vol. 1. Theories of emotion* (pp. 305-339). New York, NY: Academic Press.

Ax, A. F. (1953). The physiological differentiation between fear and anger in humans. *Psychosomatic Medicine, 15*, 433-442.

Bard, P. (1928). A diencephalic mechanism for the expression of rage with special reference to the sympathetic nervous system. *American Journal of Physiology, 84*, 490-515.

Cannon, W. B. (1927). The James-Lange theory of emotions: A critical examination and an alternative theory. *American Journal of Psychology, 39*, 106-124.

Damasio, A. R. (1994). *Descartes' error: Emotion, reason, and the human brain*. New York, NY: Putnam. (ダマシオ, A. R. 田中 三彦 (訳) (2000). 生存する脳——心と脳と身体の神秘—— 講談社)

Darwin, C. (1872/1998). *The expression of the emotions in man and animals*. New York, NY: Oxford University Press.

Davidson, R. J., & Fox, N. A. (1982). Asymmetrical brain activity discriminates between positive versus negative affective stimuli in human infants. *Science, 218*, 1235-1237.

Ekman, P. (1992). An argument for basic emotions. *Cognition and Emotions, 6*, 169-200.

Ekman, P., & Friesen, W. V. (1971). Constants across cultures in the face and emotion. *Journal of Personality and Social Psychology, 17*, 124-129.

Ekman, P., & Friesen, W. V. (1978). *Facial action coding system: A technique for the measurement of facial movement*. Palo Alto, CA: Consulting Psychologists Press.

Ekman, P., & Friesen, W. V. (1984). *Unmasking the face* (2nd ed.). Palo Alto, CA: Consulting Psychologists Press.

Ekman, P., Friesen, W. V., & Hager, J. C. (2002). *Facial action coding system: The manual and investigator's guide*. Salt Lake City, UT: Research Nexus.

Ekman, P., Levenson, R. W., & Friesen, W. V. (1983). Autonomic nervous system activity distinguishes among emotions. *Science, 221*, 1208-1210.

Ekman, P., Sorenson, E. R., & Friesen, W. V. (1969). Pan-cultural elements in facial displays of emotions. *Science, 164*, 86-88.

福井 康之 (1990). 感情の心理学 川島書店

濱 治世・鈴木 直人・濱 保久（2001）．感情心理学への招待——感情・情動へのアプローチ——　サイエンス社

James, W. (1884). What is an emotion. *Mind, 9*, 188-205.

Lange, C. G. (1885/1922). The emotions; A psychophysiological study. In C. G. Lange, & W. James (Eds.), *The emotions* (pp. 33-90). Baltimore, MD: Williams and Wilkins.

Lazarus, R. S. (1982). Thoughts on the relations between emotion and cognition. *American Psychologist, 37*, 1019-1024.

Lazarus, R. S. (1991). *Emotion and adaptation.* Oxford, UK: Oxford University Press.

LeDoux, J. E. (1996). *The emotional brain: The mysterious underpinnings of emotional life.* New York, NY: Simon and Schuster. (ルドゥー, J. E. 松本 元・小幡 邦彦・湯浅 茂樹・川村 光毅・石塚 典生（訳）（2003）．エモーショナル・ブレイン——情動の脳科学——　東京大学出版会)

Ley, R. G., & Bryden, M. P. (1982). A dissociation of right and left hemispheric effects for recognizing emotional tone and verbal content. *Brain and Cognition, 1*, 3-9.

中村 克樹（監修）（2007）．徹底図解　脳のしくみ　新星出版社

Oatley, K., & Jenkins, J. M. (1996). *Understanding emotions.* Cambridge, MA: Blackwell Publishers.

Papez, J. W. (1937). A proposed mechanism of emotion. *Archives of Neurology and Psychiatry, 79*, 217-124.

Plutchik, R. (1980). *Emotion: A psychoevolutionary synthesis.* New York, NY: Harper & Row.

Reuter-Lorenz, P., & Davidson, R. J. (1981). Differential contributions of the 2 cerebral hemispheres to the perception of happy and sad faces. *Neuropsychologia, 19*, 609-613.

Russell, J. A. (1980). A circumplex model of affect. *Journal of Personality and Social Psychology, 39*, 1161-1178.

Russell, J. A., Weiss, A., & Mendelsohn, G. A. (1989). Affect grid: A single-item scale of pleasure and arousal. *Journal of Personality and Social Psychology, 57*, 493-502.

Schacter, S., & Singer, J. E. (1962). Cognitive, social, and psychological determinants of emotional state. *Psychological Review, 69*, 379-399.

Schlosberg, H. (1954). Three dimensions of emotion. *Psychological Review, 61*, 80-81.

Strack, F., Stepper, S., & Martin, L. L. (1988). Inhibiting and facilitating conditions of the human smile: A nonobtrusive test of the facial feedback hypothesis. *Journal of Personality and Social Psychology, 54*, 768-777.

Tomkins, S. S. (1962). Affect, imagery, and consciousness. *Vol. 1. The positive affects.* New York, NY: Springer.

梅津 八三・相良 守次・宮城 音弥・依田 新（監修）（1981）．新版心理学事典　平凡社

第5章

Atkinson, R. L., Atkinson, R. C., Smith, E. E., Bem, D. J., & Nolen-Hoeksema, S. (2000). *Hilgard's introduction to psychology* (13th ed.) Orland, FL: Harcourt College Publishers.

Bandura, A., Ross, D., & Ross, S. A. (1961). Transmission of aggression through imitation of aggressive models. *Journal of Abnormal and Social Psychology, 63*, 575-582.

Garcia, J., & Koelling, R. A. (1966). Relation to cue to consequence in avoidance learning. *Psychonomic Science, 4*, 123-124.

Hayes, N. (1994). *Principles of comparative psychology.* Hove, East Sussex, UK: Psychology Press.

今田 寛（1996）．学習の心理学　培風館

Lorenz, K. (1950). The comparative method in studying innate behaviour patterns. *Symposium of the Society for Experimental Biology, 4*, 221-268.

Lorenz, K. (1958). The evolution of behaviour. *Scientific American, 199*, 67-78.

Tinbergen, N. (1951). *The study of instinct.* Oxford, UK: Oxford University Press.

第6章

Adamic, L. A., & Glance, N. (2005). The political blogosphere and the 2004 U. S. election: Divided they blog. *Proceedings of the 3rd international workshop on Link discovery*, 36-43.

相川 充（2009）．社会的スキル　日本社会心理学会（編）　社会心理学事典（pp. 248-249）．丸善

Altman, I., & Taylor, D. A. (1973). *Social penetration: The development of interpersonal relationships.* New York, NY: Holt, Rinehart & Winston.

安藤 清志（1986）．自己開示　対人行動学研究会（編）　対人行動の心理学（pp. 240-246）．誠信書房

安藤 清志（1994）．見せる自分／見せない自分——自己呈示の社会心理学——　サイエンス社

Asch, S. E. (1946). Forming impression of personality. *Journal of Abnormal and Social Psychology, 41*, 258-290.

Asch, S. E. (1951). Effects of group pressure on the modification and distortion of judgments. In H. Guetzkow (Ed.), *Groups, leadership and men* (pp. 222-236). Pittsburgh, PA: Carnegie Press.

Asch, S. E. (1955). Opinions and social pressure. *Scientific American, 193*, 31-35.

Baumeister, R. F., & Leary, M. R. (1995). The need to belong: Desire for interpersonal attachments as a fundamental human motivation. *Psychological Bulletin, 117*, 497-529.

Burt, R. S. (1992). *Structural holes: The social structure of competition.* Cambridge, MA: Harvard University Press. (バート, R. S. 安田 雪（訳）（2006）．競争の社会的構造——構造的空隙の理論——　新曜社)

Byrne, D. (1971). *The attraction paradigm.* New York, NY: Academic Press.

Byrne, D., Ervin, C. R., & Lamberth, J. (1970). Continuity between the experimental study of attraction and real-life computer dating. *Journal of Personality and Social Psychology, 16*, 157-165.

Byrne, D., & Nelson, D. (1965). Attraction as a linear function of proportion of positive reinforcements. *Journal of Personality and Social Psychology, 1*, 659-663.

Cottrell, N. B. (1972). Social facilitation. In C. G. McClintock (Ed.). *Experimental social psychology* (pp. 185-236). New York, NY: Holt, Rinehart & Winston.

大坊 郁夫 (1998)．しぐさのコミュニケーション――人は親しみをどう伝えあうか――　サイエンス社

Darley, J. M., & Latané, B. (1968). Bystander intervention in emergencies: Diffusion of responsibility. *Journal of Personality and Social Psychology, 8*, 377-383.

Deutsch, M., & Gerard, H. B. (1955). A study of normative and informational social influences upon individual judgment. *Journal of Abnormal and Social Psychology, 51*, 629-636.

Duval, S., & Wicklund, R. A. (1972). *A theory of objective self awareness*. New York, NY: Academic Press.

Fenigstein, A., Scheier, M. F., & Buss, A. H. (1975). Public and private self-consciousness: Assessment and theory. *Journal of Consulting and Clinical Psychology, 43*, 522-527.

Festinger, L. (1954). A theory of social comparison processes. *Human Relations, 7*, 114-140.

Festinger, L. (1957). *A theory of cognitive dissonance*. New York, NY: Row, Peterson. (フェスティンガー, L. 末永 俊郎 (監訳) (1956). 認知的不協和の理論　誠信書房)

Festinger, L., & Carlsmith, J. M. (1959). Cognitive consequences of forced compliance. *Journal of Abnormal and Social Psychology, 58*, 203-210.

Festinger, L., Schachter, S., & Back, K. (1950). *Social pressures in informal groups: A study of human factors in housing*. Palo Alto, CA: Stanford University Press.

深田 博己 (1998)．インターパーソナル・コミュニケーション――対人コミュニケーションの心理学――　北大路書房

Granovetter, M. (1973). The strength of weak ties. *American Journal of Sociology, 78*, 1360-1380.

原岡 一馬 (1970)．態度変容の社会心理学　金子書房

橋本 剛 (2005)．ストレスと対人関係　ナカニシヤ出版

林 文俊 (1978)．対人認知構造の基本次元についての一考察　名古屋大学教育学部紀要 (教育心理学科), *25*, 233-247.

Heider, F. (1958). *The psychology of interpersonal relations*. New York, NY: Wiley. (ハイダー, F. 大橋 正夫 (訳) (1978). 対人関係の心理学　誠信書房)

廣岡 秀一 (1992)．社会的環境の認知　大坊 郁夫・安藤 清志 (編)　社会の中の人間理解――社会心理学への招待―― (pp. 34-49)．ナカニシヤ出版

Hovland, C. I., & Weiss, W. (1951). The influence of source credibility on communication effectiveness. *Public Opinion Quarterly, 15*, 635-680.

Hunt, P. J., & Hillery, J. M. (1973). Social facilitation in a coaction setting: An examination of the effects over learning trials. *Journal of Experimental Social Psychology, 9*, 563-571.

磯崎 三喜年 (1994)．自己評価維持　藤原 武弘・高橋 超 (編著)　チャートで知る社会心理学 (p. 22)．福村出版

James, W. (1892). *Psychology: Briefer course*. New York, NY: Henry Holt. (ジェームズ, W. 今田 寛 (訳) (1992). 心理学 (上)　岩波書店)

Janis, I. L. (1982). *Groupthink: Psychological studies of policy decisions and fiascoes*. Boston, MA: Houghton Mifflin.

Jones, E. E., & Davis, K. E., (1965). From acts to dispositions: The attribution processes in person perception. In L. Berkowitz (Ed.), *Advances in experimental social psychology* (Vol. 2, pp. 219-266). New York, NY: Academic Press.

Jourard, S. M. (1964). *The transparent self*. New York, NY: Litton Educational Publishing. (ジュラード, S. M. 岡堂 哲雄 (訳) (1974). 透明なる自己　誠信書房)

Kelley, H. H. (1967). Attribution theory in social psychology. In D. Levin (Ed.), *Nebraska Symposium on Motivation* (Vol. 15, pp. 192-238). Lincoln, NE: University of Nebraska Press.

清成 透子 (2002)．一般交換システムに対する期待と内集団ひいき――閉ざされた互酬性の期待に関する実験研究――　心理学研究, *73*, 1-9.

神山 貴弥 (2002)．情報処理と説得：精査可能性モデル　深田 博己 (編著)　説得心理学ハンドブック――説得コミュニケーション研究の最前線―― (pp. 418-455)．北大路書房

Leary, M. R., & Baumeister, R. F. (2000). The nature and function of self-esteem: Sociometer theory. *Advances in Experimental Social Psychology, 32*, 1-62.

Leary, M. R., Tambor, E. S., Terdal, S. K., & Downs, D. L. (1995). Self-esteem as an interpersonal monitor: The sociometer hypothesis. *Journal of Personality and Social Psychology, 68*, 518-530.

Markus, H. (1977). Self-schemata and processing information about the self. *Journal of Personality and Social Psychology, 35*, 63-78.

松井 豊 (2009)．性格と対人魅力　日本社会心理学会 (編)　社会心理学事典 (pp. 182-183)．丸善

McDougall, W. (1908). *Introduction to social psychology*. London: Methuen.

McPherson, M., Smith-Lovin, L., & Cook, J. M. (2001). Birds of a feather: Homophily in social networks. *Annual Review of Sociology, 27*, 415-444.

Michael, J. E.（1968）. *Risk taking in individual and group decision making: Problems of inquiry*（Unpublished master's thesis）. Simon Fraser University, Burnaby, Canada.

三隅 二不二（1984）. リーダーシップ行動の科学　有斐閣

Moscovici, S., Lage, E., & Naffrechoux, M.（1969）. Influence of a consistent minority on the responses of a majority in a color perception task. *Sociometry, 32*, 365-380.

Murstein, B. L.（1977）. The stimulus-value-role（SVR）theory of dyadic relationships. In S. Duck（Ed.）, *Theory and practice in interpersonal attraction*（pp. 105-127）. New York, NY: Academic Press.

Newcomb, T. M., Turner, R. H., & Converse, P. E.（1965）. *Social psychology: The study of human interaction*. New York, NY: Holt, Rinehart & Winston.（ニューカム, T. M.・ターナー, R. H.・コンヴァース, P. E. 古畑 和孝（訳）（1973）. 社会心理学——人間の相互作用の研究——　岩波書店）

日本社会心理学会（編）（2009）. 社会心理学事典　丸善

小川 一美（2008）. 会話セッションの進展に伴う発話の変化——Verbal Response Modes の観点から——　社会心理学研究, *23*, 269-280.

小川 一夫（監修）（1995）. 改訂新版社会心理学用語辞典　北大路書房

大渕 憲一（1993）. 人を傷つける心——攻撃性の社会心理学——　サイエンス社

岡 隆（2001）. 社会的促進実験　山岸 俊男（編）　社会心理学キーワード（pp. 36-37）. 有斐閣

Pennebaker, J. W.（1989）. Confession, inhibition, and disease. *Advances in Experimental Social Psychology, 22*, 211-244.

Perlman, D., & Oskamp, S.（1971）. The effects of picture content and exposure frequency on evaluations of negroes and whites. *Journal of Experimental Social Psychology, 7*, 503-514.

Petty, R. E., & Cacioppo, J. T.（1986）. *Communication and persuasion: Central and peripheral routes to attitude change*. New York, NY: Springer.

Rosenberg, M.（1965）. *Society and the adolescent self-image*. Princeton, NJ: Princeton University Press.

Ross, E. A.（1908）. *Social psychology*. New York, NY: Macmillan.

Ross, L., Greene, D., & House, P.（1977）. The "false consensus effect": An egocentric bias in social perception and attribution processes. *Journal of Experimental Social Psychology, 14*, 237-255.

Sanders, G. S.（1981）. Driven by distraction: An integrative review of social facilitation theory and research. *Journal of Experimental Social Psychology, 17*, 227-251.

Sherif, M.（1935）. A study of some social factors in perception. *Archives of Psychology（Columbia University）, 187*, 60.

Sherif, M., Harvey, O. J., White, B. J., Hood, W. R., & Sherif, C. W.（1961）. *Intergroup conflict and cooperation: The Robbers Cave experiment*. Norman, OK: University of Oklahoma Book Exchange.

Stasser, G., & Titus, W.（1985）. Pooling of unshared information in group decision making: Biased information sampling during discussion. *Journal of Personality and Social Psychology, 48*, 1467-1478.

Stogdill, R. M.（1950）. Leadership, membership and organization. *Psychological Bulletin, 47*, 1-14.

Tajfel, H., Billig, M. G., Bundy, R. P., & Flament, C.（1971）. Social categorization and intergroup behaviour. *European Journal of Social Psychology, 1*, 149-178.

Tajfel, H., & Turner, J. C.（1979）. An integrative theory of intergroup conflict. In W. G. Austin & S. Worchel（Eds.）, *Social psychology of intergroup relations*. Monterey, CA: Brooks/Cole.

Tedeschi, J. T., & Norman, N.（1985）. Social power, self-presentation, and the self. In B. R. Schlenker（Ed.）, *The self and social life*（pp. 293-322）. New York, NY: McGraw-Hill.

Tesser, A.（1984）. Self-evaluation maintenance processes: Implications for relationships and for development. In J. C. Masters & K. Yarkin-Levin（Eds.）, *Boundary areas in social and developmental psychology*（pp. 271-299）. Orlando, FL: Academic Press.

Tversky, A., & Kahneman, D.（1974）. Judgment under uncertainty: Heuristics and bias. *Science, 185*, 1123-1131.

Wallach, M. A., Kogan, N., & Bem, D. J.（1962）. Group influence on individual risk taking. *Journal of Abnormal and Social Psychology, 65*, 75-86.

Walster, E., Berscheid, E., & Walster, G. W.（1973）. New directions in equity research. *Journal of Personality and Social Psychology, 25*, 151-176.

Williams, K., Harkins, S., & Latané, B.（1981）. Identifiability as a deterrent to social loafing: Two cheering experiments. *Journal of Personality and Social Psychology, 40*, 303-311.

Yamagishi, T., & Kiyonari, T.（2000）. The group as the container of generalized reciprocity. *Social Psychology Quarterly, 63*, 116-132.

Zajonc, R. B.（1965）. Social facilitation: A solution is suggested for an old unresolved social psychological problem. *Science, 149*, 269-274.

Zajonc, R. B.（1968）. Attitudinal effects of mere exposure. *Journal of Personality and Social Psychology: Monograph supplement, 9*, 1-27.

第 7 章

Ainsworth, M. D. S., Blehar, M. C., Waters, E., & Wall, S.（1978）. *Patterns of attachment: A psychological study of the strange situation*. Hillsdale, NJ: Lawrence Erlbaum.

Alloway, T. P., (2011). *Improving working memory: Supporting students' learning*. London: Sage. (アロウェイ, T. P. 湯澤 美紀・湯澤 正通 (訳) (2011). ワーキングメモリと発達障害 教師のための実践ガイド2 北大路書房)

Baltes, P. B. (1997). On the incomplete architecture of human ontogeny: Selection, optimization, and compensation as foundation of developmental theory. *American Psychologist, 52*, 366-380.

Baron-Cohen, S., Leslie, A. M., & Frithe, U. (1985). Does the autistic child have a "theory of mind"? *Cognition, 21*, 37-46.

Bischof-Köhler, D. (2012). Empathy and self-recognition in phylogenetic and ontogenetic perspective. *Emotion Review, 4*, 40-48.

Blos, P. (1967). The second individuation process of adolescence. *The Psychoanalytic study of the Child, 22*, 162-186.

Borke, H. (1975). Piaget's mountain revisited: Changes in the egocentric landscape. *Developmental Psychology*, 11, 240-243.

Bowlby, J. (1969). *Attachment and loss, Volume I: Attachment*. London: Hogarth Press.

Bowlby, J. (1973). *Attachment and loss: Volume II: Separation, anxiety and anger*. London: The Hogarth Press and the Institute of Psycho-Analysis. (The International Psycho-Analytical Library, *95*, 1-429.)

Bowlby, J. (1988). *A secure base : Clinical applications of attachment theory*. London : Tavistock/Routledge. (ボウルビィ, J. 二木 武 (監訳) 庄司 順一ほか (訳) (1993). 母と子のアタッチメント――心の安全基地―― 医歯薬出版)

Brennan, K. A., Clark, C. L., & Shaver, P. R. (1998). Self-report measurement of adult attachment: An integrative overview. In J. A. Simpson & W. S. Rholes (Eds.), *Attachment theory and close relationships* (pp. 46-76). New York, NY: Guilford Press.

Bushnell, I. W. R., Sai, F., & Mullin, J. T. (1989). Neonatal recognition of the mother's face. *British Journal of Developmental Psychology, 7*, 3-15.

Butterworth, G., & Jarret, N. (1991). What minds have in common is space: Spatial mechanisms serving joint visual attention in infancy. *British Journal of Developmental Psychology, 9*, 55-72.

Campos, J., Barrett, K. C., Lamb, M. E., Goldsmith, H. H., & Stenberg, C. (1983). Socioemotional development. In M. M. Haith & J. J. Campos (Eds.), *Handbook of child psychology. Vol. 2. Infancy and developmental psychology* (pp. 783-916). New York, NY: John Wiley & Sons.

Carlson, S. M., Moses, L. J., & Breton, C. (2002). How specific is the relation between executive function and theory of mind? Contributions of inhibitory control and working memory. *Infant and Child Development, 11*, 73-92.

Carstensen, L. L. (1992). Social and emotional patterns in adulthood: Support for socioemotional selectivity theory. *Psychology and Aging, 7*, 331-338.

Carstensen, L. L., Isaacowitz, D., & Charles, S. T. (1999). Taking time seriously: A theory of socioemotional selectivity. *American Psychologist, 54*, 165-181.

中央教育審議会 (2011). 今後の学校におけるキャリア教育・職業教育の在り方について (答申) http://www.mext.go.jp/b_menu/shingi/chukyo/chukyo3/004/siryo/attach/1303768.htm (2018年9月30日)

Cole, P. M. (1986). Children's spontaneous control of facial expression. *Child Development, 57*, 1309-1321.

Cusumano, D. L., & Thompson, J. (1997). Body image and body shape ideals in magazines: Exposure, awareness and internalization. *Sex Roles, 37*, 701-721.

DeCasper, A. J., Lecanuet, J. P., Busnel, M. C., Granier-Deferre, C., & Maugeais, R. (1994). Fetal reactions to recurrent maternal speech. *Infant Behavior and Development, 17*, 159-164.

Depp, C. A., Jeste, D. V. (2006). Definitions and predictors of successful aging: A comprehensive review of larger quantitative studies. *The American Journal of Geriatric Psychiatry, 14*, 6-20.

Diamond, A. (2013). Executive functions. *Annual Review of Psychology, 64*, 135-168.

Ekman, P. (1992). An argument for basic emotions. *Cognition & Emotion, 6*, 169-200.

Erikson, E. H. (1950). *Childhood and society*. New York, NY: Norton. (エリクソン, E. H. 仁科 弥生 (訳) (1977). 幼児期と社会 みすず書房)

Erikson, E. H. (1959). *Identity and the life cycle*. In G. S. Klein (Ed.), *Psychological Issues* (pp. 1-171). New York, NY: International Universities Press. (エリクソン, E. H. 西平 直・中島 由恵 (訳) (2011). アイデンティティとライフサイクル 誠信書房)

Erikson, E. H. (1959). *Childhood and society*. New York, NY: Norton. (エリクソン, E. H. 仁科 弥生 (訳), (1977, 1980). 幼児期と社会 1・2 みすず書房)

Erikson, E. H. (1968). *Identity: Youth and crisis*. New York, NY: W. W. Norton. (エリクソン, E. H. 岩瀬 康理 (訳) (1982). アイデンティティ 金沢文庫)

藤戸 麻美・矢藤 優子 (2015). 幼児におけるうそ行動の認知的基盤の検討 発達心理学研究, *26*, 135-143.

Frye, D., Zelazo, P. D., & Palfai, T. (1995). Theory of mind and rule-based reasoning. *Cognitive Development, 10*, 483-527.

Gelman, R. (1972). Logical capacity of very young children: Number invariance rules. *Child Development, 43*, 75-90.

Gerstadt, C. L., Hong, Y. J., & Diamond, A. (1994). The relationship between cognition and action: Performance of children 3 1/2-7 years old on stroop-like day-night test. *Cognition, 53*, 129-153.

Gesell, A. L., & Thompson,H. (1929). Learning and growth in identical infants. *Genetic Psychological Monograph, 6*, 1-124.

Gibson, E. J., & Walk, R. (1960). The "visual cliff". *Scientific American, 202*, 64-71.

Hainline, L. (1998). The development of basic visual abilities. In A. Slater (Ed.), *Perceptual development* (pp. 5-50). Hove, Sussex, UK: Psychology Press.

Harlow, H. F. (1958). The nature of love. *American Psychologist, 13*, 673-685.

長谷川 和夫・賀集 竹子 (1975). 老人心理へのアプローチ 医学書院

Havighurst, R. J. (1953). *Human development and education.* Oxford. UK: Longmans, Green. (ハヴィガースト, R. J. 庄司 雅子 (訳) (1958). 人間の発達課題と教育 牧出版)

Hazan, C., & Shaver, P. (1987). Romantic love conceptualized as an attachment process. *Journal of Personality and Social Psychology, 52*, 511-524.

Hogrefe, G. H., Wimmer, H., & Perner, J. (1986). Ignorance versus false belief: A developmental lag in attribution of epistemic states. *Child Development, 57*, 567-582.

Hollingworth, L. S. (1928). *The psychology of the adolescent.* New York, NY: Appleton.

保坂 一己 (1993). 中学・高校のスクール・カウンセラーの在り方について——私立女子高での経験を振返って—— 東京大学教育学部心理教育相談室紀要, *15*, 65-76.

Huttenlocher, P. R., de Courten, C., Garey, L. J., & Van der Loos, H. (1982). Synaptogenesis in human visual cortex: Evidence for synapse elimination during normal development. *Neuroscience Letters, 33*, 247-252.

五十嵐 哲也・萩原 久子 (2004). 中学生の不登校傾向と幼少期の父親および母親への愛着との関連 教育心理学研究, *52*, 264-276.

池田 心豪 (2010). ワーク・ライフ・バランスに関する社会学的研究とその課題——仕事と家庭生活の両立に関する研究に着目して 日本労働研究雑誌, *599*, 20-31.

井上 勝也 (1993). 老年期と生きがい 井上 勝也・木村 周 (編著) 新版老年心理学 (pp. 146-160). 朝倉書店

Jung, C. G. (1933). The stages of life. In *The collected works of Carl G. Jung* (Vol. 8, pp. 387-403, 1960). Princeton, NJ: Princeton University Press.

上長 然 (2006). 思春期で経験する身体に関するイベッツ——思春期の身体発育の発現に対する受容感との関連—— 神戸大学発達科学部研究紀要, *13*, 7-16.

上長 然 (2007). 思春期の身体発育のタイミングと抑うつ傾向 教育心理学研究, *55*, 370-381.

川上 清文・高井 清子 (2016). 胎児期 田島 信元・岩立 志津夫・長崎 勤 (編) 新・発達心理学ハンドブック (pp. 251-259). 福村出版

Kestenbaum, R., Farber, E. A., & Sroufe, L. A. (1989). Individual differences in empathy among preschoolers: Relation to attachment history. *New Directions for Child and Adolescent Development, 44*, 51-64.

高坂 康雅 (2009). 恋愛関係が大学生に及ぼす影響と, 交際期間, 関係認知との関連 パーソナリティ研究, *17*, 144-156.

高坂 康雅 (2010). 大学生及びその恋人のアイデンティティと"恋愛関係の影響"との関連 発達心理学研究, *21*, 182-191.

高坂 康雅 (2017). 青年期の恋愛関係 高坂 康雅・池田 幸恭・三好 昭子 (編) レクチャー青年心理学 (pp. 113-129). 風間書房

厚生労働省 (2018). 働き方改革を推進するための関係法律の整備に関する法律 (平成30年法律第71号の概要) https://www.mhlw.go.jp/content/000332869.pdf (2018年9月30日)

Kübler-Ross, E. (1969). *On death and dying.* New York, NY: Simon & Schuster/Touchstone. (キューブラー=ロス, E. 川口 正吉 (訳) (1971). 死ぬ瞬間——死にゆく人々との対話—— 読売新聞社)

Kübler-Ross, E., & Kessler, D. (2005). *On grief and grieving.* New York, NY: Scribner. (キューブラー=ロス, E.・ケスラー, D. 上野 圭一 (訳), (2007). 永遠の別れ——悲しみを癒す智恵の書—— 日本教文社)

Levinson, D. J. (1978). *The seasons of a man's life.* New York, NY: Alfred A. Knopf. (レビンソン, D. J. 南 博 (訳) (1980). 人生の四季 講談社)

Lewis, M. (2008). Self-conscious emotions: Embarrassment, pride, shame, and guilt. In M. Lewis, J. M. Haviland-Jones & L. F. Barrett (Eds.), *Handbook of emotions* (pp. 742-756). New York, NY: Guilford Press.

Lewis, M., Alessandri, S. M., & Sullivan, M. W. (1992). Differences in shame and pride as a function of children's gender and task difficulty. *Child Development, 63*, 630-638.

Lewis, M., & Brooks-Gunn, J. (1979). Social cognition and the acquisition of self. New York, NY: Plenum Press.

Luria, A. R. (1961). The role of speech in the regulation of normal and abnormal behavior. New York, NY: Pergamon Press.

Mahler, M., Pine, F., & Bergman, A. (1975). *The psychological birth of the human infant: Symbiosis and individuation.* New York, NY: Basic Books. (マーラー, M.・パイン, F.・バーグマン, A. 高橋 雅士・織田 正美・浜畑 紀 (訳) (1981). 乳幼児の心理的誕生——母子共生と個体化—— 黎明書房)

Main, M., & Hesse, E. (1990). Parents' unresolved traumatic experiences are related to infant disorganized attachment status: Is frightened and/or frightening parental behavior the linking mechanism? In M. T. Greenberg, D. Cicchetti & E. M. Cummings (Eds.), *Attachment in the preschool years* (pp. 161-182). Chicago, IL: The University of Chicago Press.

Main, M., & Solomon, J. (1990). Procedures for identifying infants as disorganized / disoriented during the Ainsworth Strange Situation. In M. T. Greenberg, D. Cicchetti & E. M. Cummings (Eds.), *Attachment in the preschool years* (pp. 121-160). Chicago, IL: The University of Chicago Press.

Martin, R. P., & Dombrowski, S. C. (2008). *Prenatal exposures: Psychological and educational consequences for children.* New York, NY: Springer.

McElwain, N. L., Booth-LaForce, C., Lansford, J. E., Wu, X., & Justin Dyer, W. (2008). A process model of attachment-friend linkages: Hostile attribution biases, language ability, and mother-child affective mutuality as intervening mechanisms. *Child Development, 79*, 1891-1906.

McElwain, N. L., Booth-LaForce, C., & Wu, X. (2011). Infant-mother attachment and children's friendship quality: Maternal mental-state talk as an intervening mechanism. *Developmental Psychology, 47*, 1295-1311.

Mehler, J., Jusczyk, P., Lambertz, G., Halsted, N., Bertoncini, J., & Amiel-Tison, C. (1988). A precursor of language acquisition in young infants. *Cognition, 29*, 143-178.

Mischel, W., Ebbsen, E. B., & Zeiss, A. R. (1972). Cognitive and attentional mechanisms in delay of gratification. *Journal of Personality and Social Psychology, 21*, 204-218.

宮下 一博 (1995). 青年期の同世代関係 落合 良行・楠見 孝 (編) 自己への問い直し——青年期 講座生涯発達心理学4巻 金子書房

宮下 一博・杉村 和美 (2008). 大学生の自己分析——いまだ見えぬアイデンティティに突然気づくために—— ナカニシヤ出版

三好 昭子 (2008). 谷崎潤一郎の否定的アイデンティティ選択についての分析 発達心理学研究, *19*, 98-107.

中尾 達馬・中原 麻貴 (2010). 子どもたちは預かり保育中にどのような遊びを行っているのだろうか?——参加観察データに対するパーテン (1932) の遊びの分類基準を用いた分析—— 山口学芸研究, *1*, 113-130.

中谷 陽輔・友野 隆成・佐藤 豪 (2011). 現代青年においてアイデンティティ (自我同一性) の危機は顕在化するのか パーソナリティ研究, *20*, 63-72.

Nakayama, H. (2010). Development of infant crying behavior: A longitudinal case study. *Infant Behavior and Development, 33*, 463-471.

西平 直喜 (1990). 成人になること——成育史心理学から—— 東京大学出版会

丹羽 智美 (2005). 青年期のおける親への愛着と環境移行期における適応過程 パーソナリティ研究, *13*, 156-169.

野口 裕二 (1991). 高齢者のソーシャルサポート——その概念と測定—— 社会老年学, *34*, 37-48.

落合 良行・佐藤 有耕 (1996). 青年期における友達とのつきあい方の発達的変化 教育心理学研究, *44*, 55-65.

大野 久 (1995). 青年期の自己意識と生き方 落合 良行・楠見 孝 (編) 自己への問い直し——青年期 講座生涯発達心理学4巻 金子書房

大野 久 (1984). 現代青年の充実感に関する研究——現代青年の心情モデルについての検討 教育心理学研究, *323*, 100-109.

大野 久 (2010). 青年期のアイデンティティの発達 大野 久 (編) エピソードでつかむ青年心理学 シリーズ生涯発達心理学4 ミネルヴァ書房

岡田 涼 (2018). 児童期における仲間との協同的な学習に対する動機づけの発達的変化 パーソナリティ研究, *26*, 194-204.

岡本 祐子 (1997). 中年からのアイデンティティ発達の心理学 ナカニシヤ出版

岡本 祐子 (2002). アイデンティティの生涯発達と心理臨床 岡本祐子 (編著) アイデンティティ生涯発達論の射程 (pp. 151-181). ミネルヴァ書房

Parten, M. B. (1932). Social participation among pre-school children. *Journal of Abnormal and Social Psychology, 27*, 243-269.

Pascalis, O., de Haan, M., & Nelson, C. A. (2002). Is face processing species-specific during the first year of life? *Science, 296*, 1321-1323.

Piaget, J., & Inhelder, B. (1948). *La représentation de l'espace chez l'enfant*. Paris: Presses Universitaires de France.

Piaget, J., & Szeminska, A. (1941). *La gènese du nombre chez l'enfant*. Neuchâtel, Suisse: Delachaux et Niestlé. (ピアジェ, J. 遠山 啓・銀林 浩・滝沢 武久 (訳) (1941). 数の発達心理学 国土社)

Premack, D., & Woodruff, G. (1978). Do es the chimpanzee have a theory of mind? *The Behavioral and Brain Science, 1*, 515-526.

Ramus, F., Hauser, M. D., Miller, C., Morris, D., & Mehler, J. (2000). Language discrimination by human newborns and by cotton-top tamarin monkeys. *Science, 288*, 349-351.

齋藤 誠一・溝上 慎一 (1994). 青年後期女性におけるボディ・イメージと摂食障害傾向の関連について 神戸大学発達科学部研究紀要, *2*, 13-20.

Santrock, J. W. (2012). *Adolescence*. New York, NY: McGraw-Hill.

澤口 俊之 (2002). 痛快!頭を良くする脳科学 集英社

Scammon, R. E. (1930). The measurement of the body in childhood. In J. A. Harris, C. M. Jackson, D. G. Paterson & R. E. Scammon. (Eds.), *The measurement of man* (pp. 173-215). Minneapolice, MN: University of Minnesota Press.

白井 利明 (2008). 学校から社会への移行 教育心理学年報, *47*, 159-169.

Sinnott, J. (1996). The developmental approach: Postformal thought as adaptive intelligence. In F. Blanchard-Fields & T. M. Hess (Eds.), *Perspectives on cognitive change in adulthood and aging* (pp. 358-383). New York, NY: McGraw-Hill.

Sroufe, L. A. (1996). *Emotional development: The organization of emotional life in the early years*. Cambridge, UK: Cambridge University Press.

鈴木 光太郎 (2008). オオカミ少女はいなかった 心理学の神話をめぐる冒険 新曜社

高村 和代 (1997). 課題探求時におけるアイデンティティの変容プロセスについて 教育心理学研究, *45*, 243-253.

田中 真理 (2011). サクセスフル・エイジングとは 大川 一郎・土田 宣明・宇都宮 博・日下 菜穂子・奥村 由美子 (編著)

エピソードでつかむ老年心理学（pp. 183-185）．ミネルヴァ書房

Tanner, J. M. (1978). *Foetus into man: Physical growth from conception to maturity*. London: Open Book. （タンナー，J. M. 熊谷 公明（訳）(1983)．小児発育学——胎児から成熟まで—— 日本小児医事出版社）

Tavernier, N. (2006). *L'odyssée de la vie: Racontée aux enfants*. Grenelle, Paris: Hachette Jeunesse. （タヴェルニエ，N. 中島 さおり（訳）(2007)．赤ちゃんが生まれる いのちの冒険旅行 ブロンズ新書）

Tomasello, M., & Farrar, M. J. (1986). Joint attention and early language. *Child Development, 57*, 1454-1463.

辻 泉 (2006)．「自由化市場化」する友人関係——友人関係の総合的アプローチに向けて—— 岩田 孝・羽淵 一代・菊池 裕生・苫米地 伸（編）若者たちのコミュニケーション・サバイバル——親密さのゆくえ——（pp. 17-29）．恒星社厚生閣

Watson, J. B., & Rayner, R. (1920). Conditioned emotional reactions. *Journal of Experimental Psychology, 3*, 1-14.

Wimmer, H., & Perner, J. (1983). Beliefs about beliefs: Representations and constraining function of wrong beliefs in young children's understanding of deception. *Cognition, 13*, 103-128.

Wynn, K. (1992). Addition and subtraction by human infants. *Nature, 358*, 749-750.

Zazzo, R. (1993). *Reflets de miroir et autres doubles*. Paris: Presses Univerisitaires de France. （ザゾ，R. 加藤 義信（訳）(1999)．鏡の心理学 ミネルヴァ書房）

Zelazo, P. D., & Carlson, S. M. (2012). Hot and cool executive function in childhood and adolescence: Development and plasticity. *Child Development Perspectives, 6*, 356-360.

第8章

Allport, G. W. (1961). *Pattern and growth in personality*. New York, NY: Holt, Rinehart & Winston. （オルポート，G. W. 今田 恵（監訳）(1968)．人格心理学上・下 誠信書房）

Buck, J. N. (1948). The H-T-P technique: A qualitative and quantitative scoring manual. *Journal of Clinical Psychology, 4*, 317-396. （バック，J. N. 加藤 孝正・荻野 恒一（訳）(1982)．HTP診断法 新曜社）

Carroll, J. B. (1993). *Human cognitive abilities: A survey of factor-analytical studies*. New York, NY: Cambridge University Press.

Cattell, R. B. (1941). Some theoretical issues in adult intelligence testing. *Psychological Bulletin, 38*, 592.

Cattell, R. B. (1950). *Personality*. New York, NY: McGraw-Hill. （キャッテル，R. B. 斉藤 耕二・安塚 俊行・米田 弘枝（訳）(1975)．パーソナリティの心理学 金子書房）

Cattell, R. B. (1963). Theory of fluid and crystallized intelligence: A critical experiment. *Journal of Educational Psychology, 54*, 1-22.

Eysenck, H. J. (1953). T*he structure of human personality*. New York, NY: John Wiley.

Guilford, J. P. (1967). *The nature of human intelligence*. New York, NY: McGraw-Hill.

Horn, J. L. (1965). Fluid and crystallized intelligence: A factor analytic study of the structure among primary mental abilities. Unpublished doctoral dissertation, University of Illinois, Urbana, IL.

星野 命 (1985)．性格のしくみ 星野 命・詫摩 武俊（編）性格は変えられるか——新しい自己の発見と創造——（pp. 25-54）．有斐閣

Jung, C. G. (1921). *Psychologische Typen*. Zürich, Schweiz: Rascher Verlag. (English edition published under the title *Psychological types* by Routledge & Kegan Paul, London, 1961).

Kretschmer, E. (1921). *Körperbau und Charakter: Untersuchungen zum Konstitutionsproblem und zur Lehre von den Temperamenten*. Berlin: Springer. （クレッチマー，E. 相馬 均（訳）(1961)．体格と性格 分光堂）

Murray, H. (1943). *Thematic Apperception Test manual*. Cambridge, MA: Harvard University Press.

中井 久夫 (1973)．風景構成法 メンタルヘルスクリニック

Rorschach, H. (1921). *Psychodiagnostik: Methodik und Ergebnisse eines wahrnehmungsdiagnostischen Experiments* (Deutenlassen von Zufallsformen). Bern, Schweiz: Ernst Bircher. （ロールシャッハ，H. 鈴木 睦夫（訳）(1998)．新・完訳精神診断学 金子書房）

Sheldon, W. H., & Stevens, S. S. (1942). *The varieties of temperament*. New York, NY: Harper.

Spearman, C. F. (1904). General intelligence, objectively determined and measured. *American Journal of Psychology, 15*, 201-293.

Szondi, L. (1972). *Lehrbuch der experimentelle Triebdiagnostik*. Bern, Schweiz: Hans Huber.

Thurstone, L. L. (1938). *Primary mental abilities*. Chicago, IL: The University of Chicago Press.

Wechsler, D. (1991). *Manual for the Wechsler Intelligence Scale for Children* (3rd ed.). New York, NY: The Psychological Corporation. （ウェクスラー，D. 日本版WISC-Ⅲ刊行委員会（訳編著）(1998)．日本版WISC-Ⅲ知能検査法 日本文化科学社）

Wechsler, D. (2003). *Technical and interpretive manual for the Wechsler Intelligence Scale for Children, fourth edition* (WISC-IV). San Antonio, TX: Psychological Corporation. （ウェクスラー，D. 日本版WISC-IV刊行委員会（訳編）(2010)．日本版WISC-IV理論・解釈マニュアル 日本文化科学社）

第9章

American Psychiatric Association (2013). *Diagnostic and Statistical Manual of Mental Disorders fifth edition* (DSM-5).

Washington, DC: American Psychiatric Association（日本精神神経学会（日本語版用語監修）高橋 三郎・大野 裕（監訳）（2014）．DSM-5 精神疾患の診断・統計マニュアル　医学書院）

安藤 延男（2009）．コミュニティ心理学への招待　基礎・展開・実践　新曜社

Axline, V. M.（1947）. *Play therapy: The inner dynamics of childhood.* Cambridge, MA: Houghton Mifflin.

Bronfenbrenner, U.（1979）. *The ecology of human development: Experiments by nature and design.* Cambridge, MA: Harvard University Press.（ブロンフェンブレンナー, U. 磯貝 芳郎・福富 護（訳）（1996）．人間発達の生態学　発達心理学への挑戦　川島書店）

土居 健郎（1992）．方法としての面接——臨床家のために——　医学書院

土居 健郎（1996）．「見立て」の問題性　精神療法, *22*, 118-124.

古澤 頼雄・斎藤 こずゑ・都筑 学（編著）（2000）．心理学・倫理ガイドブック——リサーチと臨床——　有斐閣

東山 紘久（2005）．京大心理臨床シリーズ 3　遊戯療法と子どもの今　創元社

神田橋 條治（1992）．治療のこころ——巻二・精神療法の世界——　花クリニック神田橋研究会

河合 隼雄（1996）．日本文化における「見立て」と心理療法　精神療法, *22*, 125-127.

北島 茂樹（2006）．人と環境の適合　植村 勝彦・高畠 克子・箕口 雅博・原 裕規・久田 満（編）　よくわかるコミュニティ心理学（pp. 20-23）．ミネルヴァ書房

前田 重治（2008）．図説精神分析を学ぶ　誠信書房

丸山 広人（2011）．教室の多動児に対する生態学的視座からの理解——多動児たちは教師や他の生徒との相互作用の中でどのように学級に適応したのか——　コミュニティ心理学研究, *14*, 151-165.

松木 邦裕（2015）．耳の傾け方——こころの臨床家を目指す人たちへ——　岩崎学術出版社

箕口 雅博（2011）．改訂版臨床心理地域援助特論（放送大学大学院教材）　放送大学教育振興会

文部科学省（1999）．学習障害児に対する指導について（報告）　学習障害及びこれに類似する学習上の困難を有する児童生徒の指導方法に関する調査研究協力者会議〈http://www.mext.go.jp/a_menu/shotou/tokubetu/004/008/001.htm〉（2018 年 9 月 30 日アクセス）

文部科学省（2006）．ICF について　中央教育審議会 初等中等教育分科会 教育課程部会 特別支援教育専門部会 資料 2〈http://www.mext.go.jp/b_menu/shingi/chukyo/chukyo3/032/siryo/06091306/002.htm〉（2018 年 9 月 30 日アクセス）

文部科学省（2012）．通常の学級に在籍する発達障害の可能性のある特別な教育的支援を必要とする児童生徒に関する調査結果について〈http://www.mext.go.jp/a_menu/shotou/tokubetu/material/1328729.htm〉（2018 年 9 月 30 日アクセス）

森 則夫・杉山 登志郎・岩田 泰秀（2014）．臨床家のための DSM-5　虎の巻　精光堂

村上 英治（1992）．人間が生きるということ　大日本図書

無藤 隆（2002）．保育現場への支援とは　藤崎 眞知代・本郷 一夫・金田 利子・無藤 隆（編）柏木 惠子・藤永 保（監）　育児・保育現場での発達と支援　シリーズ／臨床発達心理学⑤ ミネルヴァ書房

Rogers, C. R.（1951）. *Its current practice, implications, and theory.* Boston, MA: Houghton Mifflin.（ロジャーズ, C. R. 保坂 亮・諸富 祥彦・末武 康弘（訳）（2005）．ロジャーズ主要著作集 2　クライアント中心療法　岩崎学術出版社）

高畠 克子（2011）．臨床心理学を学ぶ⑤　コミュニティ・アプローチ　東京大学出版会

上田 敏（2002）．新しい障害概念と 21 世紀のリハビリテーション医学——ICIDH から ICF へ——　リハビリテーション医学, *39*, 123-127.

植村 勝彦（2007）．生態学的視座　日本コミュニティ心理学会（編）　コミュニティ心理学ハンドブック　東京大学出版会

山本 和郎（1986）．コミュニティ心理学　地域臨床の理論と実践　東京大学出版

山本 和郎（2001）．臨床心理学的地域援助とは何か　山本 和郎（編）臨床心理学的地域援助の展開　コミュニティ心理学の実践と今日的課題　培風館

心理学用語集

　ここでは，本書に出てくる心理学の専門用語を中心に解説している。すべての用語解説が十分である
とは言えないため，より完全な用語の定義や意味，その用語に関係する背景の説明については，専門書
や心理学辞典を参照されたい。

アイデンティティ　identity
「自分は自分であること」「自分は誰であるか」を知っ
ていること。自我（自己）同一性ともいう。

ICD　International Classification of Diseases
「疾病及び関連保健問題の国際統計分類」。世界保健機
関（WHO）が疾病，障害及び死因の統計を国際比較
するために公表している統計分類である。第11版が
最新版である（2018年時点）

愛着　attachment
親と子の特別な結びつきのように，特定の対象に対す
る特別の情緒的結びつきをさす用語としてボウルビィ
が用いた。

明るさの対比　brightness contrast
隣接する領域間で明暗の差が強調される現象。

ANOVA モデル　ANOVA model
結果とともに変化する要因がその結果の原因だと考え
る共変原理に基づいて，評価が向けられている「実体」,
評価の主体である「人」,「状況」の要因への帰属を説
明するモデル。実体を区別しているかという弁別性情
報，人々の反応が一致しているかどうかという合意性
（一致性）情報，時や場所といった状況を超えた反応
であるかどうかという一貫性情報によって推論される。
ケリーが提唱。

誤った関連づけ　illusory correlation
情報の目立ちやすさなどの効果によって，実際には存
在しない関連性が存在するように思うこと。

アルファ波　alpha wave
脳波パターンの1つ。中間周波数帯域の波で，1秒間
に8-13回の振動（8-13 Hz）を示す。閉眼安静時に最
も多くなる。→脳波参照。

暗順応　dark adaptation
明所から暗所への順応のことをさす。たとえば映画館
に入ると，最初は周りがよく見えないが，徐々に見え
てくる。これは暗順応のはたらきによる。暗順応が完
了するまで30-40分要する。→明順応，暗所視参照。

暗所視　scotopic vision
暗いところでの視覚のことをさす。暗所視では，桿体
のはたらきが優勢となる。桿体視とも呼ばれる。→暗
順応，桿体参照。

アンビヴァレンス　ambivalence
両面価値や両面感情と訳される。同一対象に対して，
相反する感情や態度を同時にもつこと。

暗黙のパーソナリティ理論　implicit personality theory
人々が人間のパーソナリティについてもっている信念

体系。ブルーナーが提唱。

EEG　electroencephalogram
脳波参照。

EMG　electromyogram
筋電図。

維持リハーサル　maintenance rehearsal
短期記憶の情報を維持しておくために，その情報をそ
のまま繰り返し唱えるなどすること。

遺伝か環境か　nature/nurture issue
行動の決定因として，遺伝（生まれ）と特定環境にお
ける育て方の結果（育ち）との相対的重要性に関わる
議論。

遺伝子型　genotype
ある生物個体がもつ遺伝子の構成のこと。

イド　id
エス参照。

意味記憶　semantic memory
言語の使用に必要な記憶で，単語やその他の言語的シ
ンボルの意味やその指示対象について体制化された長
期記憶である。タルヴィングは，長期記憶を意味記憶
とエピソード記憶に分類することを提唱した。→エピ
ソード記憶参照。

因子分析　factor analysis
パーソナリティの特性論的研究や尺度構成などで用い
られる多変量解析の手法の1つ。観測された変数が，
どのような潜在的な決定要因（因子）に影響されてい
るかを探る。

印象形成　impression formation
ある人物に関する断片的な情報から，人はその人物に
対してかなりまとまりのある全体像を形成すること。
対人認知の一側面。

インフォームドコンセント　informed consent
「説明と同意」ともいう。心理的支援を受けるクライ
エントにその内容について十分な説明をし，納得した
うえで支援に対する同意を得ること。あるいは，実験,
調査等の協力者が研究概要や目的について説明を受け,
納得したうえで研究に参加すること。

ウェーバーの法則　Weber's law
ウェーバーが提案した法則で，標準刺激の刺激強度と
弁別閾の比（ウェーバー比）は一定で，両者の関係は
比例関係であることを示した。→標準刺激，ウェーバ
ー比参照。

ウェーバー比　Weber ratio
標準刺激の刺激強度と弁別閾の比。この値が小さいほ

ど，刺激強度のわずかな差でも弁別できることを意味する。→標準刺激，ウェーバーの法則参照。

ウェクスラー式知能検査（WAIS） Wechsler Adult Intelligence Scale
11種類の下位検査（言語性検査と動作性検査）からなる知能検査で，知能を分析的に診断することができる。児童用は WISC（Wechsler Intelligence Scale for Children）。

ウェルニッケ野 Wernicke's area
大脳皮質の側頭葉の上側頭回の後部3分の1に相当する部分で，ブロードマンの脳地図では22野の後ろ半分にあたる。この部分に損傷を受けると，自らすらすらしゃべることはできるが，他から話された言葉を言葉として知覚できない。このような感覚性失語はウェルニッケ失語とも呼ばれる。→ブロードマンの脳地図，ブローカ野参照。

内田クレペリン精神作業検査 Uchida-Kraepelin test
性格検査・職業適性検査の1つ。1桁の数字を単純加算していく作業を連続して行わせ，「作業曲線」から意志，気質などの判定を導き出す，作業検査法の1つ。

運動残効 motion aftereffect
一方向への運動をしばらく注視すると，静止対象が逆の方向に動いているように見える現象。視覚系のあるメカニズムが一定の刺激に対して長時間反応し続けた結果疲労し，感度が下がることによって生じると考えられる。

運動視差 motion parallax
単眼の場合の奥行き手がかりの1つ。運動によって視対象の相互の位置が一定方向に規則的に変化することを言う。→奥行き知覚参照。

運動ニューロン motor neuron
骨格筋を支配する神経細胞。

栄光浴 basking in reflected glory
高く評価されている他者と自己の間に結びつき（関係）があることを主張することによって自己評価を高めること。

鋭敏化 sensitization
ある刺激に対して威嚇や痛み刺激がともなうことにより，その刺激のもつ誘発的効果が増幅すること。

エゴ ego
意識できる自分のことをさす。自我とも呼ぶ。精神分析においては，エゴはエスの欲求を効率的に満たそうとすると考えられている。→エス参照。

エゴグラム egogram
質問紙タイプの性格検査。交流分析（TA）の導入として用いられる自我状態の分析手法を，独立にとりだしたもので，日本では東大式がよく使われる。→交流分析参照。

エス es
精神分析学の概念で，本能的性欲動の源泉。イドとも言う。フロイトの構造論では心の構造をエス，自我，超自我の3層からなる心的装置に見たてた。エスは大半は無意識に属しており，不快を避け快を求める快楽

原則に支配されている。

SVR理論 SVR theory
関係初期には容姿などの相手から受ける刺激（Stimulus）が重視され，その後は価値観や態度など（Value）が重視され，その後はお互いの役割（Role）が重視されるという対人関係の発展に関する理論。

エディプス期 oedipal phase
男根期参照。

エディプスコンプレックス Oedipus complex
精神分析学の概念で，男児が母親に愛情を，父親に憎悪を無意識のうちに向けるという感情。女児の場合はエレクトラコンプレックスと呼ぶ。→欲動論，男根期参照。

エピソード記憶 episodic memory
時間的，空間的に定位された，具体的な個人的経験の記憶。タルヴィングは，長期記憶をエピソード記憶と意味記憶に分類することを提唱した。→意味記憶参照。

fMRI functional Magnetic Resonance Imaging
機能的磁気共鳴画像参照。

LPC Least Preferred Co-workers
最も苦手とする仕事仲間に対する評価。これを尋ねることにより，LPC得点が高い（肯定的評価をする）関係動機型と低い（否定的評価をする）課題動機型のリーダーに分類する。

演繹（法） deduction
推論方法の1つ。一般的，普遍的な前提から，個別的な結論を得る推論方法。対義語は帰納法。→帰納法参照。

遠城寺式発達質問紙 Enjoji infantile developmental test
発達検査の1つで，K式発達検査より簡便に，5歳未満の子どもの発達プロフィールを査定できる。

遠心性神経 efferent nerve
中枢から末梢に向かう神経をさす。

横断研究 cross-sectional study
各発達段階や年齢層で区切り，各グループの人々のデータを一時期に収集し，発達段階間や年齢間の比較をする方法。→縦断研究参照。

奥行き知覚 depth perception
網膜に投影される網膜像は2次元であるにもかかわらず，われわれは3次元の奥行きのある世界を知覚している。この視覚機能をさす。

オペラント条件づけ operant conditioning
自発的行動（反応）に何らかの結果（強化刺激）がともなうことにより，その行動の頻度が変化する学習過程。

音源定位 sound localization
音の情報から音源の方向を判断すること。

音波 sound wave
聴覚器官によって感知できる音を伝える波動。狭義には20 Hz-20 kHzくらいの人間の可聴域をさす。→可聴範囲参照。

絵画的手がかり pictorial cues

奥行き知覚が成立する要因の1つ。2次元の網膜像自体にも3次元空間の奥行きや立体的形状の情報が含まれている。対象の大きさ，重なり，陰影，きめの密度の勾配，線遠近法，大気遠近法などがそれにあたる。→奥行き知覚参照。

外言 outer speech
思考過程で手段として用いる言語が独り言として外に発せられたもの。→内言参照。

介在ニューロン interneuron
感覚ニューロンから運動ニューロンへと刺激を伝達する神経細胞。

海馬 hippocampus
大脳辺縁系の一部で，記憶や空間学習能力に関わる脳の器官。→大脳辺縁系参照。

解発刺激 releaser
本能行動を引き起こす刺激を表わすために動物行動学者が用いた用語。→本能参照。

カウンセラー counselor
セラピスト，臨床心理士，相談員などカウンセリングの担当者をさす。相談者とも呼ぶ。→クライエント参照。

カウンターバランス counterbalance
順序効果などを消す（相殺化する）ための手続き。相殺化とも言う。→順序効果参照。

科学 science
ある対象を一定の目的，方法のもとに実験，研究し，その結果を体系的に組み立て，一般法則を見つけだし，またその応用を考える学問。

可逆性 reversibility
変化の以前の状態に戻ることができること。

蝸牛 cochlea
鼓膜参照。

学習 learning
経験による比較的永続的な行動の変化。

学習性無力感 learned helplessness
回避不可能な外傷にさらすことにより，無気力な状態が実験的につくり出される。嫌悪的状況を回避したり，そこから逃避できないでいると，無力感が生じて，その後の状況にも無力感が般化する。→般化参照。

仮現運動 apparent motion
実際には動いていないものが動いて見えるという現象。広義には自動運動，誘導運動，運動残効を含む。狭義には，2つの視対象を視野内の少し離れた位置に適当な時間間隔をおいて継時的に呈示したとき，1つの視対象が2つの刺激呈示位置の間をなめらかに運動するように見えるというみかけの運動のことを言う。ベータ運動，または驚盤運動，あるいはファイ現象とも呼ばれる。→自動運動，誘導運動，運動残効参照。

可視光 visible spectrum
視覚にとっての適刺激をさす。人間は380-760 nm（ナノメーター）の波長範囲を受容できる。→適刺激参照。

家族療法 family therapy
個人の問題を家族という文脈の中でとらえようとする心理療法。個人へのアプローチには限界があることから，家族集団の中でその個人をとらえなおそうとする。

可聴範囲 auditory area
聴覚器官に到達した音波が，その周波数や強度によって音として感受することのできる範囲。→音波参照。

活性化拡散モデル spreading activation model
人間の意味記憶における概念には意味ネットワークが想定されている。このようなネットワークにおいて，最初に活性化した概念と意味的に近い概念ほど活性化のレベルが高くなり，その概念は認識されやすくなる。時間とともに活性化は減少する。このような処理モデルのことをさす。→意味記憶参照。

感覚運動段階 sensorimotor stage
ピアジェの発達理論における第1段階で，自分の感覚や運動を通して外界を認識する時期。

感覚記憶 sensory memory
目や耳などから入った情報をほんの一瞬（1，2秒）維持しておく記憶情報のことを言う。

間隔尺度 interval scale
0には意味がなく，倍数関係は問題にできないが，どこの目盛り間隔でも等しいものさし（尺度）。温度計の摂氏温度などがそれにあたる。→比率尺度参照。

感覚ニューロン sensory neuron
視覚，聴覚，触覚，味覚，嗅覚などの感覚刺激を伝達する神経細胞。

感覚様相 modality
感覚モダリティ，あるいはモダリティとも言う。感覚とは，視覚，聴覚，触覚，味覚，平衡感覚，運動感覚，嗅覚などをさす。感覚様相とは，これらの感覚による体験や経験を言う。

観察学習 observational learning
他者の行動を観察したり模倣したりすることによって，新しい行動を獲得したり行動を変容させたりすること。

感情 affection
経験の情感的あるいは情緒的な側面を表わす総称的用語。

感情の2要因説 two-factor theory of affection
情動2要因理論参照。

感情の次元説 dimensional theory of emotion
個々の感情は少数の次元それぞれの連続体上に布置されるとする考え方。→基本感情説参照。

桿体 rod
視細胞の1つで，錐体が集中して存在する外側の網膜にある。色の識別はできないが，光に対して敏感である。→錐体参照。

桿体視 rod vision
暗所視参照。

間脳 diencephalon
視床と視床下部からなる間脳は，大脳半球の左右と中脳の間におさまっている。視床は，感覚受容器からの情報を大脳皮質に送る機能を担い，視床下部はホメオスタシスの機能を担う。

ガンマ波 gamma wave
脳波パターンの1つ。速波帯域，30 Hz 以上の脳波である。→脳波参照。

気質 temperament
人格特性のうち感情的素質の傾向を表わすときに用いる。

記述統計学 descriptive statistics
観察対象となる集団の特徴や傾向を正確に記述することを目的とする統計学。心理学の研究においては，記述統計学を使って，取得したサンプル（標本）を数量化してその対象の特徴をとらえることをまず行う。
→推測統計学，標本参照。

帰属過程 attribution process
自己および自己を取り巻く環境に生起するさまざまな事象に対して因果的な解釈を行なう過程。

機能主義 functionalism
要素間の結合をとらえる構成主義とは異なり，意識のはたらきや目的を重要視し，意識は人間が環境に適応しようとする精神の統一的活動であるという立場。ウィリアム・ジェームズが唱えた。→構成主義参照。

機能的磁気共鳴画像 (fMRI) functional Magnetic Resonance Imaging
MRI（核磁気共鳴画像）を使って，ヒトや動物の脳や脊髄の活動に関連した血流動態反応を視覚化する方法の1つで，構造だけでなく機能を見る方法である。

帰納（法） induction
個々の事例から一般的な規則や法則を見出そうとする推論方法のこと。演繹（法）の対義語。→演繹法参照。

気分 mood
数時間から数週間の比較的長期にわたって持続する弱い感情状態を表わす用語。

基本感情説 basic emotion theory
感情体験は，質的に異なる数種の基本的感情に還元できるとする考え方。→感情の次元説参照。

キャノン・バード説 Cannon-Bard theory
情動の古典的理論の1つ。この理論では，身体的変化と感情の体験は同時に生じるとし，その源は皮質下の視床であるとした（中枢起源説）。→視床参照。

ギャング・エイジ gang age
児童期に入り，友人と徒党を組んで遊んだりするようになる時期。青年期への準備期間の役割を持つともいわれる。

QOL quality of life
物質的な豊かさだけでなく総合的に判断された生活の質のこと。

求心性神経 afferent nerve
末梢から中枢に向かう神経をさす。

急速眼球運動 rapid eye movement
周期的に眼球が急速な運動をすること。エゼリンスキーが幼児の睡眠中にこの運動が起こることを発見した。

強化 reinforcement
(1) 古典的条件づけにおいては，条件刺激（CS）と無条件刺激（US）を対呈示すること。

(2) オペラント条件づけにおいては，オペラント行動に対して強化刺激を呈示または除去すること。

(3) 反応の強度（頻度）を強める（高める）過程。

強化スケジュール reinforcement schedule
オペラント行動に対して，どのように結果（強化）を呈示するかの規則。→オペラント条件づけ参照。

共同注意 joint attention
他者の視線や指をさした対象物を追視して，他者と同じ対象物を注目すること。

驚盤運動 stroboscopic motion
仮現運動参照。

虚偽記憶 false memory
虚記憶とも言う。催眠療法などの誘導によって捏造された記憶で，実際には体験していない出来事に関するエピソード記憶のことをさす。

筋電図 electromyogram
針電極を筋肉に入れ，筋の活動電位を記録した図。

クーイング cooing
喃語が出る以前の発声で，「あー」とか「くー」といった喉の奥から出ているような声。→喃語参照。

具体的操作段階 concrete operational stage
ピアジェの発達理論における第3段階で，具体的に理解できる事物や状況ならば，論理的思考が可能になる段階。

クライエント client
カウンセリングを求めてきた人のことをさす。来談者とも呼ぶ。→カウンセラー参照。

クリティカルシンキング critical thinking
適切な基準や根拠に基づく，論理的で，偏りのない思考のことをいい，批判的思考とも呼ばれる。

クリューヴァー・ビューシー症候群 Klüver-Bucy syndrome
扁桃体に障害を受けたときに生じる，恐怖心の欠如，食欲や性行動の異常な亢進などの症状。→扁桃体参照。

グループ・ダイナミックス group dynamics
集団で生じる現象を，個々の成員の観点からではなく，集団全体の観点から理解しようとする考え方。

群化 grouping
視野中にいくつかの図が成立すると，それらは互いに無関係なものとしてではなく相互に何らかのまとまりをつくる。これを群化と言う。この群化の要因には，近接，類同，閉合，よい連続などがあげられる。→図，地参照。

経験説（環境説） empiricism
人間の発達や変化の主要因として環境を重視する考え方。

経験論 empiricism
人間のすべての知識はわれわれの経験の結果である，とする哲学上または，心理学上の立場。経験主義とも言う。

形式的操作段階 formal operational stage
ピアジェの発達理論における第4段階で，抽象的思考が可能になる。

系統発生　phylogeny
生物種の進化による変化の過程。→個体発生参照。

K式発達検査　Kyoto Scale of Psychological Development
京都児童院が開発した発達検査で，言語が未熟な子どもの発達プロフィールを精査したいときに使われる。

ゲーム理論　game theory
特定の相互依存関係にある人々がある行動原理に従って行動することで生まれる結果を予想するための数学的手法。

結晶性知能　crystallized intelligence
生活能力や言語能力に関わる知能。→流動性知能参照。

顕在性不安検査（MAS） Manifest Anxiety Scale
不安を測定するために，ミネソタ多面人格目録（MMPI）から50項目を抽出して作成された質問紙検査。→ミネソタ多面人格目録参照。

検索　retrieval
記憶の3段階の1つで，貯蔵された情報を取り出すこと。→符号化，貯蔵参照。

語彙判断課題　lexical decision
認知課題の1つで，呈示された文字列が語であるか非語であるかの判断が求められる課題。

行為者−観察者バイアス　actor-observer bias
行為者本人は自分の行動の原因を環境などの外的な要因に帰属する傾向があるのに対して，観察者は行為者に原因を帰属する傾向があること。

効果器　effector
生物は刺激に対して反応するが，その時の反応を担っている部位をさす。

効果の法則　law of effect
強化がともなう行動は強められるという原理。

交感神経（系）　sympathetic nervous system
副交感神経系とともに自律神経系を構成する。副交感神経と拮抗的に働き，ホメオスタシスの機能を担う。エネルギーや活性化が必要なとき（たとえば，闘争か逃走か）に働き，心拍数の増大，瞳孔の拡大，気管支の拡張などをもたらす。→ホメオスタシス，副交感神経，自律神経系参照。

虹彩　iris
眼球の一部で，黒目の内側で瞳孔より外側のドーナツ状の部分のことをさす。虹彩の大きさを調節することで目に入ってくる光の量を調整する。

恒常性維持　homeostasis
ホメオスタシス参照。

口唇期　oral stage（phase）
フロイトが提唱する性的発達段階の1つ。0歳代をさし，母親の乳房から身体と心のエネルギーを吸収すること（口唇）にリビドーの焦点が置かれる時期。→欲動論，リビドー参照。

構成主義　structuralism
人間の意識内容は複数の要素によって成り立つと考え，その要素間の結合法則を探求しようとする立場。

構造論　structural theory
フロイトは，心の構造をエス，自我，超自我の3層からなる心的装置に見たてた。この考え方をさす。→エス，自我，超自我を参照。

行動　behavior
心理学の研究対象。そのときどきの環境条件において示される，有機体（生活体）の運動や反応，あるいは変化。心理学における生活体はヒトをはじめとする動物のことである。

行動遺伝学　behavior genetics
行動特徴の遺伝を研究するために，遺伝学と心理学の方法を統合した研究方法。

行動主義　behaviorism
心理学のアプローチの1つ。心的状態に頼らなくても行動を科学的に研究できるという主張。

後頭葉　occipital lobe
大脳皮質の後方部分の脳葉。後頭葉は視覚に関与している。

行動療法　behavior therapy
学習原理に基づいた心理療法の1つ。行動を変容させるためにシェイピングなどの条件づけの技法を用いる。

広汎性発達障害（PDD） Pervasive Developmental Disorder
自閉症を中心とする，社会性，コミュニケーション能力，想像力の障害という「障害の3つ組み」を主症状とする場合を言う。IQ70以上のものを高機能広汎性発達障害と呼ぶ。

衡平理論　equity theory
二者間における投入（貢献）と成果（報酬）の比率が異なる場合を不衡平と言い，不快感を生じさせるので，人は衡平を回復させるよう動機づけられる。

肛門期　anal stage（period）
フロイトが主張する性発達段階の1つ。1-3歳ころまでの時期で，取り込んだエネルギーをため込んだり，排出したりする術を身につける時期。どろんこ遊びに象徴されるような，感触的な快を追求する活動を通し，自分の体と心をコントロールする感覚を覚えていく。

交流分析（TA）　Transactional Analysis
バーンが開発した人間行動に関する理論体系とそれに基づく治療法。「互いに反応しあっている人々の間で行われている交流を分析すること」を目的としている。心の構造や機能を図式を使ってわかりやすく説明するところに特徴がある。→エゴグラム参照。

刻印づけ（刷り込み）　imprinting
カルガモのヒナなどが，孵化してから最初に見たものに追従する行動を示すこと。

心の理論　theory of mind
人や類人猿などが，他者の心の動きを類推したり，他者が自分とは違う信念をもっているということを理解したりする能力。

誤信念課題　false-belief task
心の理論を測定するための課題。内容は「自分はある事実を知っているが，それを知らない他者はどう考えるか？」を問うもので，アンとサリー課題，スマーテ

ィーズ課題，マキシ課題などがある。→心の理論参照。

個体発生　ontogeny
個体それぞれが生存の期間を通じて経過する変化の過程。→系統発生参照。

固定間隔（FI）スケジュール　Fixed Interval schedule
強化スケジュールの1つ。一度結果（強化）が与えられると，次は一定の時間が経過した後の最初のオペラント行動に対して結果（強化）を与える。→強化スケジュール参照。

固定比率（FR）スケジュール　Fixed Ratio schedule
強化スケジュールの1つ。オペラント行動が一定回数起こるごとに1回の結果（強化）をともなわせる。→強化スケジュール参照。

古典的条件づけ　classical conditioning
条件刺激（CS）と無条件刺激（US）を対呈示することによって，CSが条件反応（CR）を生じさせるようになる学習過程。

鼓膜　tympanic membrane; eardrum
外耳と中耳との境をなす薄膜。外耳道を通って到達した音波を鼓膜で振動に変え，3つの耳小骨を次々に振るわせて，内耳の蝸牛へ伝達される。

コミュニティアプローチ　community approach
個々の問題をその背景事情を含めてとらえるという発想に基づいている心理療法の1つ。コミュニティとは，個々個人が属している学校，会社といった組織や社会的システムをさす。

根本的帰属の過誤　fundamental attribution error
他者の行動の原因を内的な要因に基づくと過大評価する傾向。基本的な帰属のエラーとも言われる。

サーカディアン・リズム　circadian rhythm
ほぼ24時間の周期をもつ身体のリズム。

彩度　saturation
われわれに見えている色には3つの属性があり，その1つである。色彩の鮮やかさを表わす属性で，無彩色に比べてその色相の色味をどの程度含んでいるかの程度を表わす。→明度，色相参照。

作業検査　performance test
被検査者に一定の作業を与え，その遂行過程や結果からパーソナリティを推測する。

錯誤帰属　misattribution
生理的喚起の原因を誤った手がかりを使って解釈し，本当の原因とはかけはなれた情動が生まれることに代表される，誤った帰属現象。

錯視　optical illusion; visual illusion
視覚において生じた錯覚。→錯覚参照。

錯覚　illusion
外界の対象は，その物理的特性どおりに知覚されるわけではなく，実際のものの物理的特性とわれわれに知覚されているものとの間にはくい違いが生じている。ある条件の下で生じた知覚がその物理的特性と通常以上に著しくくい違う場合，これを錯覚と言う。

作動記憶　working memory
バッデレーが短期記憶の考え方を発展させ提唱した作動記憶は，短期記憶が記憶の保持機能に重きを置いたものであるのに対して，保持機能と処理機能の両方を備えている。ワーキングメモリ，作業記憶とも言う。→短期記憶参照。

三原色説　three-component color theory
ヤングが提案した色を見るしくみについての理論を，1868年にヘルムホルツが発展させた理論。赤・緑・青の三原色の混色ではほとんどの色を作り出せるという事実からの発想で，視覚系の中に三原色それぞれに反応する視物質が存在すると考えた。

算術平均（平均）　arithmetic mean
間隔尺度，比率尺度によるデータの代表値の1つで平均値のことをさす。データの総和をデータの個数で割ったもの。→代表値参照。

散布度　degree of scatter
データの分布の広がり（ちらばり）を表わすもの。代表的なものに四分位偏差や標準偏差がある。

シータ波　theta wave
脳波パターンの1つ。徐波帯域，4-7 Hzの脳波である。→脳波参照。

ジェームズ・ランゲ説　James-Lange theory
情動の古典的理論の1つ。この理論では，感覚刺激によって引き起こされた身体の生理的変化によって感情体験が生じると考える（末梢起源説）。

シェマ　schema
認識主体が能動的に外部の情報を取り入れる際に用いる情報処理の図式，あるいは枠組みのこと。ピアジェは，認識は単なる外部世界の模写ではなく，主体による能動的な構成活動であるとし，認識の発達をこの概念を用いて説明した。

視角　visual angle
目に見える物体の大きさを表現する角度のことをさす。物体の両端から目までの二直線が作る角度のことである。視軸から視角で示した中心窩からの距離を網膜偏心度と言う。物体の長さに57.3を乗じ，目までの距離で除すことで求められる。

視覚運動性自己運動知覚　vection
ベクションを参照。

自覚状態　self-awareness
鏡に映った自分の姿を見たり，録音された自分の声を聞いたりすることなどで，注意が自分自身に注がれる状態。客体的自覚状態。

視覚的断崖　visual cliff
ギブソンらが乳児の奥行き知覚の研究のために考案した実験装置。ガラスの床面に見かけ上の断崖を作り，その虚像の断崖を横切って進むか否かを観察した。→奥行き知覚参照。

色相　hue
われわれに見えている色には3つの属性があり，その1つである。赤，黄，緑，青といった色味の違いをさす。→明度，彩度参照。

軸索　axon
神経線維とも呼ばれる。ニューロンの細胞体から伸び

る長い1本の突起。信号を次のニューロンに伝えたり，筋や腺に伝えたりする。神経は数百数千の軸索の束である。軸索の末端部近くは，多くの枝に分かれ，終末ボタンと呼ばれる小さな膨らみがある。→ニューロン参照。

刺激閾　stimulus threshold
絶対閾参照。

刺激頂　terminal threshold
本来の感覚を生じさせる最大の刺激強度。

自己意識　self-consciousness
自己に注意を向けやすいかどうかという個人特性。私的で内面的な側面に注意を向けやすい私的自己意識と，他者から直接観察される側面に注意を向けやすい公的自意識がある。自意識。

試行錯誤学習　trial and error learning
問題解決場面において，さまざまな行為を行い，その中で結果が成功に終わった行為のみが学習されること。

自己開示　self-disclosure
特定の他者に対して，自分自身に関する真の情報を言語的に伝達すること。

自己概念　self-concept
人が自分の性格，能力，外見などについてもっている構造化された知識。情報処理という枠組みでは，自分について知っているさまざまなことを自己知識（self-knowledge）と呼ぶ。

自己鏡像認知　mirror self-recognition
鏡に映った自己を自分自身であると認識できること。

自己制御　self-regulation
ある時は自己主張したり，ある時は自分の意志を抑えたりして，自分で自分の行動を制御すること。

自己中心性　egocentrism（egocentricity）
自分の視点を中心にして物事を考えること。

自己呈示　self-presentation
他者から特定の印象で見られることを目的として行われる行動。

自己評価維持　self-evaluation maintenance: SEM
人は自己評価を維持しようと動機づけられており，他者と自己の心理的距離，課題に対する自己関連性，遂行のレベルという3つの要因のいずれかを変化させることによって，自己評価を維持しようとしている。比較過程と反映過程という2つのプロセスが仮定されている。

自己奉仕的バイアス　self-serving bias
自分の成功は自分の内的な属性に，失敗は外的な要因に帰属する傾向。

自己知覚理論　self-perception theory
自分自身の態度や感情を，自分の行動を手がかりに推測するという理論。

視細胞　photoreceptor
網膜に存在し，視覚における感覚受容細胞である。桿体と錐体の2種類がある。→桿体，錐体，網膜参照。

視床　thalamus
脳の構造のうち，間脳の一部を占める部位。嗅覚を除く感覚情報を大脳新皮質へ中継する重要な役割を担う。→間脳参照。

視床下部　hypothalamus
間脳にあり，血圧や体温などの自立的機能，摂食や摂水などの物質代謝，性に関した機能，脳の賦活機能を担う。→間脳参照。

事象関連電位（ERP）　Event-Related Potential
なんらかの事象に関連して一過性に生じる脳電位変化。ERP と呼ばれる。特定の事象に関連しない持続的な電気活動である脳波とは区別される。ERP の一連の波は成分と呼ばれ，陽性波には P1，P2，P3（P300），陰性波には N1，N2，N400 といった名前がつけられている。こうした成分は，認知活動と関連づけられている。

自然科学　natural science
自然現象を取り扱う学問。通常は数学，物理学，化学，地学，天文学，生物学など，基礎的な研究を主とする学問をさす。広義には農学・工学・医学といった応用分野を含む場合もある。

持続時間　duration
反応が継続して生じている時間。

自尊感情　self-esteem
自己に対する価値的感情や肯定的あるいは否定的態度。自尊心，セルフ・エスティーム。特性自尊感情と状態自尊感情に分けることもある。

実験群　experimental group
実験の効果を見るために操作を加えられる参加者集団。→統制群参照。

実験参加者　participant
実験者が計画した実験に参加する人間。実験者は実験参加者のデータを記録する。

実験者効果　experimenter effect
実験場面で，意識的あるいは無意識的に生じる実験者の行動が，実験結果にさまざまに影響すること。

実際運動　real motion
対象の動きの知覚を運動知覚と言うが，この運動知覚のうち，対象の実際の運動に即したものをさす。

実証主義　positivism
経験的事実にだけ認識の根拠を認める学問上の立場。

自動運動　autokinetic motion
一様な暗黒視野の中で1個の静止光点を注視し続けると，その光点がいろいろな方向に不規則に動いて見えるという現象で，広義の仮現運動の一種である。→仮現運動参照。

シナプス　synapse
ニューロンの神経終末が，別のニューロンの細胞体や樹状突起と接合している部分をさす。この接合部は10万分の数 mm ほどの隙間（シナプス間隙）があるため，電気信号による情報伝達ができない。そこで，神経終末まで送られた電気信号は化学物質（神経伝達物質）の授受という形式に変換され，次のニューロンへ伝達される。→ニューロン，軸索参照。

シナプス間隙　synaptic gap

シナプス参照。

自発的回復 spontaneous recovery
条件づけによって学習された反応を消去した後，しばらく時間をおくとその反応が再び生じること。→消去参照。

自閉スペクトラム症／自閉症スペクトラム障害 autism spectrum disorder
社会性の障害，コミュニケーションの障害，想像力の障害とそれに基づく行動の障害をもった発達障害の1つ。

ジャーゴン jargon
大人には何を話しているか理解できないが，赤ちゃん自身はあたかもわかって話しているような発声で，会話様喃語とも呼ばれる。→喃語参照。

社会的アイデンティティ social identity
自分がある集団に属しているという知識から生じる自己概念の側面。それに対して，他者とは異なる自分の特性に基づく自己概念の側面を個人的アイデンティティと言う。タジフェルが提唱。

社会的交換理論 social exchange theory
個人や集団の間の関係を，物質的および社会的・精神的な資源の交換としてとらえる考え方。報酬からコストを引いた成果が満足を決定するとし，人はその最大化を目指すと考えられる。

社会的参照 social referencing
1歳前後になると，他者の表情を参照しながら読み取り，自身の行動をコントロールできるようになること。

社会的ジレンマ social dilemma
個人が自己利益を追求すると，全体にとっての不利益が生じる状況。

社会的浸透理論 social penetration theory
二者間の相互作用は狭い領域での表面的な相互作用から広い領域での親密な相互作用へと徐々に進展していくというもの。

社会的促進 social facilitation
他者が周りにいることによって，単純な作業や習熟している作業の遂行が促進される現象。逆に，複雑な課題や学習中の作業の遂行が抑制されることを社会的抑制と呼ぶ。

社会的手抜き social loafing
集団で作業することで，個々のメンバーの努力の水準が低下する現象。

社会的動機 social motive
社会的目標に向けて行動をかりたてるもの（社会的要求）。

社会的比較 social comparison
自分の意見や能力を評価しようとする際に，他者と比較することによってそれを行うこと。類似した他者との比較傾向がある。フェスティンガーが提唱。

集合行動 collective behavior
群衆に代表される組織されていない人々が示す特徴的な行動。

囚人のジレンマ prisoner's dilemma
二者間の社会的ジレンマ。協力をすればある程度の報酬が得られるが，相手の報酬を無視して自分の報酬だけを考えた行動を取ると，結局は報酬が得られなくなってしまうような状況をさす。

従属変数 dependent variable
実験などにおいて，実験参加者の反応として測定される変数。→独立変数参照。

集団意思決定 group decision making
集団討議によって意思決定を行うこと。個人での決定と比較することによって，より危険な方向に判断が変わることをリスキー・シフト，より安全な方向に変わることをコーシャス・シフトと呼び，このような現象を極化または分極化とも言う。

集団規範 group norm
集団に認められ，その成員が従うことを要請される判断，態度，行動などの基準となる社会的産物。成員の行動の評価基準となる。

集団凝集性 group cohesiveness
集団を一つにまとめ，その成員を集団にとどめるように働きかけるさまざまな心理学的な力の総体。

縦断研究 longitudinal study
個人を加齢に沿って追跡し継続的にデータを収集して，年齢間，発達段階間での変化を観察する方法。→横断研究参照。

集団思考 groupthink
集団の凝集性の維持を優先して議論するため，正しい情報の判断がおろそかにされる傾向。集団浅慮とも言われる。

主観的等価値（PSE） Point of Subjective Equality
比較する刺激（比較刺激）が基準になる刺激（標準刺激）と弁別できず，比較刺激が標準刺激の刺激強度と主観的に等価であるときの値。

主観的輪郭 subjective contour
形の知覚において境界や輪郭は重要な役割をもっているが，これは必ずしも絶対的条件ではない。輝度勾配がなくても，部分的な手がかりが与えられれば形が成立することがある。これは，輪郭線がなくても輪郭，つまり主観的輪郭が生じるためである。

樹状突起 dendrite
ニューロンの細胞体から伸びる樹枝状の突起。他の多くのニューロンから信号を受け取る。→ニューロン参照。

主題統覚検査（TAT） Thematic Apperception Test
マレーとモーガンが開発した投影法による性格検査。場面設定が曖昧な絵を見せて物語を作らせ，その主題内容から被検査者のパーソナリティを理解しようとする。

馴化 habituation
ある刺激が繰り返し呈示されると，その刺激に対する反応が弱くなること。

順序効果 order effect
実験参加者内のデザインにおいて，独立変数の影響に加えて，刺激や課題の実施順序が従属変数（測定値）

に影響すること。

順序尺度 ordinal scale
ある属性に関する順位を表わすものさし（尺度）。たとえば、成績の順位がそれにあたる。間隔尺度や比例尺度のように、等間隔ではないため、この尺度については四則演算はできない。

順応 adaptation
同一刺激が継続して与えられることにより刺激への感度が時間経過とともに変化することを言う。このはたらきによって物理的に同じ刺激を呈示しても見え方は変化する。

生涯発達 life span development
生まれる前の胎児から死に至るまでの一生涯の変化。

消去 extinction
(1) 古典的条件づけにおいて、条件反応（CR）が形成された後、条件刺激（CS）のみを呈示する手続き。
(2) オペラント条件づけにおいて、学習が成立した後、オペラント行動に対して報酬をともなわないようにする手続き。
(3) 消去の手続きの結果、学習された反応が減少すること。

消去抵抗 resistance to extinction
反応が消滅するまでに必要な消去手続きの試行数として測定されるもの。

条件刺激（CS） Conditioned Stimulus
もともとは中性刺激であったものが、無条件刺激（US）の対呈示により条件反応を引き起こすようになる刺激のこと。→古典的条件づけ参照。

条件即応モデル contingency model
効果的なリーダーシップのあり方は、リーダーと成員の関係、課題の構造、リーダーの地位力によって変化するものであるという考え方。フィードラーが提唱。

条件反応（CR） Conditioned Response
もともとその反応を引き起こさなかった刺激（すなわち、条件刺激 CS）に対して、獲得された反応。→古典的条件づけ参照。

少数者影響 minority influence
多数者の判断、意見、行動などを変化させる少数者による革新的な影響。マイノリティ・インフルエンスとも呼ぶ。

情動 emotion
経験の情緒的側面を表わす用語であるが、比較的急激で強い一過性の感情を指す場合に用いられる。

情動回路説 emotion circuit
ペイペッツにより提唱された感情発現の脳内モデルの1つ。感情発現の中枢は特定の脳部位ではなく、いくつかの脳部位で構成される回路であるとした。

情動2要因理論 two-factor theory of emotion
生理的覚醒と手がかりが共に存在することによって特定の情動経験が生じるとする理論。生理的喚起へのラベリングが情動だとする説。シャクターとシンガーが提唱。

小脳 cerebellum

脳幹の後部にあり、大きなクルミのような形をしている。筋運動、平衡機能、姿勢反射などを総合的に制御している。

初頭効果 primacy effect
系列的に呈示される情報を学習（記憶）する際に、系列位置によって再生成績に違いがあることが知られている（系列位置曲線）。系列の初めの部分が、中間の位置よりも成績が良いことをさす。→新近性効果参照。

自律神経（系） automatic nervous system
体性神経系とともに、末梢神経系に属する。意志や意識とは関わりがあまりないので不随意神経系とも呼ばれ、内臓や腺を支配している。自律神経系はさらに、交感神経と副交感神経に分かれる。→体性神経系、交感神経、副交感神経参照。

視力 visual acuity
視覚系の空間解像力のことを言う。視野の中で、隣接する明領域と暗領域のコントラストを弁別する場合、この視力が関係する。

進化論 theory of evolution
人間も含め、現在見られるすべての生物は、長期間にわたって変化してきたものだとする、生物の進化に関する理論。ダーウィンが唱えた当初は、神が人間や生物を作ったという宗教的世界観が大勢をしめていたので、その当時は衝撃的であった。

新近性効果 recency effect
系列的に呈示される情報を学習（記憶）する際に、系列位置によって再生成績に違いがあることが知られている（系列位置曲線）。系列の後ろの部分が、中間の位置よりも成績が良いことをさす。→初頭効果参照。

心身二元論 mind-body dualism
人間は、物質である肉体と、物質ではないが内省によって把握できる精神（心）という2つの存在から成り立っているとする世界観のことを言う。

心的過程 mental process
心理学の研究対象の1つ。目に見える行動を引き出していると想定される内的なプロセス。

信頼性 reliability
再現可能で一貫した結果がもたらされること。→妥当性参照。

心理アセスメント psychological assessment
心理査定とも呼ばれる。クライエントに心理的な支援を行おうとする際に、支援の方針や今後の見通しを立てるために、クライエントの心理状態・生活状況・個人史・発達・知能・パーソナリティについて心理学的観点から詳しくとらえ、分析すること。

心理的離乳 psychological weaning
青年期において親などへの依存から脱却し心理的に自立すること。

心理物理学 psychophysics
物理量と心理量の関数関係を研究する学問。精神物理学とも言う。→心理量、物理量参照。

心理量 subjective quantity
人間が感じる感覚の大きさ。たとえば、同じ質量の重

さでも，持つときのその人の状態や，持つ物自体の形態によって，感じる重さは変わる。→物理量，フェヒナーの法則参照。

図　figure
視野の分節によって生じた領域は2種類に分けられるが，ある形状をもって浮き出して見える領域を言う。→地参照。

水晶体　lens
眼球の一部で，透明なレンズ状のものである。厚みを変えることでさまざまな距離にある対象に焦点を合わせることができる。

推測統計学　inferential statistics
母集団から抽出したサンプル（標本）に基づいてその母集団全体の特徴や性質を推測しようとする統計学。心理学におていは，実験や調査などでデータを収集し，そこからデータの背後にある集団（母集団）を推測するために使用される。→記述統計学参照。

錐体　cone
視細胞の1つで，網膜の中心窩付近に集中して存在する細胞である。色の識別をすることができる。赤，青，緑に反応する3つの錐体がある。→桿体参照。

錐体視　cone vision
明所視参照。

数唱範囲　digit span
ランダムな数字を1つずつ呈示して，呈示された直後に呈示された順序で再生（系列再生）してもらう際，数字の数を増やしていくとある個数で再生できなくなる。再生できる数字の最大限の数を言う。健常成人の場合，平均して7個程度は再生できる。→マジカルナンバー7参照。

スキーマ　schema
もともとは，ある対象とか状況を要約した略図，図式や計画のことを指す。今ではさまざまな分野で使われる。認知心理学（科学）では，知識の枠組みのことを指す。→シェマ参照。

図－地反転図形　reversible figure-ground figure
図，並びに地として知覚できる領域が，入れ替わって見える図形をさす。→多義図形参照。

スティーヴンスの法則　Stevens' power law
スティーヴンスが，マグニチュード推定法を用いた測定結果から，感覚量は刺激強度のベキ乗に比例すること（$R = kS^p$; k, p は定数）を示した法則。べき法則とも呼ばれる。

ステレオグラム　stereogram
立体視を生じさせる一対の図。→両眼立体視参照。

ステレオタイプ　stereotype
特定の社会集団の成員が同じ特定の特性を共有しているという認知。特にネガティブな価値判断と関連するような場合に「偏見」，さらにその行動的な側面が強調された場合に「差別」と呼ばれる。

ストレンジ・シチュエーション法　strange situation procedure
愛着を研究するためにエインズワースらが用いた方法。子どもを母親から分離して，なじみのない場面と見知らぬ人に対峙させ，そこで子どもが示す反応を観察する。

性器期　genital stage
フロイトが唱えた性発達段階の1つ。性の芽生えとされる思春期以降をさす。異性との間の成熟した愛情関係に目覚め，両親のもとから離脱していく。→欲動論参照。

静止網膜像　stabilized retinal image
網膜上での動きがまったくない像。通常の状態では網膜像は常に動いているが，これを人為的に静止させると，見えていた対象は数秒後には部分的に，あるいは全体として消失したり，再び現れたりする。

成人愛着面接（AAI）　Adult Attachment Interview
メインとゴールドウィンが開発したもので，成人対象者に対して幼児期の愛着体験をインタビューし，幼少期からの連続した成人の愛着パターンをとらえようとするもの。

精神年齢（MA）　Mental Age
被検査者の知的な能力が何歳の人の平均と同じかを表わしたもの。

精神発達遅滞（MR）　Mental Retardation
知的障害をさし，認知能力の全体が遅れている。知能検査の結果で，おおむねIQ70以下の場合を言う。→知能指数（IQ）参照。

精神物理学　psychophysics
心理物理学参照。

精緻化見込みモデル　elaboration likelihood model
態度変容が情報処理の動機づけと能力によって決まるというモデル。両者がある場合には中心ルートの，ない場合には周辺ルートの態度変容が生じる。

精緻化リハーサル　elaborative rehearsal
短期記憶の情報を維持しておくために，その情報をイメージ化したり，語呂合わせをしたりすること。精緻化リハーサルした情報は，効率的に長期記憶となる。

生得説（遺伝説）　nativism
人間の発達や変化の主要因として遺伝を重視する考え方。

正の強化　positive reinforcement
快刺激（報酬）を呈示することによって，反応頻度を増加させること。→オペラント条件づけ参照。

正の強化子　positive reinforcer
反応に続いて呈示すると，その反応の頻度を高める刺激（報酬）。→オペラント条件づけ参照。

正の罰　positive punishment
不快な刺激を呈示することによって，反応頻度を減少させること。→オペラント条件づけ参照。

生理的早産　physiological premature delivery
人間は，感覚器はよく発達しているのに対して，運動能力が未熟な状態で生まれてくる。この特性を表わす言葉。

脊髄　spinal code
脳と首から下の身体の部分を結ぶ連絡路として働く。

脊髄反射　spinal reflex
　動物が刺激を受けた場合，情報が脳を経由しないで，脊髄が中枢となって起こる反応。熱いものに手が触れたときに瞬間的に手をはなすことも，脊髄反射である。

責任の分散　diffusion of responsibility
　傍観者が存在すると援助行動が起きにくくなることを傍観者効果と呼ぶが，その原因の1つ。傍観者が他にいることで，援助行動を取る責任を感じにくくなること。

絶対閾　absolute threshold
　感覚を生じさせることが可能な最小限度の刺激強度。刺激閾とも言う。

節約法　saving method
　記憶実験の方法の1つ。学習する材料を記銘し，一定時間たった後，再び同じ学習材料を記銘する。2度目の学習時に，最初の学習時に比べ，学習時間や試行数をどの程度必要とせず節約できるかに注目する。

節約率　saving score
　節約法における，初回の学習時間に対する再学習時の節約時間の比率。エビングハウスはこれを忘却の指標にできると考えた。→節約法参照。

セルフ・ハンディキャッピング　self-handicapping
　自分にとって重要ななんらかの特性が評価の対象になる可能性があり，そこで高い評価を受けられるかどうか確信をもてない場合，遂行を妨害する不利な条件を自らつくりだしたり，その存在を他者に主張すること。

セルフ・モニタリング　self-monitoring
　社会的状況や他者の行動に基づいて自己の表出行動や自己呈示が社会的に適切かどうかを観察し，自己の行動を統制（モニター）すること。スナイダーが提唱。

全か無かの法則　all-or-none principle
　神経線維や筋線維に与えた刺激が弱いと反応しないが，ある一定の限界値（閾値）に達すると最大に反応することを示した法則。閾値以上の刺激を加えれば一定の反応をし，閾値を下回るとまったく反応しない。

宣言的記憶　declarative memory
　長期記憶は大別すると言語化が可能なものと，言語化できないものに分かれる。前者を宣言的記憶と言う。陳述的記憶とも言う。→非宣言的記憶，長期記憶参照。

選好注視法　preferential looking technique
　主に認知発達を検討する研究手法の1つ。2種類（場合によっては3種類以上）の刺激を乳児に同時に呈示し，個々の刺激についての注視時間を測定する。

潜在学習　latent learning
　行動の変容が，その学習過程において直接に遂行として表われないもの。

潜時　latency
　刺激が与えられてから反応が生じるまでの時間。

前操作段階　preoperational stage
　ピアジェの発達理論における第2段階で，この時期の子どもは，特定の規則や操作を理解することはまだできない。

全体野　Ganzfeld
　目に入ってくる光がどこも一様であるような視野を言う。ガンツフェルトとも呼ばれる。全体野では視野は霧かモヤに包まれたように不確定な状態になる。したがって，ものの知覚は成立しない。

選択的比較水準　comparison level for alternatives: CLalt
　別の関係で得られると期待される報酬の大きさ。特定の関係に留まるかどうかを判断する際の基準となる。

前頭葉　frontal lobe
　大脳皮質のうち，中心溝より前の部分の脳葉。前頭葉には，運動機能と直接関係する運動野，発話中枢，意図や計画や行動の順序などを司る前頭前野などが含まれる。

潜伏期　latencystage（period）
　フロイトが唱える性発達段階の1つ。6歳から思春期に入るまでの性欲動がしずまる時期を言い，リビドーが表面化しない「幸せな子ども時代」であるとフロイトは位置づけている。→欲動論参照。

相関係数　coefficient of correlation
　2つの変数の関係の程度を表わす測度。各変数の尺度の性質によって，ピアソンの積率相関係数や順位相関係数などが考案されている。

相殺化　counterbalance
　カウンターバランス参照。

操作的定義　operational definition
　概念の意味を具体的な操作や手続きの言葉のみで定義すること。

相談者　counselor
　カウンセラー参照。

ソーシャル・サポート　social support
　社会的支援。ある個人を取り巻くさまざまな人々からの有形・無形の資源の提供。

側頭葉　temporal lobe
　大脳皮質のうち，外側溝より下の部分の脳葉。側頭葉には，聴覚をつかさどる聴覚野，記憶に関係が深いと考えられる領野などが含まれる。

側抑制　lateral inhibition
　刺激によって引き起こされた神経細胞の興奮が，空間的に隣接する一定範囲の細胞の興奮を抑制するはたらきを言う。ハーマンの格子では，白い部分が黒く見えるが，このはたらきによる現象である。

ソシオメーター理論　sociometer theory
　状態自尊感情は関係他者や集団からの受容・拒否を検出し，それを知らせるメーターとしてのはたらきをしているという考え方。

ソンディ・テスト　Szondi test
　投影法による性格検査の1つ。ソンディの運命心理学の考えに基づき，8枚1組（計6組，48枚）からなる精神障害者男女の顔写真の中から好きなものと嫌いなものを2名ずつ選ぶ形式の検査。

対応性推論モデル　correspondent inferences model
　行為の観察から，行為と行為者の素因（内的要因）とを対応づけて推測する過程に関するモデル。社会的望

ましさと非共通効果の要因を重視する。

体験過程 experiencing
ロジャーズの弟子であるジェンドリンが提唱した概念。カウンセリングのプロセスにおいてクライエントが主観的で具体的に感じている体験の流れのことをさす。→来談者中心療法参照。

対人認知 person perception
他者に関するさまざまな情報を手がかりにして、パーソナリティ、能力、情動、意図、態度など、人の内的な特性や心的過程を推論するはたらきをさす。狭義には対人知覚と同義。広義には対人関係の認知までを含める。

対人魅力 interpersonal attraction
人が他者に対して抱く魅力や好意あるいは非好意などの感情的態度。

体性神経（系） somatic nervous system
自律神経系とともに、末梢神経系に属する。知覚、随意運動、情報の統合などの役割を担う。体性神経系は、感覚神経と運動神経に分かれる。→自律神経系参照。

大脳 cerebrum
頭蓋骨内の直下にある中枢神経系の一部である。ヒトの脳では最も大きく重要な部分である。厚さ2mmの大脳皮質と呼ばれる表層の灰白質と、軸索（神経線維）の束である白質からなる。→大脳皮質参照。

大脳皮質 cerebral cortex
左右に分かれた大脳半球の表面を覆う、神経細胞の灰白質の薄い層。脳の約80％を占め、知覚、思考、推理、記憶などの高次機能を担う。

大脳辺縁系 limbic system
大脳皮質の内側にあり、間脳や大脳基底核を囲むように存在する領域。情動の表出、意欲、記憶、自律神経活動を担う。進化的にみて脳の最も古い部分の1つである。

代表値 representing value; central value
データ全体を1つの値で代表した値。（算術）平均、中央値、最頻値などがそれにあたる。

代理強化 vicarious reinforcement
モデル（観察対象）への強化が観察者に対しても効果をもつこと。

多義図形 ambiguous figure
視野の知覚的体制化は、ひととおりとは限らない場合がある。客観的には同一の刺激でありながら、知覚的には2つ以上のまとまりかたによって異なる図形が見える図形をさす。図−地反転図形や奥行き反転図形もそれにあたる。

脱馴化 dishabituation
ある刺激に馴化した後、再びその刺激に対する反応が回復すること。発達心理学領域の実験では、ある刺激に馴化した状態で別の刺激に対して反応が生じることを指すが、これは本来、刺激特異性と言う。

妥当性 validity
測定しようと意図しているものを測っていること。→信頼性参照。

田中ビネー式知能検査 Tanaka-Binet intelligent scale
田中寛一がビネーの知能検査を輸入したもので、1947年に出版された日本のビネー式知能検査の一種。現行のものは2005年に田中ビネー知能検査Vとして出版された。→ビネー式知能検査参照。

タブラ・ラサ tabula rasa
ラテン語で「拭ってきれいにした石板」という意味。ロックなどのイギリス経験主義者の、人間が生得的な知識や概念をもたずに生まれてくるという考え方。

短期記憶 short-term memory
感覚登録器を経て、短期記憶貯蔵庫に転送されてきた情報。リハーサルしなければ、15秒程度で消失する一時的に蓄えられた記憶のことをさす。容量にも限界があり、数字や文字でいうと7個程度である。→マジカルナンバー7、作動記憶参照。

男根期 phallic stage（phase）
フロイトが唱えた性発達段階の1つ。3-5歳ころまでの時期で、エディプス期とも言う。エディプス・コンプレックスと言われる、母・父・子の三角関係の葛藤に直面する時期である。自分の他者に対する影響力を確認するために、社会的な力を試そうとする。→欲動論参照。

単純接触効果 mere exposure effect
特定の刺激に繰り返し接触するだけで生じる、対象に対する好意度の上昇。ザイアンスが提唱。

地 ground
視野の分節によって生じた領域は2種類に分けられるが、ある形状をもって浮き出して見える領域「図」を囲む背景となって見える領域をさす。→図参照。

知覚的体制化 perceptual grouping
図と地が分化し、さらに図が群化することによって視野中の複数の不均一な領域が全体としてのまとまりを形成すること。

知覚の恒常性 perceptual constancy
同一の視対象からの網膜像が刻々と変化しても安定した知覚を保つはたらきをさす。変化する属性に応じて、明るさの恒常性、色の恒常性、形の恒常性、大きさの恒常性などがあり、何れも安定した外界の認知に役立っている。

知能指数（IQ） Intelligence Quotient
生活年齢に対する精神年齢の比率。→精神年齢参照。

注意欠如・多動症／注意欠如・多動性障害（ADHD） Attention-Deficit Hyperactivity Disorder
多動性・衝動性・不注意といった特性が主となる発達障害を言う。

中心窩 fovea
網膜の中心部にある窪みのことである。この部分には錐体が集中して存在する。→錐体参照。

中枢神経（系） central nervous system
頭蓋骨内にある、大脳、間脳、中脳、橋、延髄、小脳と、脊椎骨内にある脊髄をあわせた神経系のことをさす。→末梢神経系参照。

長期記憶 long-term memory

短期記憶貯蔵庫から転送された情報で，半永久的な情報である。容量にも限界はない。

超自我 superego
精神分析の概念で，道徳的規範や良心のことをさす。

調節 accommodation
(1) 眼の水晶体によって焦点を変化させる過程。
(2) ピアジェの発達理論において，幼児が新規の対象や事象を取り入れるためにすでにあるシェマを修正する過程。

丁度可知差異（jnd） just noticeable difference
弁別閾参照。

貯蔵 storage
記憶の3段階の1つで，符号化された情報を維持すること。把持，保持とも言う。→符号化，検索参照。

DSM（Diagnostic and Statistical Manual of Mental Disorders）
病理や障害の状態像を客観的に判定する基準の1つ。アメリカ精神医学会から出された「精神疾患の診断と統計のマニュアル（DSM）」をさす。第5版が最新である（2013年時点）。

適刺激 adequate stimulus
それぞれの感覚器官が固有に感受する刺激。

テストバッテリー test battery
総合的にパーソナリティや知能をはじめとする能力を把握するために，複数の心理検査を組み合わせて実施すること。

デブリーフィング debriefing
実験後に研究者が研究の参加者に対して，実験手続きや仮説を隠していたこと，あるいは騙していたことについて説明すること。

デルタ波 delta wave
脳波パターンの1つ。徐波帯域，0.5-3 Hz の脳波である。→アルファ波，シータ波参照。

転移 (1) transfer, (2) transference-affect (emotion)
(1) 学習の領域で用いられる転移は，以前に学習したことがその後の学習に影響を及ぼすことをさす。
(2) 精神分析の重要な概念で，ある対象に向けられる感情が他の対象に移し変えられることをさす。学習の転移と区別するために転移感情と呼ぶことがある。

転移感情 transference-affect (emotion)
転移 (2) 参照。

天井効果 ceiling effect
測定上の問題の1つ。測定値が最大値に達するため，独立変数の影響を検出できるような変動が見られない場合のことをさす。→床効果参照。

動因 drive
動物における動機づけ要因のうち，主に飢えや渇きなど生得的なメカニズムに基づく生物的動機。

投影法 projective test
曖昧な刺激を与えて被検査者の自由な反応を引き出す検査法。

同化 assimilation
ピアジェの発達理論において，幼児が新規の対象や事象をすでにあるシェマに基づいて理解する過程。→シェマ参照。

動機づけ motivation
行動を開始し，方向づけ，持続させる心理的過程。

動作（療）法 Dohsa-Hou
もともとは成瀬悟策を中心に，脳性まひ児の動作改善のための技法として開発されたもの。現在では，自閉症児や精神遅滞児，重度・重複障害児などの障害児の行動の改善や発達の促進，神経症や統合失調症などの患者に対するカウンセリング・心理療法にも有効だとされている。

統制群 control group
実験において研究中の条件が介在しない参加者集団。→実験群参照。

同調 conformity
ある集団成員の意見や行動などが他の成員と異なっているとき，他者のそれに合致するように自分の意見や行動などを変化させること。規範的影響の過程と情報的影響の過程が考えられる。

頭頂葉 parietal lobe
大脳皮質の上部の脳葉をさす。中心溝より後ろ，外側溝より上，頭頂後頭溝より前の部分である。頭頂葉では，体性感覚野や視覚の「どこ」情報経路が含まれる。

特異的発達障害 specific developmental disorders
主に，学習障害のように，見かけ上の遅れは見せていないが，書字，読字，計算といった特定領域に障害がある場合を言う。学習場面では困難が大きいことが多い。

特性論 trait theory
すべての人は多種類の人格特性を共通に有しており，その測定値の組み合わせによって個人のパーソナリティの差異を表わそうとする考え方。→類型論参照。

独立変数 independent variable
ある行動が研究される場合，その行動に何らかの影響をもつと仮定するもの。実験においては，その効果に関して検討するために研究者が操作する変数。

度数 frequency
決められた範囲の水準に観察された頻度（人数や個数）。

度数分布 frequency distribution
データ集計法の1つ。ある変数をいくつかの水準に分け，各水準ごとに頻度（度数）を集計したもの。

内観 introspection
自分自身の心の状態を省みること。内省とも呼ぶ。

内観法 introspection method
自分自身の意識内容を自分で報告することを言う。実験参加者に対して，刺激を呈示し，そのときの意識内容を参加者自身に報告してもらい，それを組織的に分析する研究方法。

内観療法 naikan therapy
吉本伊信が修養法として開発した内観法を，医療・臨床心理的目的に応用する心理療法。

内言 inner speech

思考の手段として用いられ外に発せられることのない
言語。→外言参照。

内省 introspection
内観参照。

内的作業モデル internal working model
乳児期に経験した養育者との愛着の質に応じて，自分
と他者に関する一般的な確信や期待が内在的に形成さ
れた表象モデルのこと。

内発的動機 intrinsic motive
感性動機や好奇動機など，ホメオスタシス的機構によ
らない生得的な動機。

喃語 babbling
子音と母音を組み合わせた音の連鎖のことで，生後 9
ヶ月くらいまでは同じ音を繰り返して発声する。

二重貯蔵モデル dual storage model
アトキンソンとシフリンが考案した情報処理システム。
短期的に情報が貯蔵される短期記憶貯蔵庫と半永久的
に貯蔵できる長期記憶貯蔵庫の 2 つの重要な貯蔵庫を
仮定している。

ニューロン neuron
動物の脳を構成する細胞の 1 つ。神経細胞とも言う。
ニューロンの形や大きさはさまざまであるが，そのほ
とんどは細胞体，樹状突起，軸索，終末ボタンから構
成される。ニューロン同士，あるいは体の他の部分と
電気信号のやりとりをしている。→軸索参照。

認知革命 cognitive revolution
1950 年代に，それまで 30 年以上にわたって心理学研
究の主流であった行動主義の研究方法に，革命的転換
が起きたことをさす。この背景には，コンピュータ科
学における情報処理という概念の影響が大きい。

認知的倹約家 cognitive miser
認知資源を節約するため，認知的な近道を通って情報
処理をするという人間のモデル。

認知的斉合性理論 cognitive consistency theory
認知の一貫性を求める傾向を前提とする諸理論。認知
的不協和理論，バランス理論などがある。→バランス
理論，認知的不協和理論参照。

認知的不協和理論 cognitive dissonance theory
複数の認知要素の間に論理的な矛盾などがある場合に
不協和が生じ，人はその不協和を低減するように動機
づけられるとする。フェスティンガーが提唱。

認知療法 cognitive therapy
心理療法の 1 つ。クライエントの「認知」のゆがみに
対して，別の解釈を生み出せる手助けをする。クライ
エント自身が認知を修正することによって，自らの苦
しみを軽減させたり，より前向きな行動をもたらした
りする。

脳回 gyrus（gyri）
大脳皮質表面の隆起部をさす。

脳幹 brain stem
大脳，小脳とともに脳を構成する。脳の最下層に位置
し，間脳，中脳，橋，延髄からなる。進化の過程で最
も古くからある部分で，呼吸や体温調節，血液の循環

など，動物が生きていくうえで必要不可欠な機能を司
る。

脳溝 sulcus（sulci）
大脳皮質表面の溝をさす。

脳磁図 magnetoencephalography
脳の電気的な活動によって生じる磁場を超伝導量子干
渉計（SQUIDs）と呼ばれる非常に感度の高いデバイ
スを用いて計測するイメージング技術である。

脳電図 electroencephalogram
脳波参照。

脳の側性化 laterality
ラテラリティ参照。

脳波 electroencephalogram; brain wave
頭皮上に小さな円盤状の電極を取り付け，多数のニュ
ーロンが集団となって示す微弱な電気的変化を記録し
たもの。脳電図（EEG）とも呼ばれる。脳波のパター
ンは，基本的にアルファ波，デルタ波，シータ波，ベ
ータ波，ガンマ波に分けられる。

脳梁 corpus callosum
左右 2 つの大脳半球の皮質間の神経連絡をしている交
連線維の 1 つである。交連線維の中でも脳梁は最大で，
左右の大脳皮質を広く連結している。

ノンバーバル・コミュニケーション nonverbal
communication
言語によらない交信方法。しぐさやジェスチャーなど
の動作行動に加えて，言葉に付随する声の調子などの
準言語（paralanguage）も広義には含める。

パーソナリティ personality
個人の物理的・社会的環境との関わり方を規定する，
思考や感情，行動の特徴的なパターン。

背側（皮質視覚）経路 dorsal pathway
網膜から後頭葉の一次視覚野に入った視覚情報は 2 つ
に分かれて伝達される。このうち頭頂葉に向かう経路
のことをいう。→腹側経路参照。

バウムテスト Baum test
コッホが発案した「実のなる木を 1 本描いてくださ
い」と指示する投影法（描画法）の検査。

箱庭療法 sandplay therapy; sand play technique
ローウェンフェルトによって始められた心理療法の一
種。砂箱の中にクライエントが，自由に部屋にあるお
もちゃを入れていく手法。

長谷川式簡易知能検査 Hasegawa's dementia scale
認知症の判定に特化して使われる知能検査で，実施が
簡便である。

罰 punishment
反応の強度（頻度）を弱める（低める）過程，手続き。
→オペラント条件づけ参照。

発達 development
時間経過にともなう人の変化。

発達課題 developmental task
人が各発達段階で達成しておかなければならない課題
と考えられるもの。

発達障害 developmental disability

DSM-5 の神経発達症（神経発達障害）をさす。脳の機能的障害により，発達早期に発症し，身体や学習，社会性に困難をきたす。

バビンスキー反射　Babinski reflex
乳児期に見られる反射の1つ。足の裏に触れると足の指をひろげる。

バランス理論　balance theory
認知的均衡理論，P-O-X モデルとも呼ばれる。他者（O）と物（X）に対する個人（P）の認知構造をユニット関係とセンチメント関係という2つの関係からとらえ，3つの要素間の関係の積が正のときにバランス（均衡），負のときにインバランス（不均衡）と定義し，均衡状態へ向かう力が働くと考えた。ハイダーの理論。

般化　generalization
条件づけにおいて，ある刺激に対して条件反応が形成されたときに，類似する刺激に対しても条件反応が生じること。

反対色説　opponent color theory
赤を注視した後に白紙に目を移すと反対色の緑の残像が見え，青を注視した後では黄の残像が見える。こうした反対色が深く結びついた視覚現象から出発して，視覚系のどこかに反対色を処理する3種類の視物質，赤‐緑視物質，黄‐青視物質，白‐黒視物質があると推測するヘリングが提唱した考えである。

反転図形　reversible figure
多義図形参照。

反応形成（シェイピング）　shaping
最終的に学習する行動をいくつかの段階に分解し，それを逐次的に訓練すること。

P-F スタディ　Picture-Frustration Study; P-F study
投影法による性格検査の1つ。イラストによって示されるいくつかの葛藤場面によって，そこで想定される発言を記入する。発言内容から被検査者の背景に潜む人格の独自性が採点される。ローゼンツヴァイクによって考案された。

PM 理論　PM theory
リーダーシップの機能の観点からリーダーシップ行動の類型化を試みたもの。目標達成（P）機能と集団維持（M）機能の2つの機能から4類型を構成する。三隅二不二が提唱。

比較水準　comparison level: CL
特定の関係で得られると期待される報酬が満足かどうかを判断する基準。

ヒストグラム　histogram
横軸に変数の値，縦軸に度数をとり，データの分布のようすを示したグラフ。→度数参照。

非宣言的記憶　non-declarative memory
長期記憶は大別すると言語化が可能なものと，言語化できないものに分かれる。後者を非宣言的記憶と言う。手続き的記憶とも言う。

ビッグ・ファイブ　Big Five
人格という言葉が意味していることは，開放性，誠実性，外向性，調和性，神経症的傾向の5つの特性次元によりほとんど網羅されるという考え方。

批判的思考　critical thinking
クリティカルシンキング参照。

ビネー式知能検査　Binet Intelligence Scale
ビネーが精神科医のシモンの協力を得て開発した知能検査。簡単な問題から順に難度を上げていき，どの問題まで正答できたかによって精神年齢を算出する。→精神年齢参照。

ヒューリスティックス　heuristics
必ずしも成功するとは限らないが，うまくいけば解決に要する時間や手間を大幅に減少できるような手続きや方法。思いつきやすい情報を用いる利用可能性（availability）ヒューリスティック，典型的な事例に似ているかどうかで判断する代表性（representativeness）ヒューリスティックなどがある。

表現型　phenotype
ある生物のもつ遺伝子型が形質として表現されたもの。

表示規則　display rules
人がある特定の状況で表出すべき感情（表情）についての文化的あるいは個人的ルール。

標準化　standardization
(1) 実施方法，解釈方法などの一般的手続きが確立されていること。
(2) 心理統計の文脈では，変数の尺度を変換して，平均や標準偏差が特定の値になるようにすることをさす。

標準刺激　standard stimulus
弁別閾の測定などの精神物理学的測定を行う場合に，2つの刺激を呈示し，一方の刺激は一定に保ち，もう一方の刺激を変化させるという方法がよくとられる。この場合，判断の標準となるという意味で前者を標準刺激と言い，後者を比較刺激あるいは変化刺激と言う。

標準偏差　standard deviation
散布度の1つで，データの散らばり（広がり）を表わす測度。偏差の2乗の総和をデータの個数（または個数－1）で割り（分散），その平方根をとったもの。→分散，散布度参照。

表情フィードバック仮説　facial feedback hypothesis
表情筋の生得的な活動パターンの脳へのフィードバックにより感情の主観的経験が生じるとする考え方。

標本　sample
母集団の一部で，実際に実験や調査を実施した集団。→母集団参照。

比率尺度　ratio scale
0という原点に意味をもち，倍数の関係を問題にできるものさし（尺度）。身長計，ストップウォッチなどがそれにあたる。

頻度　frequency
反応が生じた回数。

ファイ現象　phi-phenomenon
仮現運動参照。

FACS　Facial Action Coding System
エクマンとフリーセンにより開発された表情記述のた

めの符号化システム。

風景構成法 Landscape Montage Technique（LMT）
投影法を使った性格検査の1つ。検査者の指定するアイテムを順に描きこむことによって，1つの風景画を完成させるという描画法。自我構造を把握するときに使用される。

フェヒナーの法則 Fechner's law
フェヒナーが唱えた刺激と感覚の関係についての法則。ウェーバーの法則を刺激強度である物理量と感覚の大きさである心理量との関係に拡張した。感覚（R）は刺激強度（S）の対数に比例すること（$R=k \log S$; k は定数）を示している。→心理量，物理量参照。

フォールス・コンセンサス false consensus
自分のとった行動や判断を，一般的で適切だと思うこと。誤った一致（合意）性の推測を行う傾向をさす。

不可能図形 impossible figure
図の部分的な特徴には合理性があるが全体としてその図を見るとありえない図形。われわれは実際には存在し得ないと認識しているものでも，知覚できてしまう。このような図形を指す。矛盾図形とも言う。

副交感神経（系） parasympathetic nervous system
交感神経系とともに自律神経系を構成する。交感神経と拮抗的に働き，ホメオスタシスの機能を担う。身体がエネルギーを蓄えようとする（たとえば，休憩）ときに働き，心拍数の減少，瞳孔の縮小，気管支の収縮などをもたらす。→交感神経系，ホメオスタシス参照。

輻輳 convergence
両眼視の時の奥行き手がかりの1つ。遠方の対象を見るときには両眼の視線はほぼ平行になるが，近い対象を見るときには両方の視線で対象がとらえられるよう，対象までの距離に応じて視線を交差するように眼球を内側に回転させなければならない。この両眼の回転運動をさす。輻輳は両眼の外眼筋によってなされ，外眼筋の神経情報が奥行き手がかりとなる。→奥行き知覚参照。

輻輳角 angle of convergence
両眼の視線が対象の注視点に収束してできる角度。→輻輳を参照。

腹側（皮質視覚）経路 ventral pathway
網膜から後頭葉の一次視覚野に入った視覚情報は2つに分かれて伝達される。このうち側頭葉に向かう経路のことをいう。→背側経路参照。

符号化 encoding
記憶の3段階の1つで，情報を保持，貯蔵するために，情報を加工すること。記銘とも言う。

符号化特定性原理 encoding specificity principle
符号化時の文脈情報と検索時の手がかりが一致したときに，記銘情報は最もよく再現されるという原理を言う。タルヴィングによって提唱された。

不思議な数7 magical number seven
マジカルナンバー7を参照。

物理量 physical quantity
重さ（質量），長さ，体積，時間などの，物体や物質の

対象に固有な性質を記述する客観的に測定できる量。→心理量参照。

不適刺激 inadequate stimulus
それぞれの感覚器官が感受できない刺激を指す。たとえば，鼓膜に光を与えても感覚を生じない。この場合，耳（鼓膜）にとって，光は不適刺激である。→適刺激参照。

負の強化 negative reinforcement
不快な刺激を取り除くことによって，反応頻度を増加させること。→オペラント条件づけ参照。

負の強化子 negative reinforcer
反応に続いて取り除くと，その反応の頻度を高める刺激。たとえば，騒音，電気ショック，極端な熱気や寒気など。→オペラント条件づけ参照。

負の罰 negative punishment
快刺激を取り除くことによって，反応頻度を減少させること。→オペラント条件づけ参照。

部分強化 partial reinforcement
一部のオペラント行動だけに対して結果をともなわせること。→オペラント条件づけ参照。

プライミング（効果） priming effect
先行して呈示される情報（プライム）によって，後続の情報（ターゲット）の処理が促進（抑制）されること。

プルキニエ現象 Purkinje phenomenon
夕方から夜にかけて，赤系統より青系統の色が相対的に明るさを増して見えることを言う。

プレグナンツの法則 law of Prägnanz
知覚的体制化の傾向。→知覚的体制化参照。

ブローカ野 Broca's area
大脳皮質の前頭葉の左前頭下回の弁蓋部に相当する部分で，ブロードマンの脳地図でいうと44野にあたる。この領域が損傷を受けると，他から話される内容は理解できるが，自ら言葉を発することができなくなる。このような運動性失語はブローカ失語と呼ばれる。→ブロードマンの脳地図参照。

ブロードマンの脳地図 Broadmann's chart of brain
大脳皮質の層の細胞構築的な差異をもとにして，ブロードマンが大脳皮質を52の領域に分け，1から52までの番号を割り当てた。この52の領域にそれぞれ異なった機能が対応して局在しているとは言えないが，今もよく使用されている。

分散 variance
散布度の1つで，データの散らばり（広がり）を表わす測度。偏差の2乗の総和をデータの個数（または個数−1）で割ったもの。→散布度，標準偏差参照。

文章完成法（SCT） Sentence Completion Test
未完成の文章を完成させるという形の投影法。たとえば「私はよく人から　　　　」といった不完全な文章を呈示し，空欄部分の言葉を補完させる。

ベータ運動 β-movement
仮現運動参照。

ベータ波 beta wave

脳波パターンの1つ。速波帯域，13-30 Hz の脳波である。興奮や緊張によって出現する。→脳波参照。

ベクション　vection
観察者自身と視対象の間での誘導運動。一般に視野の大部分を占めるような広い領域において視対象が規則的に運動するのを見たとき，実際には静止しているはずの自分の身体が視対象の運動とは反対方向に運動して知覚されるものである。→誘導運動参照。

変数　variable
個人や状況によって，値が変わるもの。たとえば，身長や体重も変数の1つである。

変動間隔（VI）スケジュール　Variable Interval schedule
強化スケジュールの1つ。一度結果（強化）が与えられると，次はある時間が経過した後の最初のオペラント行動に対して結果を与えるが，その時間間隔は不規則に変動する。→強化スケジュール参照。

扁桃体　amygdala
大脳辺縁系の一部で，側頭葉内側の奥にあるアーモンド形をした神経細胞の集まりをさす。感情の中枢として最も有力視されている。

変動比率（VR）スケジュール　Variable Ratio schedule
強化スケジュールの1つ。オペラント行動が複数回起こると一回の結果（強化）をともなわせるが，その回数は一定ではなく予測できない。→強化スケジュール参照。

弁別　discrimination
2つの刺激がある刺激特性について異なるとき，その違いを区別すること。

弁別閾　difference threshold
弁別できる最小の刺激強度差または刺激強度変化量。丁度可知差異とも呼ぶ。

返報性規範　norm of reciprocity
自分が他者から受けたものと同種のものを他者に返すこと，または自分が他者にしたことと同種のものを自分にしてくれることを他者に期待すること。互恵性規範。

飽和度　saturation
彩度参照。

母集団　population
ある研究で想定する対象全体。

保存　conservation
見かけの長さや大きさ，密度にかかわらず，ある物質は加えたり引いたりしない限り，元の量と変わらないという概念。

ホメオスタシス　homeostasis
キャノンの用語。生活体は環境の変化に対して自分自身を変化させ均衡を維持しようとする傾向をもっているという考え方。

ポリグラフ　polygraph
生活体で生起しているさまざまな生理現象を多角的，総合的にとらえるため同時並行的に記録した図をさす。一般に，脳波，筋電図，心電図，皮膚電気活動，眼電図，呼吸，血圧，脈波などを同時に記録し，生体内での変化過程を把握する。

本能行動　instinctive behavior
種に固有で，その種のすべてのメンバーが同じようにふるまう，生得的に決定された行動。

マークテスト　mark test
自己鏡像に対して自己として認知できるかを測定する課題。

マグニチュード推定法（ME法）　magnitude estimation
感覚尺度構成法の1つ。たとえば，ある明るさの光を標準刺激として与え，感じられる明るさに10という数値を割り当てる。次に別の明るさの光を見せ，標準刺激の10と比べてその明るさがどのくらいに感じられるかを明るさの感覚に比例した数値で表現させる方法である。

マジカルナンバー7　magical number seven
短期記憶の容量を表現する言葉。数唱範囲などを使って健常成人の短期記憶容量を測定した場合，平均して7±2になることを表現した。→数唱範囲参照。

末梢主義　peripheralism
行動主義心理学における立場の1つで，観察可能な行動（筋や腺の動き）だけを研究対象とする立場。

末梢神経（系）　peripheral nervous system
中枢神経系と対比される神経系。感覚受容器や筋や腺といった末梢と中枢神経系を結びつけている神経系である。末梢神経系は，体性神経系と，自律神経系に分類される。→中枢神経系，体性神経系，自律神経系参照。

ミエリン鞘　myelin sheath
髄鞘とも言う。ニューロンの軸索の周りに存在する絶縁性の層。絶縁性が強いため，ミエリン鞘に包まれている軸索を通る電気信号の速度は増す。→ニューロン，軸索参照。

3つの山課題　three-mountains task
子どもの空間認知能力の発達を調べるためにピアジェらが用いた課題。3種の異なる特徴をもった山の模型を呈示し，異なる位置からの山々の見え方を答えさせる。

ミネソタ多面人格目録（MMPI）　Minnesota Multiphasic Personality Inventory
精神障害者の反応を外在基準とした，550項目からなる質問紙性格検査。

無意味綴り　nonsense syllable
エビングハウスが考案した記憶実験における学習材料。エビングハウスは有意味語では，語の使用頻度や連想の程度が人によって異なるため，実験の統制のために，2個の子音の間に母音をはさんだ，gul や wav のような意味のない綴り字を作った。

無条件刺激（US）　Unconditioned Stimulus
古典的条件づけにおいて，ある反応を事前の学習なしに自動的に生じさせる刺激。→古典的条件づけ参照。

無条件反応（UR）　Unconditioned Response
古典的条件づけにおいて，無条件刺激（US）に対して

生じる反応で，条件づけ以前には中性であった刺激に対して条件反応（CR）を形成させるための反応。→古典的条件づけ参照。

名義尺度 nominal scale
いくつかのカテゴリに分類するだけの尺度。

明順応 light adaptation
暗所から明所への順応のことをさす。明るさに対する感度を減じることによってまぶしさを減らし見えやすくするはたらきである。明順応は15-60秒以内で完了する。→明所視，暗順応参照。

明所視 photopic vision
十分に明るいところでの視覚のことをさす。明所視では錐体のはたらきが優勢となる。錐体視とも言う。→明順応参照。

明度 lightness
われわれに見えている色には3つの属性があり，その1つである。色彩の明るさを表わす属性で，物体表面の反射率に依存し，明度が高くなるにつれて色は白に近くなり，明度が低くなるにつれて黒に近くなる。→彩度，色相参照。

盲点 blind spot
網膜上にあり，見ようとする点より耳側の視野の欠けている部分のことをさす。ここには，視細胞がなく，光が当たっても感覚が生じない。発見した物理学者マリオットにちなんでマリオット盲点とも呼ばれる。→網膜参照。

網膜 retina
眼球の奥にある薄い透明の膜をさす。カメラのフィルムに相当する。

モーズレイ人格目録（MPI） Maudsley Personality Inventory
アイゼンクのパーソナリティを階層構造としてとらえる考え方に基づいて作成された性格検査。

モラトリアム moratorium
本来は経済学用語であり，債務の支払いを猶予することあるいはその猶予期間のこと。エリクソンは，青年期において，社会的責任や役割，義務がある程度猶予されていることを示すのに用いた。

森田療法 Morita therapy
森田正馬が始めた心理療法。日本で生まれた代表的な神経症の心理療法として知られる。

モロー反射 Moro reflex
乳児期に見られる反射の1つ。びっくりしたときに手を前に出す。

矢田部-ギルフォード性格検査（Y-G性格検査） Yatabe-Guilford Personality Inventory
自己記入式の質問紙性格検査の1つ。12の性格特性を120項目の質問によって測定する。

誘因 incentive
動機づけの目標となる，あるいは報酬となる外的な事象や刺激。

誘導運動 induced motion
実際に動いているものと実際に静止しているものがあるとき，静止しているものの方に動きを感じること。

床効果 floor effect
測定上の問題の1つ。測定値が最小値に達するため，独立変数の影響を観察できるほどの変動が認められない場合のことをさす。→天井効果参照。

夢分析 dream interpretation
精神分析の治療において行なわれる心理療法の1つ。セラピストが，クライエントとかかわりあいながら，クライエントとクライエントが見た夢との関わりを解釈し，その夢のもつ意味を探る。

要因計画 factorial design
実験者によって，2つ以上の要因が操作される実験計画。

欲動論 instinct drive theory; instinct theory
心の発達エネルギーであるリビドーが，どこに焦点をもつかによって，発達段階をとらえる理論。口唇期，肛門期，男根期，潜伏期，性器期に分けられる。→リビドー，口唇期，肛門期，男根期，潜伏期，性器期参照。

予言の自己実現 self-fulfilling prophecy
人々の期待が現実を生み出す現象。自己成就的予言，予言の自己成就とも言う。

来談者 client
クライエント参照。

来談者中心療法 client-centered remedy
クライエントの体験を尊重することが重要である，とする「クライエント中心」の態度によって，クライエント自身が問題を解決していく心理療法。ロジャーズにより創始された。

ラテラリティ laterality
ある機能について一方の半球が他方よりも優れること。脳の側性化ともいう。

リーダーシップ leadership
リーダーの特性や行動および役割。集団がその目標を達成しようとする際に，ある個人が他の集団成員や集団の活動に肯定的な影響を与える過程。

リビドー libido
精神分析の概念で，性欲動を意味する精神的（心の）エネルギーを指し，エスがもつ性愛の欲求を意味する。フロイトはこのエネルギーが人間が生きる基本的原動力だとした。→欲動論，エス参照。

流動性知能 fluid intelligence
推理や推論，論理性の把握，問題解決などを司る知能。→結晶性知能参照。

両眼視差 binocular parallax
両眼視のときの奥行き手がかりの1つ。両眼で対象をとらえるとき，左右の目に同時にそれぞれの網膜像を得る。両眼が左右に離れているため，2つの網膜像は奥行きの違いによってズレが生じる。この両眼間の網膜像の差を両眼視差と言い，視覚系はこれを奥行き手がかりとして，2つの網膜像から1つの3次元世界を知覚している。→奥行き知覚参照。

両眼立体視 binocular stereopsis

奥行きのあるものを見ているときの左右の網膜像を2枚の平面図に再現し，それぞれの図をそれぞれの眼に呈示すると，両眼の網膜像は融合し，奥行きが知覚される。このような両眼の視差に基づく3次元知覚を両眼立体視と呼ぶ。→ステレオグラム参照。

両耳分離聴法 dichotic listening
左右の耳に別々の刺激を同時に聴かせる方法。

臨界期 critical period
通常の発達において，特定の出来事が生じる必要があるきわめて重要な期間。

類型論 typology
一定の原理に基づいて組織的に類型を決定し，それによってパーソナリティを分類しようとする考え方。→特性論参照。

レディネス readiness
人や動物にとって，ある訓練や学習をするのに最もよい生理的，身体的，経験的な状態が準備されていること。

レム睡眠 REM sleep
睡眠中の状態の1つ。体は眠っているが脳は活動している状態にある。レム睡眠では，急速眼球運動が生じており，夢を見ていることが多い。→急速眼球運動参照。

連合学習 associative learning
事象間の随伴性（あるいは関係性）を学習すること。すなわち，ある事象が別の事象と結びついていることの学習。

連続強化 continuous reinforcement
すべてのオペラント行動に対して結果をともなわせること。→オペラント条件づけ参照。

ロールシャッハ・テスト Rorschach Test
精神科医のロールシャッハによって作成された投影法による性格検査。10枚のインク・ブロット・カードから構成されている。

割引原理 discounting principle
特定の結果を引き起こす原因が，それと同じ結果を説明する（促進する）他の原因の存在によって割り引かれ，過小に判断されること。ケリーが提唱。

割増原理 augmentation principle
ある事象についての帰属を行なう際に，その事象を促進する原因と抑制する原因が同時存在する場合には，促進的な原因の影響が割増されること。ケリーが提唱。

索　引

人名・団体名索引

事項索引 （心理学用語集に記載した語には＊印を付した）

執筆者紹介

吉崎一人（よしざき・かずひと）
愛知淑徳大学心理学部教授
担当：第1章，第3章第1節

加藤公子（かとう・きみこ）
愛知淑徳大学心理学部教授
担当：第2章

丹藤克也（たんどう・かつや）
愛知淑徳大学心理学部教授
担当：第3章第2節

清水　遵（しみず・じゅん）
愛知淑徳大学名誉教授
担当：第4章

松尾貴司（まつお・たかし）
愛知淑徳大学心理学部教授
担当：第5章

斎藤和志（さいとう・かずし）
愛知淑徳大学心理学部教授
担当：第6章第1，3節

小川一美（おがわ・かずみ）
愛知淑徳大学心理学部教授
担当：第6章第2，4節

平島太郎（ひらしま・たろう）
愛知淑徳大学心理学部准教授
担当：第6章第5節

坂田陽子（さかた・ようこ）
愛知淑徳大学心理学部教授
担当：第7章第1，3節

蒲谷槙介（かばや・しんすけ）
愛知淑徳大学心理学部准教授
担当：第7章第2節

髙野恵代（たかの・やすよ）
愛知淑徳大学心理学部准教授
担当：第7章第4節，第9章第4節

久保南海子（くぼ・なみこ）
愛知淑徳大学心理学部教授
担当：第7章第5節

西出隆紀（にしで・たかのり）
愛知淑徳大学心理学部教授
担当：第8章

清瀧裕子（きよたき・ゆうこ）
愛知淑徳大学心理学部教授
担当：第9章第1節

髙橋　昇（たかはし・のぼる）
愛知淑徳大学心理学部教授
担当：第9章第2節

大崎園生（おおさき・そのお）
愛知淑徳大学心理学部教授
担当：第9章第3節

心理学概説―こころを科学する ［第2版］

2019年4月10日　初版第1刷発行　（定価はカヴァーに表示してあります）
2025年3月30日　初版第4刷発行

著　者　吉崎一人
　　　　松尾貴司
　　　　斎藤和志
発行者　中西　良
発行所　株式会社ナカニシヤ出版
☎ 606-8161　京都市左京区一乗寺木ノ本町15番地
　　　　　　　Telephone　075-723-0111
　　　　　　　Facsimile　075-723-0095
　　　Website　http://www.nakanishiya.co.jp/
　　　Email　iihon-ippai@nakanishiya.co.jp
　　　　　　　郵便振替　01030-0-13128

装幀＝白沢　正／印刷・製本＝創栄図書印刷株式会社
Copyright © 2010, 2019 by K. YOSHIZAKI, T. MATSUO, & K. SAITO
Printed in Japan.
ISBN978-4-7795-1388-6 C3011

心理学を学ぶ初学者のための統計

x は個々のデータを，$\bar{X}$ はデータの平均を，n はデータの数を，Σ は総和を，それぞれ示す。

代表値　データ分布の特徴や傾向を示す数値要約値。

平均値（$\bar{X}$）　　データの総和をデータ数で除した値。　　　$\bar{X} = \dfrac{\sum x}{n}$

中央値　　　　　　データを小さい順に並べた際の中央に位置する値。

最頻値　　　　　　最も頻繁に出現する値。

散布度　データ分布，特に散らばり具合を示す数値要約値。

分散（s^2）　データの平均値から各データの差をとり（偏差），この偏差の平方和をデータ数で除した値。

$$s^2 = \frac{\sum (x - \bar{X})^2}{n}$$

標準偏差（s）　分散の平方根。　　　$s = \sqrt{s^2}$

データの標準化（z）と偏差値（Z）

得られたデータを，平均が 0 で分散が 1 のデータに変換する操作のことをいう。具体的には，各データ x から平均 $\bar{X}$ を引き，その値を標準偏差 s で除す。　　　$z = \dfrac{x - \bar{X}}{s}$

標準化された値（z）を 10 倍して 50 を足したものが偏差値（Z）である。$Z = 10z + 50$

度数分布表とヒストグラム

データを小さい順に並べ，ある一定の範囲（階級）にまとめ，階級ごとの出現数をカウントする。これを表にまとめたものを度数分布表，グラフ化したものがヒストグラムである。

クロス集計とクロス表

2 つの変数（項目）に同時に注目して，集計することをクロス集計といい，集計された表をクロス表という。

例：ある意見への賛否と年齢（20 歳代／60 歳代）との関係。下の表は 2 × 2 のクロス表。

	20 歳代	60 歳代	合　計
賛　成	60 人	40 人	100 人
反　対	20 人	40 人	60 人
合　計	80 人	80 人	160 人

尺度水準　実験や調査によって得たデータの特性には 4 つの水準がある。

名義尺度　値が性質や属性を表すために付与されたもの。平均値に意味はない。　例：郵便番号，クラス番号

順序尺度　値の大小，前後を意味する。平均値に意味はない。　例：成績のクラス順位

間隔尺度　値が等間隔であるが，0 には意味がない。平均値に意味がある。　例：気温（摂氏），時刻

比率尺度　値に等間隔性があり，0 にも意味がある。平均値に意味がある。　例：体重，勉強時間，正解数

散布図と相関

右上の図に示すように，2 変数（縦軸 Y と横軸 X）の量や大きさ等を対応させ，データを点（•）でプロットしたものが散布図である。このとき，X の値が大きくなるほど，Y の値が大きい傾向がある場合を正の相関，逆に X の値が大きくなるほど，Y の値が小さい傾向がある場合を負の相関，という。いずれの関係もない場合は相関がない，あるいは相関関係がないという。相関の程度を示す指標が相関係

数である。X, Y両変数が間隔尺度あるいは比率尺度である場合には，ピアソンの積率相関係数（r）を用いる。相関係数と記載されている場合は，ピアソンの積率相関係数を意味することが多い。相関係数は -1 から $+1$ の値をとり，正の相関の場合は $r>0$ を示し，負の相関の場合は $r<0$ を示す。

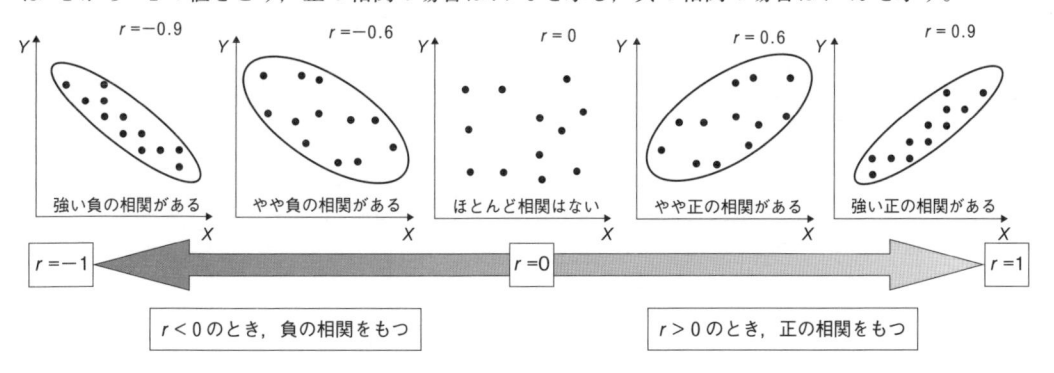

正規分布と確率分布

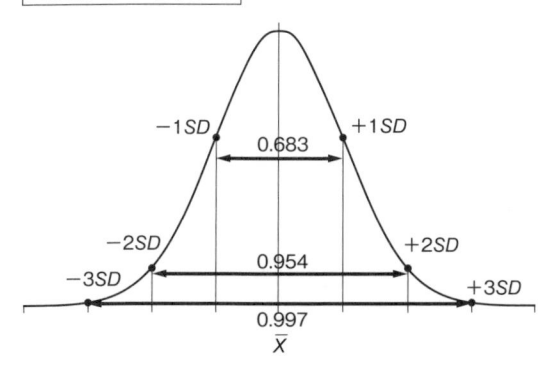

身長のデータのように，平均値 $\bar{X}$ の近くに多くのデータが集まり，平均値から離れれば離れるほど数が少なくなるようなデータを表す確率分布のことを正規分布と呼ぶ。正規分布の場合，左図に示すように，平均から ±1 標準偏差（SD）の間には約68％が，±2 標準偏差の間には約95％が，±3 標準偏差の間には約99.7％のデータが，それぞれ存在すると推定できる。

差が見たい時の検定方法

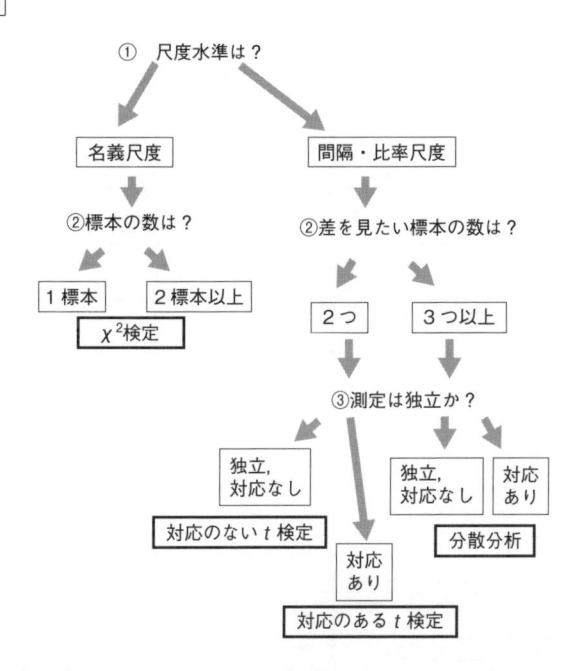

※「独立，対応なし」とは，条件間で，異なる参加者からデータを採取していることを意味する。これに対して，同一参加者から複数条件のデータを採取している場合を「対応あり」と呼ぶ。